# Das

# Bayerische Berggesetz

## vom 13. August 1910

nebst einem die Ausführungsbestimmungen und die oberbergpolizeilichen Vorschriften enthaltenden Anhang.

---

Handausgabe mit Erläuterungen, systematischem Inhaltsverzeichnis und ausführlichem Sachregister

von

**Alois von Rauck,**

Ministerialdirektor im K. Staatsministerium des K. Hauses und des Aeußern.

2. verbesserte Auflage.

1911

München und Berlin

J. Schweitzer Verlag (Arthur Sellier)

Druck von Dr. F. P. Datterer & Cie., G. m. b. H., München und Freising.

# Vorwort zur 2. Auflage.

Mit der mächtigen Weiterentwicklung und der stets intensiveren Gestaltung des Bergbaues mehrten sich die Gefahren desselben, denen zu begegnen nicht allein der Schutz der Bergarbeiter, sondern auch die Interessen der Bergwerksbesitzer gebieterisch forderten.

Bereits die Novelle zum Bayerischen Berggesetz vom 30. Juni 1900 und die mit dieser verbundene Neuorganisation der Bergbehörden brachte den Bergarbeitern erhöhten Schutz und weitgehendere Fürsorge. Immerhin erwiesen sich diese Vorschriften als erweiterungs- und verbesserungsbedürftig und das neuvorliegende Gesetz sucht diesem Bedürfnis tunlichst gerecht zu werden, indem es die Bestimmungen zum Schutze der Bergarbeiter gegen Gefahren und Schädigungen ausbaut, die Fürsorge für die Bergarbeiter verstärkt und zugleich auch die Interessen der Allgemeinheit zu fördern und zu sichern anstrebt und auf all diesen Gebieten wesentliche Fortschritte aufweist. Wegen der Einzelheiten darf auf die Vorbemerkungen Bezug genommen werden. Diese teilweise einschneidenden Änderungen und die im Vollzuge der Novelle vom 30. Juni 1900 gemachten Erfahrungen boten den Anlaß zur Umarbeitung der ersten Auflage dieser Ausgabe des Berggesetzes, in deren Dienst der Herr Kgl. Geheime Legationsrat Dr. Rohmer im Staatsministerium des Kgl. Hauses und des Äußern seine ausgezeichnete Kraft stellte, wofür demselben hier der ganz besondere Dank zum Ausdruck gebracht wird.

Die Erläuterungen zu den unverändert gebliebenen Gesetzesartikeln wurden, wo veranlaßt, durch Beifügung der jüngsten Rechtsprechung ergänzt, die neu hinzugekommenen Artikel wurden, soweit es für das Verständnis wertvoll erschien, an der Hand der Gesetzesmotive und den Kammerverhandlungen erläutert. Durch den im Anhang folgenden Abdruck der Bestimmungen über Organisation und Wirkungskreis der Bergbehörden, der oberbergpolizeilichen Vorschriften und der sonstigen Ausführungsbestimmungen zum Vollzug des Berggesetzes dürfte die neue Auflage alles auf das Bergwesen Bezügliche in sich vereinigen und den mit dem Vollzuge des Gesetzes betrauten Behörden sowie den beim Bergbau interessierten Kreisen als verläßiger Führer und Berater dienen können. Möge ihr eine freundliche Aufnahme beschieden sein!

München, im November 1910.

**Der Verfasser.**

# Inhaltsverzeichnis.

# Abkürzungen.

AG. BGB. . = Bayer. Ausführungsgesetz zum Bürgerlichen Gesetzbuch vom 9. Juni 1899 (GVBl. 1899 Beil. S. 1 ff.).
AG. ZPO. . = Bayer. Ausführungsgesetz zur Zivilprozeßordnung und zur Konkursordnung vom 23. Februar 1879 (GVBl. 1879 S. 65).
AO. . . . = Arbeitsordnung.
Bay.ZfRpfl. . = Zeitschrift für Rechtspflege in Bayern.
BG. . . . = Berggesetz.
BGB. . . . = Bürgerliches Gesetzbuch.
Bl. f. RA. . = Blätter für Rechtsanwendung, früher herausg. v. Seuffert.
EG. ZPO. . = Einführungsgesetz zur Zivilprozeßordnung vom 30. Januar 1877 (RGBl. S. 244).
GewGG. . . = Gewerbegerichtsgesetz.
GewO. . . = Gewerbeordnung.
GBO. . . . = Grundbuchordnung.
HGB. . . . = Handelsgesetzbuch.
JVG. . . . = Invalidenversicherungsgesetz.
K. d. Abg. . = Kammer der Abgeordneten.
K. d. RR. . = Kammer der Reichsräte.
KfmGG. . . = Kaufmannsgerichtsgesetz.
KO. . . . = Konkursordnung.
KrVG. . . = Krankenversicherungsgesetz.
MABl. . . = Amtsblatt der Staatsministerien des Kgl. Hauses u. des Äußern u. des Innern.
RG. Z. . . = Reichsgerichtsentscheidung in Zivilsachen.
UVG. . . . = Unfallversicherungsgesetz.
VGH. Ges. . = Bayer. Gesetz vom 8. August 1878 betr. die Errichtung eines Verwaltungsgerichtshofs ꝛc. (GVBl. S. 369 f.).
WG. . . . = Bayer. Wassergesetz.
Z. Bergr. . = Zeitschrift für Bergrecht, früher herausg. v. Brassert.
ZEG. . . . = Bayer. Zwangsenteignungsgesetz.
ZPO. . . . = Zivilprozeßordnung.

# Vorbemerkung zum Text des Berggesetzes.

Das am 1. Juli 1869 in Kraft getretene Berggesetz für das Königreich Bayern vom 20. März 1869 (GBl. 1866/69 S. 673) schuf in engem Anschluß an das Allgemeine Berggesetz für die Preußischen Staaten vom 24. Juni 1865 ein einheitliches Bergrecht für Bayern; es hob das Bergregal auf und setzte insbesondere außer Kraft:

1. die Bergordnung des kurfürstlichen Herzogtums Bayern und der oberen Pfalz, dann der Landgrafschaft Leuchtenberg mit der beigefügten freien Bergwerkserklärung vom 6. Mai 1784 und den erteilten Privilegien und Freiheiten vom gleichen Tage,

2. die im Jahre 1715 neu in Druck gelegte Bergordnung der Markgrafen Christian und Joachim Ernst von Brandenburg vom 1. Dezember 1619,

3. die §§ 6 und 69 bis 480 des sechzehnten Titels im zweiten Teile des allgemeinen preußischen Landrechts, ferner die K. preußische Deklaration vom 27. Oktober 1804,

4. das gemeine deutsche Bergrecht,

5. das organische Edikt vom 14. September 1809, die Berggerichtsverfassung im Königreich Bayern betr.,

6. die Bestimmung in Art. 46 Abs. 2 des Ges. vom 28. Mai 1852, die Benützung des Wassers betr., hinsichtlich des Vorbehaltes der Goldwäscherei für den Staat,

7. die Kgl. Allerh. Verordnung vom 21. November 1858, die Regalität mehrerer Fossilien in der ehemaligen Markgrafschaft Bayreuth betr.,

8. das in der Pfalz geltende Bergwerksgesetz vom 21. April 1810.

Der Entwurf des bayerischen Berggesetzes von 1869 erfuhr im Landtag nur wenige Änderungen.

Die Materialien siehe in den Landtags-Verhandlungen 1866/69 K. d. Abg. Beil.-Bd. IV S. 11 (Gesetzentwurf mit Motiven), Beil.-Bd. V S. 93, 314 (Vortrag des Ref. Stenglein), Sten. Ber. V S. 156, 443, 451; K. d. RR. Beil.-Bd. V S. 146, 197, Pr. Bd. VI S. 96, 144, 253.

Seit 1869 hat das bayerische Berggesetz Änderungen erfahren

a) durch Art. 78 des AG. ZPO. u. KO. vom 23. Februar 1879 (GVBl. 1879 S. 63); Art. 78 brachte drei Artikel des Berggesetzes in Einklang mit der ZPO.

Die Materialien siehe in den Landtags-Verh. 1877—81 K. d. Abg. Beil. Bd. V Beil. D S. 163 ff., 220 (Gesetzentwurf mit Motiven). Der Entwurf wurde ohne Änderung und ohne Debatte von den beiden Kammern des Landtags angenommen.

b) durch Art. 157 des AG. BGB. vom 9. Juni 1899 (GVBl. 1899 Beil.-Bd. zum Landtags-Abschied S. 50); dieses Gesetz brachte eine größere Anzahl zivilrechtlicher Bestimmungen des Berggesetzes in Einklang mit dem neuen bürgerlichen Recht.

Die Materialien siehe in den Landtags-Verhandlungen 1898/99 K. d. Abg. Beil. Bd. XX Abs. I Beil. B S. 73 f., 102 ff. (Entwurf mit Motiven) und Beil. G (S. 209), Sten. Ber. XIII S. 740. Der Entwurf wurde nach den Anträgen der Regierung in beiden Kammern des Landtags ohne Debatte angenommen.

c) durch das Gesetz vom 30. Juni 1900 betr. Änderung einiger Bestimmungen des Berggesetzes für das Königreich Bayern vom 20. März 1869 (GVBl. 1900 S. 745). Das Gesetz behielt insbesondere dem Staat die Gewinnung von Steinsalz nebst den mit ihm auf der nämlichen Lagerstätte vorkommenden Salzen (namentlich Kali-, Magnesia- und Borsalzen) sowie der Solquellen vor; es ersetzte in wesentlichem Anschluß an das Arbeiterschutzgesetz vom 1. Juni 1891 den vierten Abschnitt (von den Bergleuten) des Titels 3 durch neue Bestimmungen (s. hierüber Seite 66 ff. unten); es paßte den Knappschaftstitel den Vorschriften der reichsgesetzlichen Krankenversicherung an, es verstärkte den verwaltungsrechtlichen Schutz der Rechte der Muter, der Bergbautreibenden und der Grundbesitzer, sowie der Bergleute, indem es die Zuständigkeit des Verwaltungsgerichtshofs auf eine Reihe von Angelegenheiten ausdehnte, die diese Rechte berühren; es regelte mit Rücksicht auf die gleichzeitige Neuorganisation der Bergbehörden (s. hierüber Seite 196 f., 236) deren Zuständigkeiten und nahm endlich eine allgemeine mit zahlreichen redaktionellen Änderungen der Fassung verbundene Revision des Gesetzes vor.

Das Gesetz vom 30. Juni 1900 trat am 1. Oktober 1900 in Kraft; sein Art. III ermächtigte die Staatsregierung, den Text des Berggesetzes, wie er sich aus den Änderungen ergab, welche die unter a bis c aufgeführten Gesetze umfassen, unter Weglassung oder Änderung der ganz oder teilweise gegenstandslos gewordenen Übergangsbestimmungen, unter fortlaufender Reihenfolge der Ziffern oder Buchstaben, sowie unter Berichtigung der Verweisungen durch das Gesetz- und Verordnungs-Blatt bekannt zu machen und hiebei auch die dem Art. 174 AG. BGB., sowie die der bestehenden Gerichtsverfassung entsprechenden Änderungen vorzunehmen. Auf Grund dieser Vollmacht wurde mit Bek. vom 20. Juli 1900 (GVBl. 1900 S. 774) ein neuer Text des Berggesetzes publiziert.

Die Materialien zum Ges. vom 30. Juni 1900 siehe in den Landtagsverhandlungen 1899/1900 K. d. Abg. Beil.-Bd. I S. 317 (Entwurf mit Motiven), II S. 295, 859 (Ausschuß-Antrag), Sten. Ber. Bd. I S. 387 ff., II S. 798 ff., IV S. 444, K. d. RR. Aussch.-Prot. Beil.-Bd. I S. 300, Prot. Bd. I S. 134 ff.

d) durch das Gesetz vom 13. August 1910 die Änderung des Berggesetzes betr.

Das Gesetz änderte nach mehreren Richtungen die Bestimmungen über Schürfen und Muten im Anschluß an die Novelle zum preußischen Berggesetz vom 18. Juni 1907, ferner die Bestimmungen über die Aufsichtspersonen und über die Verantwortlichkeit im Bergwerksbetrieb im Anschluß an die Novelle zum preußischen Berggesetz vom 28. Juli 1909 (vgl. S. 59 unten), es ergänzte und änderte sodann den vierten Abschnitt des 3. Titels (Von den Bergleuten und Betriebsbeamten), worüber das nähere S. 67 unten zu ersehen ist; es verpflichtete endlich durch eine Änderung des Knappschaftstitels die Werksbesitzer zur Zahlung von Beiträgen zum Knappschaftsverein in gleicher Höhe wie die Arbeiter.

Das Gesetz ist, soweit es sich auf Schürfen und Muten bezieht, sofort, im übrigen am 1. Oktober 1910 in Kraft getreten.

Art. III des Gesetzes ermächtigte die Staatsregierung, den Text des Berggesetzes in der Fassung der Bekanntmachung vom 20. Juli 1900 mit den Änderungen, wie sie sich aus dem gegenwärtigen Gesetz ergeben, unter fortlaufender Nummernfolge der Artikel, sowie unter Berichtigung der Verweisungen mit der Überschrift „Berggesetz" und dem Datum vom 13. August 1910 durch das Gesetz- und Verordnungs-Blatt bekannt zu machen. Auf Grund dieser Vollmacht ist mit Bekanntmachung vom 1. September 1910, Neutextierung des Berggesetzes betreffend, der neue Text unter der Überschrift „Berggesetz vom 13. August 1910" publiziert worden (GVBl. 1910 S. 815 ff.).

Was die Materialien zu diesem Gesetz anlangt, so ist vorauszuschicken, daß im Jahre 1908 dem Landtage zwei Gesetzentwürfe betr. die Änderung des Berggesetzes vorgelegt wurden. Der eine, Beil. 155 (Landtagsverh. 1907/08 K. d. Abg. Beil.-Bd. II S. 1), enthielt Bestimmungen über Schürfen und Muten und über die sog. Anschlußmutung des Staats; er wurde von der Kammer der Reichsräte abgelehnt (vgl. dazu K. d. Abg. Sten. Ber. III S. 508 ff., K. d. RR. Beil.-Bd. II S. 57, 170, 281, Prot Bd. I S. 346 ff.). Der andere Entwurf, Beil. 382 (K. d. Abg. Beil.-Bd. III S. 229), betraf den Arbeiterschutz; er wurde von der K. d. Abg. erst in Beratung genommen, nachdem der erste Entwurf abgelehnt worden war; auf Antrag der

Staatsregierung übernahm die K. d. Abg. die im ersten Entwurf bereits enthaltenen Bestimmungen über Schürfen und Muten in den zweiten Entwurf (vgl. ebenda S. 859 u. Bd. IV S. 7, ferner Sten. Ber. VI S. 252 ff.). Die K. d. RR nahm den Entwurf vor der Landtagsvertagung im Jahr 1908 nicht mehr in Beratung. — Nach dem Wiederzusammentritt des Landtags brachte die Staatsregierung bei der K d. RR. einen zum Teil durch die Beschlüsse der K d. Abg, zum Teil durch die inzwischen ergangene Novelle vom 29 Juli 1909 zum preuß. Berggesetz veranlaßten Nachtrag zu der Vorlage unterm 17. Dezember 1909 (K d. RR. Beil.-Bd. V S. 47) ein. S. dazu den ausführlichen schriftlichen Bericht des Referenten der K. d. RR Dr. Graf von Crailsheim (ebenda S. 130 ff.); der Ausschuß der K. d RR. lehnte in seiner Sitzung vom 28 Januar 1910 mit Rücksicht auf die Bestimmung in Titel VII § 28 Verf.-Urk. die Vorschriften über Schürfen und Muten ab, nahm aber den Rest der Vorlage im wesentlichen nach den Anträgen der Staatsregierung an (vgl. ebenda S 169 ff.); daraufhin brachte die Staatsregierung neue Anträge, die sich auf Schürfen und Muten bezogen, unterm 26. Februar 1910 ein, die vom Ausschuß der K. d. RR. angenommen wurden (s. dazu ebenda S. 250, 434); im Plenum der K. d. RR wurde nur die verfassungsrechtliche Streitfrage besprochen, die Vorlage selbst nach den Ausschuß-Anträgen en bloc angenommen (s. Sten. Ber II S. 97 ff, K. d. Abg. Beil.-Bd. IX S. 827). Die K. d. Abg. (s. K. d Abg. Beil.-Bd X S. 821, 964 u. Sten. Ber. XI S. 890 ff.) trat den Beschlüssen der K. d. RR. nicht in allen Punkten bei S. endlich K. d. RR. Sten Ber. II S. 424 ff, K. d. Abg. Beil.-Bd. XI S. 110, Sten. Ber. XII S 602 ff

# Berggesetz

## vom 13. August 1910.

(GVBl. S. 815.)

---

### Erster Titel.[1]

### Allgemeine Bestimmungen.

#### Art. 1. (1)

Das Eigentumsrecht an Grund und Boden[2] erstreckt sich nicht auf die nachbezeichneten Mineralien; deren Aufsuchung und Gewinnung ist, soweit nicht für einzelne derselben abweichende Bestimmungen getroffen sind,[3] unter Einhaltung der Vorschriften des gegenwärtigen Gesetzes einem Jeden gestattet.

Diese Mineralien sind:

Gold,[4] mit Ausnahme des Waschgoldes, Silber, Quecksilber, Eisen,[5] Blei, Kupfer, Zinn, Zink, Kobalt, Nickel, Arsenik, Mangan, Antimon und Schwefel, gediegen und als Erze; Alaun- und Vitriolerze; Stein- und Braunkohle; Steinsalz nebst den mit demselben auf der nämlichen Lagerstätte vorkommenden Salzen, namentlich Kali-, Magnesia- und Borsalzen, sowie die Solquellen.[6] [7]

**1.** Der erste Titel des BG. hat seit 1869 Änderungen lediglich durch das Gesetz vom 30. Juni 1900 erfahren.

**2.** Nach § 905 BGB. erstreckt sich das Recht des Eigentümers eines Grundstücks auf den Raum über der Oberfläche und auf den Erdkörper unter der Oberfläche. Der Eigentümer kann jedoch Einwirkungen nicht verbieten, die in solcher Höhe oder Tiefe vorgenommen werden, daß er an der Ausschließung kein Interesse hat.

Der Art. 1 beschränkt dieses Recht des Grundeigentümers bezüglich der in Abs. 2 besonders aufgeführten Mineralien, deren Aufsuchung und Gewinnung durch Dritte nach Maßgabe der Bestimmungen des Berggesetzes er zulassen muß.

Die rechtliche Zulässigkeit einer derartigen Beschränkung ist ausgesprochen im Art. 67 des EGzBGB., wonach die landesgesetzlichen Vorschriften, welche dem Bergrecht angehören, unberührt bleiben.

**3.** Siehe Art. 2.

**4.** Das Waschgold (Flußgold) ist ausgenommen und fällt daher als Zubehör der Fundstelle den Eigentümern des Flußbetts zu. Nach Art. 26 Abs. 2 WG. ist zur Goldwäscherei in öffentlichen Gewässern sowie in den im Eigentum des Staats stehenden Privatflüssen und Bächen vorbehaltlich besonderer Berechtigungen die Erlaubnis der Verwaltungsbehörde erforderlich; in den übrigen Privatflüssen und Bächen ist hiezu nur der Eigentümer des Flußbetts (unter dem gleichen Vorbehalt) befugt; vgl. Art. 26 Abs. 2 Satz 2 a. a. O.

**5.** Zu den verleihbaren Eisenerzen zählen auch die Bohnerze und die Raseneisenerze.

**6.** Die Aufzählung der verleihbaren Mineralien ist eine erschöpfende; eine Ausdehnung auf hier nicht angeführte Mineralien ist nicht zulässig. Wegen der Mitgewinnung nicht verleihbarer Mineralien und der Rechte des Grundeigentümers in solchen Fällen vgl. Art. 45. Die von der Staatsregierung bei Vorlage des Entwurfs der Novelle von 1900 beantragte Aufnahme des Graphits unter die verleihbaren Mineralien wurde von der Kammer der Abgeordneten mit großer Mehrheit abgelehnt, um den beteiligten Grundeigentümern die bisherige ausschließliche Gewinnung dieses wertvollen Minerals auch weiter zu sichern (vgl. Verhandl. der K. d. A. Sten. Ber. 1900 Bd. II S. 801 ff.). — Aus dem erschöpfenden Charakter der Aufzählung ergibt sich, daß Mineralien, die von der Wissenschaft neu entdeckt werden, der Verfügung des Grundeigentümers unterliegen; es gilt dies insbesondere auch von den radiumhaltigen Mineralien.

**7.** Will jemand auf fremdem Grund und Boden ein hier nicht aufgeführtes Naturprodukt, z. Erdöl (Petroleum) aufsuchen und gewinnen, so muß er sich mit dem Grundeigentümer auf gütlichem Wege einigen; ein Zwang gegen den Grundbesitzer ist ausgeschlossen.

## Art. 2. (2)

**Die Aufsuchung und Gewinnung von Steinsalz nebst den mit demselben auf der nämlichen Lagerstätte vorkommenden Salzen, namentlich Kali-, Magnesia- und Borsalzen sowie der Solquellen bleibt dem Staate vorbehalten.[1 2 3]**

**Das Staatsministerium der Finanzen ist jedoch befugt, die Erlaubnis hiezu Einzelnen oder Gemeinschaften zu erteilen.[4]**

**1.** Art. 2 beruht auf dem Gesetz vom 30. Juni 1900. Durch Art. 1 des BG. vom 20. März 1869 war die Bergbaufreiheit für Steinsalz nebst den auf der gleichen Lagerstätte vorkommenden Salzen und für die Soolquellen eingeführt und dem Staate nur für das Gebiet des Bezirksamts Berchtesgaden das bisher ausschließliche Recht zur Steinsalz- und Soolgewinnung vorbehalten worden.

Die überwiegende Mehrzahl der deutschen Bundesstaaten hat ungeachtet der Aufhebung des Salzhandelsmonopols das ausschließliche Recht auf Steinsalz- und Solgewinnung entweder gar nicht aufgegeben oder später aus volkswirtschaftlichen Rücksichten wieder eingeführt.

Erwägungen volkswirtschaftlicher Natur, sowie die Besorgnis einer Gefährdung der bayerischen Salinen durch die Erbohrung mächtiger Salzlager seitens der Privatindustrie gaben Anlaß, das Monopol zur Salzgewinnung dem Staate zu sichern. Bei der großen Bedeutung der mit dem Steinsalz erfahrungsgemäß vorkommenden Kali- und sonstigen Salze für die Landwirtschaft und Industrie erschien es geboten, diese mit in das Monopol einzubeziehen, um diese Schätze allgemein nutzbar zu machen.

In Würdigung dieser Verhältnisse fand der Art. 2 einstimmige Annahme bei beiden Kammern des Landtags (1900).

**2.** Hinsichtlich der Solquellen behält Art. 16 Abs. 2 des Wassergesetzes die Bestimmungen des BG. vor.

**3.** Über den Absatz von Kalisalzen ist das Reichsgesetz vom 25. Mai 1910, RGBl. S. 775, ergangen; über die Zuweisung vorläufiger Beteiligungsziffern am Absatz von Kalisalzen an Kaliwerke, die sich im Eigentum eines Bundesstaats befinden oder an denen ein Bundesstaat mit mindestens einem Drittel beteiligt ist, s. § 12 Abs. 3 dieses Gesetzes.

**4.** Durch die dem Staatsministerium der Finanzen eingeräumte Ermächtigung soll es hauptsächlich ermöglicht werden, daß industrielle Unternehmer, welche die Herstellung von Soda, Chlor oder ähnlichen chemischen Fabrikaten betreiben wollen, die Gewinnung der hiezu erforderlichen Salze selbst betätigen.

Selbstverständlich kann das Finanzministerium bei der Erlaubniserteilung angemessene Bedingungen zur Fernhaltung von mißbräuchlicher Ausbeutung festsetzen.

## Art. 3. (3)

Bei der vom Staate oder auf Grund einer vom Staatsministerium der Finanzen erteilten Erlaubnis von sonstigen Unternehmern betätigten Aufsuchung und Gewinnung von Salzen und Solquellen finden sowohl hinsichtlich der für den Betrieb maßgebenden Beschränkungen und Verpflichtungen, als auch hinsichtlich des Verhältnisses des Unternehmers zu andern Bergwerksbesitzern und zu den Mutern, zu den Grundbesitzern und zu den bei dem Betriebe beschäftigten Personen die Vorschriften dieses Gesetzes, soweit sie nach der Natur der Sache zutreffen, entsprechende Anwendung.[1] Im übrigen findet dieses Gesetz auf den Erwerb und Betrieb von Bergwerken für Rechnung des Staates in vollem Umfange Anwendung.[2]

**1.** Satz 1 beruht auf dem Ges. vom 30. Juni 1900. Die Aufsuchung und Gewinnung von Salzen und Solquellen ist zwar nach Art. 2 dem Staate vorbehalten und bedarf derselbe hiezu keiner Mutung und Verleihung, allein die desfallsigen Betriebe bleiben deshalb doch Bergwerksunternehmungen, für welche sowohl gegenüber dem Staate als dessen Konzessionären die sonstigen Vorschriften des Berggesetzes gelten und zu beachten sind, so insbesondere jene, die sich auf den Betrieb und die Verwaltung, die Bergpolizei, die Anlage von Hilfsbauen, die Grundabtretung und den Schadensersatz für Beschädigungen des Grundeigentums, die Verhältnisse und den Schutz der Bergarbeiter und die Knappschaftsvereine beziehen. So gelten namentlich auch die Vorschriften hinsichtlich des Schürfens (Art. 4 ff.).

**2.** Betreibt der Staat Bergbau außer dem ihm durch Art. 2 vorbehaltenen, dann steht er jedem andern Bergbautreibenden gleich und unterliegt den allgemeinen berggesetzlichen Vorschriften über den Erwerb und Betrieb von Bergwerken, wie dieser.

## Zweiter Titel.[1]

# Von der Erwerbung des Bergwerks-Eigentums.[2]

## Erster Abschnitt.

## Vom Schürfen.[3]

### Art. 4. (4)

Die Aufsuchung der im Art. 1 bezeichneten Mineralien auf ihren natürlichen Ablagerungen – das Schürfen — unterliegt den nachstehenden Vorschriften (Art. 5 bis 13).[4]

**1.** Der zweite Titel des Berggesetzes hat seit 1869 Änderungen bzw. Ergänzungen durch das AGzBGB. und durch die Gesetze vom 30. Juni 1900 und 13. August 1910 erfahren.

**2.** Bei der Erwerbung des Bergwerkseigentums kommen drei Vorgänge in Betracht: das Schürfen, das Muten und die Verleihung des Bergwerkseigentums.

**3.** Unter Schürfen wird das Aufsuchen der unter das BG. fallenden Mineralien (Art. 1) verstanden. Dasselbe umfaßt die Arbeiten an der Oberfläche der Grundstücke, auf denen die Ablagerung der Mineralien vermutet wird, sowie die unterirdischen Arbeiten mittelst Bohrungen usw.

Beim Schürfen sollen einerseits die Interessen und Rechte des Grundeigentümers, der solches nicht willkürlich hindern kann, tunlichst gewahrt, andererseits aber das Aufsuchen von Mineralien erleichtert werden, um hiezu Kapital und Unternehmungslust behufs Gewinnung der Erdschätze anzuspornen.

**4.** Weitere Beschränkungen ergeben sich aus Art. 20 des neuen Wassergesetzes (Heilquellenschutz); dazu §§ 47 ff. der VollzV. z. WG. (MBek. vom 3. Dezember 1907, GVBl. S. 876).*)

---

*) Art. 20 WG. lautet:

Die Vornahme von Grab- oder Bohrarbeiten auf Grundstücken im Bereiche von öffentlich benützten Heilquellen einschließlich der Solquellen ist an die Erlaubnis der Verwaltungsbehörde gebunden. Vor der Erteilung der Erlaubnis ist der Eigentümer der Heilquelle mit seinen Erinnerungen zu hören.

Abs. 2. Die Erlaubnis ist zu versagen oder nur unter Bedingungen oder Beschränkungen zu erteilen, wenn und soweit durch die Vornahme

## Art. 5. (5)

Auf öffentlichen Plätzen, Straßen und Eisenbahnen, sowie auf Friedhöfen ist das Schürfen unbedingt untersagt.[1]

Auf anderen Grundstücken ist das Schürfen unstatthaft, wenn nach der Entscheidung des Oberbergamtes überwiegende Gründe des öffentlichen Interesses entgegenstehen.[2]

Unter Gebäuden und in einem Umkreise um dieselben bis zu sechzig Metern, in Gärten und in eingefriedeten Hofräumen darf nicht geschürft werden, es sei denn, daß der Grundbesitzer seine ausdrückliche Einwilligung hiezu erteilt hat.[3]

**1.** Das Verbot des Schürfens ist veranlaßt durch die Rücksichtnahme auf die öffentliche Sicherheit und Ordnung, sowie auf die Fernhaltung von Störungen der Ruhe.

**2.** Inwieweit aus Gründen des öffentlichen Interesses das Schürfen auf anderen Grundstücken als den im Abs. 1 in Betracht kommenden unstatthaft erscheint, hat das Oberbergamt zu entscheiden. Solche Gründe können vorliegen, wenn es sich z. B. um den Schutz gemeinnütziger Anlagen, Wasserversorgungen von Gemeinden usw. handelt. Das Verbot richtet sich auch gegen den Grundbesitzer. Da der Schürfer einer Erlaubnis der Bergbehörde nicht bedarf, wenn er selbst der Grundeigentümer ist oder sich mit diesem geeinigt hat, und da auch nicht für alle Fälle von Schürfarbeiten (vgl. Art. 12) eine Anzeige an die Bergbehörde vorgeschrieben ist, so ist es Sache der Ortspolizeibehörde oder der sonst Beteiligten, die Bergbehörde in Kenntnis zu setzen, sobald Schürfarbeiten vorgenommen werden, die eine Gefährdung öffentlicher Interessen besorgen lassen. Strafbestimmung s. Art. 264. Über die sich aus dem Heilquellenschutz (Art. 20 WG.) ergebende Beschränkung der Schürffreiheit s. Anm. 4 zu Art. 4.

**3.** Der Grundbesitzer soll hiedurch vor Störungen und Belästigungen in seinem eigentlichen Wohnterritorium geschützt werden; nur mit seiner *ausdrücklichen* Zustimmung dürfen hier Schürfungen vorgenommen werden, ein Zwang ist ausgeschlossen. Daß der Abs. 3 nur den Schürfer, nicht auch den Bergwerkseigentümer (s. Art. 46) beschränke, hat der VGH. in der Entsch. vom 16. Oktober 1905, Samml. 27 S. 4, ausgesprochen.

---

der Arbeiten eine Gefährdung des Bestandes oder der Beschaffenheit der Heilquelle zu besorgen ist.

Abs. 3. Ergibt sich nach der Erteilung der Erlaubnis, daß durch die Arbeiten der Bestand oder die Beschaffenheit der Heilquelle beeinträchtigt wird, so kann die Verwaltungsbehörde auf Antrag des Eigentümers der Quelle die Einstellung der Arbeiten und die möglichste Wiederherstellung des früheren Zustandes verfügen. Der Eigentümer der Heilquelle hat in diesem Falle dem Unternehmer der Arbeiten die auf die Vornahme und die Einstellung der Arbeiten sowie auf die Wiederherstellung des früheren Zustandes erwachsenen Kosten zu ersetzen.

Abs. 4. Die Bezeichnung der öffentlich benützten Heilquellen und ihres Bereichs erfolgt durch die Staatsregierung.

## Art. 6. (6)

Wer zur Ausführung von Schürfarbeiten fremden Grund und Boden benützen will, hat hiezu die Erlaubnis des Grundbesitzers nachzusuchen.[1]

Mit Ausnahme der im Art. 5 bezeichneten Fälle muß der Grundbesitzer, er sei Eigentümer oder Nutzungsberechtigter, das Schürfen auf seinem Grund und Boden gestatten.[2]

**1.** Wer fremden Grund und Boden zum Schürfen benützen will, sei es an der Oberfläche oder unter dieser, hat sich zuvor die Genehmigung des Grundbesitzers (des Eigentümers oder Nutzungsberechtigten) zu erholen, wobei die etwaige Entschädigung des letzteren zu vereinbaren ist. Dies gilt auch für den Fall, wenn etwa der Schürfer von einem Nachbargrundstücke aus, das ihm gehört oder für welches er die Erlaubnis zum Schürfen besitzt, Stollen in ein anstoßendes Grundstück zum Zwecke des Schürfens treiben will.

**2.** Wenn dem Grundbesitzer gesetzliche Gründe (s. nun auch den S. 4 abgedruckten Art. 20 WG.) zur Verweigerung der Erlaubnis nicht zur Seite stehen, kann er bei etwaiger Weigerung zur Duldung des Schürfens gezwungen werden, selbstverständlich gegen die gesetzlich (Art. 7) ihm zukommende Entschädigung.

Ob, wenn neben dem Grundeigentümer ein Nutzungsberechtigter vorhanden ist, der erstere oder letztere oder beide die Erlaubnis zum Schürfen zu erteilen haben, hängt von dem rechtlichen Verhältnis ab, in welchem die beiden zu einander stehen. Dies ist auch entscheidend für die Frage, ob der Nutzungsberechtigte, falls er selbst schürfen will, die Erlaubnis des Grundeigentümers zuvor einzuholen hat.

## Art. 7. (7)

Der Schürfer ist verpflichtet, dem Grundbesitzer für die entzogene Nutzung jährlich im voraus vollständige Entschädigung zu leisten und das Grundstück nach beendigter Benützung wieder zur freien Verfügung des Grundbesitzers zu stellen, auch für den Fall, daß durch die Schürfarbeiten eine Wertsverminderung des Grundstückes eintritt, bei Beendigung der Benützung den Minderwert zu ersetzen.[1]

Für die Erfüllung dieser letzteren Verpflichtung kann der Grundbesitzer schon vor dem Beginne der Schürfarbeiten die Bestellung angemessener Sicherheit[2] von dem Schürfer verlangen.

Auf die jährlich zu leistende Entschädigung finden die Vorschriften des Art. 184, auf den Ersatz des Minderwerts finden die Vorschriften des Art. 189 entsprechende Anwendung.[3]

**1.** Durch die Bestimmungen des Art. sind die Rechte und Interessen des Grundbesitzers in ausreichender Weise gewahrt. Der Schürfer hat ebenso wie der Bergwerksbesitzer den Grundeigentümer nach jeder Richtung schadlos zu halten. Derselbe hat hienach den durch die Schürfarbeiten entgangenen Gewinn aus der benützten Bodenfläche voll zu ersetzen und, wenn der künftige Ertrags- und allgemeine Wert des Grundstücks vermindert ist, auch hiefür vollen Ersatz zu gewähren; so, wenn ein Teil der Fläche überhaupt nicht mehr nutzbar ist oder wenn der Gebrauchs- und Verkaufswert des Grundstücks durch Beschädigung der Oberflächen geringer geworden ist.

**2.** Siehe §§ 232 ff. BGB.

**3.** Abs. 3 wurde neu beigefügt durch Art. 157 I des AGzBGB. vom 9. Juni 1899.

## Art. 8. (8)

Die dem Grundeigentümer in Art. 181 Abs. 3, Art. 182 und Art. 183 eingeräumten Rechte stehen demselben auch gegen den Schürfer zu.[1]

In diesen Fällen sind für den Antrag des Grundeigentümers die Bestimmungen des Art. 191 und folgende maßgebend.[2]

**1.** Dem Schürfer soll in ganz gleicher Weise wie dem Bergwerksbesitzer die Verbindlichkeit obliegen, den Grundeigentümer voll schadlos zu halten. Hieraus ergibt sich, daß die Vorschriften des V. Titels über die Erwerbung des Grundeigentums durch den Bergwerksbesitzer auf Verlangen des Grundeigentümers auch gegenüber dem Schürfer für anwendbar erklärt wurden.

**2.** Selbstverständlich haben auch die dem Bergwerksbesitzer gegenüber geltenden Vorschriften hier Anwendung zu finden.

## Art. 9. (9)[1]

Kann der Schürfer sich mit dem Grundbesitzer über die Gestattung der Schürfarbeiten nicht gütlich einigen, so entscheidet das Oberbergamt darüber, ob und unter welchen Bedingungen die Schürfarbeiten unternommen werden dürfen.[2]

Das Oberbergamt kann die Ermächtigung zum Schürfen nur in den Fällen des Art. 5 versagen.[3]

Das Oberbergamt setzt beim Mangel einer Einigung unter den Beteiligten die Entschädigung und Sicherheitsleistung in Geld (Art. 7) vorbehaltlich der Betretung des Rechtsweges fest. Wird der Rechtsweg betreten, so ist für die Klage das Gericht ausschließlich zuständig, in dessen Bezirk das Grundstück liegt.[4]

Die Kosten des Verfahrens vor dem Oberbergamte fallen dem Schürfer zur Last.[5]

**1.** Die Fassung des Art. 9 beruht in Abs. 1, 3 und 4 auf dem Gesetz vom 30. Juni 1900.

**2.** Zunächst soll es im Interesse der tunlichst raschen Inangriffnahme der Schürfarbeiten der Vereinbarung der Beteiligten überlassen bleiben, unter welchen Bedingungen diese Arbeiten vorgenommen werden dürfen, nur, wenn eine solche Vereinbarung nicht erzielt werden kann, hat sich der Schürfer, falls er auf seinem Vorhaben besteht, an das Oberbergamt zu wenden, welches vorbehaltlich der Beschwerde an den Verwaltungsgerichtshof (Art. 249) zu entscheiden hat.

Der frühere 2. Satz dieses Absatzes, welcher lautete: „Auch wenn der Grundbesitzer vor Beginn der Schürfarbeiten auf Erwerbung des Grundeigentums nach Art. 138 Abs. 2 (jetzt 193) einen Gegenantrag stellt, haben die Bergbehörden sofort darüber zu entscheiden, ob und unter welchen Bedingungen das begehrte Grundstück von dem Schürfer vorläufig in Benutzung genommen werden darf" wurde als gegenstandslos gestrichen. Dem Grundeigentümer steht (vgl. Art. 8) dem Schürfer und dem Bergwerksbesitzer gegenüber das gleiche Recht zu. Auf Grund der in Art. 181 bis 183 über die Grundabtretung enthaltenen Vorschriften ist der Grundbesitzer berechtigt, die Erwerbung ins Eigentum zu verlangen, wenn feststeht, daß die Benutzung länger als drei Jahre dauert, oder wenn dieselbe nach drei Jahren noch fortdauert, oder wenn es sich um den Ersatz des Minderwertes bei Rückgabe des benützten Grundstücks handelt. Da nun bei Beginn der Schürfarbeit über die Dauer derselben nichts festgestellt werden kann, so ist in diesem Zeitpunkt für einen Gegenantrag des Grundbesitzers ein Stützpunkt nicht gegeben, der obige Satz also gegenstandslos.

**3.** Das Oberbergamt hat nur dann, wenn überwiegende Gründe des öffentlichen Interesses entgegenstehen, die Ermächtigung zu versagen; in allen anderen Fällen muß es ohne Rücksicht auf die Privatinteressen des Grundbesitzers die Ermächtigung erteilen, wobei bezüglich der Schadloshaltung des letzteren Abs. 3 maßgebend erscheint; zu den in Art. 5 Abs. 2 aufgeführten Fällen ist nun noch der die Schürffreiheit ebenfalls beschränkende Art. 20 WG. (Heilquellenschutz) gekommen; vgl. Anm. 4 zu Art. 4.

**4.** Die provisorische Festsetzung der Entschädigung der Sicherheitsleistung durch das Oberbergamt liegt im Interesse der Parteien.

Die Bestimmung, daß bei Betretung des Rechtswegs für die Klage ausschließlich das Gericht zuständig ist, in dessen Bezirk das Grundstück liegt, ist zweckmäßig, da von diesem am einfachsten etwaige Besichtigungen und Schätzungen betätigt werden können.

Da es sich bei Art. 9 um einen unter den Gesichtspunkt der Zwangsenteignung fallenden Eingriff in das Grundeigentum handelt, ist die Vorschrift durch den Vorbehalt im § 15 Nr. 2 des EGzZPO. gedeckt.

Bezüglich der Zuständigkeit im Einzelfalle gelten die allgemeinen Vorschriften.

**5.** Die frühere Fassung lautete: „Die Kosten der I. Instanz fallen dem Schürfer, die der Berufungsinstanz dem unterliegenden Teile zur Last." Nunmehr hat das Oberbergamt zunächst zu entscheiden und hat der Schürfer die hiebei erwachsenden Kosten zu tragen; gelangt die Sache im Beschwerdeweg an den Verwaltungsgerichtshof, so hat dieser auch über den Kostenpunkt nach den allgemein hiefür gültigen Vorschriften, bzw. nach Lage der Sache zu entscheiden.

## Art. 10. (10)

Durch Beschreiten des Rechtsweges wegen der Festsetzung der Entschädigung oder der Sicherheitsleistung wird der Beginn der Schürfarbeiten nicht aufgehalten, vorausgesetzt, daß die von dem Oberbergamte festgesetzte Entschädigung an den Berechtigten bezahlt oder bei verweigerter Annahme hinterlegt, desgleichen die Hinterlegung der Sicherheitsleistung in dem von der Bergbehörde festgestellten Betrage geschehen ist.[1]

1. Die Beschreitung des Rechtsweges ist nur zulässig wegen der Festsetzung der Entschädigung oder der Sicherheitsleistung. Die Ermächtigung des Oberbergamtes zur Vornahme der Schürfarbeiten kann, ebenso wie die Versagung hiezu lediglich im Wege der Beschwerde an den Verwaltungsgerichtshof angefochten werden (Art. 249).

Die Beschreitung des Rechtsweges hindert jedoch den Beginn der Schürfarbeiten nicht, wenn die Entschädigung gezahlt oder hinterlegt ist, letzteres gilt auch von der Sicherheitsleistung. Dagegen darf bei Einlegung der Beschwerde zum Verwaltungsgerichtshof mit den Schürfarbeiten vor Bescheidung der Beschwerde nicht begonnen werden.

Der durch das Gesetz vom 30. Juni 1900 vorgenommenen Streichung der Anordnung, daß die Hinterlegung der Entschädigung gerichtlich zu erfolgen habe, lag die Absicht zugrunde, die Ausdrucksweise des Gesetzes mit jener des Bürgerlichen Gesetzbuchs in Einklang zu bringen (vgl. §§ 232 ff. BGB.).

## Art. 11. (11)

In den Feldern fremder Bergwerke darf nach denjenigen Mineralien geschürft werden, auf welche der Bergwerkseigentümer Rechte noch nicht erworben hat.

Bedrohen jedoch solche Schürfarbeiten die Sicherheit der Baue oder den ungestörten Betrieb des Bergwerkes, so hat die Berginspektion dieselben zu untersagen.[1]

Der Bergwerksbesitzer kann verlangen, daß der Schürfer ihm vor Beginn der Schürfarbeiten angemessene Sicherheit für die etwa zu leistende Entschädigung bestellt.

Auf diese Sicherheitsleistung finden der Art. 9 mit Ausnahme der Bestimmung des Abs. 3 Satz 2 und der Art. 10 Anwendung.[2]

1. Der Bergwerksbesitzer hat durch die Mutung nur das Recht auf Gewinnung der in der Verleihung bezeichneten Mineralien erworben, es wird deshalb durch Abs. 1 für statthaft erklärt, nach anderen Mineralien auch in den Feldern bereits bestehender Bergwerke zu schürfen, wobei selbstverständlich die Bestimmungen des Art. 6 zu beachten sind.

Voraussetzung ist außerdem, daß die Schürfarbeiten die Sicherheit der Baue oder den ungestörten Betrieb des Bergwerks nicht beeinträchtigen.

Wäre das der Fall, so hätte die Berginspektion von Amts wegen oder auf Antrag einzuschreiten. Ohne Antrag wird die Berginspektion die Schürfarbeiten zu untersagen haben, sobald durch dieselben die Sicherheit der Baue bedroht wird, da es Aufgabe der Berginspektion ist, Gefährdungen von Personen usw. ferne zu halten (Art. 253).

**2.** Die Fassung des Abs. 4 beruht auf dem Gesetz vom 30. Juni 1900. Es ist nur billig und gerecht, daß dem Bergwerksbesitzer Entschädigung für die aus den Schürfarbeiten ihm erwachsenden Nachteile gewährt wird und daß er hiefür auch Sicherheitsbestellung fordern kann. Bezüglich der gerichtlichen Zuständigkeit ist hier in Abs. 4 eine Änderung gegenüber dem Art. 9 getroffen, insofern nicht der dingliche Gerichtsstand als ausschließlicher bestimmt ist. Es rührt dies daher, weil es zweifelhaft ist, ob die Sicherheitsleistung, welche der Bergwerksbesitzer, in dessen Feld nach Mineralien geschürft werden soll, auf die er kein Recht erworben hat, für die ihm etwa zu leistende Entschädigung verlangen kann, unter den Gesichtspunkt der Enteignung fällt. Es ist vielmehr die Annahme berechtigt, daß es sich in Art. 11 um eine nach den allgemeinen privatrechtlichen Grundsätzen zu bemessende Sicherheitsleistung wegen drohenden Schadens handelt (vgl. auch AbgKVerh. 1878/79 Beilbd. V. S. 221 Sp. 1). Es hat daher bei der Vorschrift der ZPO. zu verbleiben, wonach der dingliche Gerichtsstand nur neben den allgemeinen Gerichtsstand zu treten hat (§ 26 ZPO.).

## Art. 12. (neu)[1]

Die Vorschriften im IX. Titel (von der Bergpolizei) finden auf das Schürfen entsprechende Anwendung.[2]

Der Beginn und die Einstellung von Schürfarbeiten, welche mittelst Erdbohrungen von mehr als 20 m Saigerteufe oder in Schächten und Erdgruben von mehr als 5 m Absinken unter der Erdoberfläche oder in Stollen vorgenommen werden, sind innerhalb drei Tagen der (zuständigen) Berginspektion anzuzeigen.[3] Durch oberpolizeiliche Vorschrift kann die Geltung der Art. 76 bis 80 mit den sich aus der Sachlage ergebenden Änderungen auf Schürfarbeiten ausgedehnt werden.[4] Der Art. 254 Abs. 2, 3 findet Anwendung.

**1.** Art. 12 beruht auf dem Gesetz vom 13. August 1910.

**2.** Schürfarbeiten unter Tag im Weg der Tiefbohrung, Anlage von Schächten oder Stollen wurden schon bisher als unterirdische Baue im Sinne der Art. 83, 253 gemäß einer wiederholt durch MinE. anerkannten Übung der bergpolizeilichen Aufsicht unterworfen. Bei der Bedeutung, welche das Schürfwesen in neuerer Zeit gewonnen hat, empfiehlt es sich, wie die Motive bemerken, etwaigen Zweifeln vorzubeugen und den Vorschriften über die Bergpolizei auch die Schürfarbeiten an der Oberfläche zu unterwerfen. Daß die Vorschriften des VIII. Titels (über die Bergbehörden) für Schürfarbeiten gelten, erachten die Motive mit Recht als selbstverständlich, da schon die Art. 5 und 11 von der Anwendbarkeit der die Bergbehörden betr. Vorschriften ausgehen.

3. Das Gesetz beschränkt sich darauf, diejenigen Schürfarbeiten der Anzeigepflicht zu unterwerfen, welche erfahrungsgemäß in hohem Grade unfallgefährlich sind. Saigerteufe = senkrechte Tiefe. Analoge Anzeigepflichten des Bergwerksbesitzers siehe in Art. 69 und 74. Strafbestimmung siehe in Art. 264 Ziff. 2.

4. Die Ausdehnung ist erfolgt durch die oberpolizeilichen Vorschriften vom 2. November 1910 (s. Anhang!).

### Art. 13. (12)

Der Schürfer ist befugt, über die bei seinen Schürfarbeiten geförderten Mineralien (Art. 1) zu verfügen, insoferne nicht bereits Dritte Rechte auf dieselben erworben haben.[1]

1. Das Recht des Schürfers ist zunächst beschränkt auf die im Art. 1 aufgeführten verleihbaren Mineralien und erstreckt sich auf diese auch nur insoweit, als nicht ein Dritter solche bereits verliehen erhalten hat. Andere als die verleihbaren Mineralien gehören dem Grundeigentümer. Es ist jedoch selbstverständlich, daß sowohl der Grundeigentümer, als auch der Beliehene, welche die geförderten Mineralien beanspruchen, dem Schürfer die Gewinnungskosten zu ersetzen haben.

## Zweiter Abschnitt.

## Vom Muten.

### Art. 14. (13)

Das Gesuch um Verleihung des Bergwerkseigentums in einem gewissen Felde — die Mutung — muß bei dem Oberbergamt angebracht werden.[1]

1. Nach der Organisation der Bergbehörden vom Jahre 1900 kommt die Verleihung des Bergwerkseigentums dem Oberbergamte zu und sind daher die Mutungen bei diesem anzubringen.

Der Muter kann sein Gesuch sowohl unmittelbar beim Oberbergamt einreichen, als sich hiebei auch der Mitwirkung der einschlägigen Berginspektion — in deren Bezirk der Fundpunkt liegt — bedienen. Es wurde dies bei den Verhandlungen im Ausschuß der Kammer der Abgeordneten (1900) ausdrücklich seitens der Staatsregierung hervorgehoben. Immerhin empfiehlt es sich für den Muter, das Gesuch unter Mitwirkung der Berginspektion anzufertigen und dasselbe dann unmittelbar mittelst eingeschriebenen Briefes dem Oberbergamt zweifach zu übersenden.

### Art. 15. (14)

Die Mutung ist schriftlich in zwei gleichlautenden Exemplaren einzulegen.[1]

Jedes Exemplar wird mit Tag und Stunde des Einlaufes versehen und sodann ein Exemplar dem Muter zurückgegeben.[2]

Es ist statthaft, die Mutung bei dem Oberbergamte zu Protokoll zu erklären.[3]

**1.** Es besteht kein rechtliches Hindernis, wenn auch das Gesetz es nicht ausdrücklich erwähnt, die Mutung auf telegraphischem Wege zu betätigen.

**2.** Da nach Art. 27 die ältere Mutung der jüngeren vorgeht, so ist es von Wert, daß der Muter genauen Nachweis über den Zeitpunkt des Einlaufs hat. Da übrigens die Mutung beim Oberbergamt angebracht werden muß, so versteht sich von selbst, daß der Zeitpunkt des Einlaufs bei diesem Amte für die Priorität der Mutung entscheidend ist, auch wenn die Mutung bei der Berginspektion eingereicht wurde. Die letztere hat die Mutung instruktionsgemäß ungesäumt dem Oberbergamt in Vorlage zu bringen.

Gemäß ME. vom 20. September 1909 Nr. 22206 bestimmte das K. Oberbergamt mit Bek. vom 22. September 1909 (publ. in den KrABlättern 1909) folgendes: 1. Die Annahme und protokollarische Aufnahme der an das K. Oberbergamt einzusendenden Mutungen erfolgt im Sekretariat dieses Amtes. Bei den Berginspektionen eingereichte Mutungen werden zwar an das K. Oberbergamt sofort weiter befördert, jedoch sind für deren Alter nur der Einlauf beim K. Oberbergamt und dessen Präsentatum maßgebend. 2. Telegraphische Mutungen werden wie die schriftlichen behandelt; telephonische sind unzulässig und dürfen von den beteiligten Behörden nicht angenommen werden. 3. Die Annahme und protokollarische Aufnahme von Mutungen erfolgt ausschließlich an Werktagen von 8 bis 12 Uhr vormittags und 3 bis 6 Uhr nachmittags. Außer dieser Zeit oder an Sonn- und Feiertagen einschließlich der politischen Feiertage einlaufende Mutungen erhalten das Präsentatum der nächstfolgenden Dienstesstunde. 4. Die bei der Post einlaufenden Mutungen werden täglich dreimal mit den übrigen amtlichen Sendungen beim Postamt in Empfang genommen. Mutungen ein und derselben Abholung erhalten das gleiche Präsentatum, so daß sie als gleichaltrig gelten.

**3.** In diesem Fall wird dem Muter eine Abschrift des Protokolls behändigt.

## Art. 16. (15)

Jede Mutung muß enthalten:[1]

1) den Namen und Wohnort des Muters,
2) die Bezeichnung des Minerals, auf welches die Verleihung des Bergwerkseigentums verlangt wird,
3) die Bezeichnung des Fundpunktes,
4) den dem Bergwerke beizulegenden Namen.

Fehlt der Mutung eine der Angaben Ziffer 1, 2 und 3 gänzlich, so ist die Mutung ungültig.

Fehlt die Angabe Ziffer 4 oder sind die Angaben Ziffer 1, 2, 3 und 4 ungenau und wird dem Mangel auf die Auf=

forderung des Oberbergamts innerhalb einer Woche nicht abgeholfen, so ist die Mutung von Anfang an ungültig.[2] [3]

**1.** Der Art. stellt die formellen Erfordernisse fest, ohne welche der Mutung eine Gültigkeit — bei Ziffer 4 bedingt — nicht zukommt. Um die Einlegung der Mutung wegen der Prioritätsrechte des Muters nicht zu verzögern, sind nur die notwendigsten Punkte gefordert, die ohne weitläufige Erörterungen aufgestellt werden können.

So ist namentlich eine bestimmte Erklärung über Lage und Größe des zu begehrenden Feldes nicht verlangt, weil häufig der Muter nach der Auffindung des Minerals hiezu noch gar nicht imstande ist.

**2.** Die unter Ziffer 1, 2 und 3 aufgestellten Erfordernisse sind so wesentlich für die Verleihung des Bergwerkseigentums, daß bei Fehlen eines derselben von einer gültigen Mutung nicht gesprochen werden kann, während sich der Mangel unter Ziffer 4 leicht beheben läßt. Ungenauigkeiten bei den sämtlichen Angaben sind nach Abs. 4 zu berichtigen.

Die Bezeichnung des Fundpunkts muß auch die Angabe der Teufe enthalten, in welcher der Fund gemacht worden ist, s. Urt. des RGZ. vom 8. Mai 1901, Entsch. 49 S. 227.

**3.** Durch das Gesetz vom 13. August 1910 wurde der bisherige Abs. 2 des Art. 16 gestrichen, der eine Mutung auf das Mineralvorkommen eines verlassenen Bergwerks zuließ. Es gilt nunmehr ausnahmslos die Regel, daß die Mutung Fündigkeit zur Voraussetzung hat (s. Art. 17). Die bisherige Ausnahme erschien nach den gemachten Erfahrungen nicht hinreichend gerechtfertigt. Aus der Rechtsprechung s. BayVGH. vom 31. Dezember 1906, Samml. 28 S. 51 (verlassenes Bergwerk ist ein Bergwerk, das früher einmal tatsächlich im Betrieb gewesen ist).

## Art. 17. (16)[1]

Die Gültigkeit einer Mutung wird dadurch bedingt,

1) daß das in der Mutung bezeichnete Mineral auf dem angegebenen Fundpunkt (Art. 16) auf seiner natürlichen Ablagerung vor Einlegung der Mutung entdeckt worden ist und bei der amtlichen Untersuchung in solcher Menge und Beschaffenheit nachgewiesen wird, daß sich die Möglichkeit einer bergmännischen Gewinnung des Minerals vernünftigerweise annehmen läßt,

2) daß nicht bessere Rechte auf den Fund entgegenstehen.[2]

Ist die auf den Fund eingelegte Mutung infolge Überdeckung durch das Feld einer anderen Mutung ungültig geworden, so kann der Fund, wenn er später wieder ins Bergfreie fällt, nur von dem ersten Muter oder mit dessen Einwilligung zum Gegenstand einer neuen Mutung gemacht werden.[3]

**1.** Die Fassung des Art. 17 beruht auf dem Gesetz vom 13. August 1910.

**2.** Art. 17 handelt von den materiellen Erfordernissen der Mutung.

a) Die Ziff. 1 bestimmt das Erfordernis der Fündigkeit. Das Mineral muß vor Einlegung der Mutung auf seiner natürlichen Ablagerung entdeckt worden sein (s. dazu Urt. d. RGZ. vom 9. Dezember 1908, Entsch. 70 S. 254, ZBergr. 51 S. 151); ist das Mineral nicht natürlich dort abgelagert, sondern auf irgend eine andere Art dahin gelangt, so muß die Mutung als ungültig behandelt werden. Das Mineral muß aber ferner bei der amtlichen Untersuchung auf seiner natürlichen Ablagerung nachgewiesen werden; die bisherige Fassung des Art. 17 beschränkte sich auf diese Forderung; die Novelle von 1910 hat den Art. 17 durch die nähere Bestimmung der an die nachzuweisende Menge und Beschaffenheit des Minerals zu stellenden Anforderungen ergänzt, damit indessen nur die Praxis des Oberbergamts und des Verwaltungsgerichtshofs bestätigt, die schon bisher dahin ging, daß es nicht genügt, wenn das Mineral auf der natürlichen Ablagerung nur in Spuren oder überhaupt nur in so geringer Menge oder Beschaffenheit nachzuweisen war, daß sich die Möglichkeit einer bergmännischen Gewinnung des Minerals vernünftigerweise nicht annehmen ließ (vgl. die Entsch. d. VGH. vom 13. März 1905, MABl. 1905 S. 304, ferner die nicht publ. Entsch. vom 13. Januar 1908 Nr. 155 III/07 und vom 26. April 1909 Nr. 60 III/08, auch die zum preuß. Berggesetz ergangenen Urt. d. RGZ. vom 23. Mai 1882 und vom 8. Mai 1901, Entsch. 8 S. 195 u. 49 S. 227). Das Gesetz von 1910 wollte nichts anderes, als diese durch die ständige Rechtsprechung des Verwaltungsgerichtshofs gestützte Praxis, welche den Nachweis lediglich der sog. absoluten Bauwürdigkeit verlangte, auf eine zweifelsfreie gesetzliche Unterlage stellen, dagegen liegt ihm, wie die Motive (vgl. AbgKVerh. 1907 Beil. 155 S. 12) ausdrücklich hervorheben, nicht die Absicht zugrunde, „die Verleihung von Bergwerkseigentum an strengere Voraussetzungen als bisher zu knüpfen. Insbesondere will der Entwurf — so die Motive — nicht für die Zukunft den Nachweis der sogenannten relativen oder ökonomischen Bauwürdigkeit zur Bedingung der Verleihbarkeit machen". Das BG. in der neuen Fassung des Art. 17 steht also auf dem gleichen Standpunkt wie das bisherige Gesetz, das in seinen Motiven (vgl. AbgKVerh. 1866/68 Beil. Bd. IV S. 40, 41) bemerkt, die Beurteilung der sog. relativen oder ökonomischen Bauwürdigkeit sei nicht Sache der Bergbehörde, sondern des Unternehmers, sowie derjenigen, welche sich mit demselben wegen Ausbeutung oder Erwerbung des Bergwerks einlassen, zumal die diese Bauwürdigkeit bedingenden Umstände den mannigfachsten Veränderungen unterworfen sind und sich daher einer maßgebenden Beurteilung durch die Bergbehörde entzögen.

Bei der amtlichen Untersuchung muß das Mineral nachgewiesen werden; die zit. Motive von 1869 erwähnen, daß der übliche Augenschein — die Fundesbesichtigung — zwar das regelmäßige, aber nicht das einzige Beweismittel für die Fündigkeit sei. Als andere Beweismittel wurden vom VGH. als zulässig bezeichnet die chemische Analyse (in der Entsch. vom 14. Nov. 1904, MABl. 1905 S. 302), ferner Urkunden (amtliche Akten); der VGH. hat übrigens mit Recht wiederholt (z. B. in Entsch. vom 26. April, 24. Mai und 14. Juni 1909) den Grundsatz ausgesprochen, daß eine Bindung der entscheidenden Behörde bzw. des Verwaltungsgerichtshofs an eine auf den Fund des Muters früher erfolgte Verleihung von Bergwerkseigentum in keiner

Weise bestehe. Urkunden (amtliche Akten) sind nur dann beweiskräftig, wenn sie hinreichend genaue Feststellungen über Menge und Beschaffenheit des Minerals zulassen. Die durch das Gesetz von 1910 erfolgte Aufhebung der Mutung auf das Mineralvorkommen eines verlassenen Bergwerks (s. Anm. 3 zu Art. 16) legt es nahe, strenge Anforderungen an den Nachweis durch alte Verleihungsakten zu stellen. — Der Muter muß sich von Einlegung der Mutung ab jederzeit bereit halten, der zuständigen Bergbehörde das Mineral auf irgend eine Art nachzuweisen, er darf also nicht den Nachweis auf unbestimmte Zeit hinausschieben (vgl. die zit. Entsch. d. BGH. vom 14. Nov. 1904).

Über die bisher vom BGH. bezüglich Menge und Beschaffenheit des Minerals verlangten Nachweise ergibt die Rechtsprechung des BGH. folgendes. Der BGH. hat in Entsch. vom 26. April 1909 Nr. 60 III/08 und 21. Juni 1909 Nr. 189 u. 191 III/08 Mutungen auf Steinkohle als ungültig erklärt, bei welchen nur Kohlenflözchen von 6 bzw. 8 cm Mächtigkeit nachgewiesen waren, andererseits hat der BGH. in der Entsch. vom 15. Januar 1908 Nr. 155 III/07 in einem Braunkohlenflöz von 46 cm Mächtigkeit und in der Entsch. vom 1. Juni 1908 Nr. 27 III/08 noch in einem Braunkohlenflöz von 16 cm Mächtigkeit einen hinreichenden Nachweis des gemuteten Minerals anerkannt; „noch viel weiter" herabzugehen hielt der BGH. in seiner Entsch. vom 17. Januar 1910 Nr. 72 III/08 nicht für angängig; doch entschied er ebenda zugunsten der Verleihung beim Nachweis von zwei durch ein Mittel von 34 cm Dicke getrennten Flözchen von 5 und 10 cm Kohle, die also zusammen 15 cm mächtig waren. — Betr. Eisenerzmutungen hat der BGH. in Entsch. vom 4. Januar 1909 Nr. 162 III/08 erklärt, es komme darauf an, nicht nur daß die als Erz gemutete Masse einen solchen Prozentsatz von Eisen enthält, daß eine hüttenmäßige Gewinnung von Eisen, sondern daß auch die mit hinreichendem Eisenprozentsatz durchsetzte Masse in solcher Anhäufung vorhanden sei, daß eine bergmännische Eisengewinnung vernünftigerweise ins Werk gesetzt werden könne; bei Anwendung dieser Grundsätze dürfe, zumal da die Verbesserungen in bezug auf Bergwerksbetrieb und Hüttenwesen in stetem Fortschreiten begriffen seien, und da es nach den Motiven auch im Sinne des Gesetzes liege, dem Bergbau im Interesse der vaterländischen Industrie die Wege zu ebnen, nicht von zu enger, es müsse vielmehr von einer weiteren Auffassung ausgegangen werden; zugleich hat der BGH. (Entsch. vom 29. März 1909 Nr. 2 III/09) auf Grund Nachweises eines ockerigen Eisenerzes von — im Mittel — 28,31 % Eisengehalt zugunsten der Verleihung entschieden. Die unterste Grenze für die Bezeichnung eines Minerals als Erz im Sinn des Berggesetzes liegt nach mehreren Entscheidungen des BGH. — die durch Auszüge aus fachmännischen Gutachten begründet sind — „um 20 % Eisen herum" (Entsch. vom 6. Sept. 1909 Nr. 10 III/09, auch vom 4. Januar 1909 Nr. 161 u. 162 III/08). Mit Entsch. vom 29. Nov. 1909 Nr. 12 III/09 sprach der BGH. auf ein Rasenerzvorkommen von 12—16 cm Mächtigkeit, 33,07 % Eisengehalt und erheblicher Ausdehnung die Verleihung aus.

b) Die Ziffer 2 bestimmt das Erfordernis der Feldesfreiheit. Nach dem Vorgang der Novelle zum preuß. BG. vom 18. Juni 1907 wurde das Wort „Dritter" nach „bessere Rechte" gestrichen, da auch eigene ältere Rechte des Muters die sog. Feldesfreiheit und damit die

Gültigkeit der Mutung ausschließen können. Bessere Rechte können außerdem haben Finder, Muter und Beliehene (s. Art. 26 u. 27, 46, 47).

**3.** Zu Abs. 2 bemerken die Motive (1910): „Nach dem geltenden Berggesetz ist es gleichgültig, wie der Fund gemacht ist, ob durch den Muter oder durch einen Dritten, zufällig oder gar durch verbotswidrige Schürfarbeiten; es steht nach dem BG. auch nichts im Wege, daß Mutungen auch auf fremde Funde eingelegt werden. Von diesem Grundsatz enthält die vorgeschlagene Vorschrift eine Ausnahme" (im Anschluß an die Novelle zum preuß. BG. vom 18. Juni 1907). Der ungenutzte Ablauf der sechsmonatlichen Frist des Art. 19 hindert im Fall des Abs. 2 die Wiedereinlegung einer Mutung auf den alten Fund nicht, da die Vorschriften des Art. 21 diesen Fall nicht treffen (vgl. Anm. 4 zu Art. 21).

## Art. 18. (18)

Der Muter hat die Lage und Größe des begehrten Feldes (Art. 29), letztere nach Quadratmetern, anzugeben und die einschlägigen Steuerkatasterpläne in zwei Exemplaren einzureichen, auf welchen der Fundpunkt und die Feldesgrenzen durch einen amtlich bestellten Markscheider oder die Messungsbehörde eingezeichnet sein müssen.[1]

Das Staatsministerium des K. Hauses und des Äußern kann allgemein oder für einzelne Fälle gestatten, daß die Einzeichnung durch einen in einem deutschen Bundesstaat geprüften Bergingenieur oder Markscheider erfolgt.[2]

**1.** Die Erklärung des Muters über die Lage und Größe des begehrten Feldes (Feldesstreckung) gehört zur Begründung seines Verleihungsantrages und bildet die Grundlage für die Beurteilung der Mutung in ihrem Verhältnis zu benachbarten Beteiligten und für die Entscheidung des Oberbergamtes über die Verleihung. Dabei sind die Bestimmungen des Art. 29 des Ges. entsprechend zu beachten.

Die verlässigen Steuerkatasterpläne bieten die beste Bürgschaft für die richtige Bezeichnung des beanspruchten Feldes; das Größenmaß nach Quadratmetern entspricht ohnehin der jetzigen gesetzlichen Maßeinheit. Der Fundpunkt muß durch den amtlichen Markscheider oder das einschlägige Messungsamt, das gemäß § 4 der K. Allerh. Verordnung vom 15. Dezember 1908 (GVBl. S. 1094) seit 1 Januar 1909 an die Stelle der im Text genannten „Messungsbehörde" getreten ist, auf Grund einer an Ort und Stelle vorgenommenen Feldesaufnahme eingezeichnet sein, damit hienach die amtliche Untersuchung gemäß Art. 17 betätigt werden kann.

**2.** Abs. 2 beruht auf dem Ges. vom 13. August 1910. Nach Art. 19 und 21 muß der Muter binnen sechs Monaten von der ersten Einbringung der Mutung an das Feld gestreckt haben; andernfalls wird die Mutung als von Anfang an ungültig abgewiesen, ohne erneuert werden zu können. Daraus ergibt sich die Notwendigkeit für den Fall Vorsorge zu treffen, daß die amtlichen Markscheider und Messungsämter bei großem Andrang von Mutungen nicht in der Lage sein sollten, rechtzeitig den Aufträgen der Muter gerecht zu werden.

## Art. 19. (19)

Die Angabe der Lage und Größe des Feldes, sowie die Einreichung der Steuerkatasterpläne (Art. 18) muß binnen sechs Monaten nach Einlauf der Mutung bei dem Oberbergamt erfolgen.[1]

Geschieht dies nicht, so ist die Mutung von Anfang an ungültig.[2]

Unterläßt der Muter die Einreichung der vorgeschriebenen Anzahl der Steuerkatasterpläne, so kann das Oberbergamt auf Kosten des Muters solche ankaufen und in sie den Situationsriß einzeichnen lassen.

Mängeln des Situationsrisses, die nicht vom Oberbergamte beseitigt werden (Art. 36), hat der Muter auf die Aufforderung des Oberbergamts binnen sechs Wochen abzuhelfen; auf Antrag des Muters kann die Frist angemessen verlängert werden. Werden die Fristen versäumt, so ist die Mutung von Anfang an ungültig.[3]

**1.** Zur Vermeidung von Kollisionen zwischen benachbarten Mutungen ist die Festsetzung einer bestimmten Frist geboten, innerhalb deren der Muter Lage und Größe des Feldes unter Vorlage der Steuerkatasterpläne beim Oberbergamte angegeben haben muß, wenn nicht die Mutung ungültig sein soll. Ohne diese Angaben und den Plan fehlt jede Grundlage zur Entscheidung über die Verleihung. Selbstverständlich können die Angaben und die Vorlage des Planes sofort bei Einreichung der Mutung erfolgen, nur müssen solche vollständig sein, d. h. die wesentlichen Erfordernisse enthalten.

Die Erweiterung der Frist von bisher einem Monat auf sechs Monate durch das Gesetz vom 13. August 1910 steht im Zusammenhang mit dem neuen Art. 21, der die bisherige Möglichkeit des Verzichtens auf die Mutung unter gleichzeitiger Einlegung einer neuen Mutung auf denselben Fund (vgl. die Bemerkungen zu Art. 21) zeitlich — nämlich eben auf die Frist von sechs Monaten von der ersten Einlegung der Mutung an — eingeschränkt hat.

**2.** Die Frist des Art. 19 ist auch zu beachten, wenn wegen der Mutung etwa ein Beschwerdeverfahren läuft, da der Muter sonst Gefahr läuft, durch Versäumung der Frist die Ungültigkeit der Mutung zu bewirken.

**3.** Abs. 4 beruht auf dem Ges. vom 13. August 1910, das dem Vorgang der Novelle z. preuß. Berggesetz vom 18. Juni 1907 folgt. Abs. 4 berücksichtigt aus Billigkeitsgründen, wie die der Begründung des preuß. Gesetzentwurfs entnommenen Motive bemerken, die Möglichkeit, daß die vom Muter kurz vor Fristablauf eingereichten Pläne den zu stellenden Anforderungen nicht entsprechen.

## Art. 20. (20)

Die Lage und Größe des begehrten Feldes können nur innerhalb der auf den Steuerkatasterplänen (Art. 18) angegebenen Grenzen abgeändert werden.[1]

Gegen Mutungen Dritter ist das gesetzlich begehrte, auf den Steuerkatasterplänen angegebene Feld einer Mutung für die Dauer ihrer Gültigkeit geschlossen.[2]

Diese Wirkung tritt mit dem Zeitpunkte der Präsentation der Mutung ein und wird auf diesen Zeitpunkt auch dann zurückbezogen, wenn die Steuerkatasterpläne mit Einzeichnung erst später innerhalb der im Art. 19 vorgeschriebenen Frist eingereicht worden sind.

**1.** Die etwaige Änderung der Lage und Größe des begehrten Feldes ist beschränkt auf die in dem Plane gegebene Abgrenzung, ein Hinausgreifen, eine Erweiterung ist ausgeschlossen, dagegen ist eine Reduktion oder Veränderung der Lage innerhalb der ursprünglichen Begrenzung zulässig.

**2.** Rechtliche Folge einer gültigen Mutung vom Tage ihres Einlaufs beim Oberbergamt ist die Schließung des begehrten Feldes gegenüber den Mutungen Dritter auf das gleiche Mineral (Feldessperre); es kann daher ein Dritter, welcher das Mineral an einem anderen Fundpunkte des bereits gesetzlich begehrten Feldes aufschließt, hieraus ein Recht für sich auf Mutung nicht ableiten.

## Art. 21. (neu)[1]

Wird nach oder unter Verzichtleistung auf eine Mutung auf den dieser zugrunde liegenden Fund oder auf einen anderen in demselben Bohrloche oder Schurfschachte aufgeschlossenen Fund desselben Minerals eine neue Mutung eingelegt, so beginnt für diese der Lauf der im Art. 19 Abs. 1 bestimmten Frist mit dem Einlauf der zuerst eingelegten Mutung.[2] Nach Ablauf von sechs Monaten nach dem Einlauf der zuerst eingelegten Mutung kann eine neue Mutung auf denselben Fund oder auf einen in demselben Bohrloch oder Schurfschacht aufgeschlossenen Fund desselben Minerals nicht mehr eingelegt werden.[3] [4]

Wird eine Mutung infolge Nichteinhaltung der im Art. 19 Abs. 1 und 4 bestimmten Frist von Anfang an ungültig, so kann eine neue Mutung auf denselben Fund oder auf einen in demselben Bohrloch oder Schurfschacht aufgeschlossenen Fund desselben Minerals nicht mehr eingelegt werden.[5]

**1.** Art. 21 beruht auf dem Ges. vom 13. August 1910, das dem Vorgang der Novelle z. preuß. Berggesetz vom 18. Juni 1907 folgt, auch in seinen Motiven die Begründung der preuß. Novelle reproduziert. Die folgenden Bemerkungen geben auszugsweise die Begründung wieder; der Entwurf ist unverändert Gesetz geworden.

**2.** Art. 21 tritt einer Praxis entgegen, die dem Muter gestattete, beliebig oft auf seine Mutung zu verzichten, sodann aber in unmittelbarem Anschluß an diesen Verzicht eine neue Mutung auf denselben Fund einzulegen; zu der neuen Mutung konnte der Muter ein neues, je nach seinem Belieben von dem früher begehrten Feld völlig verschiedenes Feld begehren. Hierdurch wurde für ihn die Möglichkeit begründet, einen ihm inzwischen in der Umgebung seines Funds, auch außerhalb des etwa schon von ihm gestreckten Feldes, erwachsenen unerwünschten Wettbewerb zu verhüten oder unschädlich zu machen; er brauchte zu diesem Zweck das neu gestreckte Feld nur so zu legen, daß dadurch der Schurfort des Konkurrenten überdeckt wurde, so daß diesem gegenüber die in Art. 20 Abs. 2 u. 3 vorgesehene Wirkung der Feldessperre eintrat; auf diese Weise konnte der Muter in den durch Art. 28 gezogenen Grenzen in einem Gebiet von bedeutendem Umfang die Konkurrenz ausschließen (sog. Schlagkreis der Mutung). Das Gesetz erkennt nun an, daß der Muter unter Umständen an der Möglichkeit einer Erneuerung seiner Mutung ein wohlbegründetes, einwandfreies und dringliches Interesse hat; es schließt deshalb die Erneuerung nicht aus, sondern sucht den Mißbrauch der Feldessperre dadurch abzustellen, daß es den Muter für die Ausübung seines Wahlrechts bezüglich des zu streckenden Feldes an die durch das Ges. von 1910 auf sechs Monate erweiterte Frist des Art. 19 Abs. 1 bindet, die durch den Einlauf der zuerst eingelegten Mutung beim Oberbergamt (Art. 14) in Lauf gesetzt wird. — Das Gesetz berücksichtigt besonders den Fall, daß mit einem und demselben Bohrloch oder Schurfschacht mehrere Lagerstätten desselben Minerals durchteuft und nacheinander zum Gegenstand von Mutungen gemacht werden wollen; würde jede dieser Mutungen als eine völlig selbständige behandelt, so ließe sich auch auf diesem Wege eine Feldessperre von langer Dauer herbeiführen. — Die Motive heben ausdrücklich hervor, daß insoweit im Art. 21 von Bohrungen die Rede ist, hierunter nur Tiefbohrungen, nicht auch Horizontalbohrungen zu verstehen sind.

**3.** Das Verbot der Mutungserneuerung bezieht sich sowohl auf den Fall, daß die Mutung von dem früheren Muter wie auch auf den Fall, daß sie von einem Dritten eingelegt wird. Auch macht es keinen Unterschied, ob der Verzicht auf die frühere Mutung schon innerhalb der sechsmonatlichen Frist des Art. 19 erklärt worden ist oder erst nach ihrem Ablauf.

**4.** Der Lauf der sechsmonatlichen Frist des Art. 19 beginnt im Fall der Erneuerung der Mutung n u r d a n n mit der Präsentation der e r s t e n auf einen Fund eingelegten Mutung, wenn diese Mutung durch Verzicht fortgefallen ist; es hängt dies mit dem Zweck der neuen Bestimmung (s. Anm. 2 oben) zusammen. Ist also eine Mutung nicht durch Verzicht, sondern dadurch in Fortfall gekommen, daß sie wegen anderer Mängel als wegen nicht ausreichender Beschaffenheit des Fundes (Art. 17 Abs. 1 Ziff. 1) zurückgewiesen worden ist, so verwehrt das Gesetz dem Muter nicht, jederzeit, also auch nach Ablauf der Frist des Art. 19 auf den gleichen Fund oder auf einem andern im selben Bohrloch oder Schurfschacht aufgeschlossenen Fund eine neue Mutung einzulegen. Vgl. Anm. 3 zu Art. 17.

**5.** Von dem soeben erörterten Grundsatz, daß eine ungültige Mutung die Frist des Art. 19 nicht in Lauf setzt, macht Abs. 2 eine Ausnahme, um der Möglichkeit einer Umgehung des Gesetzes zu begegnen.

## Art. 22. (21)

Das Feld einer Mutung wird sogleich nach Einreichung der Steuerkatasterpläne (Art. 18) von dem Oberbergamt auf die Mutungsübersichtskarte aufgetragen.

Die Einsicht dieser Karte ist einem jedem gestattet.[1]

**1.** Aus den amtlichen Mutungsübersichtskarten kann rasch und sicher ermittelt werden, ob und inwieweit ein Terrain mit Mutungs- und verliehenen Feldern bestrickt ist und wie die einzelnen Felder zueinander liegen. Es ist daher erwünscht und im Interesse des Bergbaues gelegen, den Zweck dieser Übersichtskarten durch die Bestimmung ihrer Öffentlichkeit und die sofortige Auftragung jedes Mutungsfeldes zu fördern.

## Art. 23. (22)

Versuchsarbeiten, welche der Muter etwa noch vor der Verleihung ausführt, unterliegen denselben Vorschriften, wie die Arbeiten des Schürfers (Art. 4 bis 13).[1]

**1.** Die weiteren Versuchsarbeiten, zu welchen der Muter vor der Verleihung zwar nicht verpflichtet, aber doch befugt ist, sind als Fortsetzung der in der Regel vorausgegangenen Schürfarbeiten oder auch geradezu als solche anzusehen und deshalb auch zum Schutze des Grundeigentumes wie diese zu behandeln.

Dieselben bezwecken zumeist, über die Bauwürdigkeit, den Verlauf des Minerals und die hiernach zweckmäßigste Art der Feldeslegung genauen Aufschluß zu bieten.

S. dazu Art. 12.

# Dritter Abschnitt.

## Vom Verleihen.[1]

## Art. 24. (23)

Die den gesetzlichen Erfordernissen entsprechende Mutung begründet einen Anspruch auf Verleihung des Bergwerkseigentums in dem im Art. 29 bestimmten Felde.[2]

**1.** Bei diesem Abschnitt waren folgende Grundsätze maßgebend:

Die rechtsgültige Mutung begründet einen Rechtsanspruch auf Verleihung des Bergwerkseigentums in einem den Vorschriften des Gesetzes entsprechenden Felde.

Klagbar ist dieser Anspruch nur gegen denjenigen, welcher dem Muter einen privatrechtlichen Anspruch entgegensetzt, nicht aber gegen die das Hoheitsrecht ausübende Staatsbehörde (Art. 25).

Kollidierende Muter rangieren in der Weise, daß der jüngere Muter, wenn er im Sinne des Gesetzes Finder (Art. 26) ist, auf Grund des Erstfinderrechts dem älteren Muter vorgeht, in allen übrigen Fällen aber die ältere Mutung das Vorrecht vor der jüngeren hat.

Form und Größe des Feldes sind gewissen gesetzlichen Regeln unterworfen (Art. 29).

Die Entscheidung über die Verleihung und die Verleihung selbst erfolgen durch die Bergbehörde (das Oberbergamt) nach einem gesetzlich geregelten Verfahren.

Über Kollisionen mit den Rechten dritter Muter oder Beliehener findet vor der Verleihung ein kontradiktorisches Verfahren vor der Bergbehörde statt. Diese entscheidet darüber durch einen Beschluß, gegen welchen dem abgewiesenen Teile die Beschwerde an den Verwaltungsgerichtshof (Art. 34, 249) und, soferne Privatrechtsverhältnisse in Frage stehen, der Rechtsweg binnen einer ausschließenden Frist von drei Monaten offen steht (Art. 34 Abs. 2).

Erst nach Beseitigung der Kollisionen durch rechtskräftige bergbehördliche Entscheidung oder durch Richterspruch wird die Verleihungsurkunde ausgefertigt und veröffentlicht (Art. 35, 38). Die Veröffentlichung hat für Muter, welche noch Vorzugsrechte auf das veröffentlichte Feld zu haben glauben, ohne in dem Verleihungsverfahren hierüber gehört zu sein, die Wirkung, daß die vermeintlichen Vorzugsrechte bei Vermeidung des Verlustes derselben binnen drei Monaten gegen den Beliehenen gerichtlich verfolgt werden müssen (Art. 38 Abs. 2). Durch erfolglosen Ablauf der Frist wird das verliehene Bergwerkseigentum von allen etwaigen An- und Einsprüchen der vorbezeichneten Art frei.

**2.** Ohne den hier gewährleisteten Rechtsanspruch des Muters auf Verleihung des Bergwerkseigentums würde die Entwicklung des Bergbaues gefährdet erscheinen. Wenn die Verleihung nicht, wie die Schürferlaubnis aus Gründen des öffentlichen Interesses versagt werden kann, so muß darauf hingewiesen werden, daß letzteres durch die Beaufsichtigung des Bergbaues nach Maßgabe des neunten Titels genügend gewahrt wird.

## Art. 25. (24)

Dieser Anspruch kann jedoch auf dem Rechtswege nicht gegen das zur Erteilung der Verleihung berufene Oberbergamt sondern nur gegen diejenigen Personen verfolgt werden, welche dem Muter die Behauptung eines besseren Rechtes entgegensetzen.[1]

**1.** Der Grundsatz des älteren Rechts, daß dem Muter ein Klagerecht gegen den Staat zur Geltendmachung seines Anspruchs nicht zusteht, bleibt auch fernerhin aufrecht erhalten. Die Klagbarkeit des Rechtes aus der Mutung gegen Konkurrenten dagegen erscheint unbedenklich und berechtigt, da der Streit zwischen diesen Personen sich lediglich auf privatrechtlichem Gebiete bewegt.

## Art. 26. (25)

Wer auf eigenem Grund und Boden oder in seinem eigenen Grubengebäude oder durch Schürfarbeiten, welche nach Vorschrift der Art. 4 bis 13 unternommen worden sind, ein Mineral (Art. 1) auf seiner natürlichen Ablagerung entdeckt, hat als Finder das Vorrecht vor anderen nach dem Zeitpunkte seines Fundes eingelegten Mutungen.[1]

Der Finder muß jedoch innerhalb zwei Wochen nach Ablauf des Tages der Entdeckung Mutung einlegen, widrigenfalls sein Vorrecht erlischt.[2]

**1.** Die Priorität unter konkurrierenden Mutern bedarf der gesetzlichen Regelung. In dieser Richtung kommt zunächst das Finderrecht — Recht des ersten Finders — in Betracht. Der Finder als solcher geht mit seiner Mutung allen Mutungen vor, welche in der Zeit unmittelbar nach seinem Funde bis zur Einlegung seiner Mutung in den Einlauf des Oberbergamtes gelangen, jedoch nur in der Begrenzung des Abs. 2. Die Aufrechterhaltung dieses Vorrechts ist vollkommen gerechtfertigt, weil die erste Bedingung der Verleihung in einem bergrechtlichen Funde besteht und der Finder die natürliche nächste Anwartschaft auf die Verleihung hat und weil namentlich in diesem Vorrechte ein wirksames Mittel zu erblicken ist, um zu Schürfunternehmungen aufzumuntern. Außerdem gewährt das Finderrecht einen festen dem bisherigen Rechtszustande entsprechenden Anhaltspunkt für die Entscheidung über kollidierende Bewerbungen.

Zur Begründung des Finderrechts verlangt der Art. 26 zunächst einen bergrechtlichen Fund, d. h. die Entdeckung eines unter Art. 1 des Ges. fallenden Minerals auf seiner natürlichen, bis dahin unbekannten Ablagerung.

Um die Vorrechte des Finders geltend machen zu können, ist erforderlich, daß der Fund entweder von dem Besitzer des Grundes, auf dem das Mineral abgelagert ist, sei es nun zufällig oder auf Schürfen gemacht wurde oder daß solcher von einem Bergwerksbesitzer in seinem eigenen Grubengebäude etwa beim Abbau des Bergwerks, oder endlich durch erlaubte Schürfarbeiten auf fremdem Grund und Boden betätigt wurde. Im letzteren Falle ist Voraussetzung die Beachtung der Vorschriften der Art. 4 bis 13 des Ges. Ein zufälliges Finden auf fremdem Grund gewährt das Recht des Finders nicht, wogegen der Mutung des zufälligen Finders ein Hindernis selbstredend nicht im Wege steht.

**2.** Der Finder muß innerhalb der Frist von zwei Wochen den Fund in Form der Mutung anmelden, wenn er sich sein Vorrecht gegenüber Dritten wahren will. Die Frist wurde von acht Tagen auf zwei Wochen hauptsächlich im Interesse der Grundbesitzer durch das Ges. vom 30. Juni 1900 verlängert.

## Art. 27. (26)

In allen übrigen Fällen geht die ältere Mutung der jüngeren vor. Das Alter wird durch das Präsentatum bei dem Oberbergamte beziehungsweise durch das Datum der Protokollerklärung (Art. 15) bestimmt.[1]

**1.** In allen den Fällen, in welchen nicht das Vorrecht des Finders (Art. 26) in Frage kommt, entscheidet das Alter der Mutung nach dem

Präsentatum über das Vorrecht zwischen kollidierenden Mutern. S. dazu Anm. 2 zu Art. 15. Es wird wiederholt darauf hingewiesen, daß bei Inanspruchnahme der Berginspektion zur Vermittlung mit dem Oberbergamt nicht die Zeit des Einlaufs oder der Abgabe bei der Inspektion, sondern stets nur der Zeitpunkt des Einlaufs beim Oberbergamt entscheidet.

Für den Fall, daß mehrere Mutungen gleichen Rang haben, s. nunmehr Art. 30.

## Art. 28. (27)

Das Bergwerkseigentum wird für Felder verliehen, welche, soweit die Örtlichkeit es gestattet, von geraden Linien an der Oberfläche und von senkrechten Ebenen in die ewige Teufe begrenzt werden. Der Flächeninhalt der Felder ist nach der horizontalen Projektion in Quadratmetern festzustellen.[1]

**1.** Das BG. von 1869 hat die gevierte Vermessung mit senkrechten Ebenen in die ewige Teufe als allgemeine Regel aufgestellt und die Bestimmung der Feldesgröße nach Quadratmetern, dem jetzigen Einheitsmaße, angeordnet. S. dazu Art. 276 ff.

Die einfachste und sicherste Art, Grubenfelder zu bestimmen, ist die des Art. 28, daß nämlich ein gewisses Terrain auf der Oberfläche durch feste Grenzen bezeichnet wird und daß der prismatische Raum, welcher senkrecht unter diesem Terrain liegt und nach der Tiefe nicht beschränkt ist (ewige Teufe), das Grubenfeld bildet. Da die Technik des Bergbaues im allgemeinen gradlinige Grenzen erfordert, so muß die Begrenzung der Felder durch gerade Linien an der Oberfläche die Regel bilden. Von dieser Regel darf nur abgewichen werden, wo die Örtlichkeit — Landesgrenzen, Flüsse, schon bestehende Grubenfelder usw. — Berücksichtigung erheischt, damit z. B. die Ausschließung von Feldesteilen, welche für sich nicht zu benützen sein würden, vermieden oder der Anschluß an benachbarte Felder erreicht wird.

Die Feststellung des Flächeninhaltes kann nur nach der horizontalen Projektion geschehen, so daß der Querschnitt des Grubenfeldes in jeder Tiefe denselben Flächeninhalt besitzt.

## Art. 29. (28)[1]

Der Muter hat das Recht,

1) für Stein- und Braunkohlen ein Feld bis zu 8'000,000 Quadratmetern (800 Hektaren),
2) für die übrigen Mineralien ein solches bis zu 2'000,000 Quadratmetern (200 Hektaren)

zu verlangen.[2]

Der Fundpunkt muß stets in das verlangte Feld eingeschlossen werden. Der Abstand des Fundpunktes von jedem Punkt der Begrenzung des Feldes darf bei Stein- und Braunkohlenfeldern nicht unter 80 und nicht über 6000 m, bei sonstigen Grubenfeldern nicht unter 25 und nicht über 2000 m betragen. Dieser Abstand wird auf dem kürzesten Wege durch das Feld gemessen.[3]

Freibleibende Flächen dürfen von dem Felde nicht umschlossen werden.[4]

Im übrigen darf dem Felde jede beliebige, den Bedingungen des Art. 28 entsprechende Form gegeben werden, soweit diese nach der Entscheidung des Oberbergamts zum Bergwerksbetriebe geeignet ist.[5]

Abweichungen von den Vorschriften über den Abstand des Fundpunktes und die Form des Feldes sind nur zulässig, wenn sie durch besondere, vom Willen des Muters unabhängige Umstände gerechtfertigt werden.[6]

**1.** Abs. 2—5 beruhen auf dem Gesetz vom 13. August 1910.

**2.** Bezüglich der Größe des zu verleihenden Feldes wurde kein Minimal- und Maximalfeld und innerhalb dessen die Bestimmung der Bergbehörde anheim gegeben, sondern nur ein Maximalfeld festgesetzt, welches dem Muter vermöge seines Rechtsanspruches bei Erfüllung der gesetzlichen Bedingungen gewährt werden muß. Mit der Mutung tritt die vorläufige Schließung des ganzen begehrten Feldes — innerhalb der hier gegebenen Grenzen — nach Art. 20 mit ihren rechtlichen Wirkungen ein.

Das Interesse des Bergbaues wird durch die Bestimmung des Art. wesentlich gefördert, indem der Muter sich bei der Wahl seines Feldes in weitgezogenen Grenzen frei bewegen kann. Innerhalb dieser Grenzen muß die Größe des Feldes nach Art. 28 genau bezeichnet werden.

**3.** Die neuen (vgl. Anm. 1 oben) Vorschriften über die Form des Feldes sind den Bestimmungen der Novelle zum preuß. BG. vom 18. Juni 1907 nachgebildet. Bisher bestimmten die Absätze 2 u. 3 des Art. 29 lediglich, daß in der dem Abs. 1 entsprechenden Ausdehnung dem Felde jede beliebige, den Bedingungen des Art. 28 entsprechende Form gegeben werden könne, daß jedoch der Fundpunkt stets in das Feld eingeschlossen werden müsse, endlich daß das Grubenfeld nirgends eine geringere Breite als den 32. Teil der Länge haben dürfe. Die große Freiheit, welche diese Bestimmungen den Mutern in der Feldesstreckung ließen, haben Schikanen beim Wettbewerb der Muter und die Anhäufung von Grubenfeldern in einer Hand erleichtert. Die neuen Bestimmungen wollen nach beiden Richtungen Abhilfe schaffen; sie beschränken in wirksamerer Weise als bisher die Längenstreckung des Feldes, die es bisher ermöglichte, entfernt liegende Fundpunkte Dritter zu überdecken, schreiben außerdem einen Mindestabstand des Fundpunkts von den Feldesgrenzen vor, um eine den Absichten des Gesetzes nicht entsprechende Ausnützung einer einzigen Entdeckung des Minerals zum Erwerb mehrerer Grubenfelder zu verhüten und geben dem Oberbergamt (s. Abs. 4) das Recht, die Verleihung des Grubenfelds zu verweigern, wenn dessen Form zum Bergwerksbetrieb nicht geeignet ist. Nach der jetzigen Fassung des Abs. 2 kann die Höchstlängenausdehnung eines Stein- oder Braunkohlenfelds

12000 m, die eines anderen Grubenfelds 4000 m betragen. Die Fundpunkte benachbarter Kohlenfelder müssen mindestens 160 m, die anderer Grubenfelder mindestens 50 m voneinander entfernt sein.

**4.** Das Verbot wird in den Motiven mit den Schikanen begründet, die früher erfahrungsgemäß bei Feldesstreckungen, welche freibleibende Flächenräume umschlossen, zur Benachteiligung und Behinderung konkurrierender Schürfer geübt wurden.

**5.** Nur eine solche Verstärkung des Einflusses der das Bergwerkseigentum verleihenden Behörde bietet nach den Motiven ausreichende Gewähr, daß bei der Ausgestaltung des Feldes lediglich nach sachlichen, durch das Bedürfnis des späteren Betriebes bedingten Rücksichten verfahren wird. Durch diese Abstellung auf die Entscheidung des Oberbergamts soll übrigens, wie die Motive ausdrücklich bemerken, der nach Art. 249 mit Art. 34 gegen die Ablehnung des Bergwerkseigentums zulässige Verwaltungsrechtsweg (d. h. die Beschwerde zum Verwaltungsgerichtshof und dessen Nachprüfung) nicht ausgeschlossen werden.

**6.** Der letzte Absatz berücksichtigt den Umstand, daß auf Grund der bisherigen Gesetzgebung vielfach Verhältnisse geschaffen worden sind, unter denen die Anwendung der neuen Bestimmungen untunlich sein würde. „Die Zulassung von Abweichungen ist z. B. Bedürfnis, wenn sonst wegen der Nähe der Grenzen von älteren Grubenfeldern oder der Landesgrenze einzelne Flächen unbenützt bleiben würden" (Motive). Ein Recht auf die Zulassung von Abweichungen hat der Muter nicht; die Zulassung ist in das pflichtmäßige Ermessen der Verleihungsbehörde gestellt.

## Art. 30. (neu)[1]

Wenn mehrere Mutungen gleichen Rang haben, haben die Muter, soweit die von ihnen begehrten Felder sich decken, Anspruch darauf, daß ihnen das Bergwerkseigentum in diesem Teile der Felder gemeinschaftlich verliehen wird.[2]

**1.** Art. 30 beruht auf dem Gesetz vom 13. August 1910.

**2.** Gleichen Rang haben Mutungen, die zugleich beim Oberbergamt einlaufen; s. dazu Anm. 2 zu Art. 15, ferner Art. 27. Das Gesetz löst die Frage, wie sich Mutungen von gleichem Rang verhalten, wenn Felder, die sich ganz oder teilweise decken, begehrt werden, in gleichem Sinne wie das österreichische Berggesetz. Decken sich die von gleichalterigen Mutungen begehrten Felder nicht, so besteht kein einer Lösung durch das Gesetz bedürfender Konflikt.

## Art. 31. (29)

Ehe die Verleihung des Bergwerkseigentums erfolgt, hat der Muter in einem von der Berginspektion anzusetzenden, ihm mindestens zwei Wochen vorher bekannt zu machenden Termin seine Schlußerklärung über die Größe und Begrenzung des Feldes, sowie über etwaige Einsprüche und kollidierende Ansprüche Dritter abzugeben.[1]

Auf Antrag des Muters kann der Termin verlegt, auch kann zur Fortsetzung des Verfahrens ein fernerer Termin angesetzt werden.[2]

Erscheint der Muter in dem Termin nicht, so wird angenommen, derselbe beharre bei seinem Anspruche auf Verleihung des Bergwerkseigentums in dem auf dem Steuerkatasterplan (Art. 18) eingezeichneten Felde und erwarte die Entscheidung des Oberbergamts über seinen Anspruch, sowie über die etwaigen Einsprüche und Ansprüche Dritter.[3]

**1.** Auf Grund des Art. 17 muß die amtliche Feststellung der Fündigkeit alsbald nach Einlegung der Mutung erfolgen. Hiebei wird indes der Muter in der Regel noch nicht in der Lage sein, sich endgültig über die Größe und Begrenzung des Feldes zu erklären. Nach Art. 19 muß der Muter erst binnen sechs Monaten nach Einlauf der Mutung die Lage und Größe des Feldes angeben und nach Art. 20 kann derselbe innerhalb der gemäß Art. 19 bezeichneten Grenzen noch Änderungen hieran vornehmen, wenn er durch weitere Aufschlußarbeiten oder sonst hiezu veranlaßt sein sollte.

Auch wird sich meist erst nach der Feststellung des Fundes oder nach der Auftragung des Feldes auf die Mutungs-Übersichtskarte (Art. 22) ergeben, ob und in welcher Art die Mutung mit den Rechten Dritter kollidiert. Es erscheint deshalb zweckmäßig, daß in einem von der Bergbehörde anzusetzenden Termin dem Muter Gelegenheit gegeben wird, seine Schlußerklärungen sowohl über Größe und Begrenzung des Feldes, als auch über etwaige Kollisionen mit dritten Mutern und Beliehenen abzugeben. Hieraus ergibt sich, da auch diese dritten Beteiligten zur Wahrnehmung ihrer Rechte zuzuziehen sind, für Kollisionsfälle ein kontradiktorisches Verfahren als Grundlage für die Entscheidung des Oberbergamtes über Erteilung oder Versagung der Verleihung. — Im Fall des Vorliegens kollidierender Rechte Dritter sofort ohne Schlußverhandlung die Mutung zurückzuweisen, hat der V.G.H. (Entsch. vom 20. Dezember 1909 Nr. 159 III/09) mit Recht für unzulässig erklärt und hierin einen wesentlichen Mangel des erstinstanziellen Verfahrens erblickt. Nach der Entsch. d. VGH. vom 20. Sept 1909 Nr 154 III/08 kann dieser Mangel durch Verzicht der Parteien — auch den nachträglich erklärten — geheilt werden.

Die Berginspektion handelt hier lediglich als Beauftragte des zur Verleihung des Bergwerkseigentums zuständigen Oberbergamtes und hat daher dessen Anweisungen, soweit solche nicht schon in der Dienstanweisung gegeben sind, genau zu entsprechen. Die Berginspektion wurde mit der Instruktion im Interesse des einfachen Verfahrens und des leichteren Verkehrs mit den Beteiligten betraut.

**2.** Falls die in Abs. 1 vorgeschriebenen 2 Wochen zwischen Bekanntgabe und Abhaltung des Termins für den Muter nicht ausreichend erscheinen, um seine Schlußerklärungen genügend vorzubereiten, ist dieser berechtigt, eine Verlegung des Termins zu beantragen.

**3.** Der für die erfolglose Vorladung des Muters vorgeschriebene Rechtsnachteil rechtfertigt sich dadurch, daß der Muter bereits durch Einlegung der Mutung und Einreichung des Situationsplans seinen

Anspruch auf Verleihung in einem bestimmten Felde geltend gemacht hat und daher aus seinem Ausbleiben nicht eine Verzichtleistung auf diesen Anspruch, sondern nur die Annahme hergeleitet werden kann, der Muter erwarte die bergbehördliche Entscheidung nach Lage der Verhandlungen.

## Art. 32. (30)

Zu dem Termin (Art. 31) werden

1) diejenigen Muter, deren Rechte vermöge der Lage ihrer Fundpunkte oder Felder mit dem begehrten Felde bereits kollidieren oder doch in Kollision geraten können,

2) die Vertreter der durch das begehrte Feld ganz oder teilweise überdeckten und der benachbarten Bergwerke

zur Wahrnehmung ihrer Rechte mit dem Eröffnen vorgeladen, daß im Falle ihres Ausbleibens das Oberbergamt lediglich nach Lage der Verhandlungen entscheiden werde.[1]

**1.** Um späteren Streitigkeiten tunlichst vorzubeugen, sind alle jene Personen (Muter und Bergwerksbesitzer) zur Verhandlung vorzuladen, deren Rechte in bergbaulicher Beziehung berührt werden und welche der Bergbehörde aus ihren Übersichtskarten oder durch Mitteilung bekannt sind. Die Berginspektion hat darauf zu achten, daß tunlichst alle Beteiligten geladen werden.

Eine Ladung der Grundbesitzer, die bei den Ausschußverhandlungen angeregt wurde, findet nicht statt, nachdem die Verhältnisse zwischen diesen und den Bergwerksbesitzern erschöpfend im fünften Titel geregelt sind.

Die dritten Beteiligten können nur unter dem Rechtsnachteile vorgeladen werden, daß im Falle ihres Ausbleibens das Oberbergamt lediglich nach Lage der Verhandlungen entscheiden werde, da es denselben unbenommen bleiben muß, ob sie sich auf eine Erörterung ihrer An- und Einsprüche vor der Verwaltungsbehörde einlassen oder nur deren Entscheidung abwarten wollen, um gegebenen Falles den Rechtsweg zu betreten (Art. 34 u. 38).

## Art. 33. (31)

Liegen Einsprüche und Kollisionen mit den Rechten Dritter nicht vor und findet sich auch sonst gegen die Anträge des Muters gesetzlich nichts zu erinnern, so fertigt das Oberbergamt ohne weiteres die Verleihungsurkunde aus.[1]

**1.** Unter den Voraussetzungen des Art. 33 kann die Verleihungsurkunde ohne weiteres ausgefertigt werden; eines vorgängigen dem Muter in Ausfertigung zuzustellenden Beschlusses bedarf es nicht. Wegen der Gebühren s. die Bem. zu Art. 35.

## Art. 34. (32)

Liegen Einsprüche und Kollisionen mit den Rechten Dritter vor oder kann aus anderen gesetzlichen Gründen den Anträgen des Muters gar nicht oder nicht in ihrem ganzen Umfange entsprochen werden, so entscheidet das Oberbergamt über die Erteilung oder Versagung der Verleihung durch einen Beschluß, welcher dem Muter und den beteiligten Dritten in Ausfertigung zugestellt wird.[1]

Einsprüche, welche in diesem Verfahren abgewiesen, ingleichen Ansprüche, welche, ohne angemeldet worden zu sein, hiebei nicht anerkannt wurden, müssen, insoferne sie auf Privatrechtsverhältnissen beruhen, binnen drei Monaten vom Tage der Zustellung der rechtskräftigen Entscheidung an bei Vermeidung des Ausschlusses durch gerichtliche Klage verfolgt werden.[2]

Die in dem Verleihungsverfahren durch unbegründete Einsprüche entstehenden Kosten hat der Widersprechende zu tragen.[3]

**1.** Es ist im Interesse des Bergbaues gelegen, für den Muter tunlichst rasch einen sicheren Rechtstitel zu schaffen, d. h. jede Anfechtung seines Anspruchs zu beseitigen, und es ist deshalb im Abs. 1 angeordnet, daß das Oberbergamt nach dem in den Art. 31 u. 32 vorgeschriebenen kontradiktorischen Verfahren über sämtliche Einsprüche und Kollisionen gegenüber den Anträgen des Muters Beschluß zu fassen und solchen sämtlichen Beteiligten zuzustellen hat.

Das Oberbergamt hat bei seiner Beschlußfassung sowohl alle erhobenen Einsprüche, als auch die angemeldeten, sowie die ihm ohne besondere Anmeldung bekannten Ansprüche Dritter zu würdigen und darüber zu befinden, ob und inwieweit die Einsprüche und Ansprüche berechtigt und anzuerkennen sind und ob und in welchem Umfange die Verleihung zu erteilen oder zu versagen sei.

Gegen die Entscheidung des Oberbergamtes steht den Beteiligten gemäß Art. 249 die Beschwerde an den Verwaltungsgerichtshof zu (vgl. auch VGH. Samml. 25 S. 161).

**2.** Über den Abs. 2, dessen jetzige Fassung auf dem Gesetz vom 30. Juni 1900 beruht, äußerte sich der Referent der Kammer der Abgeordneten folgendermaßen: „Abs. 2 des Art. 31 (jetzt 34) will, daß auch nicht angemeldete Ansprüche, welche im Beschlusse des Oberbergamts nicht anerkannt werden, selbst wenn sie auf Privatrechtstiteln beruhen, nach Ablauf einer Präklusivfrist von drei Monaten auch gerichtlich nicht mehr zur Geltung gebracht werden können. Darunter können offenbar nur Ansprüche der beteiligten Dritten gemeint sein, nämlich diejenigen, die nach Art. 30 (jetzt 32) zum Termin geladen werden müssen und denen die Beschlüsse der Bergbehörden zugestellt werden. Die anderen Leute erfahren überhaupt nichts davon und können mit ihren Rechtsansprüchen nicht präkludiert werden. Im Ausschusse wurde die Meinung geäußert, daß das „Nichtanerkennen" nicht genüge, insofern als der Beschluß sich mit diesen Rechten auch gar nicht befassen könne, und man glaubte, es müsse ausdrücklich die Verpflichtung statuiert werden, daß der Beschluß des Oberbergamts sich mit allen geltend gemachten Ansprüchen der in Art. 30 (jetzt 32) aufgeführten Personen werde befassen müssen. Nachdem der Herr Staatsminister des Innern das zwar als zutreffend anerkannt, aber als selbstverständlich erachtet hat, hatte der Ausschuß keine Veranlassung mehr, auf einer Änderung des Gesetzestextes in dieser Richtung zu bestehen, nachdem eine authentische Interpretation dahin vorgelegen, daß der Beschluß der Bergbehörde sich mit allen vorgebrachten Ansprüchen ausdrücklich zu beschäftigen habe und deshalb keinen übergehen dürfe." (Verh. d. K. d. Abg. Sten. Ber. 1899/1900 Bd. II S. 812.)

Zu dieser Äußerung des Referenten ist zu bemerken, daß das Oberbergamt, wie bereits unter Ziffer 1 zu Abs. 1 erwähnt wurde, noch weiter zu gehen verpflichtet ist und sich mit allen Ansprüchen, wenn sie auch nicht angemeldet worden sind, die ihm aber bekannt sind, zu befassen und darüber zu entscheiden hat, um den Muter vor weiteren Anfechtungen soweit tunlich zu sichern. Selbstredend müssen diejenigen Personen, welche solche Ansprüche geltend machen können, zu dem Termin nach Art. 32 geladen, es muß mit ihnen hierüber verhandelt und denselben auch der Beschluß des Oberbergamtes, der alle bei dem Termin verhandelten Ansprüche, ob angemeldet oder nicht, ausdrücklich zu erwähnen und solche anzuerkennen oder abzuweisen hat, zugestellt werden. Nicht besonders erwähnte Ansprüche unterliegen der Präklusion nicht. Ist in dem Verwaltungsverfahren eine rechtskräftige Entscheidung getroffen, dann müssen Einsprüche und Ansprüche, welche hiebei abgewiesen, bzw. nicht anerkannt wurden, insoferne sie privatrechtlicher Art sind, binnen drei Monaten vom Tage der Zustellung der rechtskräftigen Entscheidung durch gerichtliche Klage verfolgt werden, widrigenfalls solche ausgeschlossen sind. Hiedurch soll dem Muter eine Bürgschaft geboten werden, daß ihm nach Ablauf dieser Frist sein Anspruch gegen Anfechtungen jeder Art tunlichst gesichert ist. Im Zusammenhang hiemit steht noch Art. 38 Abs. 2, welcher sich mit dem Vorzugsrecht eines Muters auf das verliehene Feld oder Teile desselben befaßt, über welches bei dem Verfahren nach Art. 32 u. 33 nicht verhandelt und entschieden wurde. Für diese Klage läuft dann die Frist des Art. 38.

**3.** Die Bestimmung entspricht den allgemeinen prozessualen Normen.

## Art. 35. (33)

Sind die der Verleihung entgegenstehenden Hindernisse durch rechtskräftige Entscheidung nach Art. 34 oder durch Richterspruch beseitigt, so fertigt das Oberbergamt die Verleihungsurkunde aus.[1]

**1.** Die Ausfertigung der Verleihungsurkunde kann bei erhobenen Einsprüchen erst dann erfolgen, wenn eine rechtskräftige Entscheidung des Oberbergamtes und bzw. des Verwaltungsgerichtshofes vorliegt und privatrechtliche Ansprüche Dritter überhaupt nicht mehr in Frage kommen können wegen Ablaufs der Frist des Art. 34 oder wenn über die Privatrechtsansprüche ein rechtskräftiges richterliches Urteil entschieden hat.

Die Ausfertigung der Verleihungsurkunde ist ein gebührenpflichtiger Verwaltungsakt. Nach Art. 202, 203 des GebGes. in der Fassung des Gesetzes vom 29. April 1910 (GVBl. S. 233) können Gebühren von 3—300 Mark vom OBA. erhoben werden.

## Art. 36. (34)

Bei Ausfertigung der Verleihungsurkunde werden die beiden Exemplare des mit der Einzeichnung des Situationsrisses versehenen Steuerkatasterplanes von dem Oberbergamte beglaubigt, erforderlichen Falles aber vorher berichtigt und vervollständigt.

Das eine Exemplar hievon erhält der Bergwerkseigentümer, das andere wird bei dem Oberbergamte aufbewahrt, welches das verliehene Feld in die Mutungsübersichtskarte einzutragen hat.[1]

**1.** Die Beglaubigung der beiden Planexemplare erfolgt, um denselben volle Beweisfähigkeit beizulegen und festzustellen, zu welcher Verleihungsurkunde sie gehören. Die etwaige Berichtigung und Vervollständigung kann durch die Entscheidung über die Verleihung geboten sein.

Die Berichtigung bezieht sich nur auf die Feldesgrenzen, welche zu bewirken ist, wenn das begehrte Feld nur in beschränktem Umfang verliehen wird, während die Vervollständigung nur auf die Nachtragung solcher Situationsgegenstände zu beziehen ist, die nicht zu den in Art. 18 des Ges. bezeichneten wesentlichen Angaben gehören, wie z. B. Gemeindegrenzen, Markscheiden benachbarter Bergwerke usw.

## Art. 37. (35)

Die Verleihungsurkunde muß enthalten:

1) den Namen, Stand und Wohnort des Berechtigten,
2) den Namen des Bergwerkes,
3) den Flächeninhalt und die Begrenzung des Feldes unter Verweisung auf den Steuerkatasterplan (Art. 36),
4) den Namen der Gemeinde, des Polizei- und Regierungsbezirkes, in welchem das verliehene Feld liegt,
5) die Benennung des Minerals oder der Mineralien, auf welche das Bergwerkseigentum verliehen wird,
6) Datum der Urkunde,
7) Siegel und Unterschrift des Oberbergamtes.[1]

**1.** Der Art. bestimmt, was in der Verleihungsurkunde, dem Nachweis für wertvolle Privatrechte, alles enthalten sein muß.

Der Hinweis unter Ziff. 3 auf den Steuerkatasterplan ersetzt die sonst oft schwierige und langwierige Grenzbeschreibung.

Unter Polizeibezirk der Ziff. 4 ist der Bezirk der Distriktspolizeibehörde zu verstehen.

Aus Ziff. 5 ist zu entnehmen, daß die Verleihung in einer Urkunde gleichzeitig für mehrere Mineralien erfolgen kann. Zu Ziff. 5 s. Art. 46 u. die Bem. dazu.

Etwaige Berichtigungen von Irrtümern in den Urkunden können nur mit Zustimmung sämtlicher Beteiligten oder auf Grund eines förmlichen Beschlusses bzw. eines richterlichen Urteils — insoferne Privatrechtsverhältnisse in Frage kommen — erfolgen (vgl. auch Art 38 Abs. 3).

## Art. 38. (36)

Die Verleihungsurkunde ist binnen einem Monat nach der Ausfertigung durch das Amtsblatt der Kreisregierung, in deren Bezirk das Bergwerk liegt, unter Verweisung auf die Vorschriften dieses und des folgenden Artikels zur öffentlichen Kenntnis zu bringen.[1]

Muter, welche auf das in der Bekanntmachung bezeichnete Feld oder auf Teile desselben ein Vorzugsrecht geltend machen wollen, haben dieses Recht, insofern über dasselbe nicht bereits in dem Verleihungsverfahren verhandelt und rechtskräftig (Art. 34) entschieden worden ist, bei Vermeidung des Ausschlusses binnen drei Monaten vom Ablaufe des Tages, an welchem das die Bekanntmachung enthaltende Amtsblatt ausgegeben worden ist, durch gerichtliche Klage gegen den Bergwerkseigentümer zu verfolgen.[2]

Wird das Vorzugsrecht des Widersprechenden durch Richterspruch anerkannt, so hat das Oberbergamt die Verleihungsurkunde je nach der Lage des Falles gänzlich aufzuheben oder abzuändern.[3]

**1.** Im Art. 34 ist bestimmt, daß zur Erledigung von Einsprüchen und Ansprüchen jeder Art gegenüber den Anträgen des Muters eine Verhandlung und Beschlußfassung stattzufinden hat, und daß etwaige Privatrechtsansprüche nach endgültiger Durchführung des Verwaltungsverfahrens innerhalb einer Ausschlußfrist von drei Monaten vor Gericht verfolgt werden müssen. Hiedurch ist jedoch nicht ausgeschlossen, daß die unbekannten und überhaupt jene Muter, die aus irgendwelchem Grunde zum Instruktionsverfahren nicht zugezogen wurden, nachträglich d. h. auch nach Ablauf der dreimonatigen Frist mit Ansprüchen gegen den Bergwerkseigentümer hervortreten und dessen Besitzstand gefährden. Um nun diesen bedenklichen Zustand zu beseitigen und den Bergwerkseigentümer sobald als tunlich in seinem Besitze sicher zu stellen, ist hier die Veröffentlichung der Verleihungsurkunde mit den in den nächsten Absätzen bezeichneten Rechtsfolgen angeordnet.

**2.** Dieser Veröffentlichung, welcher der Hinweis auf die Vorschriften der Art. 38 u. 39 beigefügt werden muß, ist die Wirkung beigelegt, daß dritte Muter, welche auf das veröffentlichte Feld oder Teile desselben ein Vorzugsrecht zu haben glauben, über welches nicht bereits nach dem Verfahren nach Art. 34 verhandelt und beschlußmäßig entschieden wurde, dieses Recht binnen drei Monaten nach der Bekanntmachung der Verleihungsurkunde gerichtlich verfolgen müssen, widrigenfalls solches verloren geht.

Die Veröffentlichung wirkt unbedingt gegen alle Muter, und es kann namentlich daraus, daß einem Muter die Bekanntmachung nicht zur Kenntnis gelangt ist, ein Anspruch zur Verfolgung seiner Rechte nach Ablauf der Frist nicht abgeleitet werden. Nach Ablauf der Frist ist das verliehene Bergwerkseigentum jeder Anfechtung entzogen; s. Urt. d. RGZ. vom 27. Febr. 1904, Entsch. 57 S. 149, ferner E. d. VGH. vom 20. Sept. 1909 Nr. 152 III/08.

Die Geltendmachung eines Vorzugsrechtes des Bergwerkseigentümers nach Art. 47 zählt nicht hieher, sondern ist nach den Vorschriften und der Intention des Art. 47 zu behandeln.

**3.** Je nach dem Ergebnis der richterlichen Entscheidung hat es bei dem Inhalte der Verleihungsurkunde zu verbleiben oder ist deren Abänderung — bei teilweiser Anerkennung des Rechts — oder gänzliche Aufhebung durch das Oberbergamt zu bewirken und im Anschluß hieran die Berichtigung der Mutungsübersichtskarte (Art. 36) zu betätigen.

## Art. 39. (37)

Während der dreimonatigen Frist des Art. 38 ist die Einsicht des eingezeichneten Steuerkatasterplanes (Art. 36) bei der Bergbehörde einem jeden gestattet.[1]

**1.** Die Einsicht des Steuerkatasterplanes muß zur Information gestattet sein, weil die Verleihungsurkunde auf diesen hinsichtlich der Begrenzung verweist (vgl. Art. 37 Ziff. 3).

## Art. 40. (38)[1]

Das Oberbergamt hat dem Grundbuchamt eine beglaubigte Abschrift der Verleihungsurkunde und eine beglaubigte Zeichnung des Planes (Art. 36) zur Eintragung des verliehenen Bergwerkseigentums in das Grundbuch mitzuteilen.

In den Fällen des Art. 38 Abs. 3 hat das Oberbergamt das Grundbuchamt um die erforderlichen Eintragungen zu ersuchen. Soweit Hypotheken, Grundschulden oder Rentenschulden von der Änderung oder Aufhebung der Verleihung betroffen werden, finden auf die Eintragung die Vorschriften der §§ 42 bis 44 der Grundbuchordnung keine Anwendung. Das Grundbuchamt hat den Besitzer des Hypotheken-, Grundschuld- oder Rentenschuldbriefs zur Vorlegung anzuhalten, um nach den Vorschriften des § 62 Abs. 1, des § 69 und des § 70 Abs. 1 der Grundbuchordnung zu verfahren.[2]

1. Der Art. wurde eingeschaltet durch Art. 157 II AGzBGB. Auf das Bergwerkseigentum und die unbeweglichen Kuxe (Gewerkschaftsanteile des älteren Bergrechts) finden nach Art. 157 III u. XX des vorbezeichneten Ausführungsgesetzes die sich auf Grundstücke beziehenden Forderungen entsprechende Anwendung. Demgemäß erhalten sie wie die Grundstücke ein Blatt im Grundbuch (Art. 17 Abs. 1 des AG.GBO. im Beil.Bd. z. Landtagsabschied GVBl. 1899 S. 128), das wie für die Grundstücke von Amts wegen angelegt wird (§ 3 GBO., RGBl. 1898 S. 754). Zu diesem Zweck hat das Oberbergamt dem Grundbuchamt eine beglaubigte Abschrift der Verleihungsurkunde, durch welche das Bergwerkseigentum begründet wird, und eine beglaubigte Zeichnung des Planes mitzuteilen.

2. Wird die Verleihung nach Art. 35 BG. geändert oder aufgehoben, so hat das Oberbergamt das Grundbuchamt unter Mitteilung des Sachverhalts um die erforderlichen Eintragungen zu ersuchen. Kommen Hypotheken, Grundschulden oder Rentenschulden hiebei in Frage, so hat das Grundbuchamt nach Abs. 2 Satz 3 zu verfahren, d. h. das Erforderliche von Amts wegen zu veranlassen und nicht erst die Vorlage der einschlägigen Urkunden abzuwarten.

### Art. 41. (39)

Die Kosten des Verleihungsverfahrens hat mit Ausschluß der durch unbegründete Einsprüche entstandenen (Art. 34) der Muter zu tragen.[1]

1. Die Ueberweisung der Kosten des Verfahrens an den Muter rechtfertigt sich nach allgemeinen Rechtsgrundsätzen, wonach der zunächst Beteiligte, der sie durch seinen Antrag veranlaßt, die Kosten zu tragen hat, soweit solche nicht durch Dritte unberechtigt hervorgerufen wurden.

## Vierter Abschnitt.

## Vom Vermessen.[1]

### Art. 42. (40)[1]

Der Bergwerkseigentümer ist befugt, die amtliche Vermessung und Verlochsteinung des durch die Verleihungsurkunde bestimmten Feldes zu verlangen.

Dieselbe Befugnis steht den Eigentümern angrenzender Bergwerke zu.

Das Geschäft wird unter der Leitung der Berginspektion

durch den amtlich bestellten Markscheider oder die Messungsbehörde*) ausgeführt.[2]

Die Kosten hat der Antragsteller zu tragen.[3]

**1.** Es ist zunächst Sache des Bergwerkseigentümers, ob er zu seiner Sicherstellung die amtliche Vermessung seines Feldes vornehmen lassen will Indessen sind auch die Eigentümer angrenzender Bergwerke insofern wesentlich an der Vermessung beteiligt, als sich bei derselben ergibt, ob etwa die Grenzen des neuverliehenen Feldes in ihr Feld hinübergreifen. Es scheint daher gerechtfertigt, auch den Eigentümern angrenzender Bergwerke die Befugnis zu dem Antrage auf Vermessung beizulegen. Verlochsteinung: bergmännischer Ausdruck für Vermarkung mit Grenzsteinen.

**2.** Die Vermessung hat, wenn auch nicht von Amts wegen, so doch unter amtlicher Leitung und durch die hiezu berufenen Organe (Markscheider oder Messungsamt) zu erfolgen, um jede Garantie für Verlässigkeit zu bieten. Neue von der Verleihungsurkunde abweichende Rechte können selbstverständlich durch die Vermessung nicht begründet werden.

**3.** Bezüglich des Kostenpunktes gilt das zu Art. 41 bemerkte Daraus ergibt sich auch, daß der Eigentümer eines angrenzenden Bergwerks die Kosten der Vermessung zu tragen hat, wenn er den Antrag hierauf stellt.

## Art. 43. (41)

Zu der Vermessung und Verlochsteinung werden außer dem Bergwerkseigentümer die Vertreter der angrenzenden Bergwerke und die Besitzer derjenigen Grundstücke, auf welchen Lochsteine zu setzen sind, zugezogen.

Die Grundbesitzer sind verpflichtet, das Betreten ihrer Grundstücke und das Setzen der Lochsteine gegen vollständigen Ersatz des Schadens zu gestatten.[1]

**1.** Die Zuziehung der hier bezeichneten Personen zum Vermessungstermin rechtfertigt sich durch das Interesse derselben zur Sache. Ein Rechtsnachteil kann indes mit der Vorladung der Vertreter angrenzender Bergwerke nicht verbunden werden. Denn, wenn sich bei der Vermessung Kollisionen mit Nachbarfeldern herausstellen, welche nach den Verleihungsverhandlungen und den Plänen nicht bestanden, so können nur Irrtümer und Unrichtigkeiten obwalten, zu deren Beseitigung das Geeignete von der Bergbehörde auch dann veranlaßt werden muß, wenn die Feldesnachbarn sich bei der Vermessungsverhandlung nicht beteiligt haben

*) Gemäß § 4 der K. VO vom 15. Dezember 1908, den Ummessungsdienst der Finanzverwaltung betr. (GVBl S 1094), ist an die Stelle der Messungsbehörde seit 1. Januar 1909 das Messungsamt getreten.

Da die etwaige Berichtigung der Verleihungsurkunde dem Oberbergamt obliegt, so hat die Berginspektion demselben von den bei der Vermessung zutage getretenen Kollisionen und den hiebei festgestellten tatsächlichen Verhältnissen Nachricht zu geben.

## Dritter Titel.[1]

# Von dem Bergwerkseigentume.

## Erster Abschnitt.

### Von dem Bergwerkseigentum im allgemeinen.

### Art. 44. (42)

Auf das Bergwerkseigentum finden die sich auf Grundstücke beziehenden Vorschriften entsprechende Anwendung.[2]

**1.** Der dritte Titel des BG. hat seit 1869 Änderungen durch das AG. BGB., ferner durch die Gesetze vom 30. Juni 1900 und vom 13. August 1910 erfahren.

**2.** Die jetzige Fassung des Art. ist durch Art. 157 III AG. BGB. bestimmt worden. Das Bergwerkseigentum unterlag bisher schon den gesetzlichen Vorschriften über das Grundeigentum. Hieran mußte auch unter der Herrschaft des Bürgerl. Gesetzbuchs festgehalten werden. Die Fassung des Art. 44 bedurfte lediglich der Anpassung an die Vorschriften des BGB. im Zusammenhalt mit dem folgenden Art. 45.

### Art. 45. (43)[1]

Für den Erwerb eines bestehenden Bergwerkseigentums gelten dieselben Vorschriften wie für den Erwerb des Eigentums an einem Grundstücke.[2]

Auf die Ansprüche aus dem Bergwerkseigentume finden die für die Ansprüche aus dem Eigentume geltenden Vorschriften entsprechende Anwendung.[3]

**1.** Die Fassung des Art. 45 beruht auf Art. 157 IV AG. BGB.

**2.** Da das Bergwerkseigentum als solches durch Verleihung nach Maßgabe des dritten Abschnittes des Titels II entsteht, so finden die für den Erwerb des Eigentums an Grundstücken geltenden Vorschriften nur auf den Erwerb eines schon bestehenden Bergwerkseigentums Anwendung.

Nach § 925 BGB. muß die zur Übertragung des Eigentums an einem Grundstücke nach § 873 erforderliche Einigung des Veräußerers und des Erwerbers (Auflassung) bei gleichzeitiger Anwesenheit beider Teile vor dem Grundbuchamt erklärt werden. Eine Auflassung, die unter einer Bedingung oder einer Zeitbestimmung erfolgt, ist unwirksam.

Im Art. 189 EG.BGB. ist bestimmt, daß der Erwerb und Verlust des Eigentums an einem Grundstück auch nach dem Inkrafttreten des BGB. nach den bisherigen Gesetzen erfolgt, bis das Grundbuch als angelegt anzusehen ist. Verträge über den Erwerb von Bergwerken mußten daher bis zur Anlage des Grundbuchs gemäß Art. 132 des Notariatsgesetzes vom 9. Juni 1899 (GVBlBeil. S. 164) vor dem Notare beurkundet werden bei Meidung der Nichtigkeit.

3. Der Abs. 2 ist dem § 1017 BGB. nachgebildet. Von den Ansprüchen aus dem Eigentum handeln die §§ 985—1007 BGB.

## Art. 46. (44)

Der Bergwerkseigentümer hat die ausschließliche Befugnis, nach den Bestimmungen des gegenwärtigen Gesetzes das in der Verleihungsurkunde benannte Mineral in seinem Felde aufzusuchen und zu gewinnen, sowie alle hiezu erforderlichen Vorrichtungen unter und über Tag zu treffen.

Diese Befugnis erstreckt sich auch auf die innerhalb des Feldes befindlichen Halden eines früheren Bergbaues.[1]

1. Den ursprünglichen nächsten Gegenstand dieses Rechts, zu dessen Ausübung der Bergwerkseigentümer alle erforderlichen Vorrichtungen unter und über Tage zu treffen befugt ist, bildet das in der Verleihungsurkunde benannte Mineral. Kommt dieses Mineral innerhalb des Feldes in den Halden eines früheren Bergbaues vor, so erstreckt sich das Ausführungs- und Gewinnungsrecht auch hierauf.

Die E. d. VGH. vom 15. März und 20. September 1909 Nr. 155 III/09 stellen fest, daß der mit Bezug auf das oberbayer. Kohlenvorkommen in einer Verleihungsurkunde gebrauchte Ausdruck „Mineralkohle" die beiden verleihbaren (Art. 1) Kohlenarten (Braun- u. Steinkohle) umfaßt.

Das Gewinnungsrecht des Beliehenen erstreckt sich bezüglich des betr. Minerals auf das gesamte Gebiet des Feldes, nicht etwa bloß auf die zusammenhängende Ablagerung des Minerals am Fund- oder Aufschlußorte. Seine Befugnis unterliegt, wie der Verwaltungsgerichtshof in der E. vom 16. Oktober 1905, Samml. 27 S. 4, ausgesprochen hat, nicht der Beschränkung des Art. 5 Abs. 3 BG. Wohl aber hat er gegebenenfalls den Art. 20 des Wassergesetzes (s. S. 4) zu beachten. Bei der Errichtung von Anlagen über Tag muß sich der Bergwerkseigentümer mit dem betreffenden Grundeigentümer nach Maßgabe des fünften Titels auseinandersetzen.

## Art. 47. (45)

Auf Mineralien, welche mit dem in der Verleihungsurkunde benannten Mineral innerhalb der Grenzen des Feldes in einem solchen Zusammenhange vorkommen, daß dieselben nach der Entscheidung des Oberbergamts aus bergtechnischen oder bergpolizeilichen Gründen gemeinschaftlich gewonnen werden müssen, hat der Bergwerkseigentümer in seinem Felde vor jedem Dritten ein Vorrecht zum Muten.[1]

Legt ein Dritter auf solche Mineralien Mutung ein, so wird dieselbe dem Bergwerkseigentümer mitgeteilt.[2] Letzterer muß alsdann binnen einem Monat nach Ablauf des Tages dieser Mitteilung Mutung einlegen, widrigenfalls sein Vorrecht erlischt.[3]

Auf andere Mineralien, welche nicht in dem vorbezeichneten Zusammenhange vorkommen, hat der Bergwerkseigentümer kein Vorrecht.[4]

1. Aus bergtechnischen und bergpolizeilichen Vorschriften läßt sich das Gewinnungsrecht des Bergwerkseigentümers nicht unbedingt auf das in der Verleihungsurkunde benannte Mineral beschränken. Mit Rücksicht auf das häufige engverbundene Vorkommen der Mineralien stellt sich vielmehr die Notwendigkeit heraus, unter gewissen Voraussetzungen das Recht des Bergwerkseigentümers auch auf andere in der Verleihungsurkunde nicht benannte Mineralien auszudehnen. Indem nämlich der eigentliche Zweck eines jeden rationellen Bergbauunternehmens auf die Ausbeutung eines oder auch wohl einiger bestimmter in der Verleihungsurkunde benannter Mineralien gerichtet ist, bedarf der Bergwerkseigentümer zur vollständigen Erreichung dieses Zweckes Schutz gegen Unternehmungen Dritter auf solche Mineralien, welche mit dem von ihm benutzten Mineral in einem derartigen Zusammenhange vorkommen, daß aus bergtechnischen und bergpolizeilichen Gründen notwendigerweise eine gemeinschaftliche Gewinnung erfolgen muß.

Wo diese Voraussetzungen gegeben sind, legt deshalb der Art. 47 dem Bergwerkseigentümer ein Vorrecht zum Muten bei, welches indes dritten Mutern gegenüber binnen einer ausschließenden Frist von einem Monat ausgeübt werden muß. Auf diese Weise wird, ohne dem Bergwerkseigentümer ein über den Zweck hinausgehendes Privilegium einzuräumen, doch der bestehende Bergbau in erster Linie berücksichtigt und die ungestörte vollständige Ausübung des durch die Verleihungsurkunde gewährten Rechtes ermöglicht.

Ob im gegebenen Falle die Mineralien in einem solchen Zusammenhange vorkommen, daß dieselben aus bergtechnischen oder bergpolizeilichen Gründen gemeinschaftlich gewonnen werden müssen, kann im Zweifelsfalle nur durch die Entscheidung des Oberbergamtes festgestellt werden, welches allein zur Beurteilung der maßgebenden Verhältnisse zuständig ist.

Im Gesetze selbst läßt sich hierüber eine für alle Fälle zutreffende Regel nicht aufstellen und namentlich kann die Abgrenzung des Rechts des Bergwerkseigentümers nicht allgemein davon abhängig gemacht werden, ob die verschiedenen Mineralien auf der nämlichen Lagerstätte vorkommen oder nicht, zumal der Begriff der Lagerstätte ein sehr schwankender ist und in der Praxis zu bedenklichen Meinungsverschiedenheiten Anlaß gibt. Das Oberbergamt hat gegebenenfalls zu prüfen, ob die zusammenhängend vorkommenden verschiedenen Mineralien ohne Störung des gegenseitigen Betriebes und ohne Gefährdung der Rechte des älteren Bergwerksbesitzers jedes für sich gewonnen werden können, dann ob ein solcher Doppelbetrieb nicht Gefährdungen der beiderseitigen Baue und damit der Arbeiter usw. mit sich bringt, und hienach seine Entscheidung zu treffen. Eine etwaige Beschwerde gegen letztere geht gemäß Art. 249 Abs. 3 an das Staatsministerium des K. Hauses und des Äußern.

**2.** Um das Vorrecht des Bergwerkseigentümers nach Abs. 1 zu wahren, muß das Oberbergamt, wenn es den Fall des Abs. 1 gegeben erachtet, die von einem Dritten eingelegte Mutung demselben mitteilen.

**3.** Die Frist für den Bergwerkseigentümer beginnt nach Ablauf des Tages, an welchem ihm die Mitteilung des Oberbergamtes zugekommen ist, letzteres hat deshalb für den genauen Nachweis der Mitteilung zu den Akten (durch Rückschein, Bestätigung) zu sorgen. Durch diese Mitteilung ist das Vorrecht des Bergwerkseigentümers noch keineswegs endgültig anerkannt. Derselbe hat vielmehr innerhalb der Frist seine Mutung einzulegen, über welche dann gemäß Titel 2 Abschnitt 2 unter Berücksichtigung des Art. 47 vom Oberbergamte entschieden wird. Anderer Anschauung ist Klostermann V S. 153.

**4.** Durch diesen Absatz soll jedem Zweifel über die Rechtssphäre des Bergwerkseigentümers begegnet werden.

## Art. 48. (46)

Steht das Recht zur Gewinnung verschiedener Mineralien innerhalb derselben Feldesgrenze verschiedenen Bergwerkseigentümern zu, so hat jeder Teil das Recht, bei einer planmäßigen Gewinnung seines Minerals auch dasjenige des anderen Teiles insoweit mitzugewinnen, als diese Mineralien nach der Entscheidung des Oberbergamts aus den in Art. 47 angegebenen Gründen nicht getrennt gewonnen werden können.[1]

Die mitgewonnenen, dem andern Teile zustehenden Mineralien müssen jedoch dem letzteren auf sein Verlangen gegen Erstattung der Gewinnungs- und Förderungskosten herausgegeben werden.[2 3]

**1.** Dieselben Rücksichten auf einen ungestörten, rationellen Bergbaubetrieb, welcher im Falle des Art. 47 das Vorrecht des Bergwerkseigentümers zum Muten rechtfertigen, sind auch für die Behandlung des Falles maßgebend, wo die Felder von Bergwerkseigentümern, welche auf verschiedene Mineralien berechtigt sind, sich ganz oder teilweise überdecken, so daß innerhalb der nämlichen Feldesgrenzen jeder Teil sein Mineral vermöge der Verleihungsurkunde zu gewinnen berechtigt sein würde. Ist in einem solchen Falle nach der Art des Vorkommens eine getrennte selbständige Gewinnung jedes Minerals möglich, so genügen die allgemeinen Vorschriften über die

Ausübung des Gewinnrechtes. Nicht selten stellt sich aber bei den späteren Aufschlußarbeiten heraus, daß Mineralien, auf welche innerhalb der nämlichen Feldesgrenzen verschiedene Verleihungen bestehen, ganz oder teilweise in einem solchen Zusammenhange miteinander vorkommen, daß sie notwendigerweise aus bergtechnischen oder bergpolizeilichen Gründen gemeinschaftlich gewonnen werden müssen. Dieser Konflikt kann dadurch nicht beseitigt werden, daß dem älter Beliehenen ein stärkeres Recht zuerkannt wird; denn hiemit wäre den allein in Betracht kommenden Forderungen der Bergtechnik und Bergpolizei nicht Genüge geleistet. Die richtige Lösung ist vielmehr darin zu finden, daß nach dem Inhalte des Art. 48 jeder Bergwerkseigentümer — gleichviel ob jüngerer oder älterer Beleihung — in diesem Kollisionsfalle als dem andern gleich berechtigt behandelt und demnach für befugt erklärt wird, bei einer planmäßigen Gewinnung seines Minerals auch dasjenige des anderen Teiles insoweit mitzugewinnen, als nach der maßgebenden Entscheidung des Oberbergamtes eine getrennte Gewinnung der Mineralien aus den oben erwähnten Gründen nicht möglich ist. Bezüglich des Betriebsplanes wird auf Art. 70 hingewiesen, woselbst allerdings nur eine Prüfung des Planes vom bergpolizeilichen Gesichtspunkte vorgesehen ist. Immerhin wird das Oberbergamt bei seiner Entscheidung den Betriebsplan in Berücksichtigung zu nehmen haben.

Wenn innerhalb eines verlassenen Grubengebäudes (Bergwerkes) zwei auf verschiedene Mineralien verliehene Berechtigungen bestehen, so ist der Verleihung desjenigen Minerals, von welchem die verlassenen Stollen, Schächte usw. herrühren, für die Benützung der letzteren ein besonderes Vorrecht nicht eingeräumt. Auf Mineralvorkommen eines verlassenen Bergwerks können seit Streichung des Art. 15 (jetzt 16) Abs. 2 und des Art. 17 durch das Gesetz von 1910 Mutungen nicht mehr eingelegt werden (vgl. S. 13 oben).

2. Der Zweck der Bestimmung in Abs. 1, Kollisionen im Interesse eines rationellen und gesicherten Bergbaubetriebes hintanzuhalten, wird durch die Zulassung der gemeinschaftlichen Gewinnung erreicht; eine weitere Beschränkung des Rechtes des mit dem mitgewonnenen Minerale Beliehenen erscheint dagegen nicht statthaft, weshalb hier bestimmt ist, daß die mitgewonnenen Mineralien dem letzteren auf sein Verlangen herausgegeben werden müssen. Dagegen hat dieser die Gewinnungs- und Förderungskosten zu erstatten, da anzunehmen ist, daß er bei eigener Gewinnung mindestens die gleichen Kosten hätte aufwenden müssen. Über die bei der Anwendung des Art. 48 auftretenden Fragen s. die Abhandlung von Lohmann im Glückauf 46 (1910) S. 714ff., 758ff.

3. Die Frage der gemeinschaftlichen Gewinnung verschiedener Mineralien kann im Laufe des Abbaues eines Bergwerkes wiederholt auftauchen, je nachdem die Aufschlußarbeiten neuerdings auf Mineralien im Zusammenhang mit dem verleihungsgemäß ausgebeuteten Minerale führen, und ist dann jeweilig neu zu prüfen und zu entscheiden.

Streitigkeiten, die sich bezüglich des eingeräumten Mitgewinnungsrechtes sonst ergeben, z. B. wegen des Umfangs und der Höhe der zu erstattenden Gewinnungskosten sind vor Gericht zu entscheiden.

## Art. 49. (47)

Der Bergwerkseigentümer ist befugt, die durch den Betrieb des Bergwerkes gewonnenen, nicht unter den Art. 1 gehörigen Mineralien zum Zwecke seines Betriebs ohne Entschädigung des Grundeigentümers zu verwenden. Soweit diese Verwendung nicht erfolgt, ist der Bergwerkseigentümer verpflichtet, die bezeichneten Mineralien dem Grundeigentümer auf sein Verlangen gegen Erstattung der Gewinnungs- und Förderungskosten herauszugeben.[1]

Will der Grundeigentümer auf einem bereits verliehenen Felde nicht unter Art. 1 gehörige Mineralien gewinnen, so finden die Bestimmungen des Art. 48 entsprechende Anwendung.[2 3]

**1.** Um sein Ausbeutungsrecht ausüben zu können, muß der Bergwerkseigentümer bei seinem Betriebe auch solche Mineralien mitgewinnen und zu den Betriebszwecken verwenden können, welche nicht unter das Berggesetz fallen. Es ist dies ein notwendiges Mittel zum Zwecke des Bergbauunternehmens. Das Bergrecht hat deshalb auch stets die Befugnis des Bergwerkseigentümers hiezu anerkannt, ohne derselben einen Entschädigungsanspruch des Grundeigentümers gegenüberzustellen. Auch hier ist das Recht des Bergwerkseigentümers dahin festgestellt, daß er vermöge des Rechtes aus der Verleihung sich ohne Entschädigung des Grundeigentümers diejenigen nicht unter Art. 1 gehörigen Mineralien aneignen darf, welche durch den Betrieb des Bergwerkes gewonnen und *zu Zwecken des Betriebes verwendet werden.* Wo dagegen diese zweifache Voraussetzung hinsichtlich der Art der Gewinnung und Verwendung nicht zutrifft, gelangt das ursprüngliche Recht des Grundeigentümers dadurch zur Anerkennung, daß derselbe die Herausgabe der gewonnenen Mineralien verlangen kann. Die Verpflichtung zur Erstattung der Gewinnungs- und Förderungskosten muß in diesem Falle dem Grundeigentümer deshalb auferlegt werden, weil der Bergwerkseigentümer diese Mineralien erst durch die Gewinnung und Förderung zu Wertgegenständen macht und die Annahme gerechtfertigt ist, daß der Grundeigentümer auf die eigene Gewinnung mindestens die gleichen Kosten verwenden müßte.

Neben den nicht unter Art. 1 fallenden Mineralien steht dem Bergwerksunternehmer auch die Verwendung der in seinem Bergwerksbetriebe gewonnenen Gebirgsarten, wie Granit, Kalkstein, Sand usw. für Betriebszwecke unentgeltlich zu. Eine Gewinnung von Versatzmaterial durch besondere Baue wäre nicht zulässig; vgl. Lohmann im Glückauf 46 (1910) S. 725f.

Ein Recht des Grundeigentümers, bei der Gewinnung nicht unter Art. 1 fallender Mineralien auch verliehene Mineralien mitzugewinnen *und für den Betrieb zu verwenden,* besteht dagegen nicht (s. nächste Anm.).

**2.** Abs. 2 beruht auf dem Gesetz vom 30. Juni 1900. Der Grundeigentümer hat gemäß § 905 BGB. das Recht, die auf seinem Grundstück vorkommenden, nicht unter Art. 1 BG. gehörigen Mineralien zu gewinnen und ist hiebei, falls sein Grundstück in ein verliehenes Feld fällt, gegenüber dem Bergwerkseigentümer (dem Beliehenen) nur soweit beschränkt, als dem letzteren der Abs. 1 eine konkurierende Befugnis einräumt. Seine Gewinnungsarbeiten dürfen den planmäßigen Betrieb des Bergwerkseigentümers nicht stören oder gefährden, worüber gegebenenfalls das Oberbergamt in Anwendung des Art. 48 Abs. 1 zu entscheiden hätte. Dagegen ist nunmehr durch den Abs. 2 dem Grundeigentümer das Recht eingeräumt, bei Gewinnung eines nicht mutbaren Minerals auf einem bereits verliehenen Felde auch das verliehene mit dem ersteren zusammenhängend vorkommende Material mitzugewinnen, wenn nach der Entscheidung des Oberbergamts nach Art. 48 die Gewinnung nicht getrennt werden kann. In letzterem Falle findet auch die Bestimmung des Art. 48 Abs. 2 entsprechende Anwendung (vgl. die Äußerung des Referenten der Abgeordnetenkammer, Stenogr. Ber. 1900 Bd. II S. 813). Es sind hiedurch die Rechte und Interessen auch des Grundeigentümers angemessen gewahrt.

**3.** Streitigkeiten, die sich über das Mitgewinnungsrecht ergeben, sind, abgesehen von der Frage, ob sich die Gewinnung nicht trennen läßt, von den Gerichten zu entscheiden.

Wird ein Mineral, welches die Eigenschaft eines Eisenerzes — d. i. desjenigen Minerals, welches vermöge seines Eisengehaltes und seiner physikalischen Eigenschaften zur Darstellung von metallischem Eisen verwendbar ist — besitzt, zu anderen Zwecken, wie z. B. zur Erdfarbenbereitung verwendet, so ist es darum zwar nicht von dem Verfügungsrecht des Bergwerksbesitzers als ausgeschlossen zu erachten, aber das mitbrechende, eisenhaltige, zur Verhüttung auf Eisen nicht geeignete Material steht unbedingt dem Grundeigentümer zur Verfügung und muß, soweit eine Verwendung zum Zwecke des Bergbaubetriebes nicht stattfindet, gemäß Abs. 1 dem Grundeigentümer gegen Ersatz der Gewinnungskosten auf Verlangen herausgegeben werden. S. dazu die Bemerkungen zu Art. 261.

## Art. 50. (48)

**Dem Bergwerkseigentümer steht die Befugnis zu, die zur Aufbereitung seiner Bergwerkserzeugnisse erforderlichen Anstalten zu errichten und zu betreiben.[1]**

**1.** Dem Bergwerkseigentümer mußte die Befugnis, die zur Aufbereitung seiner Bergwerkserzeugnisse erforderlichen Anstalten zu errichten und zu betreiben, namentlich auch aus dem Grunde als eine besondere aus dem Titel des Bergwerkseigentums fließende Berechtigung eingeräumt werden, damit derselbe für diese Anstalten als Zubehör des Bergwerks das Zwangsabtretungsrecht in Anspruch nehmen könne. Ohne diese Berechtigung würde die volle Ausnützung des Bergwerks außerordentlich erschwert werden.

Unter der Aufbereitung wird meist die mechanische Veränderung der Bergwerksprodukte durch Pochen, Mahlen, Waschen usw. verstanden im Gegensatz zu chemischen Prozessen, die dem Hüttenbetriebe angehören.

## Art. 51. (49)

In der Anlage und Einrichtung der zur Aufsuchung, Gewinnung und Aufbereitung erforderlichen Anstalten bleibt der Bergwerkseigentümer allen in der Landesgesetzgebung begründeten Beschränkungen und Vorschriften unterworfen.[1]

Der Berginspektion sind die desfallsigen Verhandlungen der Distriktspolizeibehörde zum Gutachten und zur Antragstellung mitzuteilen, ohne Unterschied, ob es sich um Staats- oder Privatbergwerke handelt.

Lauten die polizeilichen Beschlüsse, welche der Berginspektion zuzufertigen sind, dem Antrage oder Gutachten derselben zuwider, so kann diese innerhalb zwei Wochen die Beschwerde an die k. Kreisregierung, Kammer des Innern, ergreifen, welche hierüber vor der Entscheidung das Gutachten des Oberbergamts zu erholen hat.

Diese Beschwerde ist binnen drei Tagen bei der Distriktspolizeibehörde anzumelden und es wird hiedurch der Vollzug des Beschlusses gehemmt.[2]

**1.** Bei der Ausübung der durch Art. 50 eingeräumten Befugnis hat sich der Bergwerkseigentümer den bezüglich der Anlage und Einrichtung solcher Anstalten im Interesse der öffentlichen Sicherheit bestehenden landesgesetzlichen allgemeinen Beschränkungen und Vorschriften zu unterwerfen.

Unter dieselben fallen alle Bauten, Wasserbetriebe, Dampf- und andere Maschinen, sowie sonstige Anstalten, welche wegen Gefährlichkeit für Leben, Gesundheit, Eigentum und erworbene Rechte Dritter an die Einhaltung jener Vorschriften gesetzlich gebunden sind.

Nach § 6 Abs. 1 GewO. findet diese auf das Bergwesen nur insoweit Anwendung, als sie ausdrückliche Bestimmungen darüber enthält. Solche Bestimmungen sind enthalten in den §§ 105b ff., dann in § 154a GewO. Dagegen wird u. a. der § 16 GewO. auf die Aufbereitungsanstalten der Bergwerke keine Anwendung zu finden haben, nachdem in Art. 50 dem Bergwerkseigentümer die Befugnis zur Errichtung und zum Betrieb der Aufbereitungsanstalten eingeräumt ist, für das Bergrecht die landesgesetzlichen Bestimmungen maßgebend sind und deshalb letztere nicht durch die nicht ausdrücklich für anwendbar erklärte Gewerbeordnung außer Kraft gesetzt werden können. Übereinstimmend auch v. Landmann, Komm. z. GewO., 5. Aufl. I S. 145.

Dagegen ist der Bergwerkseigentümer den landesgesetzlichen Beschränkungen und Vorschriften bezüglich der Anlage und des Betriebs, durch welche die Sicherheit von Personen und Eigentum bezweckt wird, ebenso unterworfen, wie der Unternehmer gleicher nicht mit einem Bergwerke verbundener Anstalten (vgl. Urt. d. OLG. München vom 16. Oktober 1890, Bl. f. RA. 56 S. 284). Einer Konzession aber bedarf der Bergwerkseigentümer nicht.

**2.** Zuständig zu dem Erlaß der desfallsigen Anordnungen sind die ordentlichen Polizeibehörden. Damit jedoch das öffentliche Interesse vom bergpolizeilichen und volkswirtschaftlichen Standpunkte aus vollständige Berücksichtigung finde, wird den ordentlichen Verwaltungsbehörden nicht allein bei Vermeidung der Nichtigkeit eines desfallsigen Beschlusses ein nicht zu unterlassendes vorgängiges Benehmen mit der Berginspektion zur Pflicht gemacht, sondern es wird der letzteren auch noch das Recht der Beschwerdeführung an die höhere Verwaltungsstelle eingeräumt, welche vor ihrer Entscheidung das Gutachten des Oberbergamtes zu erholen hat. Vor der Bescheidung der Beschwerde darf der Beschluß der Verwaltungsbehörde nicht vollzogen werden.

## Art. 52. (50)

Der Bergwerkseigentümer ist befugt, im freien Felde Hilfsbaue anzulegen.[1]

Dieselbe Befugnis steht ihm im Felde anderer Bergwerkseigentümer zu, soferne die Hilfsbaue die Wasser- und Wetterlösung oder den vorteilhafteren Betrieb des Bergwerkes, für welches die Anlage gemacht werden soll, bezwecken und der eigene Bergbau des anderen dadurch weder gestört, noch gefährdet wird.[2]

1. Dem Bergwerkseigentümer wird die Befugnis beigelegt, im freien Felde unbeschränkt Hilfsbaue, d. h. solche Bauten, z. B. Stollen, Schächte, die zum sicheren Betriebe des eigentlichen Bergwerkes erforderlich sind, anzulegen. Derselbe hat sich jedoch nach den Art. 179 ff. mit dem Grundeigentümer wegen der Entschädigung auseinanderzusetzen.

2. Bei der Anlage von Hilfsbauen in den Feldern anderer Bergwerkseigentümer unterliegt diese Befugnis gewissen Beschränkungen. Sie ist einerseits davon abhängig gemacht, daß durch den Hilfsbau die Wasser- und Wetterlösung des berechtigten Bergwerks bezweckt wird oder daß hiedurch der Betrieb desselben vorteilhafter gestaltet werden kann, anderseits aber darf, auch wenn die ersteren Voraussetzungen gegeben sind, der Bergbau des belasteten Bergwerks weder gestört noch gefährdet werden.

Unter diesen Beschränkungen kann der Hilfsbau im fremden Felde um so unbedenklicher gestattet werden, als daraus weder eine Berechtigung zum Mitgebrauche der fremden Grubenbaue erwächst, noch sonst im Betriebe des belasteten Bergwerkes Beschränkungen entstehen und ebensowenig Beschädigungen zu befürchten sind.

Der frühere Abs. 3 dieses Art., welcher den Hilfsbau als Zubehör des berechtigten Bergwerks erklärte, wurde durch Art. 157 XXII AG. BGB. aufgehoben, weil das BGB. unbewegliches Zubehör nicht kennt.

Die Verpflichtung des Bergwerkseigentümers, die Anlegung eines Hilfsbaues für ein fremdes Bergwerk in seinem Felde zu gestatten, wird in das Grundbuch ebensowenig eingetragen, wie die Gestattungspflichten des Grundstückbenützers gegenüber den Rechten des Schürfers oder Bergwerksunternehmers zur Vornahme von Schürfarbeiten. Die Verpflichtung beruht, obwohl der Art. 54 von dem „belasteten Bergwerke" spricht, gleichfalls nicht auf einer Belastung im Sinne des BGB., sondern ist eine gesetzliche Beschränkung des Bergwerkseigentums. (AbgKVerh. 1898/99. Beil. Bd. XX S. 103.)

## Art. 53. (51)

Bestreitet der Bergwerkseigentümer, in dessen Felde ein Hilfsbau angelegt werden soll, seine Verpflichtung zur Gestattung desselben, so entscheidet hierüber das Oberbergamt mit Ausschluß des Rechtsweges.[1]

1. Die Vorschrift des Art. 53, wonach im Streitfalle das Oberbergamt mit Ausschluß des Rechtsweges über die Verpflichtung zur Gestattung des Hilfsbaues zu entscheiden hat, rechtfertigt sich dadurch, daß es sich hiebei nur um bergtechnische Fragen handelt, deren Würdigung der Bergbehörde zukommt.

Das Oberbergamt hat bei seiner Entscheidung, falls hierüber Streit entsteht, auch darüber zu befinden, in welchem Umfang und in welcher Weise der Hilfsbau anzulegen ist, um die Feldesnachbarn geeignet zu schützen. Eine etwaige Beschwerde geht nach Art. 249 an den Verwaltungsgerichtshof.

Der Art. befaßt sich nur mit dem etwaigen Widerspruch des beteiligten Bergwerkseigentümers; das Verhältnis gegenüber dem Grundeigentümer ist in den Art. 178ff. geregelt.

## Art. 54. (52)

Wird ein Hilfsbau in dem Felde eines anderen Bergwerkseigentümers angelegt, so muß der Hilfsbauberechtigte für allen Schaden, welcher dem belasteten Bergwerke durch seine Anlagen zugefügt wird, vollständige Entschädigung leisten.[1]

Auf die Entschädigungsforderung finden die Vorschriften des Art. 189 Abs. 1 entsprechende Anwendung.[2]

1. Für die Gestattung des Hilfsbaues an sich hat der Bergwerkseigentümer eine Entschädigung nicht zu beanspruchen, dagegen kann er für allen Schaden, der ihm durch die Anlage des Hilfsbaues oder dessen Betrieb nach irgend einer Richtung — durch Schädigung seiner eigenen Anlagen, Betriebsstörungen usw. — erwächst, volle Entschädigung von dem Hilfsbauberechtigten verlangen.

Die Schädigung wird erst später erkennbar sein, da sonst bei der Gestattung des Hilfsbaues durch das Oberbergamt die nötigen Maßnahmen zur Fernhaltung zu treffen wären.

Über die Entschädigung haben die Gerichte zu entscheiden.

2. Der Abs. 2 wurde beigefügt durch Art. 157 V AG. BGB. Nach Abs. 1 muß der Bergwerkseigentümer, der in einem fremden Felde einen Hilfsbau angelegt, dem Bergwerkseigentümer, dem das Feld gehört, allen Schaden ersetzen, der durch seine Anlagen dem Bergwerke des anderen zugefügt wird. Die Vorschrift entspricht der des Art. 206, welche in gleicher Weise den Bergwerksunternehmer zum Ersatze des Schadens verpflichtet, der durch den Betrieb des

Bergwerks dem Grundeigentümer zugefügt wird. Da die nach Art. 206 zu leistende Entschädigung auch für die Hypotheken und die gleichgestellten Rechte haftet, so muß das gleiche auch für die nach diesem Art. zu leistende Entschädigung gelten.

## Art. 55. (53)

Die bei Ausführung eines Hilfsbaues im freien Felde gewonnenen Mineralien (Art. 1) werden als Teil der Förderung des durch den Hilfsbau zu lösenden Bergwerkes behandelt.[1]

Werden bei Ausführung eines Hilfsbaues im Felde eines anderen Bergwerkseigentümers Mineralien gewonnen, auf welche der letztere berechtigt ist, so müssen diese Mineralien demselben auf sein Verlangen unentgeltlich herausgegeben werden.[2]

1. Unter den im freien Felde gewonnenen Mineralien sind alle unter Art. 1 gehörigen, nicht bloß die verliehenen, inbegriffen.

Gewinnt der Unternehmer bei Ausführung des Hilfsbaues andere nicht unter Art. 1 fallende Mineralien, so findet Art. 49 entsprechende Anwendung.

2. Abweichend von der Vorschrift des Art. 48 Abs. 2 ist hier bestimmt, daß die Herausgabe der beim Hilfsbau im Felde eines anderen Bergwerkseigentümers gewonnenen, diesem nach der Verleihung zustehenden Mineralien unentgeltlich zu erfolgen hat. Es ist dies als eine gewisse Entschädigung für die auferlegte Eigentumseinschränkung anzusehen.

Streitigkeiten hierüber entscheiden die Gerichte.

## Art. 56. (54)

Der Bergwerkseigentümer hat die Befugnis, die Abtretung des zu seinen bergbaulichen Zwecken (Art. 46 bis 52) erforderlichen Grundes und Bodens, sowie die Benützung des Wassers nach näherer Vorschrift des fünften Titels zu verlangen.[1]

1. Im Zusammenhange mit den vorhergehenden Ausflüssen des Bergwerkseigentums stellt der Art. 56 das Recht des Bergwerkseigentümers zur Benützung fremden Grundeigentums und des Wassers im Grundsatze fest, während die weitere Ausführung desselben in den fünften Titel verwiesen ist.

## Zweiter Abschnitt.

## Von der Vereinigung, der Teilung und dem Austausche.[1]

### Art. 57. (55)

Die Vereinigung zweier oder mehrerer Bergwerke zu einem einheitlichen Ganzen unterliegt der Bestätigung des Oberbergamtes.[2]

1. Die hier im Zusammenhange mit der Teilung und dem Austausche von Bergwerken behandelte Vereinigung von Bergwerken besteht darin, daß zwei oder mehrere auf selbständigen Berechtigungstiteln beruhende Bergwerke zu einem einheitlichen Ganzen vereinigt und in jeder Beziehung als ein Werk behandelt werden. Die Wirkung der Vereinigung im Sinne des Gesetzes gibt sich namentlich darin zu erkennen, daß derselbe ein in der Regel über das gesetzliche Maximum (Art. 29) hinausgehendes Feld schafft, daß ein neues Beteiligungsverhältnis eintritt, wenn die Beteiligung an den einzelnen Werken eine ungleiche war, daß ferner das vereinigte Werk nach Löschung der einzelnen Werke ein neues Folium im Grundbuch erhält und die Rechte der Hypothekengläubiger und anderer Realberechtigten eine Veränderung hinsichtlich des Gegenstandes erleiden, daß endlich das vereinigte Werk hinsichtlich des Betriebes, der Verwaltung, der Besteuerung usw. nur als eines behandelt wird.

Diese Vereinigung wird daher voraussichtlich auch künftig in manchen Fällen zweckmäßig bleiben, obwohl für das einzelne Feld eine erhebliche Ausdehnung zugelassen ist.

2. Die Vereinigung kann indes nicht unbedingt von der freien Entschließung der Beteiligten abhängig gemacht werden.

Zuvörderst ist zwar die Vereinigung nicht unmittelbar aneinander grenzender Grubenfelder nicht unbedingt auszuschließen, weil immerhin Fälle denkbar sind, in welchen nicht unmittelbar aneinander grenzende Grubenfelder durch, sei es durch ein freies Feld, sei es durch ein anderes Grubenfeld getriebene Hilfsbaue mit Vorteil vereinigt werden können; es ist aber die Zulässigkeit der Vereinigung von der Entscheidung des Oberbergamtes abhängig zu machen.

Ein gleiches gilt für solche Fälle, wo es sich um die Vereinigung von Bergwerken handelt, welche nicht auf dieselben Mineralien berechtigt sind. Hier die Vereinigung grundsätzlich auszuschließen, würden namentlich die Verhältnisse des Gangbergbaues nicht gestatten.

Ferner dürfen Gründe des öffentlichen Interesses der Vereinigung nicht entgegenstehen, und sie ist deshalb namentlich unstatthaft, wenn sie eine Feldessperre herbeiführen und dadurch wohltätige Konkurrenzunternehmungen verhindern würde.

Alle diese Verhältnisse hat das Oberbergamt bei seiner Entscheidung zu würdigen und die Bestätigung im Falle des Art. 65 Abs. 1 nur dann zu erteilen, wenn die Vereinigung erhebliche Vorteile im Gefolge hat, ohne daß überwiegende Nachteile gegenüberstehen, oder wenn Gefährdungen überhaupt nicht zu besorgen sind, nicht lediglich eine Umgehung der gesetzlichen Bestimmungen über das Feldmaximum beabsichtigt ist, und Zweckmäßigkeitsgründe für die Vereinigung sprechen. Gegen die Entscheidung des Oberbergamts ist Beschwerde zum Verwaltungsgerichtshof und, soweit Ermessensfragen zur Entscheidung stehen, zum Staatsministerium des K. Hauses und des Äußern (Art. 249 Abs. 1 und 3) zulässig. S. dazu Anm. 2 zu Art. 65.

## Art. 58. (56)

Zur Vereinigung von Bergwerken ist erforderlich:[1]

1) eine über den Vereinigungsakt errichtete notarielle Urkunde, je nach Beschaffenheit des Falles ein Vertrag oder ein Beschluß der Mitbeteiligten oder eine Erklärung des Alleineigentümers;[2]
2) ein in die treffenden Steuerkatasterblätter von einem amtlich bestellten Markscheider oder der Messungsbehörde[3] eingezeichneter Situationsplan des ganzen Feldes in zwei Exemplaren;
3) die Angabe des dem zu vereinigenden Bergwerke beizulegenden Namens.

**1.** Der Art. führt die formellen Erfordernisse der Vereinigung auf, ohne welche solche nicht wirksam wird, während in den folgenden Artikeln die einschlägigen sachlichen Verhältnisse geregelt werden.

**2.** Über den Vereinigungsakt ist stets eine notarielle Urkunde zu errichten, die bei verschiedenen Eigentümern der Bergwerke die vertragsmäßigen Vereinbarungen, wenn die Mitbeteiligten bei den einzelnen Bergwerken die gleichen sind, deren Beschluß über die Vereinigung und bei einem Alleineigentümer der mehreren Werke dessen Erklärung zu enthalten hat.

**3.** Nun Messungsamt (vgl. S. 34).

## Art. 59. (57)

Kann das durch die Vereinigung entstehende Werk nur als Ganzes mit Hypotheken und dinglichen Lasten beschwert werden (Art. 142), so muß für den Fall, daß auf den einzelnen Bergwerken Hypotheken, Grundschulden, Rentenschulden oder andere Realrechte haften, außer der über den Vereinigungsakt errichteten Urkunde eine mit den Berechtigten vereinbarte Bestimmung darüber beigebracht werden, daß und in welcher Rangordnung die Rechte derselben auf das vereinigte Werk als Ganzes übergehen sollen.[1]

Die Vereinbarung muß öffentlich beurkundet oder öffentlich beglaubigt sein.[2]

**1.** Um einerseits die Vereinigung von Bergwerken nicht unnötig zu erschweren und anderseits wohlerworbene Rechte Dritter nicht zu verletzen, müssen bezüglich der Ansprüche der Hypothekengläubiger und sonstigen Realberechtigten an den zu vereinigenden Werken nach beiden Richtungen möglichst Sorge tragende und ausgleichende Bestimmungen getroffen werden.

Das Interesse der Hypothekengläubiger und sonstigen Realberechtigten besteht darin, daß der Wert des Gegenstandes ihrer Rechte durch die Vereinigung nicht verringert, daß also das Anteilsverhältnis des einzelnen belasteten Werkes zu dem zu vereinigenden Werke oder der belasteten Anteile des einzelnen Werkes zu dem treffenden Anteile des zu vereinigenden Werkes möglichst genau bestimmt werde. Hierauf muß daher dem Realberechtigten eine Einwirkung eingeräumt werden.

In dem hier vorgesehenen Falle, wenn nur das Gesamtwerk belastet werden kann, läßt sich bei der Verschiedenartigkeit der Fälle eine gesetzliche Vorschrift nicht geben, in welcher Rangordnung der Übergang der dinglichen Rechtsansprüche an den einzelnen Werken auf das zu vereinigende Werk stattfinden soll. Es wird daher eine Vereinbarung hierüber zwischen den Werksbesitzern und den Realberechtigten verlangt. Kommt eine solche Vereinbarung nicht zustande, dann ist eben die Vereinigung zu einem Gesamtwerke nicht durchführbar.

**2.** Die Vereinbarung über die Rangordnung, in welcher die Rechte der Realberechtigten auf das vereinigte Werk übergehen sollen, muß nach dem durch Art. 157 VI AG. BGB. beigefügten Abs. 2 in einer öffentlichen oder öffentlich beglaubigten Urkunde niedergelegt sein (vgl. Notariatsgesetz vom 9. Juni 1899 Art. 1). Die Anordnung ist veranlaßt durch die Aufhebung des Art. 14 des Notariatsgesetzes vom 10. November 1861 und das Bedürfnis, eine derartige wichtige Bestimmung in verlässige Form zu kleiden.

## Art. 60. (58)

In allen übrigen Fällen muß in der Notariatsurkunde eine Bestimmung des Anteilverhältnisses, nach welchem jedes einzelne Werk in das vereinigte Werk eintreten soll, enthalten sein. Auf diese Fälle finden alsdann die besonderen Vorschriften der Art. 61 bis 64 Anwendung.[1]

**1.** In den hier in Frage kommenden Fällen ergeben sich andere Grundsätze, als bei Art. 59 für die Behandlung der Ansprüche der Realinteressenten daraus, daß hier die rechtliche Möglichkeit des Überganges der dinglichen Rechte von den einzelnen Werken und deren Anteilen auf den entsprechenden Anteil an dem zu vereinigenden Werke wie bisher bestehen bleibt. Hier sind Bestimmungen erforderlich, durch welche den Realinteressenten Gelegenheit gegeben wird, ihre Rechte rechtzeitig und wirksam wahren zu können.

Ob die Rechte der Realinteressenten bei der Vereinigung gewahrt bleiben oder nicht, hängt zunächst von der Bestimmung des Anteilverhältnisses ab, nach welchem jedes einzelne Werk in das zu vereinigende eintreten soll. Es muß deshalb den Bergwerkseigentümern zur Pflicht gemacht werden, eine Bestimmung hierüber in der über die Vereinigung aufzunehmenden Urkunde zu treffen. Treten die Realinteressenten dieser Bestimmung ausdrücklich bei, so ist die Sache damit erledigt. Außerdem tritt das Verfahren nach Art. 61 ff. ein. Die Bestimmung des Anteilverhältnisses ist übrigens auch dann in dem notariellen Akt aufzunehmen, wenn von einer Belastung der Einzelwerke nichts bekannt ist.

## Art. 61. (59)

Der wesentliche Inhalt des Vereinigungsakts, insbesondere die Bestimmung des Anteilverhältnisses (Art. 60), wird durch das Oberbergamt den aus dem Grundbuch ersichtlichen Hypotheken-, Grundschuld- und Rentenschuldgläubigern und anderen Realberechtigten, insofern deren ausdrückliches Einverständnis mit dem Anteilverhältnisse nicht beigebracht ist, unter Verweisung auf diesen und die beiden folgenden Artikel bekannt gemacht.

Außerdem erfolgt diese Bekanntmachung durch das Amtsblatt der Kreisregierung, in deren Bezirke die zu vereinigenden Bergwerke liegen.[1]

1. Haben die Realinteressenten der Bestimmung des Anteilverhältnisses nach Art. 60 nicht ausdrücklich zugestimmt, so ergibt sich das Bedürfnis, diese Bestimmung und den wesentlichen Inhalt des Vereinigungsaktes denselben bekannt zu geben. Den aus dem Hypothekenbuche bekannten Hypothekengläubigern ist hiervon unmittelbar Kenntnis zu geben, es muß aber auch im Interesse allenfallsiger anderer, in den Hypothekenbüchern nicht eingetragenen Realberechtigten zugleich eine öffentliche Bekanntmachung erfolgen.

Durch diese Bekanntmachung erhält jeder Realberechtigte Gelegenheit, gegen die Bestimmung des Anteilverhältnisses Einspruch zu erheben. Über einen solchen Einspruch kann nur im Rechtswege entschieden werden.

Es ist daher in der Bekanntmachung die Verweisung auf die beiden folgenden Artikel, die sich hiemit befassen, vorgesehen.

## Art. 62. (60)

Hypotheken-, Grundschuld- und Rentenschuldgläubiger und andere Realberechtigte, welche durch die Bestimmung des Anteilverhältnisses (Art. 60) an ihren Rechten verkürzt zu sein glauben, sind befugt, gegen diese Bestimmung der Vereinigung Einspruch zu erheben.

Dieses Einspruchsrecht muß bei Vermeidung des Ausschlusses binnen drei Monaten nach Ablauf des Tages, an welchem die Bekanntmachung zugestellt, beziehungsweise das die Bekanntmachung enthaltende Amtsblatt ausgegeben worden ist (Art. 61), durch gerichtliche Klage geltend gemacht werden.[1]

1. Der Einspruch richtet sich nur gegen die Bestimmung des Anteilverhältnisses, die Vereinigung selbst kann hiedurch nicht angefochten werden; auch nicht Vereinbarungen, die die Rentabilität des Unternehmens auf Jahre einschränken, z. B. durch teure Neuanlagen in vereinigten Werken. Im Interesse der raschen Erledigung der Vereinigungsfrage mußte eine angemessene Ausschlußfrist für die Klage bestimmt werden.

## Art. 63. (61)

Statt diese Klage zu erheben, können die vorbezeichneten Gläubiger und anderen Realberechtigten ihre Befriedigung vor der Verfallzeit verlangen, soweit dies die Natur des versicherten Anspruches gestattet.

Dieses Recht muß jedoch ebenfalls bei Vermeidung des Verlustes desselben innerhalb der im Art. 62 bestimmten Frist geltend gemacht werden.[1]

1. Der im vorhergehenden Artikel gewährte Schutz wird dadurch noch verstärkt, daß der Realberechtigte, statt jene gerichtliche Klage zu erheben, seine Befriedigung vor der Verfallzeit verlangen kann.

Vorausgesetzt ist, daß der Anspruch ein in gewisser Zeit anfallender ist und, wenn auch in seinem Betrage nicht genau fixiert, sich doch seinem Werte nach veranschlagen läßt.

Der Anspruch wird wohl zweifellos bei Widerspruch der Bergwerkseigentümer vor Gericht geltend gemacht werden müssen, und zwar innerhalb der gleichen Ausschlußfrist von drei Monaten, wie im Falle des Art. 62, da ja der Grund, die Verschleppung des Verfahrens hintanzuhalten, hier ebenso zutreffend erscheint.

## Art. 64. (62)

Mit der Bestätigung der Vereinigung (Art. 65) geht das Realrecht ohne weiteres auf den entsprechenden, nach Maßgabe der vorstehenden Bestimmungen (Art. 60 bis 62) festgestellten Anteil an dem vereinigten Werke über.[1]

1. Im Art. 64 ist der Grundsatz, daß das Realrecht ohne weiteres auf den entsprechenden Anteil an dem vereinigten Werke übergeht, für die Fälle des Art. 60 ausgesprochen und der Zeitpunkt des Übergangs dahin bestimmt, daß die amtliche Bestätigung der Vereinigung entscheidet, indem bis dahin das Rechtsgeschäft überhaupt nicht zu Recht besteht.

Der Übergang der Realrechte findet in derselben Rangordnung statt, in welcher jene auf den einzelnen Werken lasten.

## Art. 65. (63)

Sind Hypotheken-, Grundschuld- und Rentenschuldgläubiger und andere Realberechtigte nicht vorhanden oder ist in den

Fällen des Art. 59 die dort bezeichnete Vereinbarung beigebracht oder sind in den Fällen des Art. 60 Einsprüche nicht erhoben oder die erhobenen Einsprüche (Art. 62, 63) erledigt, so entscheidet das Oberbergamt, ob die Vereinigung zu bestätigen sei.[1]

Die Bestätigung darf nur versagt werden, wenn die Felder der einzelnen Bergwerke nicht aneinander grenzen oder wenn Gründe des öffentlichen Interesses entgegen stehen.[2]

Der Bestätigungsurkunde werden die Verleihungsurkunden der einzelnen Bergwerke beigefügt.

Hinsichtlich der Beglaubigung, Aushändigung und Aufbewahrung der Risse finden die Bestimmungen des Art. 36 Anwendung.[3]

1. Vor der Entscheidung des Oberbergamtes müssen die seitens anderer Berechtigter etwa geltend gemachten Einsprüche und Ansprüche völlig erledigt, bzw. befriedigt sein. Es muß also über die Einsprüche nach Art. 62 rechtskräftig entschieden und die nach Art. 63 erhobene Forderung erfüllt oder rechtskräftig abgewiesen sein.

2. Der Abs. 2 führt die Fälle an, in welchen das Oberbergamt die Bestätigung der Vereinigung (Art. 57) versagen kann. Bereits zu Art. 57 ist erwähnt worden, daß die Vereinigung nicht unmittelbar aneinander grenzender Grubenfelder nicht unbedingt ausgeschlossen sei. Das Oberbergamt kann vielmehr auch in solchen Fällen die Vereinigung bestätigen, wenn nicht bei den in der Mitte liegenden Feldern unüberwindliche Schwierigkeiten dem einheitlichen Betriebe der zu vereinigenden Bergwerke sich entgegenstellen.

Im übrigen hat das Oberbergamt zu würdigen, ob das öffentliche Interesse gegen die Vereinigung spricht und bejahendenfalls die Bestätigung zu versagen. Es wird hierwegen auf die Bemerkungen zu Art. 57 verwiesen und betont, daß namentlich das bergwirtschaftliche Interesse, die Förderung eines rationellen Bergbaues überhaupt hiebei im Auge zu behalten ist.

Gegen die Versagung der Bestätigung ist die Beschwerde an den Verwaltungsgerichtshof nach Art. 249 zulässig. Die Zuständigkeit des letzteren ist jedoch gemäß Art. 13 Ziff. 3 des Gesetzes vom 8. August 1878 über den Verwaltungsgerichtshof ausgeschlossen, wenn das Oberbergamt lediglich in Wahrung des öffentlichen Interesses die Bestätigung versagt hat, da es hiebei nach seinem Ermessen zu verfügen berechtigt ist. Letzterenfalls kann Beschwerde zum Staatsministerium des K. Hauses und des Äußern erhoben werden.

3. Die Verleihungsurkunden der einzelnen Bergwerke bilden einen integrierenden Bestandteil der Bestätigungsurkunde über die Vereinigung und sind daher diesen beizugeben.

Der nach Art. 58 der Notariatsurkunde beizufügende Situationsplan des ganzen Feldes ist vom Oberbergamt zu beglaubigen und in einem Exemplar der Vertretung des Gesamtwerkes zu behändigen, während das zweite bei der Behörde aufzubewahren ist, die in der Mutungsübersichtskarte die erforderliche Vormerkung zu machen hat.

## Art. 66. (64)

Die reale Teilung des Feldes eines Bergwerkes in selbständige Felder, sowie der Austausch von Feldesteilen zwischen angrenzenden Bergwerken unterliegt der Bestätigung des Oberbergamtes.

Dieselbe darf nur versagt werden, wenn überwiegende Gründe des öffentlichen Interesses entgegenstehen.

Hypotheken-, Grundschuld- und Rentenschuldgläubiger und andere Realberechtigte, welche durch die Feldesteilung oder durch den Feldesaustausch an ihren Rechten verkürzt zu sein glauben, können ihre Befriedigung vor der Verfallzeit verlangen, soweit dies die Natur des versicherten Anspruches gestattet. Dieses Recht muß bei Vermeidung des Verlustes desselben innerhalb der im Art. 62 bestimmten Frist geltend gemacht werden. Die Bestätigung wird unter Beobachtung des Verfahrens erteilt, welches sich aus der Anwendung der Art. 58, 61 und 65 auf die vorstehenden Fälle ergibt.

Bei dem Austausche von Feldesteilen geht das Recht der erwähnten Gläubiger und anderen Realberechtigten mit der Bestätigung des Oberbergamtes auf den zu dem belasteten Bergwerke hinzutretenden Feldesteil über, wogegen der abgetretene Feldesteil von der dinglichen Belastung befreit wird.[1 2]

1. Für die reale Teilung des Feldes eines Bergwerkes in zwei oder mehrere selbständige Felder, sowie für den Austausch von Feldesteilen zwischen angrenzenden Bergwerken — zwei Fälle, welche nur selten vorzukommen pflegen — ist die Bestätigung des Oberbergamtes notwendig, und zwar aus dem Grunde, weil eine einseitige Änderung des auf dem Rechtstitel der Verleihung beruhenden Bergwerkseigentumes nicht gestattet werden kann und weil außerdem öffentliche, namentlich bergbauliche Interessen in Frage kommen.

Wie bei der Vereinigung (Art. 65) ist auch in den hieher gehörigen Fällen die Bestätigung nur davon abhängig zu machen, daß das öffentliche Interesse gewahrt wird.

Das Verfahren vor und bei der Bestätigung ordnet sich zweckmäßig durch entsprechende Anwendung der für die Vereinigung in den Art. 58, 61 und 65 erteilten Vorschriften.

Von einer Bestimmung des Anteilverhältnisses, welches bei der Vereinigung in Betracht kommt, kann bei der abweichenden Beschaffenheit der Fälle keine Rede sein, weshalb auch über ein Einspruchsrecht der Realberechtigten nach Art. 62 hier nichts zu bestimmen ist. Dagegen muß auch in den vorliegenden Fällen den Realberechtigten ihre seitherige Befugnis erhalten bleiben, schon vor der Verfallzeit nach näherer Vorschrift des Art. 63 Befriedigung zu verlangen. Damit von dieser Befugnis rechtzeitig Gebrauch gemacht werden kann, ist die in Art. 61 vorgeschriebene Bekanntmachung auch hier am Platze.

Außerdem werden die Realberechtigten auch noch durch die in Abs. 4 enthaltene, auf allgemeinen Rechtsgrundsätzen beruhende Bestimmung vor Verkürzung gesichert.

**2.** Die im Berggesetze von 1869 in Abs. 4 enthaltenen Worte „ohne weiteres" wurden bei der Abänderung des Gesetzes (1900) gestrichen, weil gegen den Beschluß des Oberbergamtes die Beschwerde an den Verwaltungsgerichtshof, bzw. das Staatsministerium des K. Hauses und des Äußern zulässig ist (Art. 249).

Bezüglich der Zuständigkeit des Verwaltungsgerichtshofs gilt das zu Art. 65 Bemerkte. Hat das Oberbergamt lediglich in Wahrung des öffentlichen Interesses, namentlich aus bergpolizeilichen Gründen nach freiem Ermessen die Bestätigung versagt, dann entfällt die Zuständigkeit des Verwaltungsgerichtshofs.

## Art. 67. (65)

Ist die Bestätigung der Vereinigung mehrerer Bergwerke, die Teilung des Feldes eines Bergwerkes in selbständige Felder oder des Austausches von Feldesteilen erfolgt, so hat das Oberbergamt das Grundbuchamt unter Mitteilung einer beglaubigten Abschrift der Bestätigungsurkunde und beglaubigter Planzeichnungen um die Eintragungen zu ersuchen, welche durch die eingetretenen Rechtsänderungen veranlaßt werden.

Soweit Hypotheken, Grundschulden oder Rentenschulden von der Rechtsänderung betroffen werden, finden die Vorschriften des Art. 40 Abs. 2 Satz 2, 3 entsprechende Anwendung.[1]

**1.** Der Art. ist durch Art. 157 VII AG. BGB. beigefügt worden. Die Rechtsänderungen, welche durch die Bestätigung der Vereinigung mehrerer Bergwerke, der Teilung des Feldes eines Bergwerkes in selbständige Felder und des Austausches von Feldesteilen bewirkt werden, treten ohne Eintragung in das Grundbuch ein. Das Grundbuch bedarf deshalb der Berichtigung. Um diese sicher und rasch herbeizuführen, wird das Oberbergamt verpflichtet, das Grundbuchamt von Amts wegen um die Eintragung der durch seine Verfügung bewirkten Rechtsänderungen zu ersuchen und ihm hiebei die betreffenden Bestätigungsurkunden nebst Plänen in beglaubigter Form mitzuteilen.

Die Eintragung der Rechtsänderungen darf wie in anderen Fällen, in denen die Rechtsänderung durch die Verfügung einer Behörde bewirkt wird, bei Hypotheken, Grund- oder Rentenschulden, über die ein Brief erteilt ist, abweichend von den Vorschriften der §§ 42 bis 44 der Grundbuchordnung nicht von der Vorlegung des Briefes abhängig gemacht werden. Es ist deshalb hier vom Grundbuchamt wie bei Art. 40 Abs. 2 Satz 3 zu verfahren.

## Dritter Abschnitt.

## Von dem Betriebe und der Verwaltung.

### Art. 68. (66)

Der Bergwerksbesitzer ist verpflichtet, das Bergwerk zu betreiben, wenn der Unterlassung oder Einstellung des Betriebes nach der Entscheidung des Oberbergamtes überwiegende Gründe des öffentlichen Interesses entgegenstehen.[1]

Das Oberbergamt hat in diesem Falle die Befugnis, den Eigentümer nach Vernehmung desselben zur Inbetriebsetzung des Bergwerkes oder zur Fortsetzung des unterbrochenen Betriebes binnen einer Frist von sechs Monaten aufzufordern und für den Fall der Nichtbefolgung dieser Aufforderung die Entziehung des Bergwerkseigentums nach Maßgabe des sechsten Titels anzudrohen.[2]

1. Das öffentliche Interesse rechtfertigt die hier ausgesprochene Verpflichtung des Bergwerksbesitzers vollkommen. Gegenüber der Bergbaufreiheit muß die Möglichkeit bestehen, wenn das allgemeine Wohl es erfordert, den Bergwerksbesitzer zur Förderung der verliehenen Mineralien zwingen zu können.

Was unter „öffentlichem Interesse" hier zu verstehen sei, darüber fanden bei den Verhandlungen des Ausschusses der K. d. Abg. i. J. 1900 Erörterungen statt; seitens der K. Staatsregierung wurde die Erklärung abgegeben, daß hierunter namentlich auch wirtschaftliche Interessen inbegriffen seien, so wenn die Beschäftigung von Arbeitern in Frage komme, wenn die Hebung der Bodenschätze im Interesse des Landes oder einer Gegend liege, deren Verkehrs- und sonstige Verhältnisse hiedurch günstig beeinflußt würden. Von Einfluß kann auch die Erklärung von dritten leistungsfähigen Personen sein, ein Bergwerk z. B. auf Kohlen betreiben zu wollen auf einem verliehenen, aber nicht bebauten Felde (vgl. die Äußerung der Ref. der Abg.-Kammer Sten. Ber. 1900 Bd. II S. 813).

Da diese Erklärung der Staatsregierung weder im Plenum der Abgeordnetenkammer, noch in der Kammer der Reichsräte einen Widerspruch fand, so muß solche für den künftigen Vollzug des Art. 68 und bzw. 214 als maßgebende Grundlage gelten.

2. Das Oberbergamt hat daher in allen jenen Fällen, in welchen ohne zwingenden Grund der Betrieb eines verliehenen Bergwerks unterlassen oder der begonnene Betrieb eingestellt wird, zu prüfen, ob nicht solche Gründe des öffentlichen Interesses vorliegen, welche die Aufnahme oder Fortsetzung des Betriebs dringend erheischen, und im bejahenden Falle die Aufforderung an den Bergwerkseigentümer zu erlassen, innerhalb der sechsmonatlichen Frist den Betrieb zu eröffnen oder fortzuführen, widrigenfalls das Verfahren wegen Entziehung des Bergwerkseigentums eingeleitet würde (Art. 214).

Bei den Ausschußverhandlungen wurde auf mehrfache Fälle hingewiesen, in welchen von den verliehenen bez. Rechten zum öffentlichen

Nachteile kein Gebrauch gemacht würde und der Wunsch zum Ausdruck gebracht, daß hier durch energisches Eingreifen seitens des Oberbergamtes Wandel geschaffen werde.

Es bedarf kaum des Hinweises, daß es den beteiligten Kreisen jederzeit unbenommen bleibt, bei dem Oberbergamt, welches von Amts wegen die Bergwerkseigentümer in dieser Richtung zu überwachen hat, unter Darlegung der einschlägigen Verhältnisse den Antrag auf Entscheidung im Sinne des Abs. 1 zu stellen und in ablehnender Haltung desselben die Entscheidung des Staatsministeriums des K. Hauses und des Äußern anzurufen.

## Art. 69. (67)

Der Bergwerksbesitzer ist verpflichtet, der Berginspektion von der beabsichtigten Inbetriebsetzung des Bergwerkes mindestens einen Monat vorher Anzeige zu machen.[1]

1. Die den Bergwerksbesitzern allgemein zur Pflicht gemachte vorgängige Anzeige von der Inbetriebsetzung des Bergwerks ist deshalb erforderlich, damit die Berginspektion den Betrieb polizeilich überwachen, die nötigen Sicherheitsvorschriften erlassen und darauf halten kann, daß der Betrieb nicht anders, als nach einem geprüften Betriebsplane und durch einen für befähigt erklärten Betriebsführer unternommen wird.

Die Berginspektion wird hieraus auch Anlaß nehmen, die in dem Bergwerk zu beschäftigende Arbeiterzahl zu erheben, um das allenfalls Erforderliche wegen des Erlasses einer Arbeitsordnung (Art. 90), der Wahl eines Arbeiterausschusses (Art. 94), der Wahl von Vertrauensmännern (Art. 99 ff.) treffen zu können. Die Verpflichtung des Bergwerksbesitzers erstreckt sich sowohl auf die Inbetriebsetzung neu eröffneter Bergwerke, als auch auf die Wiederaufnahme eines unterbrochenen Betriebs.

Strafbestimmung im Art. 263 Ziff. 1.

## Art. 70. (68)

Der Betrieb darf nur auf Grund eines Betriebsplanes geführt werden.

Derselbe unterliegt der Prüfung durch die Berginspektion und muß der letzteren zu diesem Zwecke vor der Ausführung vorgelegt werden.[1]

Die Prüfung hat sich auf die im Art. 253 festgestellten polizeilichen Gesichtspunkte zu beschränken.[2]

1. Aus überwiegenden Zweckmäßigkeitsgründen ist die Bestimmung getroffen, daß der Bergwerksbetrieb nur auf Grund eines von der Berginspektion in polizeilicher Beziehung geprüften und derselben zu diesem Zwecke vor der Ausführung vorgelegten Betriebsplanes geführt werden darf.

Da nämlich ein rationeller Betrieb nicht anders, als auf Grund eines Betriebsplanes geführt werden kann, so fällt die Verpflichtung zur vorgängigen Aufstellung des letzteren mit dem eigenen Interesse des Bergwerksbesitzers zusammen.

Aber auch die vorgängige Prüfung des Betriebsplanes durch die Berginspektion liegt im wohlverstandenen Interesse des Bergwerksbesitzers selbst, denn es ist dies das am wenigsten belästigende Mittel zur Ausübung der bergpolizeilichen Überwachung. Dasselbe sichert den Bergwerksbesitzer namentlich vor unvorhergesehenen Eingriffen der Behörde in den Betrieb und vor den hieraus erwachsenden finanziellen und sonstigen Nachteilen, während die Behörde ihrerseits der Verpflichtung überhoben ist, sich durch häufig wiederholte Befahrungen zu überzeugen, daß der Betrieb nach den Vorschriften der Bergpolizei geführt wird. Es handelt sich demnach bei der Prüfung des Betriebsplanes um eine Präventivmaßregel, bei welcher die bergpolizeilichen Rücksichten mit dem Privatinteresse des Bergwerksbesitzers Hand in Hand gehen. Selbstverständlich hat die Berginspektion durch die Betriebsrevisionen die genaue Einhaltung des Betriebsplanes festzustellen und zu überwachen.

**2.** Dem Bergwerksbesitzer ist durch die Bestimmung im Abs. 3 vollster Schutz gegen willkürliche Eingriffe der Behörde in seinen Betrieb gewährt, indem die Prüfung auf die im Art. 253 näher bezeichneten polizeilichen Gesichtspunkte beschränkt ist, deren Beachtung auch im Interesse des Werksbesitzers gelegen ist, um ihn vor Ersatzansprüchen tunlichst sicherzustellen. Weitere Garantien für Berücksichtigung berechtigter Wünsche bei Aufstellung des Betriebsplanes bietet der nachfolgende Artikel.

Strafbestimmung bei Betriebseröffnung ohne vorgängige Vorlage des Betriebsplanes im Art. 263 Ziff. 2.

## Art. 71. (69)

Erhebt die Berginspektion nicht binnen zwei Wochen nach Vorlegung des Betriebsplanes Einsprache gegen denselben, so ist der Bergwerksbesitzer zur Ausführung befugt.

Wird dagegen innerhalb dieser Frist Einspruch von der Berginspektion erhoben, so ist der Bergwerksbesitzer gleichzeitig zur Erörterung der beanstandeten Betriebsbestimmungen zu einem Termin vorzuladen.[1]

Insoweit auf diesem Wege keine Verständigung erzielt wird, hat die Berginspektion diejenigen Abänderungen des Betriebsplanes, ohne welche derselbe nicht zur Ausführung gebracht werden darf, festzusetzen.

**1.** Durch die Vorschrift in Abs. 1 wird verhindert, daß die Eröffnung des Betriebs unnötig verzögert wird, während der Abs. 2 dem Bergwerksbesitzer dafür bürgt, daß Abänderungen des Betriebsplans durch die Berginspektion nur nach seinem Einvernehmen verfügt werden können, daß er sohin Gelegenheit hat, die von ihm beabsichtigte Betriebsführung eingehend zu vertreten.

Der Einspruch der Berginspektion kann sich nur darauf stützen, daß der Betriebsplan den polizeilichen Rücksichten und bzw. den hiewegen erlassenen oberpolizeilichen Vorschriften nicht entspricht, wobei übrigens der Schutz der benachbarten Bergwerks- und Grundbesitzer mit in Frage kommen kann. Dem Bergwerksbesitzer sind die einzelnen beanstandeten Betriebsbestimmungen bei Erhebung des Einspruchs mitzuteilen.

**2.** Wird bei der Verhandlung über den Einspruch der Berginspektion eine Verständigung erzielt, so kann nach dem desfalls festgestellten Betriebsplan die Durchführung stattfinden; außerdem hat die Berginspektion die ihr erforderlich scheinenden Abänderungen des Planes vorzunehmen. Gegen diese Verfügung steht dem Bergwerksbesitzer die Beschwerde zum Oberbergamte zu (s. dazu Art. 249 Abs. 3).
Strafbestimmung im Art. 263 Ziff. 1.

## Art. 72. (70)

Die Art. 70 und 71 finden auch auf die späteren Abänderungen der Betriebspläne Anwendung.

Werden jedoch infolge unvorhergesehener Ereignisse sofortige Abänderungen eines Betriebsplanes erforderlich, so genügt es, wenn dieselben binnen der nächsten zwei Wochen der Berginspektion durch den Betriebsführer angezeigt werden.[1]

**1.** Um dem Umstande gerecht zu werden, daß häufig infolge unvorhergesehener Ereignisse *sofortige* Abänderungen eines Betriebsplanes erforderlich sind und daher die vorgängige polizeiliche Prüfung solcher Abänderungen ohne Schaden oder Gefahr nicht herbeizuführen sein würde, erklärt der Art. 72 in solchen Fällen für ausreichend, daß die Abänderung des Betriebsplanes binnen der nächsten zwei Wochen der Berginspektion durch den Betriebsführer, der hier allein oder neben den in Art. 79 Abs. 2 erwähnten Personen verantwortlich erscheint, angezeigt werde. Die Frist läuft von dem Tage, an welchem der abgeänderte Betriebsplan zur Ausführung gelangt.
Nach der Anzeige der Abänderungen tritt die Prüfung derselben durch die Berginspektion nach Maßgabe der Art. 70 und 71 und unter Beachtung des daselbst vorgeschriebenen Verfahrens ein.
Strafbestimmung im Art. 263 Ziff. 2.

## Art. 73. (71)

Wird ein Betrieb den Vorschriften der Art. 70 bis 72 zuwider geführt, so ist die Berginspektion befugt, nötigenfalls einen solchen Betrieb einzustellen.[1]

**1.** Zuwiderhandlungen gegen die Vorschriften der Art. 70 bis 72 können unter Umständen so gemeingefährliche Folgen haben, daß unbedingt erforderlich ist, der Berginspektion, unabhängig von der nach Art. 263 eintretenden Bestrafung, die Befugnis zur Einstellung eines solchen gesetzwidrigen Betriebes einzuräumen.

Strafbestimmung bei Fortsetzung des eingestellten Betriebes im Art. 263 Ziff. 3.

Gegen die Einstellung des Betriebs findet Beschwerde zum Oberbergamt statt (Art. 250).

## Art. 74. (72)

Will der Bergwerksbesitzer den Betrieb des Bergwerkes einstellen, so hat derselbe der Berginspektion hievon mindestens einen Monat vorher Anzeige zu machen.

Muß der Betrieb infolge unvorhergesehener Ereignisse schon in kürzerer Frist oder sofort eingestellt werden, so ist die Anzeige binnen längstens zwei Wochen nach erfolgter Betriebseinstellung nachzuholen.[1]

1. Wie die Anzeige von der beabsichtigten Inbetriebsetzung eines Bergwerks (Art. 69), so ist auch die hier vorgeschriebene Anzeige von der Außerbetriebsetzung notwendig, damit die Berginspektion ihr polizeiliches Aufsichtsrecht wirksam ausüben und insbesondere darüber wachen kann, daß das Bergwerk nicht in einem gemeingefährlichen Zustande verlassen, sondern daß für die Sicherstellung der Baue und der Oberfläche gesorgt wird (Art. 253).

Die Anzeige obliegt auch im Falle des Abs. 2 dem Bergwerksbesitzer oder dessen Stellvertreter, der von der Betriebseinstellung jedenfalls rasch Kenntnis erhält.

Vor gänzlicher Einstellung des Betriebes hat die Ergänzung des Grubenbildes durch den amtlichen Markscheider zu erfolgen.

Strafbestimmung im Art. 263 Ziff. 4.

## Art. 75. (73)

Der Bergwerksbesitzer hat auf seine Kosten ein Grubenbild in zwei Exemplaren durch einen amtlich bestellten Markscheider anfertigen und regelmäßig nachtragen zu lassen.

In welchen Zeitabschnitten die Nachtragung stattfinden muß, wird durch die Berginspektion vorgeschrieben.

Das eine Exemplar des Grubenbildes ist an die Berginspektion zum Gebrauche derselben abzuliefern, das andere auf dem Bergwerke oder, falls es daselbst an einem geeigneten Orte fehlt, bei dem Betriebsführer aufzubewahren.[1]

1. Verlässige und vollständige Grubenbilder sind zur wirksamen Überwachung des Bergbaues unentbehrlich. Es ist deshalb hier angeordnet, daß solche angefertigt und evident gehalten werden.

Die Bestimmungen über die Nachtragung richten sich nach den besonderen Verhältnissen der einzelnen Gruben und auch nach den wichtigeren außerordentlichen Vorkommnissen.

Die Grubenbilder sollen die Lage der Grubenbaue gegen die Gegenstände auf der Oberfläche genau erkennen lassen und daher sowohl die Tagessituation, wie die Grubenbaue enthalten.

Denselben muß der Stand des Abbaues zu entnehmen sein, um gegebenenfalls hiernach die zur Sicherung usw. etwa erforderlichen Maßnahmen vorbereiten und treffen zu können.

Das eine Exemplar muß auf dem Bergwerke oder beim Betriebsführer aufbewahrt sein, damit jederzeit ein Vergleich mit dem wirklichen Stand betätigt werden kann.

Strafbestimmung im Art. 263 Ziff. 5.

## Art. 76. (74)[1]

**Der Betrieb darf nur unter Leitung, Aufsicht und Verantwortlichkeit von Personen geführt werden, deren Befähigung hiezu anerkannt ist[1] (Aufsichtspersonen).[2]**

1. Die Art. 76—80 haben durch das Ges. vom 13. August 1910 Änderungen erfahren, die sich an die Novelle zum preuß. BG. vom 28. Juli 1909 (pr. GS. S. 677) anschließen. Im Art. 76 ist neu das eingeklammerte Wort am Schluß. Von den Aufsichtspersonen (Art. 76, 77, 79 Abs. 1) sind die im Art. 79 Abs. 2 genannten Personen zu unterscheiden.

2. Der Grundsatz, daß der Bergwerksbetrieb nur unter Leitung, Aufsicht und Verantwortlichkeit hiezu befähigter Personen geführt werden darf, findet seine Begründung nicht nur in den bisherigen Bergrechtsvorschriften, sondern auch darin, daß die großen Gefahren, welche fast mit jedem Bergwerksbetriebe für die Arbeiter und das Publikum verknüpft sind, nur durch eine sachkundige Betriebsführung, durch Kenntnis und Anwendung der Regeln der Bergtechnik und durch pünktliche Befolgung der bergpolizeilichen Vorschriften vermindert werden können. Über die als Aufsichtspersonen anzusehenden Personen s. II 1 der Ausf. Anw. vom 1. September 1910 (Anhang!). Strafbestimmungen s. in Art. 263 Abs. 1 Ziff. 6 u. Abs. 2.

Neben der durch Art. 69 geforderten Anzeige von der Inbetriebsetzung des Bergwerks hat der Bergwerksbesitzer oder dessen Stellvertreter den oder die Betriebsleiter der Berginspektion namhaft zu machen, ehe er mit dem Betriebe beginnen oder solchen fortsetzen darf (z. B. jedoch Art. 77 Abs. 3).

Eine Aufsucharbeit (Stollenanlagen) im verliehenen Felde durch den Bergwerksbesitzer ist bergrechtlich nicht als ein Schürfen im Sinne des Art. 4, sondern als Bergwerksbetrieb, als eine Arbeit zur Aufsuchung und Gewinnung von Mineralien nach Art. 46 zu betrachten, wobei die Bestimmungen des Art. 76 ff. zu beachten sind. Für die Schürfarbeiten sind auf Grund des Art. 12 oberbergpolizeiliche Bestimmungen vom 2. November 1910 ergangen (im Anhang abgedruckt).

## Art. 77. (75)

**Der Bergwerksbesitzer hat die zur Leitung und Beaufsichtigung des Betriebes angenommenen Personen (Art. 76), wie Betriebsführer, Steiger, technische Aufseher usw., unter Angabe des einer jeden zu übertragenden Geschäftskreises der Berginspektion namhaft zu machen.[1]**

Diese Personen sind verpflichtet, ihre Befähigung zu den ihnen zu übertragenden Geschäften nachzuweisen und sich zu diesem Zwecke auf Erfordern einer Prüfung durch die Berg-Berginspektion zu unterwerfen.[2]

Erst nachdem letztere die Befähigung anerkannt hat, dürfen die genannten Personen die ihnen übertragenen Geschäfte übernehmen.[3]

**1.** Die Worte „unter Angabe .... Geschäftskreises" beruhen wie auch das Zitat des Art. 76 auf dem Gesetz vom 13. August 1910. S. dazu Art. 79 Abs. 1, der die Verantwortlichkeit der Aufsichtspersonen im allgemeinen auf ihren Geschäftskreis einschränkt, damit zugleich aber schärfer begrenzt und sie wirksamer gestalten will, weil an die Pflichterfüllung innerhalb des beschränkten Kreises um so schärfere Anforderungen gestellt werden können. Unter „Geschäftskreis" ist der sachliche Aufgabenbereich gemeint. Die Begründung des Entw. des zit. preuß. Ges. (Drucks. d. pr. AbgH. 1908/09 Nr. 136 I S. 177), aus dem die neue Bestimmung übernommen ist, bemerkt, daß durch Festlegung eines „örtlichen" Geschäftskreises der Werksverwaltung die häufig unvermeidliche Heranziehung eines Beamten zur Vertretung eines anderen Beamten unmöglich gemacht oder doch wegen der Einholung einer erneuten Anerkennung durch die Bergbehörde sehr erschwert werden würde. Wo indes auch eine „örtliche" Abgrenzung des Geschäftskreises unbedenklich und zweckmäßig sei, stünden ihr Hindernisse nicht entgegen. Klare Abgrenzung des Geschäftskreises muß gefordert werden. Bei den Verhandlungen über den erwähnten preuß. Ges.-Entw. (Komm. d. pr. AbgH.) wurde seitens der Regierung ausdrücklich konstatiert, daß es „selbstverständlich" Recht und Pflicht der Bergbehörde sei, darüber zu wachen, ob die einzelnen Aufsichtspersonen den Umfang von Geschäften erledigen könnten, der ihnen übertragen sei, und event. eine Teilung anzuordnen (vgl. Art. 253). S. dazu II 1—6 der Ausf. Anw. vom 1. September 1910 (Anhang!).

Änderung des Geschäftskreises einer Aufsichtsperson macht neue Anzeige an die Berginspektion erforderlich. Vgl. Reuß in Ztschr. f. BR. 50 S. 538.

**2.** Der Nachweis zur Befähigung muß für j e d e e i n z e l n e Anstellung oder Verwendung erbracht werden und die Berginspektion wird bei der Prüfung der Befähigung darauf zu achten haben, welche Aufgabe der betreffenden Person bei der Führung des Bergbaues übertragen werden soll, und hienach die Ansprüche, die an dieselbe nach Kenntnissen, Erfahrung und sonstigen Eigenschaften zu stellen sind, zu bemessen haben.

Eine P r ü f u n g nach Abs. 2 kann nur für spezielle Fälle und lokale Verhältnisse vorgenommen werden und hat denn auch nur für diese, keineswegs allgemein eine Bedeutung. Es wird deshalb auch ein Zeugnis über diese Prüfung nicht ausgestellt; sie hat nur den Zweck, die Befähigung des Geprüften für die ihm anzuvertrauende Funktion darzutun.

**3.** Es genügt hienach nicht, daß der Bergwerksbesitzer die mit der Leitung des Betriebes zu betrauenden Personen namhaft gemacht hat, sondern es muß deren Befähigung ausdrücklich von der Berginspektion anerkannt sein, ehe solche die Leitung des Betriebes übernehmen dürfen.

Strafbestimmung im Art. 263 Abs. 1 Ziff. 6 u. 7 u. Abs. 2.

## Art. 78. (76)[1]

Wird der Betrieb oder ein Teil desselben von einer Person geleitet oder beaufsichtigt, welche das erforderliche Anerkenntnis ihrer Befähigung (Art. 77) nicht besitzt, oder welche diese Befähigung wieder verloren hat, so ist die Berginspektion nach Anhörung der Beteiligten befugt, die sofortige Entfernung derselben zu verlangen und nötigenfalls den in Betracht kommenden Betrieb so lange einzustellen, bis eine als befähigt anerkannte Person angenommen ist.[2]

Gegen die Entscheidung der Berginspektion, durch die die Befähigung einer Person nicht anerkannt oder einer Person die Befähigung aberkannt worden ist, ist die Beschwerde an das Oberbergamt binnen 14 Tagen ausschließender Frist vom Tage der Eröffnung an zulässig; die Beschwerde hat keine aufschiebende Wirkung. Zur Bescheidung der Beschwerde gegen die Entscheidung des Oberbergamts ist der Verwaltungsgerichtshof zuständig; Art. 249 Abs. 1 und 2 finden entsprechende Anwendung.[3]

**1.** Art. 76 hat Ergänzungen durch das Ges. vom 13. August 1910 erfahren; im Abs. 1 beruhen auf ihm die Worte „oder ein Teil desselben" (vgl. dazu Anm. 1 zu Art. 77) und „nach Anhörung der Beteiligten"; Abs. 2 beruht ganz auf diesem Gesetz.

**2.** Im Interesse der Sicherheit des Betriebs, sowie seiner ordnungsmäßigen Führung ist es nötig, der Berginspektion die Befugnis einzuräumen, die sofortige Entfernung von Aufsichtspersonen (Art. 76) zu verlangen, wenn ihre Befähigung (Art. 77) nicht anerkannt ist, oder wenn sich aus ihrer Tätigkeit entnehmen läßt, daß sie jene nicht mehr oder nicht in ausreichendem Maße besitzen. Letzterer Fall kann auch dadurch eintreten, daß der Betrieb sich schwieriger gestaltet, als anfangs angenommen wurde, und daß sie sich der erhöhten Aufgabe nicht mehr gewachsen zeigen. Neben der Bestrafung nach Art. 263 muß übrigens der Berginspektion bei der großen Bedeutung einer sachkundigen Leitung das Mittel der Betriebseinstellung eingeräumt werden, solange nicht ein als fähig anerkannter Leiter aufgestellt ist.

Bei der Würdigung der Befähigungsfrage ist nicht nur die technische Qualifikation ins Auge zu fassen, sondern auch die Befähigung nach anderen Richtungen, so hinsichtlich der Beachtung der Arbeitsordnung der bergpolizeilichen Vorschriften, des Verkehrs mit den Arbeitern. Es sollen nur ganz tüchtige und verlässige Persönlichkeiten die Leitung und Beaufsichtigung des Betriebs in Händen haben, welche die staatlichen Inspektionsbeamten durch ihre Tätigkeit wirksam unterstützen. S. dazu II 2 der zit. Ausf. Anw. vom 1. September 1910. Die

Überwachung dieses Personals und energisches Eingreifen bei hier wahrgenommenen Mißständen bildet eine Hauptaufgabe der Berginspektionen. Als „Beteiligte", deren Anhörung der Berginspektion zur Pflicht gemacht ist, sind die betr. Aufsichtsperson und der Werksbesitzer anzusehen.

3. Die Disqualifizierung einer Aufsichtsperson durch die Berginspektion ist eine für die Existenz des betreffenden Grubenbeamten schwerwiegende Entscheidung; der neue Abs. 2 läßt deshalb die Beschwerde zum Verwaltungsgerichtshof gegen die Entscheidung der II. Instanz (Oberbergamt) zu; beschwerdeberechtigt ist die disqualifizierte Aufsichtsperson. — Die Berginspektion hat in der Begründung ihrer Entscheidung die Tatsachen anzuführen, aus denen die technische Untüchtigkeit oder sonstige Unzuverlässigkeit der Aufsichtsperson gefolgert wird.

## Art. 79. (77)

Die Personen, welche die Leitung und Beaufsichtigung des Betriebes übernommen haben, sind für die Einhaltung der Betriebspläne verantwortlich. Im übrigen ist jede Aufsichtsperson innerhalb des ihr übertragenen Geschäftskreises für die Befolgung aller im Gesetz enthaltenen oder auf Grund desselben ergangenen Vorschriften und Anordnungen verantwortlich. [1 2]

Der Bergwerksbesitzer oder sein gesetzlicher Vertreter, die von ihm mit der Verwaltung des Bergwerksbesitzes Beauftragten sowie diejenigen Personen, welche den in Art. 76 und Art. 77 bezeichneten Aufsichtspersonen vorgesetzt sind, sind neben den in Abs. 1 bezeichneten Personen verantwortlich:

1. insoweit sie mit Anordnungen in den Betrieb eingegriffen haben, von denen sie wußten oder wissen mußten, daß ihre Ausführung gegen die Betriebspläne oder gegen die im Gesetz enthaltenen oder auf Grund desselben ergangenen Vorschriften und Anordnungen verstoßen würde;
2. insoweit sie durch Handlungen oder Unterlassungen den ihnen unterstellten Aufsichtspersonen die Möglichkeit genommen haben, den ihnen nach dem Gesetz oder nach den auf Grund desselben ergangenen Vorschriften und Anordnungen obliegenden Verpflichtungen nachzukommen;
3. wenn sie von einer Handlung oder Unterlassung der ihnen unterstellten Personen Kenntnis erhalten und diese zugelassen haben, obwohl sie wußten, daß sie gegen die Betriebspläne oder gegen die im Gesetz enthaltenen oder

auf Grund desselben ergangenen Vorschriften und Anordnungen verstoße;

4. wenn sie bei der nach ihrer tatsächlichen Stellung zum Betriebe ihnen obliegenden und nach den Verhältnissen möglichen eigenen Beaufsichtigung der ihnen unterstellten Aufsichtspersonen es an der erforderlichen Sorgfalt haben fehlen lassen.[3]

Die im Abs. 2 bezeichneten Personen sind von dem Werksbesitzer unter Angabe ihres Geschäftskreises der Bergbehörde namhaft zu machen.[4]

**1.** Das Gesetz vom 13. August 1910 hat den Abs. 1 geändert, die Abs. 2 u. 3 beigefügt.

**2.** Abs. 1 — wie auch Abs. 2 — normiert strafrechtliche Verantwortlichkeiten, begründet also die Anwendung vorhandener Strafbestimmungen gegen gewisse Personen; der allgemeine Rechtsgrundsatz, daß die Strafe nur bei Verschulden — sei es Vorsatz, sei es Fahrlässigkeit — eintritt, findet indes auch hier Anwendung. Im Satz 1 des Abs. 1 sind mit den „Personen, welche die Leitung und Beaufsichtigung eines Bergwerks übernommen haben" nicht alle Aufsichtspersonen gemeint (Art. 76, 77 Abs. 1), sondern nur die Betriebsführer; der Betriebsführer soll für jede Verletzung des Betriebsplanes haftbar sein. Satz 2 regelt dann die Verantwortlichkeit für die Befolgung aller übrigen im Gesetz enthaltenen oder auf Grund derselben ergangenen Vorschriften und Anordnungen, also der oberbergpolizeilichen Bestimmungen (Art. 254) und der Anordnungen der Bergbehörden (Art. 255, 257 f.); unter Satz 2 fallen die Betriebsführer und alle übrigen Aufsichtspersonen (Art. 76, 77 Abs. 1); inwieweit aber alle diese Personen haften, hängt von dem Umfang des ihnen übertragenen Geschäftskreises ab (vgl. Anm. 1 zu Art. 77).

**3.** Abs. 2 bestimmt, in welchen Fällen der Bergwerksbesitzer und die übrigen dort erwähnten Personen neben den im Abs. 1 genannten Personen haften. Diese Fälle treten zu jenen, in denen die Bergwerksbesitzer usw., wie schon nach dem bisherigen Recht, auf Grund der allgemeinen strafrechtlichen Grundsätze über die Teilnahme (§§ 47 ff. StGB.) neben den Aufsichtspersonen, z. B. als Anstifter, haften. Der Abs. 3 ist dem § 151 GewO. nachgebildet, der auf den Bergwerksbesitzer und seinen gesetzlichen Vertreter hinsichtlich der für den Bergbau geltenden Bestimmungen der GewO. (vgl. §§ 105 b Abs. 1, 154 a GewO.) Anwendung findet.

Zu Ziff. 1: wenn der Bergwerksbesitzer oder ein sonstiger Vorgesetzter der Aufsichtspersonen mit Anordnungen in den Betrieb eingreift, deren Ausführung gegen die Betriebspläne usw. verstößt, so ist es die Pflicht der in Frage kommenden Aufsichtsperson, die Ausführung der Anordnung abzulehnen; andernfalls macht sie sich nach Abs. 1 verantwortlich; „ihre wirtschaftliche Abhängigkeit kann indessen", wie die Motive bemerken, „Ursache für sie werden, trotzdem die Anordnung auszuführen; dann würde es unbillig sein, diese Person allein zur Verantwortung zu ziehen". Der Bergwerksbesitzer hat die Pflicht, sich zu vergewissern, ob seine Anordnung nicht gegen den Betriebsplan oder gesetzliche oder bergpolizeiliche Vorschriften verstößt. Die Außerachtlassung dieser Pflicht macht ihn gegebenenfalls haftbar.

Zu Ziff. 2: es ist hier nach den Motiven z. B. an den Fall gedacht, daß ein Werksbesitzer usw. seinem Betriebsführer durch Verweigerung derjenigen Geldmittel, welche zur Erfüllung gesetzlicher oder polizeilicher Vorschriften notwendig sind, die Beobachtung bestimmter Vorschriften unmöglich macht. Strafbare Unterlassungen können auch aus den Pflichten zu folgern sein, die dem Werksbesitzer nach seinem „Geschäftskreis“ (Abs. 3) obliegen; vgl. Anm. 4.

Zu Ziff. 3 u. 4 vgl. § 151 GewO. Die Ziff. 4 enthielt im preuß. Entw. (zit. S. 60) auch die in § 151 GewO. aufgenommene Haftung für mangelnde Sorgfalt bei der Auswahl der Aufsichtspersonen; das preuß. AbgH. strich diese Bestimmung mit Rücksicht darauf, daß die Aufsichtspersonen (vgl. Art. 77) hinsichtlich ihrer Befähigung durch die Bergbehörde anerkannt sein müssen. Die Ziff. 4 unterscheidet sich vom § 151 auch dadurch, daß mangelhafte Beaufsichtigung den Bergwerksbesitzer usw. nur insoweit haftbar macht, als ihm nach seiner tatsächlichen Stellung zum Betrieb eine Beaufsichtigung obliegt; hiezu ist auf Abs. 3 zu verweisen. Die Prüfung dieser Voraussetzung muß vom Geschäftskreis ausgehen, der der Bergbehörde namhaft gemacht ist; aus ihm ergibt sich regelmäßig die Stellung zum Betrieb; hat indes der Bergwerksbesitzer den Rahmen des Geschäftskreises tatsächlich überschritten, so haftet er in entsprechend weiterem Umfang, als sich nach dem gemeldeten Geschäftskreis ergeben würde. — Für den Bergwerksbesitzer usw. wird in der Regel nur die Beaufsichtigung des Betriebsführers in Frage kommen; wenn er sich irgendeine Beeinflussung der Betriebsführung vorbehält, darf er sich nach dem Willen des Gesetzes auch der Pflicht zur Beaufsichtigung nicht entschlagen.

**4.** Vgl. dazu die vorige Anm. Die Motive bemerken: um ermessen zu können, ob und inwieweit die in Art. 79 Abs. 2 bezeichneten Personen zu Anordnungen für den Betrieb und zur Beaufsichtigung der Aufsichtspersonen berechtigt und verpflichtet sind, muß die Bergbehörde die einzelnen in Betracht kommenden Personen und die ihnen übertragene Stellung kennen. Strafvorschrift s. Art. 263 Abs. 1 Ziff. 7 und Abs. 2.

## Art. 80. (78)

Die in Art. 76, 77 bezeichneten Aufsichtspersonen sind verpflichtet, die Bergbeamten, welche im Dienste das Bergwerk befahren, zu begleiten und ihnen auf Erfordern Auskunft über den Betrieb, über die Ausführung der Arbeitsordnung und über alle sonstigen, der Aufsicht der Bergbehörde unterliegenden Gegenstände zu erteilen.[1]

**1.** Das Gesetz vom 30. Juni 1900 hat die Worte „über die Ausführung der Arbeitsordnung und über alle sonstigen, der Aufsicht der Berginspektion unterliegenden Gegenstände“ beigefügt, um jeden Zweifel über den Umfang der Verpflichtung zu beseitigen. Strafbestimmung s. in Art. 263 Abs. 2.

## Art. 81. (79)

Der Bergwerksbesitzer muß den mit Fahrscheinen der einschlägigen Berginspektion versehenen Personen, welche sich dem Bergsache gewidmet haben, zum Zwecke ihrer Ausbildung die Befahrung und Besichtigung des Werkes gestatten.[1]

1. Zum Zwecke der Ausbildung der Aspiranten für das Bergfach ist es nötig, daß diese die Einrichtung und den Betrieb der Werke genau kennen lernen, und daher ist dem Bergwerksbesitzer die Verpflichtung auferlegt, den sich durch Fahrscheinen der Berginspektion legitimierenden Personen den Zutritt zu gestatten. Bei etwaiger Weigerung kann die Berginspektion nach Art. 256 einschreiten.

## Art. 82. (80)

Der Bergwerksbesitzer ist verpflichtet, in den dafür festgesetzten Zeiträumen und Formen die vom zuständigen k. Staatsministerium vorgeschriebenen statistischen Nachrichten einzureichen.[1]

1. Die Statistik umfaßt die Produktion der Werke und wird veröffentlicht. Wegen der Statistik des Knappschaftswesens vgl. Art. 244. Zuständig ist das Staatsministerium des K. Hauses und des Äußern. (§§ 1 u. 2 der K. VO. vom 10. November 1904, GVBl. S. 567).

## Art. 83. (81)[1]

Den Vorschriften der Art. 69 bis 82 unterliegen auch die unterirdischen Baue auf andere als die im Art. 1 bezeichneten Mineralien einschließlich der unterirdischen Steinbrüche und Gräbereien.[2]

1. Art. 81 beruht auf dem Gesetz vom 30. Juni 1900.

2. Die unterirdischen Baue, welche auf andere als die in Art. 1 bezeichneten Mineralien gerichtet sind, unterliegen den Vorschriften des IX. Titels, welcher von der Bergpolizei handelt (vgl. Art. 253 Abs. 2). Art. 83 beschränkt die Anwendung der Vorschriften auf unterirdische Baue; die Bergbehörden dürfen deshalb Tagbaue nicht heranziehen, ebensowenig oberflächliche Gräbereien, welche etwa nur das Aufsuchen von Sand, Lehm, Quellen usw. bezwecken, wenn auch deren Ausbau in die Tiefe möglich sein sollte. Erst von dem Zeitpunkte ab, wo der Ausbau in die Tiefe unternommen wird, unterliegen diese Baue den Vorschriften der Art. 69 bis 82. Es gehören hieher u. a. die unterirdischen Gruben auf Ton, Graphit, die unterirdische Erdölgewinnung usw. S. ferner hieher Art. 138.

## Vierter Abschnitt.[1]

## Von den Bergleuten und den Betriebsbeamten.

### Art. 84. (82)

Das Vertragsverhältnis zwischen den Bergwerksbesitzern und den Bergleuten wird nach den allgemeinen gesetzlichen Bestimmungen beurteilt, soweit nicht nachstehend etwas anderes bestimmt ist.[2]

**1.** Der vierte Abschnitt in der Fassung des Berggesetzes vom 20. März 1869 hatte die Überschrift: „Von den Bergleuten" und enthielt nur sieben Paragraphen über das Vertragsverhältnis zwischen den Bergwerksbesitzern und den Bergleuten, über die Kündigungsfrist und die Gründe zur Auflösung des Verhältnisses vor Ablauf der Vertragszeit und ohne vorhergegangene Kündigung, über das Arbeitszeugnis und über die Arbeiterlisten.

Diese Bestimmungen erfuhren eine wesentliche Ergänzung dadurch, daß die Novelle zur GewO. vom 1. Juni 1891 (das sog. Arbeiterschutzgesetz) unter Durchbrechung des Grundsatzes, daß das Bergrecht der Landesgesetzgebung vorbehalten ist, in wichtigen Beziehungen auf den Bergbau übergriff; s. § 105 b ff. (Sonntagsruhe) und § 154 a GewO., welch letzterer im Abs. 1 die Bestimmungen der §§ 115 bis 119 a (Truckverbot), 135 bis 139 b (Schutz der Kinder, der jugendlichen und der weiblichen Arbeiter) auf Bergwerke, Salinen, Aufbereitungsanstalten und unterirdisch betriebene Brüche oder Gruben erstreckte, und im Abs. 2 die Untertag-Arbeit der Arbeiterinnen verbot. Die Novelle zur GewO. vom 28. Dezember 1908 sah in § 154 a Abs. 2 eine am 1. April 1912 in Kraft tretende Beschränkung der Übertag-Beschäftigung von Arbeiterinnen im Bergbau vor.

Die jetzige Fassung des Abschnitts 4 beruht auf den Gesetzen vom 30. Juni 1900 und vom 13. August 1910.

Das Gesetz vom 30. Juni 1900 verfolgte das Ziel, die Schutzbestimmungen, die das ebenerwähnte Arbeiterschutzgesetz von 1891 den gewerblichen Arbeitern und Betriebsbeamten gebracht hatte, den Arbeitern und Betriebsbeamten im Bergbau auch insoweit zukommen zu lassen, als sie nicht nach § 154 a GewO. bereits auf diese erstreckt waren; es gab der Überschrift des Abschnitts ihre jetzige Fassung und übernahm, zumeist wörtlich, eine große Anzahl von Bestimmungen des Tit. VII GewO., insbesondere die Beschränkungen der Vertragsfreiheit in bezug auf die Bedingung der Lohnverwirkung bei Kontraktbruch (Art. 87), in bezug auf die Kündigung usw. (Art. 107 bis 110), ferner die Bestimmungen über die obligatorische Arbeitsordnung (Art. 88—98), über das Arbeitszeugnis (Art. 111), über das Arbeitsbuch der minderjährigen Arbeiter (Art. 118—124), über den Fortbildungsschulbesuch (Art. 126), über das Arbeitsverhältnis der Betriebsbeamten (Art. 127, 132—134) u. a. Abweichend von der GewO. erklärte das Ges. vom 30. Juni 1900 Arbeitsordnungen für notwendig schon in Betrieben mit mindestens 10 Arbeitern und forderte es die Einsetzung von Arbeiterausschüssen auf allen Bergwerken mit mehr als 20 Arbeitern. Besondere Bestimmungen, die ihr Vorbild nicht in der GewO. hatten, wurden getroffen über die Berechnung und Auszahlung des Lohns (Art. 85), über Abschluß und Bekanntgabe des Gedinges (Art. 86) und über die Verwendung geeichter Hunde bei Gedinglohn (Art. 106). Bei den Verhandlungen über den Entwurf der Novelle vom 30. Juni 1900 nahmen die Debatten über die von der K. d. Abg. beschlossene Einführung des achtstündigen Normalarbeitstags für die Untertag-Arbeit im gesamten Bergbau einen breiten Raum ein. Die Staatsregierung sowohl wie die K. d. Reichsräte lehnten den Achtstundentag ab; die K. d. Abg. ließ ihn schließlich fallen, um das Zustandekommen des Gesetzes nicht zu hindern (vgl. Verh. d. K. d. Abg. 1900 Sten. Ber. II S. 815 ff., IV S. 444 ff., d. K. d. R.R. I S. 137 ff.). Im Zusammenhang mit diesen Verhandlungen über den Achtstundentag stand die Einfügung des Art. 255, der dem Oberbergamt das Recht gibt, für einzelne Betriebe mit übermäßiger Arbeitszeit diese zu beschränken, und in der Folge sich sehr bewährte, weil er die Behörden in den Stand setzte, mit dem erforderlichen Nachdruck auf die Festsetzung der Arbeitszeit in den Arbeitsordnungen einzuwirken. Der Art. 255 gibt der Staatsregierung auch eine brauchbare Handhabe, um event. bei Streitigkeiten zwischen Bergwerksbesitzern und Bergleuten hinsichtlich der Arbeitszeit entscheidend einzugreifen, wie auch der Referent der Abgeordnetenkammer zugegeben hat (V. d. K. d. Abg. Sten. Ber. 1900 Bd. IV S. 449). Der große Streik der österreichischen Kohlenarbeiter, der gerade während der Verhandlungen des Landtags 1900 tobte und die österreichische, wie die deutsche Industrie, sowie die Arbeiterschaft beiderseits aufs empfindlichste geschädigt hat, wäre wohl vermieden worden, falls die dortige Regierung die Befugnis des Art. 255 gehabt hätte.

Weitere Ergänzungen und Änderungen hat der vierte Abschnitt durch das Gesetz vom 13. August 1910 erfahren; dieses Gesetz schloß sich teils an die Novelle zur GewO. vom 30. Juni 1900 (RGBl. S. 321) — in den Bestimmungen über das Arbeitsverhältnis der Betriebsbeamten — an, teils an die Novellen zum preuß. BG. vom 14. Juli 1905 (pr. GS. S. 307) — im Verbot des Nullens (Art. 90), in mehreren Bestimmungen über die Arbeitszeit der unter Tag beschäftigten Bergleute (Art. 114—116), über die Verwendung der Strafgelder usw. — und an die Novelle zum preuß. BG. vom 28. Juli 1909 (pr. GS. S. 677) — in der Ausgestaltung der Heranziehung der Arbeiter zur Grubenaufsicht. Abweichend von diesen preußischen Novellen erließ das Ges. vom 13. August 1910 ein Verbot der Untertag-Arbeit von jungen Leuten unter 16 Jahren (Art. 113) und erstreckte es die Bestimmungen des vierten Abschnitts auf die Arbeiter und Angestellten in unterirdischen Gruben usw. auf nicht verleihbare Mineralien (Art. 138).

Der Achtstundentag war auch im Jahre 1910 die Klippe, an der der Entwurf zu scheitern drohte. Die K. d. Abg. beschloß seine Festsetzung zweimal, während die K. d. R. R. ihn zweimal ablehnte; die Staatsregierung sprach sich wiederholt mit der größten Entschiedenheit gegen die beabsichtigte Einschränkung und Normierung der täglichen Arbeitszeit aus; sie hatte dem Ges.-Entw. (Verh. d. K. d. Abg. 1907/08 Beil. 382) eine Tabelle über die tatsächlichen Arbeitszeiten im bayer. Bergbau beigegeben und unter Bezugnahme auf sie in der Begründung des Entw. mit folgendem zu der Forderung des Achtstundentags Stellung genommen:

„Diese Arbeitszeiten sind nicht übermäßig lange. Es kann deshalb die Notwendigkeit der gesetzlichen Festlegung eines Maximalarbeitstags für den bayer. Bergbau im allgemeinen und im besonderen für den bayer. Kohlenbergbau nicht anerkannt werden. Für einen Staat mit gering entwickeltem Bergbau, der vielfach unter ungünstigen Arbeitsverhältnissen zu leiden hat, ist überdies eine vorsichtige Behandlung dieser Frage dringend geboten, da durch eine die Konkurrenzbedingungen verschiebende gesetzliche Arbeitszeitverkürzung die Existenz der bestehenden Werke gefährdet werden könnte, ganz abgesehen davon, daß das Kapital von der Errichtung neuer Werke abgeschreckt würde. Der Entwurf beschränkt sich deshalb, was die Arbeitszeit anlangt, auf Übernahme der einschlägigen neuen Bestimmungen des preußischen Berggesetzes über die Beschränkung der Arbeitszeiten an heißen Betriebspunkten und über die Mindestruhezeit vor dem Beginn einer regelmäßigen Schicht und einer Nebenschicht."

Die Mehrheit der K. d. Abg. verzichtete schließlich, wie im Jahre 1900, um das Zustandekommen des Gesetzes nicht zu verhindern, auf den sog. Achtstundentag und nahm in der Sitzung vom 27. Juli 1910, wie vorher die K. d. R. R., einstimmig den Entw. an.

2. Die zivilrechtlichen Bestimmungen des vierten Abschnitts finden ihre Ergänzung in den Bestimmungen des BGB. (§§ 611 ff.). Im Arbeitsvertrage dürfen keine Vereinbarungen getroffen werden, welche den zwingenden Vorschriften der nachfolgenden Artikel widersprechen. Wegen Auflösung des Vertragsverhältnisses s. die Art. 96—99.

## Art. 85. (83)

**Die Berechnung und Auszahlung des Lohnes muß mindestens alle Monate an den zu Anfang des Jahres im voraus bestimmten Tagen erfolgen. Ungefähr in der Mitte zwischen diesen Zahlungen hat eine Abschlagszahlung zu erfolgen.** [1]

1. Der Art. beruht auf dem Ges. vom 30. Juni 1900; er wurde in den Ausschußverhandlungen der Abgeordnetenkammer damit begründet, daß zweifellos ein Bedürfnis vorliege, die Lohnperioden nicht zu groß und sie gleichmäßig zu gestalten und die Zahltage im voraus festzusetzen, weil solche Bestimmungen in der Arbeitsordnung nicht zu erzwingen seien. Außerdem wurde angeführt, daß diese Regelung in den größeren Betrieben schon jetzt durchgeführt sei. Kürzere Lohnperioden festzusetzen, wie auch angeregt wurde, sei nicht angezeigt, da die Bergbauverhältnisse eine zu große Einschränkung in dieser Beziehung nicht vertragen und die Interessen der Arbeiter dadurch genügend gewahrt seien, daß eine 14 tägige Abschlagszahlung gesetzlich festgelegt werde.

Es darf hienach in der Arbeitsordnung bei Festlegung der Lohnfristen ein längerer Zahltermin als ein Monat nicht bestimmt werden; selbstverständlich kann derselbe, wo es die Verhältnisse gestatten, kürzer festgesetzt werden. Die Vorausbestimmung der Tage kann in der Weise erfolgen, daß solche einzeln aufgeführt werden oder daß je ein bestimmter Tag des Monats bezeichnet wird (z. B. der dritte Samstag oder je der 24. jeden Monats und, wenn solcher auf einen Sonn- oder Feiertag fällt, der vorhergehende Tag). Die Abschlagszahlung ist nur für die monatliche Lohn-Berechnung und -Zahlung vorgeschrieben. Der Art. gilt natürlich auch für kleine Betriebe mit weniger als 10 Arbeitern.

## Art. 86. (84)

Soferne der Lohn nach Geding sich bemessen soll, ist das Geding in der Regel vor Ort und spätestens zehn Tage nach Belegung des Ortes (Übernahme der Arbeit) abzuschließen. Wird diese Frist nicht eingehalten, so hat der Arbeiter Anspruch auf den durchschnittlichen Tagesverdienst gleichartiger Arbeiter.[1]

Ist im Falle der Fortsetzung der Arbeit vor demselben Ort das Gedinge nicht bis zu dem bestimmten Zeitpunkt abgeschlossen, so ist der Arbeiter berechtigt, die Feststellung seines Lohnes nach Maßgabe des in der vorausgegangenen Lohnperiode für dieselbe Arbeitsstelle gültig gewesenen Gedinges zu verlangen.[2]

Das Gedinge ist in dem Gedingebuch zu beurkunden und, wenn es länger als vierzehn Tage dauert, den Arbeitern entweder durch einen Gedingzettel für die Kameradschaft oder durch öffentlichen Anschlag bekannt zu machen.[3]

**1.** Auch dieser Art. wurde durch das Ges. vom 30. Juni 1900 eingefügt; Abs. 1 ist durch das Ges. vom 13. August 1910 durch die Worte „in der Regel vor Ort“ ergänzt worden; auch wurde durch dieses Gesetz das Wort „gleichwertiger“ durch „gleichartiger“ ersetzt. Der Art. bezweckt, dem Arbeiter möglichst bald Klarheit und Sicherheit darüber zu geben, was er in der betreffenden Lohnperiode sich verdient. Deshalb müsse für den Abschluß des Gedings eine gesetzliche Frist bestimmt werden, weil auch hier die Arbeitsordnung versage. Die Frist war ursprünglich als eine achttägige vom Ausschuß der K. d. Abg. (1900) vorgeschlagen, wurde aber auf Antrag der Staatsregierung auf zehn Tage erhöht, da die Verhältnisse verschiedene seien und öfters die Festsetzung des Gedings längere Zeit beanspruche, weil sie der tunlichsten Einheitlichkeit wegen in einem großen Verbande vorgenommen wird. Der 10tägige Termin findet sich auch in der westfälischen Arbeitsordnung. Hiedurch ist nicht ausgeschlossen, in der Arbeitsordnung eine kürzere Frist für die Gedingfestsetzung zu normieren, wo dies nach den örtlichen Verhältnissen tunlich erscheint. Kommt das Gedinge in der gesetzlichen Frist nicht zustande, dann bemißt sich der Lohn nach dem durchschnittlichen Tagesverdienst gleichartiger Arbeiter; die K. d. Abg. legte bei der Beratung der Novelle von 1910 Gewicht auf die Fassung „gleichartiger“, da die frühere Fassung „gleichwertiger“ Arbeiter die

Möglichkeit von Schikanen zulasse; die jetzige Fassung will eine Differenzierung nach der Qualität der Arbeiter ausschließen; sie sichert dem Bergmann mangels rechtzeitigen Gedingabschlusses einen Lohnbetrag, der sich aus dem Durchschnitt der von den Arbeitern gleicher Kategorie in der vorhergegangenen Lohnperiode verdienten Löhne ergibt. Die Berechnung dieses Tagesverdienstes ist in der Arbeitsordnung zu regeln. Abs. 1 gilt nur für den Fall des Wechsels des Arbeitsortes oder bei erstmaliger Festsetzung des Gedings.

2. Bei Fortsetzung der Arbeit vor demselben Orte bleibt, wenn das Gedinge nicht rechtzeitig abgeschlossen ist, der alte Gedinglohn gültig.

3. Der Abs. 3 soll sichern, daß die Arbeiter genau über den Gedingabschluß unterrichtet werden.

Eine Vereinbarung über die Lohnzahlung muß getroffen werden, entweder muß Geding- oder Schichtlohn bestimmt werden (vgl. V. d. K. d. Abg. 1900 StenBer. Bd. II S. 870).

## Art. 87. (85)

Den Bergwerksbesitzern ist untersagt, für den Fall der rechtswidrigen Auflösung des Arbeitsverhältnisses durch den Bergmann die Verwirkung des rückständigen Lohnes über den Wochenbetrag des für den Betriebssitz des Bergwerks geltenden ortsüblichen Taglohnes auszubedingen.[1]

1. Der Art. ist dem § 119a der Gewerbeordnung nachgebildet und beruht auf dem Gesetz vom 30. Juni 1900. Unter ortsüblichem Taglohn ist jener zu verstehen, wie er für den Vollzug des Krankenversicherungsgesetzes festgestellt wird.

## Art. 88. (86)

Für jedes Bergwerk und die mit demselben verbundenen, unter der Aufsicht der Bergbehörden stehenden Anlagen, in welchen in der Regel mindestens 10 Arbeiter beschäftigt werden, ist innerhalb vier Wochen nach Inkrafttreten dieses Gesetzes oder nach Eröffnung des Betriebs eine Arbeitsordnung von dem Bergwerksbesitzer oder dessen Stellvertreter zu erlassen. Für die einzelnen Abteilungen des Betriebs, für einzelne der bezeichneten Anlagen oder für die einzelnen Gruppen der Arbeiter können besondere Arbeitsordnungen erlassen werden.[1]

Der Erlaß erfolgt durch Aushang.

Die Arbeitsordnung muß den Namen des Bergwerkes oder die Bezeichnung der besonderen Betriebsanlage sowie den Zeitpunkt, mit welchem sie in Wirksamkeit treten soll, angeben und von dem Bergwerksbesitzer oder dessen Stellvertreter unter Angabe des Datums unterzeichnet sein.

Abänderungen ihres Inhalts können nur durch den Erlaß

von Nachträgen oder in der Weise erfolgen, daß an Stelle der bestehenden eine neue Arbeitsordnung erlassen wird.

Die Arbeitsordnungen und Nachträge zu denselben treten frühestens zwei Wochen nach ihrem Erlaß in Geltung.[2]

1. Der Art. beruht auf dem Gesetz vom 30. Juni 1900; er ist dem § 134 a der Gewerbeordnung nachgebildet und bezweckt, für größere Betriebe das Arbeitsverhältnis zwischen dem Bergwerksbesitzer und dessen Arbeitern ein für allemal zu regeln, so daß von vorneherein feststeht, welche Verpflichtungen und Berechtigungen beide Vertragsteile übernehmen, bzw. beanspruchen können. Es ist dies namentlich für den Arbeiter von großem Wert, da er hienach zu bemessen in der Lage ist, ob die Leistungen und Rechte seinen Kräften und Ansprüchen entsprechen. Der Regierungsentwurf hatte in Übereinstimmung mit der Gewerbeordnung den Erlaß einer Arbeitsordnung nur für Bergwerke mit mindestens 20 Arbeitern vorgesehen, während die preußische Berggesetznovelle vom Jahre 1892 für alle Bergwerke die Arbeitsordnung vorgeschrieben und nur Ausnahmen hievon für kleine Betriebe zugelassen hatte. Von einer ähnlichen Bestimmung war für Bayern deshalb abgesehen worden, weil daselbst die Kleinbetriebe mit 3 und 4 Arbeitern häufig vorkommen und die Ausnahme zur Regel geworden wäre. Seitens des Ausschusses, dem das Plenum der Abgeordnetenkammer beitrat, wurde der Erlaß von Arbeitsordnungen schon für Bergwerke mit mindestens 10 Arbeitern für veranlaßt erachtet und hienach mit Zustimmung der K. Staatsregierung die Anordnung für Betriebe mit dieser Arbeiterzahl getroffen.

Da bei größeren Bergwerken und den hiemit verbundenen Anlagen die Betriebs- und Arbeitsverhältnisse in den einzelnen Abteilungen und Anlagen oft sehr verschieden sind, so war die Möglichkeit vorzusehen, für solche besondere Arbeitsordnungen erlassen zu können, ebenso für einzelne Gruppen der Arbeiter, deren Beschäftigung eine mannigfach abweichende ist.

2. Bezüglich des Aushangs vgl. Art. 96 Abs. 2. Der Zeitpunkt der Wirksamkeit der Arbeitsordnung muß auf derselben angegeben sein, ist jedoch in Abs. 5 einer gewissen Beschränkung unterworfen, indem er nicht früher als zwei Wochen nach dem Erlaß (Aushang) gelegt werden darf. Es steht dies im Zusammenhang mit der 14tägigen Kündigungsfrist des Art. 107. Für Arbeiter, welche eine längere Kündigungsfrist oder längere Einstellung haben, gelten die alten Arbeitsbedingungen beim Vertragsabschluß bis zum Ablauf der dort bedungenen Kündigungsfrist oder Einstellung. Das gleiche gilt von den Abänderungen (Nachträgen) der Arbeitsordnung.

Strafbestimmung im Art. 266.

## Art. 89. (87)[1]

Die Arbeitsordnung muß Bestimmungen enthalten:

1. über Anfang und Ende der regelmäßigen täglichen Arbeitszeit, über Zahl und Dauer der für die erwachsenen Arbeiter vorgesehenen Pausen und darüber, unter wel-

chen Voraussetzungen und in welchem Maße, abgesehen von Fällen der Beseitigung von Gefahren und der Ausführung von Notarbeiten, die Arbeiter verpflichtet sind, die Arbeit über die ordentliche Dauer der Arbeitszeit hinaus fortzusetzen, oder besondere Nebenschichten zu verfahren, bei Arbeiten unter Tage über die Regelung der Ein- und Ausfahrt und über die Überwachung der Anwesenheit der Arbeiter in der Grube,[2]

2. über die zur Festsetzung des Schichtlohns und zum Abschlusse, sowie zur Abnahme des Gedinges ermächtigten Personen, über die Art des Gedingabschlusses und die Bekanntmachung des Gedinges an die Beteiligten, über die Voraussetzungen, unter welchen der Bergwerksbesitzer oder der Arbeiter eine Veränderung oder Aufhebung desselben zu verlangen berechtigt ist,[3]

3. über Zeit und Art der Abrechnung und Lohnzahlung, über das Verfahren zur Feststellung des bei der Lohnberechnung zu berücksichtigenden Teiles ungenügend oder vorschriftswidrig beladener Fördergefäße und über die Überwachung dieses Verfahrens durch Vertrauensmänner der Arbeiter (Art. 90), sowie über die Vertreter des Bergwerksbesitzers bei diesem Verfahren und über den gegen die Feststellung des Lohnanteils zulässigen Beschwerdeweg; die regelmäßige Lohnzahlung darf nicht am Sonntage stattfinden; Ausnahmen hievon können von der Berginspektion zugelassen werden;[4]

4. sofern es nicht bei den gesetzlichen Bestimmungen bewenden soll, über die Frist der zulässigen Aufkündigung, sowie über die Gründe, aus welchen die Entlassung und der Austritt aus der Arbeit ohne Aufkündigung erfolgen darf,[5]

5. sofern Strafen vorgesehen werden, über die Art und Höhe derselben, über die Art ihrer Festsetzung, über die hierzu bevollmächtigten Vertreter des Bergwerksbesitzers und den Beschwerdeweg gegen diese Festsetzung und, wenn sie in Geld bestehen, über deren Einziehung und über den Zweck, für welchen sie verwendet werden sollen,[6]

6. sofern die Verwirkung von Lohnbeträgen nach Maßgabe der Bestimmung des Art. 87 durch Arbeitsordnung oder Arbeitsvertrag ausbedungen wird, über die Verwendung der verwirkten Beträge,[7]

7. über die etwaige Verabfolgung und Berechnung der

Betriebsmaterialien und Werkzeuge (§ 115 der Gewerbeordnung),[8]

8. über die Dauer der Wahlperiode der von den Arbeitern oder dem Arbeiterausschusse gemäß Art. 90 und Art. 99 zu wählenden Vertrauensmänner, ferner über die Tätigkeit der gemäß Art. 99 zu wählenden Vertrauensmänner.[9]

Dem Bergwerksbesitzer bleibt überlassen, neben den im Abs. 1 bezeichneten noch weitere, die Ordnung des Betriebs und das Verhalten der Arbeiter im Betriebe betreffende Bestimmungen in die Arbeitsordnung aufzunehmen.

Mit Zustimmung eines ständigen Arbeiterausschusses können in die Arbeitsordnung Vorschriften über das Verhalten der Arbeiter bei Benützung der zu ihrem Besten getroffenen, auf dem Bergwerke bestehenden Einrichtungen, sowie Vorschriften über das Verhalten der minderjährigen Arbeiter außerhalb des Betriebs aufgenommen werden.[10]

1. Art. 89 beruht auf dem Gesetz vom 30. Juni 1900; er schließt sich an § 134b GewO. an, ist aber (1900) von der K. d. Abg. nach dem Vorbild des preuß. Berggesetzes (§ 80b, Nov. z. preuß. BG. vom 24. Juni 1892) erweitert worden. Das Gesetz vom 13. August 1910 hat die Ziff. 3 geändert und die Ziff. 8 hinzugefügt. — Art. 89 bestimmt den notwendigen Inhalt der Arbeitsordnung; dies indes nicht erschöpfend; vgl. Art. 88 Abs. 3 und 95 Abs. 6 (Wahl, Zuständigkeit und Geschäftsführung des Arbeiterausschusses).

2. Nach § 154a GewO. finden die Bestimmungen der §§ 135 bis 139b auf die Besitzer und Arbeiter von Bergwerken, Salinen, Aufbereitungsanstalten und unterirdisch betriebenen Brüchen und Gruben entsprechende Anwendung. Da die §§ 136 und 137 GewO. über die Pausen der jugendlichen Arbeiter und der Arbeiterinnen Bestimmungen treffen, so genügt es, in der Arbeitsordnung die Pause für die erwachsenen Arbeiter zu regeln.

Es ist selbstverständlich, daß bei drohender Gefahr und bei unverschieblichen Notarbeiten nicht die durch die Arbeitsordnung festgesetzte regelmäßige Arbeitszeit maßgebend ist, sondern daß zu solchen Arbeiten jeder hiezu taugliche Arbeiter verpflichtet erscheint. Dagegen muß die Arbeitsordnung Bestimmung darüber treffen, unter welchen Voraussetzungen und Bedingungen außerdem eine Verpflichtung der Arbeiter besteht, über die ordentliche Arbeitszeit im Bergwerke tätig zu sein.

Bei Regelung der Ein- und Ausfahrt ist zu bestimmen, von welchem Zeitpunkte ab solche gerechnet werden. Die Überwachung der Anwesenheit der Arbeiter in der Grube ist hauptsächlich erforderlich wegen der Sicherung der Arbeiter vor Gefahren.

3. Die Bestimmungen über Schichtlohn und Gedinge sind notwendig, um dem Arbeiter volle Klarheit zu sichern über die bei Festsetzung des Lohnes maßgebenden Bestimmungen. Da es sowohl im Interesse des Bergwerksbesitzers als des Arbeiters liegen kann, das

Gedinge abzuändern oder aufzuheben, so sind die Fälle, unter denen dies zulässig ist, in der Arbeitsordnung genau zu regeln (vgl. Art. 86).

**4.** Die Ziff. 3 hat durch das Ges. vom 13. August 1910 eine neue Fassung erhalten, welche dem Art. 90 (Verbot des Nullens) Rechnung trägt und sich hinsichtlich des Verbots der Festsetzung der sonntäglichen Lohnzahlung an § 134 b Ziff. 2 GewO. (in der Fassung der Novelle z. GewO. vom 30. Juni 1900) anschließt. Eine Abweichung von dem ebenerwähnten Verbot, also eine ihm zuwiderlaufende Festsetzung in der Arbeitsordnung, wird die Berginspektion nur zulassen dürfen, wenn sie im Interesse der Arbeiter liegt; da Sonntagsarbeit im Bergbau nur in geringem Umfang (§ 105 c GewO.) zulässig ist, wird sich ein Bedürfnis für Ausnahmezulassungen selten ergeben. — Aus § 394 BGB. und § 2 Abs. 2 des Lohnbeschlagnahmegesetzes von 1869 ergibt sich die Unzulässigkeit von Lohnabzügen im Wege der Aufrechnung auf die Lohnforderung des Arbeiters, soweit diese der Pfändung entzogen ist. Dies ist auch in der Arbeitsordnung zu beachten.

**5.** Die allgemeine Bestimmung über die Kündigungsfrist ist in Art. 107 getroffen (14 Tage); jene über Entlassung und Austritt ohne Aufkündigung in den Art. 108 mit 110. Sollen andere Gründe als diese maßgebend sein, so sind solche in der Arbeitsordnung zu bezeichnen.

**6.** Es ist in der Arbeitsordnung auch die Art der Straffestsetzung zu bestimmen, d. h. das hiebei zu beobachtende Verfahren, ferner ist das Beschwerdeverfahren zu regeln, namentlich anzugeben, welcher Beamte oder welche Behörde des Bergwerks über die Beschwerde endgültig zu entscheiden hat. Eine Beschwerde an die Berginspektion ist, da es sich hier um eine interne Angelegenheit handelt, ausgeschlossen. Dagegen ist die Anrufung des Berggewerbegerichts gemäß § 4 Ziff. 4 des Gewerbegerichtsgesetzes zulässig.

**7.** Die verwirkten Lohnbeträge müssen nicht, wie die Strafgelder und die Lohnabzüge (Art. 90 und 91), zugunsten der Arbeiter verwendet werden, allein es ist in der Arbeitsordnung die Verwendung derselben zu einem bestimmten Zwecke vorzusehen. Strafbestimmung im Art. 268.

**8.** Nach § 115 GewO., der gemäß § 154 a GewO. Anwendung findet, dürfen den Arbeitern Werkzeuge und Stoffe zu den ihnen übertragenen Arbeiten nur für den Betrag der durchschnittlichen Selbstkosten unter Anrechnung bei der Lohnzahlung verabfolgt werden. Zu einem höheren Preise ist die Verabfolgung von Werkzeugen und Stoffen für Akkordarbeit zulässig, wenn derselbe den ortsüblichen nicht übersteigt.

**9.** Ziff. 8 beruht auf dem Ges. vom. 13. August 1910. Die Vertrauensmänner nach Art. 99 sind auf mindestens 1 Jahr zu wählen (Art. 99 Satz 3); die Arbeitsordnung kann die Wahlperiode verlängern. Siehe dazu Art. 104 Abs. 2. In der Arbeitsordnung können die Befugnisse der Vertrauensmänner (Art. 101) erweitert werden. Die ganze Ziff. 8 ist nur für diejenigen Bergwerke von Bedeutung, auf welchen Vertrauensmänner gemäß Art. 90 nach dem Wunsch der Arbeiter oder Vertrauensmänner gemäß Art. 99 nach den Bestimmungen dieses Artikels zu wählen sind. S. dazu Anm. 2 und 3 zu Art. 99.

**10.** Der Bergwerksbesitzer kann im Interesse eines geordneten Betriebes Vorschriften über den Betrieb selbst und das Verhalten der

Arbeiter in die Arbeitsordnung aufnehmen und die Nichtbeachtung mit Strafe bedrohen.

In den Fällen des Abs. 3 ist die Zustimmung des ständigen Arbeiterausschusses (Art. 94) erforderlich.

## Art. 90. (88)[1]

Genügend und vorschriftsmäßig beladene Fördergefäße bei der Lohnberechnung in Abzug zu bringen, ist verboten. Ungenügend oder vorschriftswidrig beladene Fördergefäße müssen insoweit angerechnet werden, als ihr Inhalt vorschriftsmäßig ist.[2] Der Bergwerksbesitzer ist verpflichtet zu gestatten, daß die Arbeiter durch einen von ihnen oder, wenn ein ständiger Arbeiterausschuß besteht, von diesem gewählten Vertrauensmann das Verfahren bei Feststellung der ungenügenden oder vorschriftswidrigen Beladung und des bei der Lohnberechnung anzurechnenden Teiles der Beladung überwachen lassen. Durch die Überwachung darf eine Störung des Betriebes nicht herbeigeführt werden; bei Streitigkeiten hierüber trifft auf Beschwerde des Vertrauensmannes die Berginspektion die entsprechenden Anordnungen. Der Vertrauensmann bleibt im Arbeitsverhältnis des Bergwerks; die Kosten desselben werden von dem Werksbesitzer und den beteiligten Arbeitern zu gleichen Teilen getragen.[3] Der Bergwerksbesitzer ist ferner verpflichtet, den Lohn des Vertrauensmannes auf Antrag des ständigen Arbeiterausschusses oder der Mehrzahl der beteiligten Arbeiter vorschußweise zu bezahlen. Er ist berechtigt, den vorschußweise gezahlten Lohn den beteiligten Arbeitern bei der Lohnzahlung in Abzug zu bringen.[4] [5]

**1.** Art. 90 hat eine neue Fassung durch das Gesetz vom 13. August 1910 erhalten; sie schließt sich an § 80c Abs. 2 preuß. BG. (preuß. Ges. vom 14. Juli 1905) mit dem Unterschied an, daß sie, entsprechend einem Beschluß der K. d. Abg., die Kosten des Vertrauensmannes zur Hälfte dem Arbeitgeber überbürdet.

**2.** Art. 90 verbietet das sog. Nullen der Förderwagen (Hunde); an die Spitze stellt er das bereits in der bisherigen Fassung enthaltene Verbot, genügend und vorschriftsmäßig beladene Fördergefäße bei der Lohnberechnung, zur Strafe, in Abzug zu bringen; aus dem Satz 2 geht das weitere Verbot hervor, bei der Lohnberechnung Fördergefäße ganz in Abzug zu bringen, wenn ihr Inhalt nur zum Teil zu begründeten Beanstandungen Anlaß gibt; sie müssen vielmehr insoweit angerechnet werden, als ihr Inhalt vorschriftsmäßig ist. Bei Streitigkeiten steht der Rechtsweg (Gewerbegericht) offen.

**3.** Zu Satz 3 siehe die Strafbestimmung in Art. 268 Ziff. 2. Der Vertrauensmann bleibt nach ausdrücklicher Bestimmung des Gesetzes im Arbeitsverhältnis des Bergwerks; s. dazu Art. 103 und 104 Abs. 2—4.

4. Der Arbeitgeber ist nach dem letzten Satz berechtigt, den vorschußweise gezahlten Lohn, d. h. also die von den beteiligten Arbeitern zu deckende Lohnhälfte, diesen Arbeitern bei der Lohnzahlung in Abzug zu bringen; diese ausdrückliche Ermächtigung deckt den Arbeitgeber gegen § 394 BGB. (vgl. Art. 67 EG. BGB.).

5. Um zu verhüten, daß an die Stelle des Nullens übermäßige Geldstrafen treten, sieht Art. 91 ein monatliches Strafmaximum von 5 M. für ungenügende oder vorschriftswidrige Förderung vor.

## Art. 91. (89)[1]

Strafbestimmungen, welche das Ehrgefühl oder die guten Sitten verletzen, dürfen in der Arbeitsordnung nicht aufgenommen werden. Geldstrafen dürfen in jedem einzelnen Falle die Hälfte des für die vorhergegangene Lohnperiode ermittelten durchschnittlichen Tagesarbeitsverdienstes derjenigen Arbeiterklasse nicht übersteigen, zu welcher der Arbeiter gehört; jedoch können Tätlichkeiten gegen Mitarbeiter, erhebliche Verstöße gegen die guten Sitten, sowie gegen die zur Aufrechterhaltung der Ordnung des Betriebes, zur Sicherung gegen Betriebsgefahren oder zur Durchführung der Bestimmungen dieses Gesetzes und der Gewerbeordnung erlassenen Vorschriften mit Geldstrafen bis zum vollen Betrage dieses durchschnittlichen Tagesarbeitsverdienstes belegt werden; die im Laufe eines Kalendermonats gegen einen Arbeiter wegen ungenügender oder vorschriftswidriger Beladung von Fördergefäßen verhängten Geldstrafen dürfen in ihrem Gesamtbetrage fünf Mark nicht übersteigen. Das Recht des Bergwerksbesitzers, Schadensersatz zu fordern, wird durch diese Bestimmung nicht berührt.[2]

Alle Strafgelder müssen zum Besten der Arbeiter des Bergwerks verwendet werden. Wenn für das Bergwerk ein ständiger Arbeiterausschuß vorgeschrieben ist, müssen die Strafgelder einer Unterstützungskasse zugunsten der Arbeiter überwiesen werden, an deren Verwaltung der ständige Arbeiterausschuß mit der Maßgabe beteiligt sein muß, daß den von den Arbeitern gewählten Mitgliedern mindestens die Hälfte der Stimmen zusteht. Die Grundsätze für die Verwendung und für die Verwaltung müssen nach Anhörung der volljährigen Arbeiter oder des ständigen Arbeiterausschusses in der Arbeitsordnung oder in besonderen Satzungen festgelegt werden. Eine Übersicht der Einnahmen und Ausgaben und des Vermögens der Kasse ist alljährlich in einer von der Berginspektion vorgeschriebenen Form aufzustellen und dieser, nachdem sie zwei Wochen durch Aushang zur Kenntnis der Belegschaft gebracht ist, einzureichen. Eine mit der Knappschaftskasse verbundene Unterstützungskasse, über welche besondere Rechnung geführt wird und deren Bestände ausschließlich der Unterstützung der Arbeiter und ihrer Hinterbliebenen dienen, ist als Unterstützungskasse im Sinne des Satz 2 anzuerkennen; Satz 3 und 4 finden auch auf diese Kassen Anwendung.[3]

1. Art. 91 ist durch das Ges. vom 30. Juni 1900 in das Gesetz eingestellt worden und hat durch das Ges. vom 13. August 1910 Änderungen, bzw. Ergänzungen erfahren.

2. Art. 89 ist dem § 134b GewO. nachgebildet und soll insbesondere übermäßigen Geldstrafen vorbeugen. Das monatliche Strafmaximum von 5 M. für Bestrafungen wegen vorschriftswidriger Förderung steht im Zusammenhang mit dem Verbot des Nullens und wurde, wie dieses (Art. 90) 1910 eingefügt. Weitere Bestimmungen über die Strafen s. Art. 89 Abs. 1 Ziff. 5, 90 und 92 Abs. 2 und 3; s. ferner die Strafbestimmung in Art. 268 Ziff. 1.

3. Nach der bisherigen Fassung des Abs. 2 mußten alle Strafgelder der zugunsten der Arbeiter des Bergwerks etwa bestehenden Unterstützungskasse oder, wenn eine solche nicht bestand, der Knappschaftskasse überwiesen werden. Nunmehr gilt für die Bergwerke, für welche ein ständiger Arbeiterausschuß nicht vorgeschrieben ist, gemäß Art. 94, also für die Bergwerke mit weniger als 20 Arbeitern, lediglich der Grundsatz, daß alle Strafgelder zum Besten der Arbeiter des Werkes verwendet werden müssen; die nähere Bestimmung der Verwendung bleibt dem Arbeitgeber überlassen, der zu beachten hat, daß jenem Grundsatz nicht genügt wird, wenn aus der Verwendung der Strafgelder auch dem Arbeitgeber finanzielle Vorteile erwachsen, wie dies regelmäßig bei ihrer Überweisung an die Knappschaftskasse der Fall sein wird. Für die übrigen Werke gilt eine spezielle Bestimmung, welche für den Fall der Erhebung von Geldstrafen die Errichtung von Unterstützungskassen vorschreibt, in welche diese Gelder zu fließen haben; die Beteiligung der Arbeiter an dieser Kasse ist im Gesetz selbst im Wege einer Mindestanforderung vorgeschrieben; der Werksbesitzer muß Grundsätze für die Verwendung und für die Verwaltung unter Beachtung des Satzes 3 aufstellen; endlich soll alljährlich Rechnungsabschluß und Vermögensaufstellung der Kasse — wofür die Berginspektion die Form vorzuschreiben hat — durch Aushang zur Kenntnis der Belegschaft gebracht und der Berginspektion eingereicht werden (Satz 4).

Die Unterstützungskasse kann auch mit der Knappschaftskasse verbunden sein, wenn den Anforderungen des Satzes 5 im Abs. 2 genügt wird; auch für solche Unterstützungskassen müssen die Grundsätze für Verwendung und Verwaltung festgelegt sein (nach Maßgabe des Satzes 3), ferner entsprechend dem Satz 4 Rechnungsabschluß und Vermögensaufstellung alljährlich ausgehängt und der Berginspektion eingereicht werden; die Verwaltung dieser Kassen wird dagegen von der Verwaltung der Knappschaftskasse (Art. 236) geführt.

## Art. 92. (90)[1]

Der Inhalt der Arbeitsordnung ist, soweit er den Gesetzen nicht zuwiderläuft, für die Arbeitgeber und die Arbeiter rechtsverbindlich.[2]

Andere als die in der Arbeitsordnung oder in den Art. 108 und 109 vorgesehenen Gründe der Entlassung und des Austritts aus der Arbeit dürfen im Arbeitsvertrage nicht vereinbart werden.[3] Andere als die in der Arbeitsordnung vorgesehenen Strafen dürfen über den Arbeiter nicht verhängt werden. Die Strafen müssen ohne Verzug festgesetzt und dem Arbeiter zur Kenntnis gebracht werden.[4]

Die verhängten Geldstrafen, sowie die sonstigen Strafen sind in gesonderte Verzeichnisse einzutragen, welche den Namen des Bestraften, den Tag der Bestrafung, sowie den Grund und die Höhe der Strafe ergeben und auf Erfordern dem Inspektionsbeamten jederzeit zur Einsicht vorgelegt werden müssen.[5]

1. Art. 92 beruht auf dem Ges. vom 30 Juni 1900.

2. Die Arbeitsordnung (Art. 88 f.) bildet den Arbeitsvertrag und regelt in rechtsverbindlicher Weise Rechten und Pflichten beider Vertragsteile.

3. Die Arbeitsordnung hat neben den in Art. 108 und 109 bestimmten Gründen die sonstigen Fälle ausdrücklich zu bezeichnen, in denen die Entlassung und der Austritt aus dem Arbeitsverhältnisse erfolgen dürfen. Aus anderen Gründen ist die Entlassung oder der Austritt unstatthaft.

4. Vgl. Art. 89 Abs. 1 Ziff. 5 und Art. 91.

5. Im Abs. 3 wurde zum Regierungsentwurfe beigefügt „sowie die sonstigen Strafen", um das sogenannte Ablegen der Bergleute hier festzustellen und der Berginspektion Gelegenheit zu bieten, sich über die Behandlung der Arbeiter Aufschluß zu verschaffen und gegebenenfalls auf die Werksverwaltung einwirken zu können

## Art. 93. (91)[1]

Vor dem Erlaß der Arbeitsordnung oder eines Nachtrages zu derselben ist den auf dem Bergwerk, in der betreffenden Betriebsanlage oder in den betreffenden Abteilungen des Betriebes beschäftigten volljährigen Arbeitern rechtzeitig Gelegenheit zu geben, sich über den Inhalt der Arbeitsordnung zu äußern. Auf Bergwerken, für welche ein ständiger Arbeiterausschuß besteht, wird dieser Vorschrift durch Anhörung des Ausschusses über den Inhalt der Arbeitsordnung genügt.[2]

1. Art 93 beruht auf dem Ges vom 30. Juni 1900; er ist der unveränderte Abs. 1 des früheren Art 91, der durch die Novelle

von 1910 wesentlich erweitert und in die Art. 93 bis 95 zerlegt worden ist.

2. Art. 93 entspricht dem § 134d GewO. Das im § 134d fehlende Wort „rechtzeitig" vor „Gelegenheit" wurde vom Landtag (1900) eingefügt, damit den Arbeitern auch hinreichend die Möglichkeit zur Prüfung der Arbeitsordnung und Erhebung von Einwendungen geboten sei. Zwischen der Mitteilung an die Arbeiter oder den Arbeiterausschuß und der Veröffentlichung der Arbeitsordnung muß also ein entsprechender Zeitraum liegen. Da, wo ein Arbeiterausschuß nicht besteht, wird es sich empfehlen, daß die Arbeiter zu diesem Zwecke eine Vertretung wählen und dies der Werksverwaltung mitteilen.

## Art. 94. (neu)[1]

Auf Bergwerken, welche mehr als zwanzig Arbeiter beschäftigten, sind ständige Arbeiterausschüsse einzusetzen.[2]

Als solche gelten nur jene Vertretungen, deren Mitglieder in ihrer Mehrzahl von den volljährigen Arbeitern des Bergwerks, der betreffenden Betriebsabteilung oder der mit dem Bergwerk verbundenen Betriebsanlagen aus ihrer Mitte in unmittelbarer und geheimer Wahl gewählt werden. Die Wahl der Vertreter kann auch nach Arbeiterklassen oder nach besonderen Abteilungen des Betriebes erfolgen.[3]

In Bergwerksbetrieben, die in der Regel nicht mehr als zweihundert Arbeiter beschäftigen, müssen dem ständigen Arbeiterausschuß mindestens drei nach Maßgabe des Abs. 2 gewählte Vertreter der Arbeiter angehören; diese Mindestzahl erhöht sich in Bergwerksbetrieben, die in der Regel mehr als zweihundert Arbeiter beschäftigen, im Verhältnis zur Zahl der Arbeiter und zwar für je dreihundert Arbeiter um einen Vertreter.[4]

1. Art. 94 besteht in seinem ersten und zweiten Absatz aus Teilen des früheren Art. 91 und beruht insoweit auf dem Ges. vom 30. Juni 1900; nur der letzte Absatz ist neu und beruht auf dem Ges. vom 13. August 1910.

2. Der Entwurf des Ges. vom 30. Juni 1900 hatte im Anschluß an § 134h GewO. nur fakultative Arbeiterausschüsse vorgesehen; die Fassung des Gesetzes, welche für Bergwerke mit mehr als 20 Arbeitern ständige Arbeiterausschüsse obligatorisch macht, gründet sich auf Beschlüsse des Landtags. Es wurde (1900) im Landtag hervorgehoben, daß die Arbeiterausschüsse ebensowohl im Interesse der Arbeiter, als der Arbeitgeber zu wirken berufen und imstande seien.

Das Ges. vom 13. August 1910 hat die bisherige Regelung ergänzt. Die Zuständigkeit des Arbeiterausschusses ist nunmehr in der Arbeitsordnung zu regeln (Art. 95 Abs. 6); die Mot. (zit. S. 67) bemerken, daß von einer Übernahme der Bestimmung in § 80f Abs. 1 des preuß. BG., wonach es dem Arbeiterausschusse obliegt, darauf hinzuwirken, daß das gute Einvernehmen innerhalb der Belegschaft und zwischen der Belegschaft und dem Arbeitgeber erhalten bleibt oder wiederhergestellt wird, abgesehen worden sei; daß der ständige Arbeiterausschuß diese Aufgabe habe, verstehe sich wohl von selbst; dies ausdrücklich auszusprechen, könne der Arbeitsordnung überlassen werden. Das Gesetz weist dem Arbeiterausschuß Aufgaben zu in Art. 89 Abs 3, 90, 91 Abs. 2, 93, 99, 101 Abs. 1 und 4. Die Arbeiterausschüsse in den Betrieben mit mindestens 50 Arbeitern haben eine erhöhte Bedeutung gewonnen, da nach den Art. 99ff. von ihnen und aus ihrer Mitte die Vertrauensmänner der Arbeiter (Grubenaufsicht) zu wählen sind.

Dafür, ob ein Arbeiterausschuß einzusetzen ist, ist entscheidend, ob in der Regel mehr als 20 Arbeiter beschäftigt werden.

**3.** Abs. 2 entspricht dem § 134h Ziff. 4; er ist bei der näheren Regelung der Wahl in der Arbeitsordnung (Art. 95 Abs. 6) zu beachten.

**4.** Die Bestimmung in Abs. 3 über die Mindestzahl der nach Maßgabe des Abs. 2 gewählten Arbeitervertreter war durch die Bestimmungen der Art. 99 und 100 über die Vertrauensmänner (Grubenaufsicht) veranlaßt, die der Arbeiterausschuß aus seiner Mitte zu wählen hat, deren Zahl für die einzelne Grube aber vom Oberbergamt festzusetzen ist. Das Gesetz mußte dafür sorgen, daß in jedem Fall die notwendige Zahl von Vertrauensmännern aus der Zahl der von den Arbeitern gewählten Vertreter zur Verfügung steht (s. dazu Anm. 3 zu Art. 99). Die Arbeitsordnung kann die gesetzlichen Mindestzahlen erhöhen.

## Art. 95. (neu)[1]

Die Wahl hat in Bergwerksbetrieben, in denen in der Regel mindestens fünfzig Arbeiter beschäftigt werden, nach den Grundsätzen der Verhältniswahl derart stattzufinden, daß neben den Mehrheitsgruppen auch die Minderheitsgruppen entsprechend ihrer Zahl vertreten sind. Hiebei kann die Stimmenabgabe auf Vorschlagslisten beschränkt werden, die bis zu einem in der Arbeitsordnung festzusetzenden Zeitpunkt vor der Wahl einzureichen sind.[2]

Die Arbeiterausschüsse sind alle drei Jahre neu zu wählen; der Wahltermin ist vier Wochen vor der Wahl bekannt zu geben.

Das Amt eines Arbeiterausschußmitgliedes erlischt, sobald der Arbeiter aus dem Arbeitsverhältnisse ausscheidet.

Beim Ausscheiden eines Arbeiterausschußmitgliedes findet Ersatzwahl statt.[3]

Streitigkeiten über die Wahlen entscheidet die Berginspektion. Gegen ihre Entscheidung ist binnen vier Wochen die Beschwerde zum Oberbergamt zulässig. Die Entscheidung über die Beschwerde ist endgültig.

Über die Wahl, Zuständigkeit und Geschäftsführung des ständigen Arbeiterausschusses sind in der Arbeitsordnung nähere Bestimmungen zu treffen.[4]

**1.** Art. 95 beruht auf dem Ges. vom 13. August 1910; nur der Abs. 2 geht auf das Ges. vom 30. Juni 1900 zurück

**2.** Die Vorschrift ist dem § 12 Abs. 2 KfmGG. (Reichsgesetz vom 6. Juli 1904, RGBl. S. 266) nachgebildet. Der Entwurf beschränkte die obligatorische Verhältniswahl auf Betriebe mit mindestens 100 Arbeitern die näheren Bestimmungen über die Wahl sind in der Arbeitsordnung zu treffen (Abs. 6)

**3.** Das Amt eines Arbeiterausschußmitgliedes erlischt außerordentlich, abgesehen vom Tod und vom Austritt aus dem Arbeitsverhältnis mit dem freiwilligen Austritt aus dem Ausschuß. In jedem Fall ist ohne Verzug eine Ersatzwahl anzuordnen. S. dazu Art. 99 Abs. 1.

**4.** Das Gesetz enthielt in seiner bisherigen Fassung, wie die Mot. bemerken, keine Anordnung darüber, wer das Wahlverfahren zu bestimmen, wer die Zahl der Mitglieder festzusetzen hat usw. Nunmehr sieht das Gesetz in Art. 94 Abs. 3 über die Mindestzahl der Mitglieder und im Abs. 1 oben für größere Betriebe über die Verhältniswahl Bestimmungen vor, die von der Arbeitsordnung zu beachten sind (vgl. Anm 2 oben und Anm 4 zu Art. 94). Die Arbeitsordnung wird auch zu bestimmen haben, ob eine Pflicht zur Annahme der Wahl besteht. Über die Zuständigkeit der Arbeiterausschüsse s. Anm 2 zu Art 94

## Art. 96. (92)[1]

Die Arbeitsordnung, sowie jeder Nachtrag zu derselben ist unter Mitteilung der seitens der Arbeiter geäußerten Bedenken, soweit die Äußerungen schriftlich oder zu Protokoll erfolgt sind, binnen drei Tagen nach dem Erlaß in zwei Ausfertigungen unter Beifügung der Erklärung, daß und in welcher Weise der Vorschrift des Art. 93 genügt ist, der Berginspektion einzureichen.[2]

Die Arbeitsordnung ist an geeigneter, allen beteiligten Arbeitern zugänglicher Stelle auszuhängen. Der Aushang muß stets in lesbarem Zustande erhalten werden. Die Arbeitsordnung ist jedem Arbeiter bei seinem Eintritt in die Beschäftigung zu behändigen.[3]

**1.** Die Art 96 bis 98 beruhen auf dem Ges. vom 30. Juni 1900.

**2.** Die Mitteilung der Bedenken der Arbeiter hat zu erfolgen, damit die mit der Prüfung der Arbeitsordnung betraute Berginspektion bemessen kann, ob gesetzliche Bestimmungen zu ungunsten der Arbeiter nicht beachtet wurden, so insbesondere auch, ob die Strafbestimmungen etwa nach Anschauung der Arbeiter deren Ehrgefühl verletzen (Art 91). Der Erlaß der Arbeitsordnung erfolgt durch Aushang (Art. 88 Abs 2); von da ab läuft die Frist zur Einreichung.
Strafbestimmung im Art. 268 Ziff 2.

**3.** Abs. 2 bestimmt, in welcher Weise der Aushang zu erfolgen hat, um die Arbeitsordnung den Arbeitern stets zur Kenntnis zu bringen. Außerdem ist jedem Arbeiter ein Exemplar der Arbeitsordnung, die die Grundlage des Arbeitsvertrages bildet, beim Eintritt auszuhändigen.

## Art. 97. (93)[1]

Arbeitsordnungen und Nachträge zu denselben, welche nicht vorschriftsmäßig erlassen sind, oder deren Inhalt den gesetzlichen Bestimmungen zuwiderläuft, sind auf Anordnung der Berginspektion durch gesetzmäßige Arbeitsordnungen zu ersetzen oder den gesetzlichen Vorschriften entsprechend abzuändern.[2]

Gegen diese Anordnung findet Beschwerde nach Art. 250 statt.[3]

**1.** S. Anm. 1 zu Art. 96.

**2.** Die Berginspektion hat bei Prüfung der Arbeitsordnung zu überwachen, daß die Vorschriften, die für deren Erlassung bestehen, beachtet werden, so, daß die Arbeiter, bzw. der Arbeiterausschuß zuvor gehört werde, daß dieselbe alle jene Verhältnisse regelt, über welche sie Bestimmung treffen muß (vgl. Anm. 1 zu Art. 89), und daß sie hiebei keinerlei gesetzlichen Bestimmungen, z. B. über Lohnberechnung und Zahlung usw., zuwiderläuft. Liegt eine derartige Verfehlung vor, so hat die Berginspektion den Bergwerksbesitzer zu veranlassen, die Arbeitsordnung entsprechend zu ersetzen oder abzuändern. Die Anordnung kann jederzeit von der Berginspektion getroffen werden. — Strafbestimmung im Art. 266.

Mit Rücksicht auf den neu eingefügten Art. 255 hat die Berginspektion, falls die regelmäßige Arbeitszeit mehr als acht Stunden beträgt, und in allen Fällen, in welchen die Grubenverhältnisse ungünstig gelagert sind — sei es durch zu hohe oder zu niedere Temperatur, schlimme Wasserverhältnisse usw. —, das Gutachten des K. Landesgewerbearztes zu erholen, ob durch die Arbeitszeit, eventuell im Zusammenhange mit den sonstigen mißlichen Verhältnissen die Gesundheit der Arbeiter gefährdet wird, und die Verhandlungen mit gutachtlicher Äußerung dem Oberbergamte zur weiteren Veranlassung vorzulegen.

**3.** Die Beschwerde gegen die Anordnung der Berginspektion auf Abänderung der Arbeitsordnung ist innerhalb 14 Tagen an das Oberbergamt zu richten.

## Art. 98. (94)

Arbeitsordnungen, welche vor dem Inkrafttreten dieses Gesetzes erlassen worden sind, unterliegen den Bestimmungen der Art. 86 Abs. 1 und 2, 88 bis 92, 96 Abs. 2 und 97 und sind binnen vier Wochen der Berginspektion in zwei Ausfertigungen einzureichen. Auf spätere Abänderungen dieser Arbeitsordnungen und auf die seit dem 1. Mai 1900 erstmalig erlassenen

Arbeitsordnungen finden die Art. 93 bis 95 und 96 Abs. 1 Anwendung.[1]

1. S. Anm. 1 zu Art. 96. Vgl. § 134g GewO.

## Art. 99. (neu)[1]

In Bergwerksbetrieben, in denen in der Regel mindestens fünfzig Arbeiter beschäftigt werden, wählen die Arbeiterausschüsse aus ihrer Mitte Vertrauensmänner.[2] Die Wahl ist geheim. Die Vertrauensmänner sind auf mindestens ein Jahr zu wählen.[3] Beim Ausscheiden eines Vertrauensmannes findet Ersatzwahl statt.[4] Art. 95 Abs. 5 findet entsprechende Anwendung.

1. Die Art. 99 bis 105 beruhen auf dem Gesetz vom 13. August 1910; sie regeln die Heranziehung von Arbeitern zur Grubenaufsicht. Der Entwurf dieses Gesetzes (Verh. der K. d. Abg. 1908 Beil. 382), der im April 1908 bei der Kammer der Abgeordneten eingebracht wurde, sah die Erfüllung dieser alten Forderung der Arbeiter in der Weise vor, daß er für Bergwerksbetriebe mit mindestens 100 Arbeitern die Aufnahme von Bestimmungen in die Arbeitsordnung vorschrieb, wonach „die Arbeiterausschüsse aus ihrer Mitte Vertrauensmänner wählen, welche berechtigt sind, an den den Werksbeamten obliegenden Untersuchungen der Grubenbaue auf ihre Sicherheit periodisch teilzunehmen und ihre Beanstandungen zur Kenntnis der Werksleitung zu bringen". Die K. d. Abg. erklärte sich hiemit im wesentlichen einverstanden, dehnte die Bestimmung aber auf Bergwerke mit mindestens 50 Arbeitern aus und fügte Garantien für die unabhängige Amtsausübung der Vertrauensmänner bei. Der Entwurf wurde vom Landtag 1908 nicht mehr erledigt. Während der Vertagung des Landtags 1908/09 erging — unter dem Eindruck des großen Grubenunglücks auf der Zeche Radbod — die Novelle vom 28. Juli 1909 zum preuß. BG. (pr. GS. S. 677), die den Gedanken der Heranziehung der Arbeiter zur Grubenaufsicht in anderer Weise verwirklichte; sie regelte das Institut der „Sicherheitsmänner" im Gesetz selbst und legte insbesondere deren Rechte und Pflichten selbst fest. In dieser Richtung erschien es der bayer. Staatsregierung zweckmäßig, eine gleichartige Regelung im bayer. Berggesetz zu treffen; sie brachte deshalb bei der Kammer der Reichsräte unterm 17. Dezember 1909 Anträge auf Änderung der ursprünglichen Vorlage und Einfügung der Art. 99 bis 105 ein, die in der Folge von beiden Kammern unverändert angenommen wurden.

Art. 101, 104 und 105 beruhen zum größten Teil auf dem preußischen Vorbild; in bezug auf die Wahl der Vertrauensmänner wurde an dem Grundsatze der Vorlage festgehalten (Art. 99); ihre Zahl soll für die einzelnen Betriebe durch das Oberbergamt festgesetzt werden (Art. 100); Art. 102 u. 103 entsprechen der ursprünglichen Regierungsvorlage, bzw. den Beschlüssen der K. d. Abg.

Zu den Art. 99 bis 105 s. Ziff. IV und die Anlagen der Ausf.-Anw. vom 1. September 1910 (Anhang!).

**2.** Die Rechte und Pflichten der Vertrauensmänner ergeben sich aus den Art. 101 ff. Die Mot. der Regierungsvorlage (zit. Beil. 382) bemerken, die vorgeschlagene Bestimmung wolle einer oft erhobenen Forderung der Arbeiter entgegenkommen, weil es als ein nicht unbilliges Verlangen der Arbeiterschaft erscheine, daß ihr eine Teilnahme an der Überwachung der Grube eingeräumt werde. Sie fahren fort:

„Die vorgesehene Einrichtung soll die Werksleitung und ihre Beamten ebensowenig wie die Berginspektion von ihrer Verantwortlichkeit irgendwie entlasten. Auch wird nicht erwartet, daß die Teilnahme eines Arbeiters an den Grubenbefahrungen in besonderem Maße zur Aufdeckung vorhandener Mängel führen wird. Wohl aber darf angenommen werden, daß sie indirekt einen günstigen Einfluß insoferne äußert, als sie geeignet ist, das Aufsichtspersonal der Gruben zu gesteigerter Sorgfalt bei Erfüllung ihrer Pflichten zu veranlassen; denn die Beamten werden ein Interesse daran haben, daß der Vertrauensmann nicht in der Lage ist, grobe Verstöße wider die Sicherheitsvorschriften festzustellen."

Das Gesetz schreibt die Wahl für Bergwerksbetriebe mit mindestens 50 Arbeitern vor; daß es nur die eigentlichen Bergwerke, d. h. die unterirdischen Betriebe, im Auge hat, geht aus der Aufgabe der Vertrauensmänner (Art. 101), den ihnen zugewiesenen „Grubenbezirk" zu befahren (vgl. auch „Grubenschicht" in Art. 116) und aus Art. 101 Abs. 4 Satz 3 hervor. S. dazu IV 2 der Vollzugsanweisung vom 1. September 1910. Der Arbeiterausschuß (Art. 94 f.) ist nur insofern gebunden, als er nur Ausschußmitglieder wählen darf; es steht ihm frei, zu Vertrauensmännern auch Mitglieder zu wählen, die der Werksbesitzer in den Ausschuß entsandt hat. Die Wahl muß geheim sein; im übrigen ist die Arbeitsordnung maßgebend (Art. 95 Abs. 6). Wie jedes Arbeiterausschußmitglied muß der Vertrauensmann ein volljähriger Arbeiter des Betriebs sein: eine gesetzliche Pflicht zur Annahme der Wahl besteht nicht, sie kann indes durch die Arbeitsordnung (Anm. 9 zu Art. 89 und Anm. 4 zu Art. 95) festgesetzt werden. Durch den Antritt des Amts erlangt der Vertrauensmann, dessen Arbeitsverhältnis im übrigen unverändert bleibt, die durch Art. 104 verbürgte, begrenzte Stabilität. Lehnt der Arbeiterausschuß die Vornahme der Wahl ab, so ernennt das Oberbergamt die Vertrauensmänner (Art. 100).

**3.** Vgl. Art. 89 Abs. 1 Ziff. 8. Die Arbeitsordnung kann die Wahlperiode verlängern.

**4.** Streitigkeiten über die Wahlen und Ersatzwahlen entscheidet die Berginspektion in erster, das Oberbergamt in zweiter und letzter Instanz (Art. 95 Abs. 5).

## Art. 100. (neu)[1]

Die Zahl der Vertrauensmänner wird für die einzelnen Bergwerksbetriebe vom Oberbergamt bestimmt. Diesem obliegt auch die Ernennung der Vertrauensmänner, soweit die Arbeiterausschüsse von ihrem Wahlrecht keinen Gebrauch machen.[2]

**1.** S. Anm. 1 und 2 zu Art. 99.

**2.** Die Verfügungen des Oberbergamtes unterliegen der Beschwerde an das Staatsministerium des K. Hauses und des Äußern nach Maßgabe des Art. 249 Abs. 3. Im übrigen s. zu Satz 1 die Anm. 4 zu Art. 94. Über die Geschäftsführung des Arbeiterausschusses hat gemäß Art. 95 Abs. 6 die Arbeitsordnung Bestimmung zu treffen; nach ihr ist also zu prüfen, ob ein ordnungsmäßig versammelter Ausschuß die Wahl abgelehnt und ob die Ablehnung gehörig beurkundet ist. Das Oberbergamt hat unter den Arbeitern des Werks die freie Wahl, wen es zum Vertrauensmann ernennen will, es ist nicht auf die Mitglieder des Arbeiterausschusses beschränkt. Das Ernennungsrecht des Oberbergamts wird auch Platz greifen, wenn eine Wahl infolge Wahlablehnung seitens der Gewählten (Anm. 2 zu Art. 99) nicht zustandekommt.

## Art. 101. (neu)[1]

Die Vertrauensmänner haben die Befugnis, den ihnen durch den Arbeiterausschuß zugewiesenen Grubenbezirk zweimal im Monat zu befahren und ihn in bezug auf die Sicherheit des Lebens und der Gesundheit der Arbeiter zu untersuchen. Ihre Befahrungen erfolgen in Begleitung eines Aufsichtsbeamten (Art. 76). Den Tag und die Schicht der Befahrung bestimmt der Vertrauensmann.[2]

Außerdem haben die Vertrauensmänner die Befugnis, an den Untersuchungen derjenigen in ihrem Grubenbezirk vorkommenden Unfälle teilzunehmen, welche nach Art. 260 Veranlassung zu einer Untersuchung durch die Berginspektion geben. Die Werksverwaltung hat dem Vertrauensmann rechtzeitig von dem Zeitpunkt der Unfalluntersuchung Kenntnis zu geben.[3]

Der Vertrauensmann ist verpflichtet, die in Abs. 1 bezeichneten Befahrungen vorzunehmen, wenn der Arbeiterausschuß dies für notwendig erklärt.[4]

Erachtet die Mehrheit des Arbeiterausschusses aus besonderen, auf bestimmte Tatsachen oder Wahrnehmungen gestützten, der Werksverwaltung mitzuteilenden Gründen außer den regelmäßigen Befahrungen (Abs. 1) weitere Befahrungen für notwendig, so ist der Vertrauensmann des betreffenden Grubenbezirkes berechtigt und verpflichtet, diese Befahrungen vorzunehmen, sofern nicht die Werksverwaltung alsbald nach Kenntnis des Beschlusses gegen die beabsichtigte Befahrung Einspruch erhebt. In diesem Falle hat die Werksverwaltung unverzüglich der Berginspektion von der Sachlage Mitteilung zu machen. Die Kosten dieser außerordentlichen Befahrungen fallen den unterirdisch beschäftigten Arbeitern zur Last. Die

Vorschriften des Art. 90 Satz 6 und 7 finden entsprechende Anwendung.[5]

Die Werksverwaltung hat für jeden Vertrauensmann ein besonderes Fahrbuch anzulegen. In dieses Fahrbuch hat der Vertrauensmann sogleich nach beendigter Befahrung das Ergebnis derselben einzutragen. Der Betriebsführer hat das Fahrbuch nach jeder Befahrung einzusehen; er ist befugt, seine Bemerkungen zu den Eintragungen des Vertrauensmannes zu machen. Im übrigen ist über die Einrichtung des Fahrbuchs, die zulässigen Eintragungen und seine Aufbewahrung in der zu erlassenden Ausführungsanweisung Bestimmung zu treffen.[6]

Die Berginspektion ist jederzeit befugt, die Fahrbücher der Vertrauensmänner einzusehen. Das gleiche Recht steht dem Arbeiterausschuß zu.

Eintragungen in das Fahrbuch, in denen die Besorgnis einer dringenden Gefahr ausgesprochen wird, sind durch den Betriebsführer unverzüglich zur Kenntnis der Berginspektion zu bringen. Gleichzeitig ist mitzuteilen, welche Anordnungen zur Beseitigung der Gefahr getroffen worden sind.[7]

Auch im übrigen ist der Vertrauensmann verpflichtet, die zu seiner Kenntnis gelangenden Zustände und Vorgänge, welche geeignet sind, das Leben oder die Gesundheit der Arbeiter zu gefährden, unverzüglich einem seiner Vorgesetzten zu melden. Abs. 7 findet auf diese Meldungen entsprechende Anwendung.

Der Vertrauensmann ist ferner verpflichtet, bei Befahrungen seines Grubenbezirkes durch die Berginspektion diese auf Erfordern zu begleiten und ihr jede Auskunft über die Sicherheitsverhältnisse des Grubenbezirkes zu geben. Dasselbe gilt bei Befahrungen des Grubenbezirkes durch das Hilfspersonal der Berginspektion.

Ebenso ist der Vertrauensmann verpflichtet, auf Verlangen der Werksverwaltung eine Befahrung seines Grubenbezirkes (Abs. 1) vorzunehmen.[8]

1. Vgl. Anm. 1 und 2 zu Art. 99.

2. Die Vertrauensmänner sind zu regelmäßigen Grubenbefahrungen befugt — im Fall des Abs. 3 verpflichtet; den regelmäßigen Befahrungen stehen die außerordentlichen gegenüber (Abs. 4), zu denen die Vertrauensmänner unter bestimmten Voraussetzungen verpflichtet sind; eine Pflicht zu Befahrungen besteht auch im Fall des letzten Absatzes auf Verlangen der Werksverwaltung und im Fall des vorletzten Absatzes auf Erfordern der Berginspektion. Die Befahrungen des einzelnen Vertrauensmanns haben sich auf einen bestimmten Grubenbezirk

zu beschränken, den ihm der Arbeiterausschuß zuweist; die Werksverwaltung wird den Vertrauensmann zweckmäßig in diesem Bezirk beschäftigen. Die Vertrauensmänner dürfen diesen Grubenbezirk nicht allein befahren, sondern nur in Begleitung der zuständigen Aufsichtsperson (Art. 76); die Bestimmung der Aufsichtsperson obliegt der Werksverwaltung; die Aufsichtsperson würde dem Zweck ihrer Zuziehung entgegenhandeln, wenn sie veranlaßte und gewünschte Aufklärungen und Aufschlüsse dem Vertrauensmann versagte. Bei der Befahrung hat sich der Vertrauensmann darauf zu beschränken, den Grubenbezirk auf die Sicherheit des Lebens und der Gesundheit der Arbeiter zu untersuchen; er wird also die Sicherheit der Grubenbaue, die Bewetterung u. dgl. zum Gegenstand seiner Feststellungen zu machen haben; dagegen würde er seine Zuständigkeit überschreiten, wenn er die Befahrung zur Ermittelung von Tatsachen benutzen würde, die mit dem Sicherheitsinteresse der Belegschaft nichts zu tun haben (s. dazu Art. 104 Abs. 2 Ziff. 3). Tag und Schicht der Befahrung bestimmt der Vertrauensmann; die Werksleitung hat die Aufsichtsperson zur Verfügung zu stellen und kann nur verlangen, daß ihr die Absicht der Befahrung so rechtzeitig angekündigt wird, daß sie in der Lage ist, einen Beamten zur Begleitung zu bestimmen. S. Anlage A § 2 der Vollzugsanweisung vom 1. September 1910 (Anhang!). — Die Arbeitsordnung kann die Zahl der regelmäßigen Befahrungen über die gesetzliche Mindestzahl hinaus erhöhen (vgl. Anm. 9 zu Art. 89). Wegen der Entschädigung der Vertrauensmänner s. die Bem. zu Art. 102, sowie die folgenden Anm. 3 und 4.

Vernachlässigt der Vertrauensmann seine Pflichten, so kann ihm während der Amtsdauer gekündigt (Art. 104 Abs. 2 Ziff. 1), auch kann er vom Oberbergamt seines Amtes enthoben werden (Art. 105).

**3.** Nimmt der Vertrauensmann, wie es sein Recht ist, an einer Unfalluntersuchung gemäß Abs. 2 teil, so ist er für seinen Verdienstentgang nach Maßgabe des Art. 102 zu entschädigen, und zwar für die Arbeitszeit, die er infolge der Teilnahme an der Grubenbefahrung des Bergpolizeibeamten (Inaugenscheinnahme) versäumt hat. Für die Teilnahme an weiteren Unfallverhandlungen sieht Art. 102 keine Entschädigung vor.

**4.** Der Arbeiterausschuß wird zu einer beschlußmäßigen Äußerung zu veranlassen sein, ob er die regelmäßigen Befahrungen für notwendig hält. S. ferner Anm. 2 am Schluß.

**5.** Abs. 4 handelt von den außerordentlichen Befahrungen, deren Kosten — im Gegensatz zu Art. 102 — infolge ausdrücklicher Vorschrift des Gesetzes den unter Tag beschäftigten Arbeitern zur Last fallen. Auch für diese Befahrungen hat die Werksleitung, wenn sie nicht alsbald Einspruch erhoben hat, die Aufsichtsperson abzustellen. Selbstverständlich kann der Werksbesitzer auch die Kosten dieser Befahrungen übernehmen.

**6.** Zum Abs. 5 (Fahrbuch) s. Anlage A § 5 und Anlage B der im Anhang abgedruckten Ausführungsanweisung vom 1. September 1910. Zu Satz 3 s. die bes. Strafbestimmung in Art. 263 Abs. 2.

**7.** Zu Abs. 7 s. Art. 263 Abs. 2. Für die Vorlagepflicht genügt, daß die Besorgnis einer d r i n g e n d e n Gefahr ausgesprochen ist; der Betriebsführer muß die Eintragung auch dann zur Kenntnis der Berginspektion bringen, wenn er die Besorgnis für unbegründet hält.

**8.** Wegen der in den Abs. 8, 9 und 10 ausgesprochenen Pflichten der Vertrauensmänner s. Anm. 2 am Schluß. Eine Strafbestimmung gegen die Vertrauensmänner enthält das Gesetz nicht. Eine Form für die Meldungen im Sinne des Abs. 8 ist nicht vorgeschrieben; Anl. A § 8 der zit. Ausführungsanweisung (Anhang!) empfiehlt die schriftliche Form.

## Art. 102. (neu)[1]

Die Werksbesitzer sind verpflichtet, die Vertrauensmänner (Art. 99) und die von den Beamten der Berginspektion zu ihren Grubenbefahrungen zugezogenen Arbeiter für Arbeitsversäumnis bei der Grubenbefahrung nach Maßgabe ihres regelmäßigen Arbeitsverdienstes zu entschädigen.[2]

**1.** S. im allgemeinen Anm. 1 zu Art. 99.

**2.** Die Beamten der Berginspektion sind angewiesen, Arbeiter zu Grubenbefahrungen zuzuziehen; es können das auch andere Arbeiter sein als Vertrauensmänner; diese Instruktion der Berginspektion bleibt unverändert in Geltung für die Bergwerksbetriebe usw. mit weniger als 50 Arbeitern (Art. 99), während sie in den größeren Betrieben für die Regel zweckmäßig im Wege der Zuziehung des Vertrauensmannes gemäß Art. 101 Abs. 9 vollzogen wird. Der regelmäßige Arbeitsverdienst des Mannes wird unschwer aus den Lohnlisten des Werks festzustellen sein. — Von dem Grundsatz des Art. 102 macht das Gesetz für die außerordentlichen Befahrungen selbst eine Ausnahme; s. Art. 101 Abs. 4.

Strafbestimmung s. Art. 263 Abs. 1 Ziff. 7.

## Art. 103. (neu)[1]

Den Werksbesitzern und ihren Angestellten ist untersagt, durch Übereinkunft oder mittels Arbeitsordnung Arbeiter in der Übernahme oder Ausübung eines ihnen übertragenen Amtes als Arbeiterausschußmitglied oder Vertrauensmann (Art. 90, 99) zu beschränken.[2]

**1.** S. im allgemeinen Anm. 1 zu Art. 99.

**2.** Art. 103 schließt sich analogen Bestimmungen der Reichsversicherungsgesetze an (vgl. § 141 GewUVG., § 152 LwUVG., § 45 Abs. 2 BauUVG. usw.).

Strafbestimmung s. Art. 263 Abs. 1 Ziff. 7.

## Art. 104. (neu)[1]

Das Amt eines Vertrauensmannes (Art. 99) erlischt mit dem Ausscheiden aus dem Arbeiterausschuß.[2]

Zu einem früheren Zeitpunkt als zum Ablauf der Wahlperiode kann einem der in Art. 90 und in Art. 99 bezeichneten Vertrauensmänner das Arbeitsverhältnis durch den Werksbesitzer nur gekündigt werden:

1. wenn er seinen Verpflichtungen als Vertrauensmann nicht nachkommt,
2. wenn sonst Tatsachen vorliegen, die ihn als nicht geeignet zur Fortsetzung seiner Tätigkeit als Vertrauensmann erscheinen lassen,
3. wenn er seine Tätigkeit als Vertrauensmann zu Zwecken mißbraucht, die mit seinem Amte als Vertrauensmann nicht im Zusammenhange stehen,
4. wenn wichtige Gründe anderer Art vorliegen, die mit der Ausübung seines Amtes als Vertrauensmann nicht zusammenhängen.[3]

In den Fällen des Art. 108 kann auch einer der in Art. 90 und in Art. 99 bezeichneten Vertrauensmänner vor Ablauf der vertragsmäßigen Arbeitszeit und ohne Aufkündigung entlassen werden.[4]

Von einem jeden Ausscheiden eines Vertrauensmannes, sei es infolge Kündigung oder Entlassung durch den Werksbesitzer, sei es infolge eigener Kündigung oder Aufgabe der Arbeit durch den Vertrauensmann, ist die Berginspektion unverzüglich durch den Werksbesitzer in Kenntnis zu setzen. Auf Antrag eines Beteiligten ist die Berginspektion verpflichtet, die Gründe des Ausscheidens zu untersuchen und ihre Vermittlung eintreten zu lassen.[5]

1. S. im allgemeinen Anm 1 zu Art 99

2. Da nach Art. 95 Abs. 3 das Amt eines Arbeiterausschußmitgliedes erlischt, sobald der Arbeiter aus dem Arbeitsverhältnisse ausscheidet, erlischt auch das Amt eines Vertrauensmannes beim Eintritt dieser Voraussetzung S nächste Anm., ferner Anm. 3 zu Art. 95

3. Abs. 2 hebt im Interesse der Unabhängigkeit der Vertrauensmänner zu ihren Gunsten die sonst bestehende, höchstens an die Einhaltung einer Kündigungsfrist gebundene freie Entlaßbarkeit seitens des Arbeitgebers auf; vorbehaltlich des Abs. 3 kann den Vertrauensmännern zu einem früheren Zeitpunkt als zum Ablauf der Wahlperiode (vgl. Art. 99 Satz 3 und Anm. 9 zu Art. 89) nur unter den Voraussetzungen der Ziff. 1 bis 4 gekündigt werden. Die Folge ist, daß einem Vertrauensmanne überhaupt nicht, wie einem anderen Arbeiter, ohne Angabe von Gründen gekündigt werden darf. Zu Ziff. 1 s. Anm. 2 und 8 zu Art. 101. Ziff. 1 bis 3 hängen mit der Ausübung des Amts eines Vertrauensmanns zusammen. Die Begründung des Entwurfs des preuß. Ges vom 28. Juli 1909 (Drucks. Nr. 136 I des preuß. Abg.-

Hauses, 21. Legislaturperiode II. Sess. 1908/09 S. 28), aus dem die Ziff. 1 bis 3 unverändert in das preuß. Ges. und von da in das bayer. Ges. übergegangen sind, bemerken zu der Ziff. 2 und 3:

„Wenn Tatsachen vorliegen, die einen Sicherheitsmann als nicht geeignet zur Fortsetzung seiner Tätigkeit erscheinen lassen, sei es, daß diese Tatsachen den Mangel an Körper- oder Geisteskräften erweisen, sei es, daß sie seine Unzuverlässigkeit, seine Nachlässigkeit, kurz seine ungenügenden Charaktereigenschaften dartun, so ist die Fortsetzung der Tätigkeit eines solchen Sicherheitsmannes nicht mehr Erfolg versprechend, unter Umständen vielmehr nachteilig und selbst gefährlich. Anders liegt der in Ziff. 3 bezeichnete Fall, dessen Aufnahme in den Abs. 2 aus der Erwägung heraus erforderlich ist, daß der Sicherheitsmann nach dem gesamten Inhalt des Gesetzentwurfs lediglich zu Zwecken der Sicherheit des Lebens und der Gesundheit der Arbeiter eingesetzt ist und nur Schutz zu beanspruchen hat, wenn und insoweit er sich diesen Zwecken ausschließlich widmet. Mißbraucht er seine Tätigkeit zu anderen Zwecken, sei es zu einer politisch-agitatorischen Tätigkeit, sei es zur Erörterung von anderen Angelegenheiten, z. B. Lohnfragen, mit den Arbeitern seiner Steigerabteilung, so überschreitet er selbst den Rahmen des Gesetzes und kann daher einen Anspruch auf besonderen Schutz aus dem Gesetz nicht mehr herleiten. Ob einer der in Ziff. 1 bis 3 bezeichneten Gründe vorliegt, ist gegebenenfalls von den Gerichten oder den Berggewerbegerichten zu entscheiden."

Die Ziff. 4 ist in das zit. preuß. Gesetz auf Grund der Beschlüsse des preuß. Abg.-Hauses gelangt. Die Einfügung wurde für erforderlich gehalten, damit der Werksbesitzer und auch die Mitarbeiter gegen grobe Nachlässigkeiten in der Arbeit und gegen Disziplinlosigkeiten des Vertrauensmannes nicht schutzlos seien; sie ist aber auch aus anderen Gründen unentbehrlich, da Fälle denkbar sind, die weder unter Ziff. 1 bis 3, noch unter Abs. 3 fallen, in denen aber die vom Gesetz erzwungene Fortdauer des Arbeitsverhältnisses unbillig wäre. Bei der Beratung des bayer. Entwurfs im Ausschuß der K. d. Abg. erklärte auf eine Anfrage der Vertreter der Staatsregierung, daß nur solche wichtige Gründe in Betracht kämen, die mit dem Arbeitsverhältnis des Vertrauensmannes zusammenhängen; eine dem Sinne nach gleiche Erklärung hat der preuß. Handelsminister in der Komm. des preuß. Abg.-Hauses (vgl. Drucks. 1908/09 Nr. 540a S. 70) abgegeben. Zu den Worten „wichtige Gründe" vgl. Art. 110 BG.

**4.** Abs. 4 ist strikte zu interpretieren; es kommen hier lediglich die Gründe des Art. 108 in Frage, nicht etwa weitere, die nach der Arbeitsordnung (Art. 89 Abs. 1 Ziff. 4) zur Entlassung ohne Aufkündigung berechtigen (vgl. die Begründung des preuß. Entw. a. a. O. S. 29).

**5.** Die Berginspektion ist befugt und auf Antrag eines Beteiligten verpflichtet, den Fall zu untersuchen und zu vermitteln. Mehr kann die Berginspektion nicht tun; eine Entscheidung mit verbindlicher Kraft kann nicht sie, sondern nur das angerufene zuständige Gericht fällen. Der Begriff „Beteiligter" wird nicht eng auszulegen sein; außer dem nächstbeteiligten Vertrauensmann und dem Werksbesitzer werden auch der Arbeiterausschuß und die anderen Vertrauensmänner als beteiligt zu erachten sein.

Strafbestimmung zu Abs. 4 s. in Art. 263 Ziff. 7.

## Art. 105. (neu)

Das Oberbergamt kann einen Vertrauensmann (Art. 99), der seinen im Art. 101 Abs. 3, 4, 5, 8, 9 und 10 bezeichneten Verpflichtungen nicht nachkommt, seines Amtes entheben. Die Entscheidung erfolgt nach Anhörung der Beteiligten; gegen die Entscheidung ist die Beschwerde an das Staatsministerium des Königlichen Hauses und des Äußern zulässig.[1]

**1.** Wer „beteiligt" ist, muß im einzelnen Fall geprüft werden; außer der Werksverwaltung und dem Vertrauensmann sind die zuständigen Aufsichtspersonen und zweckmäßig auch der Arbeiterausschuß einzuvernehmen. Die Beschwerdefrist ergibt sich aus Art 249 Abs. 3. Das Oberbergamt „kann" entheben Im Fall der Enthebung findet Ersatzwahl (Art. 99) statt.

## Art. 106. (95)[1]

Erfolgt die Lohnberechnung auf Grund abgeschlossener Gedinge, so sind hierbei nachstehende Vorschriften zu beachten:

1. Zur Förderung des gewonnenen Minerals dürfen nur geeichte Gefäße von gleichem Rauminhalte verwendet werden. Der Rauminhalt sowie das Leergewicht der Gefäße ist den Arbeitern durch öffentlichen Anschlag bekannt zu machen.[2]
2. Ausnahmen können aus besonderen Gründen vom Oberbergamt zugelassen werden, welches hierbei die Bedingungen festzusetzen hat, die eine Benachteiligung der Arbeiter hintanhalten.

Die Bergwerksbesitzer sind verpflichtet, die hiernach erforderlichen Einrichtungen zu treffen.[3]

Für Waschabgänge, Halden und sonstige beim Absatz der Produkte gegen die Fördermenge sich ergebende Verluste dürfen dem Arbeiter Abzüge von der Arbeitsleistung oder dem Lohne nicht gemacht werden. Ausnahmen hievon bedürfen der Genehmigung der Berginspektion.[4]

**1.** Art. 106 beruht auf dem Ges vom 30. Juni 1900; er bezweckt, einerseits jede Übervorteilung des Arbeiters durch Unterschiebung von größeren Fördergefäßen zu verhindern und dem Arbeiter möglichste Klarheit über seine Förderleistung und damit über seine Lohnforderung zu verschaffen, andererseits die Härten zu vermeiden, die sich aus einem sofortigen strengen Vollzuge der neuen Vorschriften über die Fördergefäße für den Bergwerksunternehmer ergeben müßten.

**2.** Zur Erreichung des zuvor erstgenannten Zweckes wurde bestimmt, daß nur gleiche Förderwagen verwendet werden dürfen, und zwar in allen Fällen, ob nun der Lohn nach dem Rauminhalt oder nach dem Gewichtinhalt sich berechnet. Die Vorschrift, daß nur geeichte Gefäße Verwendung finden dürfen, bezieht sich selbstverständlich nur auf den Fall, wenn — wie dies meist zu sein pflegt — der Lohn nach dem Rauminhalt bemessen wird. Für das Gewichtgedinge hat die Eichung keine Bedeutung und entfällt hier, da ja das Gewicht des Wageninhaltes eigens — durch automatische Wage usw. — ermittelt wird. Letzterenfalls ist, da ja meist der gefüllte Wagen abgewogen wird, zur Sicherung der Arbeiter das Leergewicht der Gefäße festzustellen und den Arbeitern ebenso wie der Rauminhalt der Gefäße durch öffentlichen Anschlag an geeigneter Stelle bekannt zu machen. Hiedurch ist den Arbeitern die Möglichkeit geboten, die Förderung und den hieraus sich berechnenden Lohn genau selbst feststellen zu können.

**3.** Für jene Fälle, in denen die Einführung gleicher Fördergefäße nicht auf einmal betätigt werden kann, mußten zur Vermeidung von Härten Ausnahmen zugelassen werden, welche das Oberbergamt in Berücksichtigung der Einzelverhältnisse gestatten kann. Dabei ist jedoch dem Oberbergamt die Verpflichtung auferlegt, durch geeignete Bedingungen die Arbeiter vor Beeinträchtigung zu schützen. Es kann das beispielsweise dadurch geschehen, daß für dieselbe Abteilung während der Schicht nur gleiche Fördergefäße (nach Form und Größe) benützt werden dürfen, nicht etwa größere und kleinere Wagen im Wechsel. Von der Eichung kann abgesehen werden. Doch wird das Oberbergamt eine bestimmte Zeit für die Benützung solcher Gefäße vorschreiben, innerhalb deren die Abnützung erfolgt usw.

Der Bergwerksbesitzer hat die aus der gesetzlichen Vorschrift, dann aus den Anordnungen des Oberbergamtes sich ergebenden Einrichtungen zu treffen.

Strafbestimmung im Art. 268 Ziff. 2.

**4.** Der Abs. 3 beseitigt den sogenannten Füllkohlenabzug. Das Verbot rechtfertigt sich, weil jeder nachträgliche Abzug, der bei der Lohnberechnung an der Gesamtförderung deshalb erfolgt, weil beim Verkauf nach Gewicht gegenüber der Gedingestellung nach dem Rauminhalt der Wagen schon Differenzen im allgemeinen entstehen — indem beim Transport, beim Verladen, Lagern auf der Halde, vor allem aber durch die nasse Aufbereitung der Kohlen bedingte Abzüge entstehen — unbillig ist. Diese Abgänge hat eben der Unternehmer nach allgemeinen Rechtsgrundsätzen zu tragen.

## Art. 107. (96)

Das Vertragsverhältnis kann, wenn nicht ein anderes verabredet ist, durch eine, jedem Teile freistehende, vierzehn Tage vorher zu erklärende Aufkündigung gelöst werden.

Werden andere Aufkündigungsfristen vereinbart, so müssen sie für beide Teile gleich sein. Vereinbarungen, welche dieser Bestimmung zuwiderlaufen, sind nichtig.[1]

1. Der auf dem Ges. vom 30. Juni 1900 beruhende Art. setzt in Übereinstimmung mit der Gewerbeordnung (§ 122) die Kündigungsfrist auf 14 Tage fest, wenn nicht eine andere Frist vereinbart ist. In Betrieben, für welche eine Arbeitsordnung vorgeschrieben ist, muß in dieser die Kündigungsfrist geregelt werden (Art. 89 Abs. 1 Ziff. 4). Dieselbe kann selbstredend mit der gesetzlich hier bestimmten gleich sein. Auch die Bestimmung des Abs. 2 über die Gleichheit der Kündigungsfristen für beide Teile entspricht dem § 122 GewO.; sie bietet jedem gleiches Recht.

Die Aufkündigung kann ohne Angabe eines Grundes erfolgen; eine Ausnahme hievon ergibt sich aus Art. 104 Abs. 3 für das Arbeitsverhältnis der Vertrauensmänner.

## Art. 108. (97)

Vor Ablauf der vertragsmäßigen Arbeitszeit und ohne Aufkündigung können Bergleute entlassen werden:[1]

1. wenn sie beim Abschluß des Arbeitsvertrages den Arbeitgeber durch Vorzeigung falscher oder verfälschter Abkehrscheine, Zeugnisse oder Arbeitsbücher hintergangen oder ihn über das Bestehen eines anderen, sie gleichzeitig verpflichtenden Arbeitsverhältnisses in einen Irrtum versetzt haben,[2]
2. wenn sie eines Diebstahls, einer Entwendung, einer Unterschlagung, eines Betrugs oder eines liederlichen Lebenswandels sich schuldig machen,
3. wenn sie die Arbeit unbefugt verlassen haben oder sonst den nach dem Arbeitsvertrag ihnen obliegenden Verpflichtungen nachzukommen beharrlich verweigern,
4. wenn sie eine sicherheitspolizeiliche Vorschrift bei der Bergarbeit übertreten oder sich groben Ungehorsams gegen die den Betrieb betreffenden Anordnungen des Bergwerksbesitzers, dessen Stellvertreters oder der ihnen vorgesetzten Beamten schuldig machen,[3]
5. wenn sie sich Tätlichkeiten oder grober Beleidigungen gegen den Werksbesitzer, dessen Stellvertreter oder die ihnen vorgesetzten Beamten oder gegen die Familienangehörigen derselben zuschulden kommen lassen,[3]
6. wenn sie einer vorsätzlichen und rechtswidrigen Sachbeschädigung zum Nachteil des Bergwerksbesitzers, dessen Stellvertreters, der ihnen vorgesetzten Beamten oder eines Mitarbeiters sich schuldig machen,
7. wenn sie die Vertreter des Bergwerksbesitzers, die ihnen vorgesetzten Beamten, die Mitarbeiter oder die Familien-

angehörigen dieser Personen zu Handlungen verleiten oder zu verleiten suchen, welche wider die Gesetze oder die guten Sitten verstoßen,[4]

8. wenn sie zur Fortsetzung der Arbeit unfähig oder mit einer abschreckenden Krankheit behaftet sind.

In den unter Ziff. 1 bis 7 gedachten Fällen ist die Entlassung nicht mehr zulässig, wenn die zugrunde liegenden Tatsachen dem Bergwerksbesitzer oder dessen Stellvertreter länger als eine Woche bekannt sind.

**1.** Der in seiner jetzigen Fassung auf dem Ges. vom 30 Juni 1900 beruhende Art. ist dem § 123 der Gewerbeordnung nachgebildet, nur ist mit Rücksicht auf die besonderen Verhältnisse des Bergbaues die Ziffer 4 hier beigefügt im Interesse der Sicherheit der Arbeiter und des Baues.

Über die Rechtmäßigkeit der Entlassung entscheiden im Streitfalle die Gerichte und zwar, wo Berggewerbegerichte bestehen, diese gemäß § 4 Abs. 1 Ziff. 1 GewGG.

**2.** Die Abkehrscheine (Art. 111) werden für volljährige Bergarbeiter ausgestellt, während die jugendlichen Arbeiter mit Arbeitsbüchern (Art. 108) versehen sein müssen.

**3.** Die Fassung der Ziff. 4 und 5 schließt jeden Zweifel darüber aus, daß neben den eigentlichen Stellvertretern auch alle diejenigen Personen gemeint sind, denen der Bergwerksbesitzer einzelne Vertretungs- oder Aufsichtsbefugnisse übertragen hat (vgl. Art. 76).

**4.** Die Ziff. 7 weist gegenüber der Gewerbeordnung eine Erweiterung auf, indem hier auch die Verleitung der Stellvertreter und der Beamten des Werksbesitzers zu unstatthaften Handlungen als Entlassungsgrund eingefügt ist.

## Art. 109. (98)

Vor Ablauf der vertragsmäßigen Arbeitszeit und ohne vorhergegangene Aufkündigung können Bergleute die Arbeit verlassen:[1]

1. wenn sie bei Abschluß des Arbeitsvertrags von dem Bergwerksbesitzer oder dessen Stellvertreter durch Vorspiegelung falscher Tatsachen in einen Irrtum versetzt wurden,[2]
2. wenn sie zur Fortsetzung der Arbeit unfähig werden,
3. wenn der Bergwerksbesitzer, dessen Stellvertreter oder die ihnen vorgesetzten Beamten sich Tätlichkeiten oder grobe Beleidigungen gegen die Bergleute oder gegen ihre Familienangehörigen zuschulden kommen lassen,
4. wenn der Bergwerksbesitzer, dessen Stellvertreter oder Beamte oder Familienangehörige derselben die Bergleute

oder deren Familienangehörige zu Handlungen verleiten oder zu verleiten suchen, oder mit den Familienangehörigen der Bergleute Handlungen begehen, welche wider die Gesetze oder die guten Sitten laufen,

5. wenn der Bergwerksbesitzer den Bergleuten den schuldigen Lohn nicht in der bedungenen Weise auszahlt, bei Gedinglohn nicht für ihre ausreichende Beschäftigung sorgt, oder wenn er sich widerrechtlicher Übervorteilungen gegen sie schuldig macht,

6. wenn bei Fortsetzung der Arbeit das Leben oder die Gesundheit der Arbeiter einer erweislichen Gefahr ausgesetzt sein würde, welche bei Eingehung des Arbeitsvertrages nicht zu erkennen war,[3]

7. wenn infolge gänzlicher oder teilweiser Unterbrechung des Betriebes an drei oder mehr aufeinanderfolgenden Schichten keine Arbeit gegeben werden kann.[4]

In den unter Ziff. 3 gedachten Fällen ist der Austritt nicht mehr zulässig, wenn die zugrunde liegenden Tatsachen dem Arbeiter länger als eine Woche bekannt sind.

1. Der in seiner jetzigen Fassung auf dem Ges. vom 30. Juni 1900 beruhende Art. ist dem § 124 der Gewerbeordnung nachgebildet, aber in mehrfacher Beziehung erweitert.

2. Die Ziff. 1 wurde auf Antrag des Ausschusses der Abgeordnetenkammer (1900) beigefügt, weil der gleiche Grund, der zur Entlassung des Arbeiters ohne Aufkündigung berechtigt, auch für den Arbeiter maßgebend sein müsse, ohne Kündigung die Arbeit zu verlassen. Es entspricht sohin diese Ziffer der Ziff. 1 in Art. 108.

3. Die Ziff. 6 war im Regierungsentwurf nicht enthalten und wurde auf Antrag des Ausschusses der Abgeordnetenkammer eingefügt, um dem Arbeiter den erforderlichen Schutz für solche Fälle zu gewähren, in denen der Zustand der Grube ein derartiger ist, daß sich nachträglich besondere Gefahren herausstellen, die das gewöhnliche Maß, das jeder Bergarbeiter von seiner Arbeit im Vornherein kennt, übersteigen. Seitens der Staatsregierung wurde ein Einspruch nicht erhoben, weil der Arbeiter, welcher die Gefahren des Bergbaues in dem Maße fürchtet, für den Betrieb ohnehin von geringem Werte sei.

4. Die Ziff. 7 wurde ebenfalls neu eingefügt, damit ein Arbeiter, der tatsächlich mehr als 3 Schichten keine Arbeit bekommt, ohne vertragsbrüchig zu werden, sich um eine andere Beschäftigung umsehen kann.

## Art. 110. (99)

Außer den in Art. 108 und 109 bezeichneten Fällen kann jeder der beiden Teile aus wichtigen Gründen vor Ablauf der vertragsmäßigen Zeit und ohne Innehaltung einer Kündigungsfrist die Aufhebung des Arbeitsverhältnisses verlangen, wenn dasselbe mindestens auf vier Wochen oder wenn eine längere als vierzehntägige Kündigungsfrist vereinbart ist.[1]

1. Der auf dem Ges. vom 30. Juni 1900 beruhende Art. 110 gibt den Inhalt des § 124a der Gewerbeordnung wieder und stellt die Bergleute den übrigen gewerblichen Arbeitern gleich.

Ob wichtige Gründe vorliegen, entscheiden im Streitfalle die Gerichte, wo Berggewerbegerichte bestehen, diese. Was darunter zu verstehen sei, läßt sich allgemein nicht bestimmen. Es können die Gründe in unvorhergesehenen Naturereignissen liegen, wie Brand der Anlagen, die zur Auflösung zwingen, oder in Familienverhältnissen der Arbeiter, wie schwere Erkrankung von Angehörigen, welche dazu nötigen, die ständige Fürsorge für diese oder das Anwesen zu übernehmen. Voraussetzung ist hiebei immer, daß das Arbeitsverhältnis mindestens auf 4 Wochen oder mit mehr als 14tägiger Kündigungsfrist geschlossen ist.

## Art. 111. (100)

Der Bergwerksbesitzer oder dessen Stellvertreter ist verpflichtet, dem abkehrenden volljährigen Bergmanne ein Zeugnis über die Art und Dauer seiner Beschäftigung und auf Verlangen auch ein Zeugnis über seine Führung und seine Leistungen auszustellen. Die Unterschrift dieser Zeugnisse hat die Ortspolizeibehörde gebührenfrei zu beglaubigen.

Wird die Ausstellung des Zeugnisses verweigert, so fertigt die Ortspolizeibehörde dasselbe auf Kosten des Verpflichteten aus.[1]

Den Arbeitgebern ist untersagt, die Zeugnisse mit Merkmalen zu versehen, welche den Zweck haben, den Arbeiter in einer aus dem Wortlaut des Zeugnisses nicht ersichtlichen Weise zu kennzeichnen.[2]

Werden dem abkehrenden Bergmann in dem Zeugnisse Beschuldigungen zur Last gelegt, welche seine fernere Beschäftigung hindern würden, so kann er auf Untersuchung bei der Ortspolizeibehörde antragen, welche, wenn die Beschuldigung unbegründet befunden wird, unter dem Zeugnisse den Befund ihrer Untersuchung zu vermerken hat.[3]

1. Der Art. beschränkt sich auf volljährige Bergleute, während für die minderjährigen eigene Bestimmungen getroffen wurden. Die Verpflichtung des Bergwerksbesitzers zur Ausstellung des Zeugnisses ist eine unbedingte, d. h. selbst wenn der Arbeiter rechtswidrig austritt, muß ihm das Zeugnis ausgestellt werden, widrigenfalls die Ortspolizeibehörde solches ausfertigt. Das Zeugnis hat sich (vgl. § 113 der Gewerbeordnung) auf Art und Dauer der Beschäftigung zu erstrecken und ist nur auf Verlangen des Arbeiters auf Führung und Leistungen auszudehnen.

2. Um zu verhindern, daß die Abkehrscheine dazu benützt werden, durch unauffällige Zeichen mißliebig gewordene Bergleute von der Wiederannahme zur Arbeit allgemein auszuschließen, ist nach dem Vorgang des § 113 der Gewerbeordnung das Verbot ausgesprochen, die Zeugnisse mit dahinzielenden Merkmalen zu versehen. Strafbestimmung: Art. 265.

3. Die Ortspolizeibehörde hat auf Antrag des Arbeiters zu untersuchen, ob die dem Bergmanne zugeschriebenen Beschuldigungen, wenn sie sein Fortkommen hindern würden, auf Wahrheit beruhen, und gegenteiligenfalls dies in dem Zeugnisse zu bemerken. Die etwaigen Kosten der Untersuchung hat der unterliegende Teil zu tragen. Der Arbeiter kann auch den Rechtsweg betreten, gegebenenfalls das Berggewerbegericht anrufen (§ 4 Ziff. 1 GewGG.).

## Art. 112. (101)

Bergwerksbesitzer oder deren Stellvertreter dürfen volljährige Arbeiter, von welchen ihnen bekannt ist, daß sie schon früher beim Bergbau beschäftigt waren, nicht eher zur Bergarbeit annehmen, bis ihnen von denselben das Zeugnis des Bergwerksbesitzers, bei welchem sie zuletzt in Arbeit gestanden, beziehungsweise das Zeugnis der Ortspolizeibehörde (Art. 111) vorgelegt ist.[1]

1. Der Art. bezweckt, mit Rücksicht auf die eigenartigen Betriebsgefahren des Bergbaues und auf die Unmöglichkeit, die Tätigkeit des einzelnen Bergmannes in ausgedehnten Grubengebäuden fortwährend überwachen zu können, den Bergwerksbesitzer schon bei der Annahme von Bergleuten erkennen zu lassen, welcher Art die Tätigkeit des Angenommenen bisher gewesen ist und wie derselbe hiernach, ohne sein und seiner Mitarbeiter Leben zu gefährden, beschäftigt werden kann. Nebenbei hat der Abkehrschein auch Bedeutung für die Beziehungen der Knappschaftsvereine zu ihren Mitgliedern, namentlich bei bestehenden Kartellverhältnissen.

Der Referent der Abgeordnetenkammer hat über die Wichtigkeit des Abkehrscheines folgendes ausgeführt: Es sei bei steigender Konjunktur in Norddeutschland nicht selten der Fall gewesen, daß die Werksbesitzer eine Vermehrung der Produktion durch Hereinnahme von Leuten vom flachen Lande bezweckten. Die Leute würden zunächst als Förderer verwendet, machten aber dabei die Beobachtung, daß sie weniger verdienten als die Häuer. Die Leute suchten deshalb durch Wechsel der Arbeitsstelle eine Beschäftigung als Häuer zu erlangen. Dadurch sei eine große Gefahr für das Bergwerk bedingt, weil die meisten Unfälle auf Unkenntnis und Unvorsichtigkeit zurückzuführen sind. Diesem Übelstand solle durch die Vorschrift, daß eine Bestätigung der bisherigen Beschäftigung im Abkehrscheine gefordert wird, abgeholfen werden (StenBer 1900 II S. 875). S. dazu § 132 Abs. 3 der oberbergpolizeilichen Vorschriften vom 30. Juli 1909 (Anhang!).

### Art. 113. (neu)[1]

Junge Leute unter 16 Jahren dürfen unter Tag nicht beschäftigt werden.[2]

**1.** Art. 113 beruht auf dem Ges. vom 13. August 1910.

Nach Art. II dieses Gesetzes findet Art. 113 keine Anwendung auf junge Leute unter 16 Jahren, welche vor Bekanntmachung dieses Gesetzes (9. September 1910) bereits unter Tag beschäftigt waren.

**2.** Im Hinblick auf § 154a GewO. (Verbot der Frauenarbeit unter Tag) handelt es sich bei dem Verbot des Art. 113 nur um junge Leute männlichen Geschlechts; bisher enthielt zwar bereits § 132 der oberbergpolizeilichen Vorschriften vom 30. Juli 1900 (GVBl. S. 876) in seinem Abs. 1 ein entsprechendes Verbot, in seinem Abs. 2 jedoch die Möglichkeit der Zulassung von Ausnahmen. Das völlige Verbot ihrer Beschäftigung unter Tag erschien nach der Begründung des Entw. „für diese jungen Leute im Interesse ihrer körperlichen Entwickelung geboten".

Strafbestimmung: Art. 265 Abs. 1 Ziff. 2.

### Art. 114. (neu)[1]

Für Arbeiter, welche an unterirdischen Betriebspunkten, an denen die gewöhnliche Temperatur mehr als + 28° C beträgt, nicht bloß vorübergehend beschäftigt werden, darf die Arbeitszeit sechs Stunden täglich nicht übersteigen.[2]

Als gewöhnliche Temperatur gilt diejenige Temperatur, welche der Betriebspunkt bei regelmäßiger Belegung und Bewetterung hat.[2]

### Art. 115. (neu)[1]

Es darf nicht gestattet werden, an unterirdischen Betriebspunkten, an denen die gewöhnliche Temperatur mehr als + 28° C beträgt, Über- oder Nebenschichten zu verfahren.[2] [3]

**1.** Die Art. 114 und 115 beruhen auf dem Gesetz vom 13. August 1910 und entsprechen den preuß. Bestimmungen über die Arbeit an heißen Betriebspunkten (§§ 93c und 93d Abs. 1 preuß. BG.), gehen aber weiter als diese, da sie für alle Bergwerke, nicht bloß für die Steinkohlenbergwerke, gelten.

**2.** Zu Art. 114 vgl. den durch ihn ersetzten § 117 Abs. 2 der oberbergpolizeilichen Vorschriften vom 30. Juli 1900; die im Abs. 1 des Art. 114 erwähnten Arbeiter dürfen nicht etwa über Tag weiterbeschäftigt werden.

**3.** Zu Art. 115 bemerkte auf eine Anfrage des Ref. Graf von Crailsheim der Staatsminister Frhr. v. Podewils im Ausschuß der K. d. RR. (vgl. Prot. vom 28. Januar 1910 S. 9), für den von dem Verein der Bergbau-Interessenten angeregten Zusatz „außer wenn Gefahr auf Verzug ist" bestehe kein Bedürfnis, da Art. 115 bloß die Duldung und Vereinbarung freiwilliger Über- und Nebenschichten verbiete; dagegen sei schon nach dem Wortlaut nicht verboten, daß die Betriebsleitung in Fällen der Gefahr auf Grund der ihr nach Art. 89 Abs. 1 Ziff. 1 in der Arbeitsordnung vorbehaltenen Vollmacht das Verfahren von Über- und Nebenschichten anordne.

Nebenschichten sind Schichten, die in der Zwischenzeit zwischen zwei regelmäßigen Schichten verfahren werden, ohne sich an eine regelmäßige Schicht unmittelbar anzuschließen; Überschichten sind Schichten, die im unmittelbaren Anschluß an eine regelmäßige Schicht verfahren werden; auch einzelne Überstunden gehören hierher.

Strafbestimmung: Art. 265 Abs. 2 Ziff. 1.

## Art. 116. (neu)[1]

Vor dem Beginn sowohl einer regelmäßigen Grubenschicht als einer Gruben-Nebenschicht muß für den einzelnen Arbeiter eine mindestens achtstündige Ruhezeit liegen.

**1.** Art. 116 beruht auf dem Ges. vom 13. August 1910 und entspricht dem § 93d Abs. 2 des preuß. BG. Die regelmäßigen Schichten ergeben sich aus der Arbeitsordnung. Unter Grubenschichten versteht das Gesetz die unter Tag verfahrenen Schichten; über den Begriff der Nebenschicht s. Anm. 3 zu Art. 115.

Strafbestimmung: Art. 265 Abs. 1 Ziff. 2.

## Art. 117. (102)[1]

Minderjährige Arbeiter können beim Abgange ein Zeugnis über die Art und Dauer ihrer Beschäftigung, sowie über ihre Führung und Leistungen verlangen. Hiebei finden die Bestimmungen des Art. 111 entsprechende Anwendung. Der gesetzliche Vertreter des Minderjährigen kann die Ausstellung des Zeugnisses fordern, auch verlangen, daß dasselbe nicht an den Minderjährigen, sondern an ihn ausgehändigt werde. Mit Genehmigung der Gemeindebehörde des Arbeitsortes kann auch gegen den Willen des gesetzlichen Vertreters die Aushändigung unmittelbar an den Arbeiter erfolgen.[2]

**1.** Art. 102 beruht auf dem Ges. vom 30. Juni 1900.

**2.** Mit der Einführung des Arbeitsbuches für minderjährige Bergarbeiter verliert der Abkehrschein für diese seine Bedeutung. Als Ersatz für letzteren war den Minderjährigen das Recht auf ein Zeugnis in ähnlicher Weise einzuräumen, wie dies in Art. 111 für den volljährigen Bergmann bestimmt ist. Ebenso waren zum Schutze der Arbeiter die Bestimmungen des Art. 111 bei Weigerung oder unbegründeter Beschuldigung seitens des Bergwerksbesitzers für anwendbar zu erklären.

Die Befugnis des gesetzlichen Vertreters, das Zeugnis ausgehändigt zu erhalten, ist zur Aufrechterhaltung des Einflusses der väterlichen oder vormundschaftlichen Gewalt beigefügt. Gegen Mißbrauch schützt den Arbeiter der letzte Satz.

## Art. 118. (103)[1]

Minderjährige Personen dürfen auf den den Bestimmungen dieses Gesetzes unterworfenen Anlagen als Arbeiter nur beschäftigt werden, wenn sie mit einem Arbeitsbuche versehen sind. Bei der Annahme solcher Arbeiter hat der Bergwerksbesitzer das Arbeitsbuch einzufordern. Er ist verpflichtet, dasselbe zu verwahren, auf amtliches Verlangen vorzulegen und nach rechtmäßiger Lösung des Arbeitsverhältnisses wieder auszuhändigen. Die Aushändigung erfolgt an den gesetzlichen Vertreter, sofern dieser es verlangt oder der Arbeiter das sechzehnte Lebensjahr noch nicht vollendet hat, andernfalls an den Arbeiter selbst. Mit Genehmigung der Gemeindebehörde des im Art. 119 bezeichneten Ortes kann die Aushändigung des Arbeitsbuches auch an die zur gesetzlichen Vertretung nicht berechtigte Mutter oder einen sonstigen Angehörigen oder unmittelbar an den Arbeiter erfolgen.[2]

1. Die Art. 118ff. über die Arbeitsbücher der minderjährigen Bergarbeiter sind den §§ 107—112 und 114 der Gewerbeordnung nachgebildet und beruhen auf dem Ges. vom 30. Juni 1900.

2. Der Grund zur Einführung der Arbeitsbücher ist in dem Bedürfnis nach Maßnahmen zu suchen, durch welche die Kündigung bestehender und die Eingehung neuer Arbeitsverhältnisse der Minderjährigen der Einwirkung der Eltern und Vormünder mehr wie bisher unterworfen und eine Mitwirkung der letzteren hiebei im Interesse einer tüchtigen Ausbildung der Minderjährigen ermöglicht wird. Es ist nach den bisherigen Erfahrungen in hohem Grade erwünscht und entspricht auch der Billigkeit, den Bergarbeiter den übrigen gewerblichen Arbeitern in dieser Beziehung völlig gleichzustellen. Die Minderjährigkeit reicht bis zum vollendeten 21. Lebensjahre.

Im Gegensatz zu der Bestimmung bei volljährigen Bergarbeitern, denen das Zeugnis unter allen Verhältnissen ausgestellt werden muß, ist hier vorgesehen, daß nur bei rechtmäßiger Lösung des Arbeitsverhältnisses der Bergwerksbesitzer das Arbeitsbuch auszuhändigen verpflichtet ist. Unter rechtmäßiger Lösung ist zu verstehen, daß der Arbeiter die bestehende Kündigungsfrist eingehalten hat.

Die übrigen Bestimmungen über Aushändigung verfolgen den gleichen Zweck, wie jene bezüglich des Zeugnisses in Art. 117.

## Art. 119. (104)[1]

Das Arbeitsbuch wird dem Arbeiter durch die Polizeibehörde desjenigen Ortes, an welchem er zuletzt seinen dauernden Aufenthalt gehabt hat, wenn aber ein solcher innerhalb des

Staatsgebietes nicht stattgefunden hat, von der Polizeibehörde des von ihm zuerst erwählten Arbeitsortes gebührenfrei ausgestellt. Die Ausstellung erfolgt auf Antrag oder mit Zustimmung des gesetzlichen Vertreters. Ist die Erklärung des gesetzlichen Vertreters nicht zu beschaffen, oder verweigert dieser die Zustimmung ohne genügenden Grund und zum Nachteile des Arbeiters, so kann die Gemeindebehörde die Zustimmung ergänzen. Vor der Ausstellung ist nachzuweisen, daß der Arbeiter zum Besuche der Volksschule nicht mehr verpflichtet ist, und glaubhaft zu machen, daß bisher ein Arbeitsbuch für ihn noch nicht ausgestellt war.[2]

Arbeitsbücher, welche von der zuständigen Behörde eines anderen deutschen Bundesstaates für minderjährige Bergarbeiter ausgestellt sind, werden den von bayerischen Behörden ausgefertigten gleich geachtet.[3]

1. S. Anm. 1 zu Art. 118.

2. Zuständig zur Ausstellung des Arbeitsbuchs ist die Ortspolizeibehörde, in München die Polizeidirektion. Da das BG. nur für Bayern Geltung hat, so beschränkt sich die Zuständigkeit auf die bayerischen Polizeibehörden, abgesehen von den Fällen des Abs. 2.

Die Vorschrift der Zustimmung des gesetzlichen Vertreters setzt voraus, daß der Minderjährige unter väterlicher Gewalt oder unter Vormundschaft steht. Bei unberechtigter Weigerung des gesetzlichen Vertreters kann die Gemeindebehörde die Zustimmung an dessen Statt erteilen. Liegt jedoch die Weigerung im Interesse des Minderjährigen, so erscheint die Gemeindebehörde zur Zustimmung nicht befugt.

3. Die Bestimmung liegt im Interesse des Bergbaues, um den Übertritt schon länger in Bergwerken beschäftigter jugendlicher Arbeiter in ein bayerisches Werk nicht zu erschweren.

## Art. 120. (105)[1]

Wenn das Arbeitsbuch vollständig ausgefüllt oder nicht mehr brauchbar, oder wenn es verloren gegangen oder vernichtet ist, so wird an Stelle desselben ein neues Arbeitsbuch ausgestellt. Die Ausstellung erfolgt durch die Polizeibehörde desjenigen Ortes, an welchem der Inhaber des Arbeitsbuches zuletzt seinen dauernden Aufenthalt gehabt hat. Das ausgefüllte oder nicht mehr brauchbare Arbeitsbuch ist durch einen amtlichen Vermerk zu schließen.

Wird das neue Arbeitsbuch an Stelle eines nicht mehr brauchbaren, eines verloren gegangenen oder vernichteten Arbeitsbuches ausgestellt, so ist dies darin zu vermerken. Für die Ausstellung kann in diesem Falle eine Gebühr bis zu fünfzig Pfennig erhoben werden.[2]

1. S. Anm. 1 zu Art. 118.

2. Die vorsätzliche Unbrauchbarmachung oder Vernichtung eines Arbeitsbuches durch den Träger desselben wird nach Art. 270 Ziff. 3 mit Geldstrafe bis zu 20 Mk. geahndet.

Die zur Ausstellung berechtigte Polizeibehörde kann nur eine bayerische sein; es ist deshalb der letzte dauernde Aufenthalt in Bayern hiebei maßgebend.

Andere Einträge, als die auf das Arbeitsverhältnis des minderjährigen Arbeiters bezüglichen dürfen im Arbeitsbuche nicht gemacht werden.

## Art. 121. (106)[1]

Das Arbeitsbuch (Art. 118) muß den Namen des Arbeiters, Ort, Jahr und Tag seiner Geburt, Namen und letzten Wohnort seines gesetzlichen Vertreters und die Unterschrift des Arbeiters enthalten. Die Ausstellung erfolgt unter dem Siegel und der Unterschrift der Behörde. Letztere hat über die von ihr ausgestellten Arbeitsbücher ein Verzeichnis zu führen.[2]

Die Einrichtung der Arbeitsbücher wird durch das Staatsministerium des Innern*) bestimmt.[3]

1. S. Anm. 1 zu Art. 118.

2. Die Beifügung des Namens und letzten Wohnorts des gesetzlichen Vertreters ist geboten, weil gegebenenfalls die Aushändigung des Arbeitsbuches an diesen zu erfolgen hat.

3. Über die Einrichtung der Arbeitsbücher s. § 4 Abs. 2 der Vollzugsanweisung zur GewO. vom 10. Dezember 1909, MABl. 1909 S. 995.

## Art. 122. (107)[1]

Bei dem Eintritt des Arbeiters in das Arbeitsverhältnis hat der Bergwerksbesitzer an der dafür bestimmten Stelle des Arbeitsbuches die Zeit des Eintritts und die Art der Beschäftigung, am Ende des Arbeitsverhältnisses die Zeit des Austritts und, wenn die Beschäftigung Änderungen erfahren hat, die Art der letzten Beschäftigung des Arbeiters einzutragen.

Die Eintragungen sind mit Tinte zu bewirken und von dem Bergwerksbesitzer oder dem dazu bevollmächtigten Betriebsleiter zu unterzeichnen.

Die Eintragungen dürfen nicht mit einem Merkmal versehen sein, welches den Inhaber des Arbeitsbuches günstig oder nachteilig zu kennzeichnen bezweckt.

---

*) Nunmehr (seit 1. April 1905) das K. Staatsministerium des K. Hauses und des Äußern (§§ 1 und 2 der K. Allerh. Verordnung betr. die Formation der Staatsministerien vom 10. November 1904, GVBl. 1904 S. 567).

Die Eintragung eines Urteils über die Führung oder die Leistungen des Arbeiters und sonstige durch das Gesetz nicht vorgesehene Eintragungen oder Vermerke in oder an dem Arbeitsbuche sind unzulässig.[2]

1. S. Anm. 1 zu Art. 118.

2. Der Art. ist genau dem § 111 der Gewerbeordnung nachgebildet. Die Zeit des Ein- oder Austritts und die Art der Beschäftigung ist durch den Bergwerksbesitzer einzutragen und zwar mit Tinte, die Unterzeichnung kann auch durch den bevollmächtigten Betriebsleiter erfolgen.

Zuwiderhandlungen gegen Abs. 3 unterliegen nach Art. 265 einer Geldstrafe bis zu 2000 Mk., ev. einer Gefängnisstrafe bis zu 6 Monaten.

Auch die Eintragung eines Urteils über die Führung oder die Leistungen des Arbeiters im Arbeitsbuch ist unstatthaft und nach Art. 260 Ziff. 2 mit Geldstrafe bis zu 20 Mk. bedroht.

Über Führung und Leistungen kann der minderjährige Arbeiter nach Art. 117 ein besonderes Zeugnis verlangen.

## Art. 123. (108)[1]

Ist das Arbeitsbuch bei dem Bergwerksbesitzer unbrauchbar geworden, verloren gegangen oder vernichtet oder sind von dem Bergwerksbesitzer unzulässige Merkmale, Eintragungen oder Vermerke in oder an dem Arbeitsbuche gemacht, oder wird von dem Bergwerksbesitzer ohne rechtmäßigen Grund die Aushändigung des Arbeitsbuches verweigert, so kann die Ausstellung eines neuen Arbeitsbuches auf Kosten des Bergwerksbesitzers beansprucht werden. Ein Bergwerksbesitzer, welcher das Arbeitsbuch seiner gesetzlichen Verpflichtung zuwider nicht rechtzeitig aushändigt oder die vorschriftsmäßigen Eintragungen zu machen unterlassen oder unzulässige Merkmale, Eintragungen oder Vermerke gemacht hat, ist dem Arbeiter entschädigungspflichtig. Der Anspruch auf Entschädigung erlischt, wenn er nicht innerhalb vier Wochen nach seiner Entstehung im Wege der Klage oder Einrede geltend gemacht ist.[2]

1. S. Anm. 1 zu Art. 118.

2. Der Bergwerksbesitzer hat unter allen Verhältnissen die Kosten für das neue Arbeitsbuch zu tragen ohne Rücksicht auf etwaiges Verschulden.

Die Entschädigungspflicht erstreckt sich auf allen entgangenen Lohn und dem minderjährigen Arbeiter etwa während der Zeit erwachsenen besonderen Auslagen, während der er mangels eines Arbeitsbuches Beschäftigung nicht finden konnte.

## Art. 124. (109)[1]

Auf Antrag des Minderjährigen oder seines gesetzlichen Vertreters hat die Ortspolizeibehörde die Eintragung in das Arbeitsbuch gebührenfrei zu beglaubigen.[2]

1. S. Anm. 1 zu Art. 118.

2. Ortspolizeibehörde in München ist die Polizeidirektion. Wegen der Beglaubigung der besonderen Zeugnisse hat Art. 117 Bestimmung getroffen.

## Art. 125. (110)[1]

Bergwerksbesitzer, welche einen Bergmann verleiten, vor rechtmäßiger Beendigung des Arbeitsverhältnisses die Arbeit zu verlassen, sind dem früheren Arbeitgeber für den entstandenen Schaden als Selbstschuldner mitverhaftet. In gleicher Weise haftet der Bergwerksbesitzer, welcher einen Bergmann annimmt, von dem er weiß, daß derselbe einem anderen Arbeitgeber zur Arbeit noch verpflichtet ist.[2]

In dem im vorstehenden Absatze bezeichneten Umfange ist auch derjenige Bergwerksbesitzer mitverhaftet, welcher einen Bergmann, von dem er weiß, daß derselbe einem anderen Arbeitgeber zur Arbeit noch verpflichtet ist, während der Dauer dieser Verpflichtung in der Beschäftigung behält, sofern nicht seit der unrechtmäßigen Lösung des Arbeitsverhältnisses bereits vierzehn Tage verflossen sind.[3]

1. Art. 110 beruht auf dem Gesetz vom 30. Juni 1900.

2. Der Art. ist dem § 125 der Gewerbeordnung nachgebildet. Besondere gesetzliche Vorschriften über die Schadensersatzverbindlichkeit des Bergwerksbesitzers, welcher Bergleute zum Kontraktbruch verleitet oder kontraktbrüchige Arbeiter annimmt, haben bisher nicht bestanden. Die Aufnahme solcher Vorschriften ist darin begründet, daß deren Mangel als empfindliche Lücke sich erweisen würde. Eine Bestrafung ist nach den nunmehrigen Rechtsanschauungen ausgeschlossen. Auf das Motiv der Verleitung kommt es nicht an.

Rechtmäßige Beendigung liegt nur vor, wenn der Arbeiter eventuell die Kündigungsfrist beachtet hat oder wenn er zum sofortigen Austritt aus der Arbeit nach dem Gesetze berechtigt ist.

Über den Schadensersatz haben die ordentlichen Gerichte zu entscheiden, da Streitigkeiten zwischen Arbeitgebern nicht zur Zuständigkeit der Gewerbegerichte zählen.

3. Die Haftbarkeit besteht jedem Arbeitgeber, nicht bloß einem Bergwerksbesitzer gegenüber. Sobald der Bergwerksbesitzer von der noch bestehenden Verpflichtung Kenntnis erhält, ist er zur Entlassung des Arbeiters (vgl. Art. 108 Abs. 1 Ziff. 1) verbunden oder zum Schadensersatz, es sei denn, daß bereits die 14tägige Frist abgelaufen ist.

## Art. 126. (111)

Die Bergwerksbesitzer sind verpflichtet, ihren Arbeitern unter achtzehn Jahren, welche eine von der Gemeindebehörde oder vom Staate als Fortbildungsschule anerkannte Unterrichtsanstalt besuchen, hiezu die erforderlichen Falles von der Berginspektion festzusetzende Zeit zu gewähren. Am Sonntage darf der Unterricht nur stattfinden, wenn die Unterrichtsstunden so gelegt werden, daß die Schüler nicht gehindert werden, den Hauptgottesdienst oder einen mit Genehmigung der kirchlichen Behörden für sie eingerichteten besonderen Gottesdienst ihrer Konfession zu besuchen.[1]

Als Fortbildungsschulen im Sinne dieser Bestimmungen gelten auch Anstalten, in welchen Unterricht in weiblichen Hand- und Hausarbeiten erteilt wird.[2]

Durch statutarische Bestimmung einer Gemeinde oder eines weiteren Kommunalverbandes, welche nach Maßgabe des § 142 der Gewerbeordnung erlassen wird, kann mit Zustimmung des Oberbergamtes für Arbeiter unter achtzehn Jahren die Verpflichtung zum Besuche einer Fortbildungsschule begründet werden. Auf demselben Wege können die zur Durchführung dieser Verpflichtung erforderlichen Bestimmungen getroffen werden. Insbesondere können durch statutarische Bestimmung die zur Sicherung eines regelmäßigen Schulbesuches den Schulpflichtigen, sowie deren gesetzlichen Vertretern und Arbeitgebern obliegenden Verpflichtungen bestimmt und diejenigen Vorschriften erlassen werden, durch welche die Ordnung in der Fortbildungsschule und ein gebührliches Verhalten der Schüler gesichert wird. Von der durch statutarische Bestimmung begründeten Verpflichtung zum Besuch einer Fortbildungsschule sind diejenigen befreit, welche eine andere Fortbildungs- oder Fachschule (Steigerschule, Bergvorschule, Bergschule) besuchen, sofern der Unterricht dieser Schule von dem Oberbergamt als ausreichender Ersatz des durch statutarische Bestimmung geregelten Fortbildungsschulunterrichts anerkannt wird.[3]

1. Der auf dem Gesetz vom 30. Juni 1900 beruhende Art. entspricht dem § 120 GewO. Das Bedürfnis, einen geordneten Fortbildungsschulunterricht für die gewerblichen Arbeiter überhaupt einzuführen, besteht in gleichem Maße für die jugendlichen Bergarbeiter. Grundlage und Voraussetzung der Anwendung des Art. 126 bleibt im allgemeinen, daß die Fortbildungsschule als solche von der zuständigen Schulaufsichtsbehörde (Kreisregierung, K. d. J., vgl. MBek. vom 7. März 1906, KMBl. S. 143ff.) anerkannt worden ist; ob die Schule vom Bergwerksbesitzer oder einer Vereinigung von Bergwerksbesitzern oder von der Gemeinde errichtet ist, ist für die im Abs. 1 statuierte Verpflichtung der Bergwerksbesitzer gleichgültig. Der Besuch des Hauptgottesdienstes oder eines an dessen Stelle tretenden besonderen Gottesdienstes der einschlägigen Konfession darf durch den Unterricht nicht behindert werden.

2. Den unter Abs. 1 erwähnten Fortbildungsschulen, welche die Befestigung und Erweiterung der in der Volksschule erworbenen Kenntnisse und Fertigkeiten bezwecken, sind im Interesse der Ausbildung der jugendlichen weiblichen Arbeiter die Anstalten gleichgestellt, welche den Unterricht in weiblichen Hand- und Hausarbeiten zu fördern bestimmt sind.

3. Im Abs. 3 ist durch das Gesetz vom 13. August 1910 das Wort „männliche" vor „Arbeiter unter 18 Jahren" gestrichen und dadurch die statutarische Begründung der Fortbildungsschulpflicht auch für weibliche Arbeiter ermöglicht worden. Der Abs. 3 bezielt als Ergänzung der Verpflichtung des Bergwerksbesitzers, den Schulbesuch der jugendlichen Bergarbeiter unter 18 Jahren durch statutarische Vorschrift der Gemeinden zu sichern. Um jedoch in diesen Fällen, in welchen der Zwang zum Schulbesuche unabhängig von dem Willen der Bergwerksbesitzer durch gemeindliches Statut ausgesprochen wird, das Interesse des Bergbaues wahrzunehmen, ist vorgeschrieben, daß das Oberbergamt seine Zustimmung zu erteilen hat. Dem letzteren ist hiedurch der nötige Einfluß auf die Bestimmung der Unterrichtsstunden eingeräumt. Die Ausnahme für diejenigen Bergarbeiter, welche eine andere bergmännische Fachschule besuchen, ist gerechtfertigt, wenn diese Schule genügenden Ersatz auch für die zu 2 erwähnte Fortbildung der Arbeiter in den Elementarkenntnissen der Volksschule bietet. Hierüber hat das Oberbergamt im Benehmen mit der Schulaufsichtsbehörde (der einschlägigen Kreisregierung, K. d. J.) zu befinden.

Im § 142 GewO. ist bestimmt:

„Statutarische Bestimmungen einer Gemeinde oder eines weiteren Kommunalverbandes können die ihnen durch das Gesetz überwiesenen gewerblichen Gegenstände mit verbindlicher Kraft ordnen. Dieselben werden nach Anhörung beteiligter Gewerbetreibender und Arbeiter abgefaßt und bedürfen der Genehmigung der höheren Verwaltungsbehörde und sind in der für Bekanntmachungen der Gemeinde oder des weiteren Kommunalverbandes vorgeschriebenen oder üblichen Form zu veröffentlichen.

Die Zentralbehörde ist befugt, statutarische Bestimmungen, welche mit den Gesetzen oder den statutarischen Bestimmungen des weiteren Kommunalverbandes in Widerspruch stehen, außer Kraft zu setzen."

Zum Erlaß ortsstatutarischer Bestimmungen sind die Gemeindebehörden zuständig. Im rechtsrheinischen Bayern ist die Zustimmung der Gemeindebevollmächtigten, bzw. der Gemeindeversammlung erforderlich.

Die Beschlußfassung des weiteren Kommunalverbandes über statutarische Bestimmungen gehört zum Wirkungskreise des Distriktsrates.

Die Wiederaufhebung statutarischer Bestimmungen einer Gemeinde oder eines weiteren Kommunalverbandes bedarf der Zustimmung der Kreisregierung, K. d. J. (§ 50 der VVO. z. GewO. vom 29. März 1892). Die zum Vollzug des § 120 GewO. erforderlichen Anordnungen werden vom Staatsministerium des Innern für Kirchen- und Schulangelegenheiten im Benehmen mit dem Staatsministerium des K. Hauses und des Äußern getroffen (§ 52 der VVO. vom 29. März 1892).

## Art. 127. (112)

Das Dienstverhältnis der von den Bergwerksbesitzern gegen feste Bezüge zur Leitung und Beaufsichtigung des Betriebes nach Maßgabe der Art. 76 und 77 angenommenen oder mit höheren technischen Dienstleistungen dauernd betrauten Personen (Maschinen- und Bautechniker, Chemiker, Zeichner u. dergl.) kann, wenn nicht etwas anderes verabredet ist, von jedem Teile mit Ablauf jedes Kalender-Vierteljahres nach sechs Wochen vorher erklärter Aufkündigung aufgehoben werden.[1 2]

**1.** Der Art. 127 beruht auf dem Gesetz vom 30. Juni 1900. Das Gesetz vom 13. August 1910 hat aus seinem bisherigen Abs. 2 den Art. 131 gebildet und außerdem die Fassung des Art. 127 redaktionell verbessert. Art. 127 entspricht dem § 133a GewO. Für die beim Betriebe von Bergwerken und diesen rechtlich gleichstehenden Anlagen beschäftigten höheren und niederen Beamten, die sogenannten Werksbeamten, waren bezüglich ihres Dienstverhältnisses bis 1900 besondere Vorschriften nicht gegeben. Es waren deshalb die allgemeinen Privatrechtsvorschriften für dieselben gültig. Hieraus ergaben sich mehrfache Nachteile für die Beamten sowohl, als den Bergbaubetrieb selbst, die eine Änderung dringend erwünscht erscheinen ließen. Es war einerseits auf die Festsetzung bestimmter Grundlagen für die rechtlichen Beziehungen dieser mit der Anwendung der sicherheitspolizeilichen Vorschriften beim Bergbau befaßten Beamtenklassen zu den Werksbesitzern Bedacht zu nehmen und insbesondere eine längere Kündigungsfrist einzuführen, anderseits war eine Gleichstellung dieser Beamten mit den bei den sonstigen Gewerbebetrieben beschäftigten Beamten, Werkmeistern usw. geboten, da die Verhältnisse hier die gleichen sind, da diese Personen ebenso die Zwischenstufe zwischen dem Arbeitgeber und höheren Betriebsbeamten auf der einen und den Arbeitern auf der andern Seite bilden und sich von den letzteren durch ihre wirtschaftlichen und sozialen Verhältnisse wesentlich unterscheiden.

Insoweit übrigens die Bestimmungen der GewO. über die gewerblichen Arbeiter auf die Bergarbeiter Anwendung finden (z. B. § 105b Abs. 1 GewO.), werden unter Arbeitern auch die in diesem Art. aufgeführten Personen inbegriffen sein.

Unter festen Bezügen sind im voraus genau bestimmte Beträge für die Dienstleistung im allgemeinen zu verstehen. Je nach der Arbeitsleistung wechselnde Löhne sind hier ausgeschlossen.

Durch die Bezugnahme auf die Art. 76 und 77 ist klargestellt, welche Klassen von Beamten hier gemeint sind, deshalb konnte hier auch die im § 133a GewO. vorgesehene Voraussetzung der nicht lediglich vorübergehenden Tätigkeit wegfallen. Personen, deren Befähigung zu Aufsichtsbefugnissen auf Bergwerken nicht nach Art. 77 anerkannt ist und die auch nicht dauernd höhere technische Dienste leisten, zählen, auch wenn sie einzelne Aufsichtsbefugnisse ausüben (z. B. Kameradschaftsführer, Ortsälteste, sog. Vorhäuer), nicht zu den Werksbeamten, sondern sind als Arbeiter anzusehen.

Die 6wöchige Kündigungsfrist unterscheidet hauptsächlich die Rechtsstellung des Beamten von der der Arbeiter, sie liegt auch im Interesse eines sicheren Bergbaubetriebs.

**2.** Art. 127 erfährt wichtige, die Vertragsfreiheit einschränkende Ergänzungen in den Art. 128 bis 131.

## Art. 128. (neu)[1]

Wird durch Vertrag eine kürzere oder längere Kündigungsfrist bedungen, so muß sie für beide Teile gleich sein; sie darf nicht weniger als einen Monat betragen.

Die Kündigung kann nur für den Schluß eines Kalendermonats zugelassen werden.

Die Vorschriften des Abs. 1 finden auch in dem Falle Anwendung, wenn das Dienstverhältnis für bestimmte Zeit mit der Vereinbarung eingegangen wird, daß es in Ermangelung einer vor dem Ablaufe der Vertragszeit erfolgten Kündigung als verlängert gelten soll.

Eine Vereinbarung, die diesen Vorschriften zuwiderläuft, ist nichtig.[2]

## Art. 129. (neu)

Die Vorschriften des Art. 128 finden keine Anwendung, wenn der Angestellte ein Gehalt von mindestens fünftausend Mark für das Jahr bezieht.

## Art. 130. (neu)

Wird ein Angestellter nur zur vorübergehenden Aushilfe genommen, so finden die Vorschriften des Art. 128 keine Anwendung, es sei denn, daß das Dienstverhältnis über die Zeit von drei Monaten hinaus fortgesetzt wird. Die Kündigungsfrist muß jedoch auch in einem solchen Falle für beide Teile gleich sein.[3]

**1.** Die Art. 128 bis 130 sind durch das Gesetz vom 13. August 1910 im Anschlusse an die §§ 133aa bis 133ac GewO. eingefügt worden, die auf der Nov. z. GewO. vom 30. Juni 1900, RGBl. S. 321, beruhen und ihrerseits den §§ 67 bis 69 HGB. folgen.

Die Art. 128 bis 130 sind am 1. Oktober 1910 in Kraft getreten.

**2.** Art. 128 enthält zwingendes Recht; seine rückwirkende Kraft ist insbesondere wegen Abs. 4 anzunehmen; hienach sind Verträge, die vor dem 1. Oktober 1910 abgeschlossen sind, mit den Bestimmungen des Art. 128 in Einklang zu bringen.

**3.** Wird ein Angestellter zur vorübergehenden Aushilfe auf bestimmte Zeit ohne Kündigungsvorbehalt genommen, so endigt nach § 620 Abs. 1 BGB. das Vertragsverhältnis mit dem Ablauf der Zeit, für die es eingegangen ist; wird ein Angestellter zur Aushilfe auf unbestimmte Zeit ohne besondere Vereinbarung über die Kündigungsfrist usw. genommen, so gelangt Art. 127 zur Anwendung; wird im letzteren Fall eine Kündigungsfrist vereinbart, so muß sie zwar für beide Teile gleich sein, allein die weiteren beschränkenden Bestimmungen über ihre Dauer und ihren zulässigen Termin finden keine Anwendung.

## Art. 131. (neu)[1]

Jeder der beiden Teile kann vor Ablauf der vertragsmäßigen Zeit und ohne Innehaltung einer Kündigungsfrist die Aufhebung des Dienstverhältnisses verlangen, wenn ein wichtiger, nach den Umständen des Falles die Aufhebung rechtfertigender Grund vorliegt.[2]

1. S. dazu Anm. 1 zu Art. 127. Art. 131 entspricht dem § 133b GewO.

2. Ob ein wichtiger Grund zur Lösung des Dienstverhältnisses im Sinne des Abs. 2 vorliegt, haben die Gerichte zu entscheiden und zwar, wenn der Jahresarbeitsverdienst an Lohn oder Gehalt 2000 Mk. nicht übersteigt, die etwa bestehenden Gewerbegerichte (§ 3 Abs. 2 und § 82 GewGG.). Es empfiehlt sich übrigens, tunlichst im Dienstvertrage die Gründe zu bestimmen, welche beide Teile zur sofortigen Auflösung des Dienstverhältnisses berechtigen.

## Art. 132. (113)

Gegenüber den im Art. 127 bezeichneten Personen kann die Aufhebung des Dienstverhältnisses insbesondere verlangt werden:[1]

1. wenn sie beim Abschluß des Dienstvertrages den Bergwerksbesitzer durch Vorzeigung falscher oder verfälschter Zeugnisse hintergangen oder ihn über das Bestehen eines anderen, sie gleichzeitig verpflichtenden Dienstverhältnisses in einen Irrtum versetzt haben,
2. wenn sie im Dienste untreu sind oder das Vertrauen mißbrauchen,
3. wenn sie ihren Dienst unbefugt verlassen oder den nach dem Dienstvertrage ihnen obliegenden Verpflichtungen nachzukommen beharrlich verweigern,
4. wenn sie eine sicherheitspolizeiliche Vorschrift bei der Leitung oder Beaufsichtigung der Bergarbeit übertreten, oder wenn ihnen durch die Berginspektion die Befähigung zum Aufsichtsbeamten aberkannt ist,
5. wenn sie durch anhaltende Krankheit oder durch eine längere Freiheitsstrafe oder Abwesenheit oder durch eine

die Zeit von acht Wochen übersteigende militärische Dienstleistung an der Verrichtung ihrer Dienste verhindert werden,[2]

6. wenn sie sich Tätlichkeiten oder Ehrverletzungen gegen den Bergwerksbesitzer, seine Vertreter oder gegen Arbeiter zu Schulden kommen lassen,[3]
7. wenn sie sich einem unsittlichen Lebenswandel ergeben.

**1.** Art. 132 beruht auf dem Gesetz vom 30. Juni 1900; das Gesetz vom 13. August 1910 hat seinen bisherigen Abs. 2 gestrichen und durch Art. 134 ersetzt; s. ferner Anm. 2 unten.

Art. 132 entspricht dem § 133c GewO. bis auf die Ziff. 4, welche mit Rücksicht auf die Sonderverhältnisse des Bergbaues beigefügt ist, wie dies auch bei Art. 108 bezüglich der Arbeiter geschehen ist. S. dazu Art. 78.

**2.** Die Novelle vom 13. August 1910 hat in Ziff. 5 die acht Wochen übersteigende militärische Dienstleistung im Anschluß an § 72 Abs. 1 Ziff. 3 HGB. aufgenommen.

**3.** In Ziff. 6 ist auf Anregung des Ausschusses der Abgeordnetenkammer (1900) als Entlassungsgrund beigesetzt worden, wenn sie sich Tätlichkeiten oder Ehrverletzungen gegen Arbeiter zuschulden kommen lassen, um dem Bergwerksbesitzer zu ermöglichen, einen wegen Mißhandlung usw. von Arbeitern mißliebig gewordenen Werksbeamten sofort zu entlassen.

## Art. 133. (114)

Die im Art. 127 bezeichneten Personen können die Aufhebung des Dienstverhältnisses insbesondere verlangen:

1. wenn der Bergwerksbesitzer oder seine Stellvertreter sich Tätlichkeiten oder Ehrverletzungen gegen sie zu Schulden kommen lassen,
2. wenn der Bergwerksbesitzer die vertragsmäßigen Leistungen nicht gewährt,
3. wenn der Bergwerksbesitzer oder dessen Stellvertreter Anordnungen ergehen läßt, welche gegen den Betriebsplan verstoßen, oder wenn er die Mittel zur Ausführung der von der Bergbehörde getroffenen polizeilichen Anordnungen verweigert,
4. wenn bei Fortsetzung des Dienstverhältnisses ihr Leben oder ihre Gesundheit einer erweislichen Gefahr ausgesetzt sein würde, welche bei Eingehung des Dienstverhältnisses nicht zu erkennen war.[1]

**1.** Der Art. 133 (Gesetz vom 30. Juni 1900) entspricht dem § 133d GewO. mit Ausnahme der Ziff. 3, welche mit Rücksicht auf die Eigentümlichkeiten des Bergbaues beigefügt und darin begründet ist, daß die Betriebsbeamten für die Einhaltung der Betriebspläne und die Befolgung der polizeilichen Verordnungen und Verfügungen verantwortlich sind; vgl. Art. 79, der übrigens in seiner neuen Fassung einen Unterschied zwischen dem Betriebsleiter und den übrigen Aufsichtspersonen (Betriebsbeamten) macht. Werden vom Bergwerksbesitzer die erforderlichen Geldmittel zur Ausführung der von der Bergbehörde getroffenen polizeilichen Anordnungen verweigert, oder läßt der Bergwerksbesitzer Anordnungen ergehen, welche mit dem Betriebsplan nicht vereinbar sind oder gegen sicherheitspolizeiliche Vorschriften verstoßen, so muß sich der Betriebsbeamte durch Verlassen seiner Stellung der ihn sonst allenfalls treffenden strafrechtlichen Verantwortlichkeit entziehen können, da ihn die Berufung auf die Anordnung des Bergwerksbesitzers nicht schützt. Vgl. Art. 79 Abs. 2.

Die Ziff. 4, welche im preuß. BG. nicht enthalten ist, wurde auf Anregung des Ausschusses der Abgeordnetenkammer (1900) aufgenommen aus dem gleichen Grunde, wie bei Art. 109 Ziff. 6.

## Art. 134. (neu)[1]

Wird der Angestellte durch unverschuldetes Unglück an der Leistung der Dienste verhindert, so behält er seinen Anspruch auf die vertragsmäßigen Leistungen des Bergwerksbesitzers, jedoch nicht über die Dauer von sechs Wochen hinaus. Eine Vereinbarung, durch welche von dieser Vorschrift zum Nachteil des Angestellten abgewichen ist, ist nichtig.

Der Angestellte muß sich den Betrag anrechnen lassen, der ihm für die Zeit, für welche er den Anspruch behält, aus einer auf Grund gesetzlicher Verpflichtung bestehenden Kranken- oder Unfallversicherung oder aus einer Knappschaftskasse zukommt.

Erfolgt auf Grund des Art. 132 die Aufhebung des Dienstverhältnisses, weil der Angestellte durch unverschuldetes Unglück längere Zeit an der Verrichtung seiner Dienste verhindert ist, so werden dadurch die im Abs. 1 bezeichneten Ansprüche des Angestellten nicht berührt.[2]

**1.** Art. 134 beruht auf dem Gesetz vom 13. August 1910; er ist am 1. Oktober 1910 in Kraft getreten und ist (vgl. letzten Satz des Abs. 1) auch auf vorher geschlossene Verträge anwendbar. Art. 134 entspricht dem — unerledigt gebliebenen — Entwurf eines Reichsgesetzes betr. die Änderung des § 63 HGB. (Verh. d. Reichstags 1907 Drucks. Nr. 492). Durch Art. 134 wurde der frühere Abs. 2 des Art. 127 ersetzt.

**2.** Durch Abs. 1 wird der Anspruch des Angestellten auf Fortgewährung des Gehalts im Fall von Krankheit usw. zum zwingenden Recht erhoben; nach Abs. 3 soll der Anspruch auch dann aufrecht bleiben, wenn auf Grund des Art. 132 — in Frage kommt Ziff. 5 — das Dienstverhältnis aufgehoben worden ist. Abs. 2 stellt fest, daß sich der Angestellte die ihm aus einer auf Grund gesetzlicher Verpflichtung bestehenden Kranken- oder Unfallversicherung oder aus einer Knappschaftskasse zukommenden Beträge auf seinen Gehaltsanspruch anrechnen lassen muß (s. dazu die S. 67 zit. Mot. z. Entw. von 1908, S. 236); in allen Fällen handelt es sich hier nur um die Anrechnung von Beträgen aus gesetzlicher Zwangsversicherung; soweit also der Betriebsbeamte freiwillig der Knappschaftskrankenkasse angehört (Art. 232 Abs. 3), braucht er sich die Anrechnung nicht gefallen zu lassen; die Aufnahme der Unfallversicherungsbeträge in das Gesetz ist von geringer praktischer Bedeutung (vgl. § 9 GewUVG.); Unfallrenten, die auf Grund eines früheren Unfalls bezogen werden, die also in keinem Zusammenhang mit der im Abs. 1 erwähnten Verhinderung an der Dienstleistung stehen, können nach dem Sinn des Art. 134 nicht angerechnet werden.

Im Ausschuß d. K. d. Abg. hat die Staatsregierung zugesagt, sie werde, wenn für das Gebiet der Reichsgewerbeordnung etwa in bezug auf die Anrechnung der Versicherungsbeträge eine andere Regelung eingeführt werden sollte, die Hand zu analoger Regelung im bayer. BG. bieten.

## Art. 135. (neu)

Die Zahlung des dem Angestellten zukommenden Gehalts hat am Schlusse jeden Monats zu erfolgen. Eine abweichende Vereinbarung ist insoweit nichtig, als die Gehaltszahlung in längeren als in vierteljährlichen Zeitabschnitten erfolgen soll.[1]

1. Art. 135 beruht auf dem Gesetz vom 13. August 1910 und ist am 1. Oktober 1910 in Kraft getreten; er hat rückwirkende Kraft auf die vor diesem Zeitpunkt abgeschlossenen Verträge (vgl. S. 108, 111).

## Art. 136. (115)

Unter den in Art. 125 aufgestellten Voraussetzungen tritt die daselbst bestimmte Haftung des Bergwerksbesitzers auch für den Fall ein, wenn die in Art. 127 bezeichneten Personen zur Aufgabe des Dienstverhältnisses verleitet, in Dienst genommen oder in Dienst behalten werden.[1]

1. Art. 136 beruht auf dem Gesetz vom 30. Juni 1900. Die Abweichungen dieses Art. vom § 133e GewO. bestehen zunächst darin, daß § 124b GewO. (fester Entschädigungsbetrag bei Kontraktbruch) nicht für anwendbar erklärt ist, weil letztere Bestimmung für den Bergbau überhaupt nicht gilt und auch materielle Bedenken gegen ihre Aufnahme bestehen. Ferner ist der in der GewO. enthaltene ausdrückliche Ausschluß der Bestimmungen des § 119a daselbst, welche zufolge des § 154a auch für die Besitzer und Arbeiter von Bergwerken gelten, unterblieben. Der § 119a erscheint aber schon deshalb nicht anwendbar, weil die Betriebsbeamten feste Bezüge erhalten und nicht gegen Arbeitslohn (Stücklohn, Taglohn) in Dienst genommen sind.

Die Voraussetzungen des Art. 125 sind zweierlei Art. Objektiv ist in allen dort bezeichneten Fällen erforderlich, daß die Aufgabe des alten Arbeitsverhältnisses und der Beginn des neuen „vor rechtmäßiger Beendigung" des ersteren stattgefunden hat. Die subjektive

Voraussetzung besteht im Falle der Verleitung zum Kontraktbruch in der darauf gerichteten Handlung, im Falle des Art. 125 Abs. 1 Satz 2 in der Annahme ohne Rücksicht auf die Rechtswidrigkeit des Verhaltens des Angenommenen, im Falle des Art. 125 Abs. 2 in der Nichtberücksichtigung dieser Rechtswidrigkeit nach erlangter Kenntnis.

## Art. 137. (116)[1]

Auf jedem Bergwerk ist über die daselbst beschäftigten Arbeiter eine Liste zu führen, welche die Vor- und Zunamen, das Geburtsjahr, den Wohnort, den Tag des Dienstantritts und der Entlassung, sowie das Datum des letzten Arbeitszeugnisses enthält.[2]

Auf jedem Bergwerk muß eine Aufzeichnung vorhanden sein, aus der die Zahl und Dauer der von den einzelnen Arbeitern in den letzten zwölf Monaten in der Grube verfahrenen Schichten, Überstunden, Über- und Nebenschichten, sowie die Zahl der von der Grubenverwaltung angeordneten Feierschichten festgestellt werden können.[3]

Liste und Aufzeichnung müssen der Berginspektion auf Verlangen vorgelegt werden.[4] [5]

1. Art. 137 beruht auf den Gesetzen vom 20. März 1869 und vom 13. August 1910; durch letzteres Gesetz wurde Abs. 2 neu eingefügt.

2. Die Liste ist vorgeschrieben, um die Befolgung der auf die Bergarbeiter bezüglichen Vorschriften zu überwachen und außerdem die Kontrolle der Knappschaftsvorstände über die vorschriftsmäßige Anmeldung der Arbeiter zu erleichtern. Wegen des besonderen Verzeichnisses für die jugendlichen Arbeiter vgl. § 138 GewO., dann die §§ 31 u. 45 der VollzAnw. zu Tit. VII der GewO. vom 10. Dezember 1909 (MABl. S. 991 ff.). Nach letzterer treten die Berginspektionen und das Oberbergamt an die Stelle der Orts- und Distriktspolizeibehörden und bzw. der K. Regierungen, K. d. J.

Bei minderjährigen Arbeitern ist beim Fehlen eines besonderen Arbeitszeugnisses der letzte Vortrag im Arbeitsbuch in die Liste vorzutragen.

3. Die Motive zu dem Gesetz von 1910 bemerken zum Abs. 2: „Um eine übermäßige Dauer der täglichen Arbeitszeit (Art. 232) festzustellen, muß die Bergbehörde in der Lage sein, verlässig die Über- und Nebenschichten zu konstatieren, die in der fraglichen Grube verfahren werden." Nach dem Entwurf war nur die Ermöglichung der Feststellung von Über- und Nebenschichten verlangt; die jetzige Fassung beruht zwar auf einem Antrag der Staatsregierung, ist aber durch einen Beschluß der K. d. Abg. veranlaßt worden. Zum Begriff der Über- und Nebenschichten s. die Bem. zu Art. 115. Die Einfügung des Wortes „Überstunden" wäre entbehrlich gewesen, da unter den Begriff Überschichten auch einzelne Überstunden fallen (vgl. S. 99); in die Aufzeichnung ist jede Verlängerung der regelmäßigen Arbeits-

zeit einzutragen. Die Worte „in der Grube verfahrenen" bringen zum Ausdruck, daß es sich um Untertagarbeit handelt (vgl. S. 84, 99 oben).

**4.** Die Überwachung des Vollzugs der Absätze 1 u. 2 obliegt der Berginspektion. S. dazu VI 1 der AusfAnw. vom 1. September 1910 (Anhang!).

**5.** Strafbestimmung für die sämtlichen drei Absätze s. im Art. 263 Abs. 1 Ziff. 8.

## Art. 138. (neu)[1]

Die Art. 84 bis 137 finden auf Arbeiter und Angestellte in unterirdischen Bauen auf andere als die in Art. 1 bezeichneten Mineralien einschließlich der unterirdischen Steinbrüche und Gräbereien mit der Maßgabe entsprechende Anwendung, daß an Stelle des im Art. 98 bestimmten Termins der 1. April 1908 tritt.

**1.** Art. 138 beruht auf dem Gesetze vom 13. August 1910. Die Motive bemerken:

„Die unterirdischen Baue auf andere als die im Art. 1 bezeichneten Mineralien einschließlich der unterirdischen Steinbrüche und Gräbereien sind in Bayern der Bergpolizei bereits vom BG. vom 20. März 1869 (Art. 197, jetzt 253) unterstellt worden; die Novelle zum BG. vom 30. Juni 1900 hat auf diese Betriebe die Art. 67 bis 80 (jetzt 69 bis 82) — vgl. Art. 81 (jetzt 83) — erstreckt und damit der Bergbehörde wesentliche Handhaben zur Ausübung einer wirksamen Aufsicht gegeben. Dagegen untersteht das Arbeitsvertragsverhältnis ihrer Arbeiter und Beamten dem allgemeinen bürgerlichen Rechte. Nachdem indes jene Betriebe der Bergpolizei in gleichem Maße unterliegen, wie die unter Art. 1 des BG. fallenden Werke, besteht kein hinreichender Grund, ihren Arbeitern und Beamten die Vorteile vorzuenthalten, die sich aus der Anwendung des Abschnitts 4 des 3. Titels des BG. („Von den Bergleuten und den Betriebsbeamten") für sie ergeben. Die im Entwurfe vorgesehene Erstreckung der §§ 82 bis 116 (jetzt 84 bis 137) auf die fraglichen unterirdischen Betriebe erscheint um so gerechtfertigter, als die Gewerbeordnung sie hinsichtlich der Erstreckung von Arbeiterschutzbestimmungen (vgl. § 154 a und § 105 b GewO.) ebenso behandelt wie die Bergwerke.

Im Hinblick auf Art. 94 (jetzt 98) Satz 2 BG. ist die Bestimmung eines neuen Termines notwendig; die nach diesem Termine — der ungefähr mit der Veröffentlichung des gegenwärtigen Gesetzentwurfs zusammentrifft — noch vor dem Inkrafttreten des Gesetzes erlassenen Arbeitsordnungen sollen von der Beobachtung der Vorschriften des Art. 91 (jetzt 93) (Einvernahme der volljährigen Arbeiter, bzw. des ständigen Arbeiterausschusses) und des Art. 92 (jetzt 96) Abs. 1 (Einreichung an die Berginspektion mit Erklärung über die Beobachtung des Art. 91 (jetzt 93) nicht befreit sein.

Unter die unterirdischen Baue im Sinne der Art. 81 (jetzt 83) und 230 (jetzt 253) Abs. 2 BG. und des vom Entwurf vorgeschlagenen Art. 116a (jetzt 138) fällt auch die Aufsuchung und die Gewinnung des Erdöls, die auch dem § 105b und dem § 154a GewO. unterliegen."

Außer den Bestimmungen über den Arbeitslohn, die Arbeitsordnung, die Arbeitsbücher, die Arbeiterausschüsse, die Strafen haben nunmehr in den unterirdischen Bauen auf nicht verleihbare Mineralien insbesondere auch die Bestimmungen über die Vertrauensmänner (Art. 99ff.), über die Kündigung usw. des Arbeitsverhältnisses, über die Ruhezeiten und über die Verhältnisse der Betriebsbeamten zur Anwendung zu gelangen.

S. dazu Ziff. VII der VollzAnw. vom 1. September 1910 (Anhang!).

## Vierter Titel.[1]

# Von den Rechtsverhältnissen der Mitbeteiligten eines Bergwerks.

### Art. 139. (117)

Zwei oder mehrere Mitbeteiligte eines Bergwerkes bilden eine Gewerkschaft.[2]

Die Gewerkschaft kann ihre besondere Verfassung durch notariell errichtete Satzungen regeln, welche der Zustimmung von wenigstens drei Vierteilen aller Anteile und der Bestätigung des Oberbergamtes bedürfen. Die Bestimmungen der Art. 140 bis 153, 157 Abs. 2, 166 bis 171 dürfen durch die Satzungen nicht abgeändert werden.[3]

**1.** Der 4. Titel hat einige Änderungen durch das AGzZPO. und KO. vom 23. Februar 1879, ferner durch das AGzBGB. und durch die Novelle zum BG. vom 30. Juni 1900 erfahren. Die Novelle vom 13. August 1910 hat ihn nicht berührt.

**2.** Die Gewerkschaft ist die zur freien Wahl der Bergbautreibenden hingestellte Gesellschaftsform, welche sich durch ihren spezifisch bergrechtlichen Charakter von allen übrigen Formen der Beteiligung mehrerer an einem Bergbauunternehmen unterscheidet. Indem das Gesetz die Gewerkschaft vom rechtlichen Standpunkte der juristischen Persönlichkeit behandelt, hat dasselbe einen Weg eingeschlagen, auf welchen die Fortbildung der Gewerkschaft in anderen deutschen Berggesetzen, die Bergrechtswissenschaft und die wirtschaftlichen Bedürfnisse des Bergbaues selbst hinweisen. Ihren Willen gibt die Gewerkschaft durch Beschlüsse kund, welche jeden Gewerken binden. Mit einer Mehrheit von dreiviertel der Anteile kann dieselbe sogar über die Substanz des Bergwerkes verfügen. Die Besorgung der gewerkschaftlichen Angelegenheiten ist einem von der Gewerkschaft gewählten Repräsentanten oder Grubenvorstande übertragen, welcher die Gesamtheit der Gewerken, unabhängig von dem Wechsel in den Personen, vertritt (Art. 160).

Die persönliche Haftbarkeit wird durch die Personifizierung der Gewerkschaft grundsätzlich ausgeschlossen (Art. 143). Die Gewerkschaftsverfassung hat sich für den Bergbau bewährt und bildet zumeist die rechtliche Unterlage für Bergbauunternehmungen.

Die Art. 139—175 kommen nicht zur Anwendung, wenn die Rechtsverhältnisse der Mitbeteiligten eines Bezirks durch Vertrag oder sonstige Willenserklärung anderweit geregelt sind (Art. 176, 177). Insoweit hienach die Art. 139 ff. zur Anwendung kommen, vollzieht sich die Bildung einer Gewerkschaft auf Grund des Art. 139 Abs. 1 ohne weiteres kraft Gesetzes (vgl. unten Anm. 1 zu Art. 198).

3. Der Gewerkschaft muß gestattet sein, ihre Rechtsverhältnisse durch Satzungen festzustellen, dagegen sind die Art. 140—153, auf welchen die rechtliche Natur der Gewerkschaft und das Rechtsverhältnis der einzelnen Gewerken beruht, sowie die Art. 166—171, welche die Vertretung der Gewerkschaft nach außen regeln, von dieser freien Bestimmung ausgeschlossen, um der Minderheit, sowie den öffentlichen Interessen den entsprechenden Schutz zu gewähren. Gegen den Beschluß des Oberbergamtes findet Beschwerde zum Verwaltungsgerichtshofe statt (Art. 249 Abs. 1).

## Art. 140. (118)

Die Gewerkschaft führt den Namen des Bergwerkes, sofern sie nicht in den Satzungen einen anderen Namen gewählt hat.[1]

1. Die Bestimmung des Art. 140 entspricht der herkömmlichen Bezeichnungsweise der Gewerkschaften, sowie dem für Aktiengesellschaften maßgebenden Grundsatze (§ 20 des HGB.).

Auf die Gewerkschaften findet § 2 HGB. gegebenenfalls Anwendung. Der fragliche § 2 lautet: „Ein gewerbliches Unternehmen, das nach Art und Umfang einen in kaufmännischer Weise eingerichteten Geschäftsbetrieb erfordert, gilt, auch wenn die Voraussetzungen des § 1 Abs. 2 nicht vorliegen, als Handelsgewerbe im Sinne dieses Gesetzbuchs, sofern die Firma des Unternehmers in das Handelsregister eingetragen worden ist. Der Unternehmer ist verpflichtet, die Eintragung nach den für die Eintragung kaufmännischer Firmen geltenden Vorschriften herbeizuführen." Als Firma gilt hier der Name des Bergwerks.

Dagegen findet nach Art. 5 des EGzHGB. (RGBl. 1897 S. 438) der § 2 des letzteren auf Bergwerksgesellschaften, die nach den Vorschriften der Landesgesetze nicht die Rechte einer juristischen Person besitzen, keine Anwendung.

## Art. 141. (119)

Die Gewerkschaft kann unter ihrem Namen Rechte erwerben und Verbindlichkeiten eingehen, Eigentum und andere dingliche Rechte an Bergwerken und Grundstücken erwerben, vor Gericht klagen und verklagt werden.[1]

1. Die Gewerkschaft hat die Rechte und Pflichten einer juristischen Person, wie solches in § 210 HGB. für die Aktiengesellschaft be-

stimmt ist. Für die von der Gewerkschaft eingegangenen Verbindlichkeiten haftet nur diese; die einzelnen Gewerken können von Dritten nicht herangezogen werden, wie auch die ersteren für die Gewerkschaft eine Verbindlichkeit nicht eingehen können. Der allgemeine Gerichtsstand der Gewerkschaften ist bei dem Gerichte, in dessen Bezirke das Bergwerk liegt (§ 17 Abs. 2 ZPO.), im übrigen ist das Gerichtsverfassungsgesetz maßgebend (RGBl. 1898 S. 371 ff.).

## Art. 142. (120)

Das Bergwerk kann nur von der Gewerkschaft und nur als Ganzes mit Hypotheken und dinglichen Lasten beschwert werden.[1]

1. Die Verhypothezierung und sonstige dingliche Belastung des Bergwerks unterliegt lediglich der verfassungsmäßigen Beschlußnahme der Gewerkschaft und kann sich nur auf das Bergwerk als Ganzes beziehen, da ein ideeller Anteil eines Bergwerks nicht mehr besessen, also auch nicht mehr verkauft werden kann und ebenso ein reeller Teil des Bergwerks sich nicht zu einer einseitigen Verfügung der Gewerkschaft eignet, weil die Feldesteilung von der Bestätigung des Oberbergamtes abhängt und unter Umständen aus Gründen des öffentlichen Interesses unzulässig ist (vgl. Art. 66).

## Art. 143. (121)

Für die Verbindlichkeiten der Gewerkschaft haftet nur das Vermögen derselben.[1]

1. Es entspricht dies der Eigenschaft der Gewerkschaft als juristischer Person. Die einzelnen Gewerken sind zwar der Gewerkschaft gegenüber verpflichtet (Art. 146 Abs. 2), die Beiträge, welche zur Erfüllung der Verbindlichkeiten der Gewerkschaft erforderlich sind, nach Verhältnis ihrer Kuxe zu bezahlen (Zubußanlage); sie haften aber nicht den Gläubigern der Gewerkschaft. S. dazu Art. 148, 172, 173.

## Art. 144. (122)

Durch das Ausscheiden einzelner Mitglieder — Gewerken — wird die Gewerkschaft nicht aufgelöst. Auch können einzelne Gewerken nicht auf Teilung klagen.[1]

1. Der einzelne Gewerke kann, da die Teilungsklage ausgeschlossen ist, nur durch Aufgeben oder Veräußerung seiner Anteile aus dem Verbande der Gewerkschaft ausscheiden. Die Gewerkschaft selbst wird hiedurch nicht aufgelöst.

Die Auflösung der Gewerkschaft kann erfolgen durch Veräußerung des gemeinschaftlichen Bergwerkes oder durch einen Vertrag, durch welchen die Beteiligten nach Art. 176 ihre Rechtsverhältnisse anders als nach der gewerkschaftlichen Verfassung regeln, ferner durch Verzichtleistung, in welchem Falle jedoch die öffentlich-rechtlichen Verpflichtungen erfüllt werden müssen, endlich durch Aufhebung des Bergwerkseigentums. Durch den Übergang sämtlicher Kuxe in eine Hand löst sich die Gewerkschaft nicht auf. Die ME. vom 18. August 1906 Nr. 19035 II hat ausgesprochen: „Nachdem durch Reichsgerichtsentscheidung vom 28. November 1888 (Entsch. ZS. 23 S. 202) — s. auch die RGE. vom 19. Februar 1901, ebenda 48 S. 305 ff., insbes. S. 314 — auf Grund der einschlägigen, gleichlautenden Bestimmungen des preuß. Berggesetzes ausgesprochen worden ist, daß die Vereinigung sämtlicher Kuxe in einer Hand erst dann die Auflösung der Gewerkschaft zur Folge hat, wenn der Alleineigentümer der Kuxe einen bestimmten, auf die Auflösung gerichteten Willen in erkennbarer Weise kundgegeben hat, erscheint für die Administrativbehörden kein hinreichender Anlaß gegeben, von Amts wegen eine Gewerkschaft als aufgelöst zu betrachten, sobald alle Kuxe in einer Hand vereinigt sind." S. dazu auch ZBergr. 50 S. 105.

## Art. 145. (123)

Die Zahl der gewerkschaftlichen Anteile — Kuxe — beträgt Hundert.

Durch die Satzungen kann die Zahl auf Tausend bestimmt werden.[1]

Die Kuxe sind unteilbar. Sie haben die Eigenschaft der beweglichen Sachen.[2]

**1.** Die Beschränkung der gewerkschaftlichen Anteile — Kuxe — auf die Zahl 100 ist durch das BG. vom 20. März 1869 eingeführt worden; den älteren Gewerkschaften wurde die frühere Kuxeinteilung belassen. Neben der gesetzlichen Bestimmung ist es statthaft, in den Gewerkschaftssatzungen die Zahl der Kuxe auf 1000 festzusetzen; eine andere Zahl darf gemäß Art. 139 Abs. 2 nicht bestimmt werden.

Der Beschluß über Festsetzung der Kuxe auf 1000 bedarf nach dem Art. 139 der Bestätigung des Oberbergamtes. Das letztere wird zu erwägen haben, ob die Bedeutung des Bergwerkes eine so hohe Zahl von Anteilen rechtfertigt, da diese letztere geeignet erscheint, für die Schätzung des Wertes des Bergwerks in Betracht genommen zu werden, und da, wenn die tatsächlichen Unterlagen hiefür fehlen, die hiedurch hervorgerufenen irrigen Vorstellungen das Publikum zu Spekulationen zu verleiten und empfindlich zu schädigen vermögen. In solchen Fällen wird dann die Bestätigung des Erhöhungsbeschlusses zu versagen sein. Über die Wirkung eines Verkaufs neuer Anteile vor der oberbergamtlichen Bestätigung s. das Urt. d. RG. vom 28. Oktober 1908, ZBergr. 51 S. 149.

**2.** Der Kux ist seiner Natur nach der Aktie verwandt. Er bildet den Maßstab für das Anteilsrecht der Gewerken an der Verwaltung und Nutzung des gewerkschaftlichen Vermögens. Er stellt sich als selbständiges Vermögensobjekt dar, wenn er vom Ganzen abgelöst gedacht wird.

Zwischen dem Kux und der Aktie besteht jedoch der durchschlagende Unterschied, daß der Kux keinen bestimmten Geldbetrag präsentiert, auf den die Aktie lautet, sondern nur einen Teilbetrag des gewerkschaftlichen Vermögens. Hiedurch wechselt sein jeweiliger effektiver Wert nach dem Stand des letzteren, wie übrigens auch der Wert der Aktie den Bewegungen des Unternehmens folgt. Der mobilisierte Kux wird daher heute ebenso wie die Aktie im Geschäftsverkehr an der Börse usw. gehandelt, ohne daß übrigens hiedurch der Bergbau Schaden gelitten hätte. Immerhin bleibt es erwünscht, wenn ein gewisser Stamm von Kuxen in festen Händen bleibt, welche auch Interesse an dem betreffenden Bergbauunternehmen als solchem haben.

## Art. 146. (124)

Die Gewerken nehmen nach dem Verhältnis ihrer Kuxe an dem Gewinne und Verluste Teil.

Sie sind verpflichtet, die Beiträge, welche zur Erfüllung der Schuldverbindlichkeiten der Gewerkschaft und zum Betriebe erforderlich sind, nach Verhältnis ihrer Kuxe zu bezahlen (Art. 172, 173).[1]

1. Die Zahl der Geschäftsanteile (Kuxe) bestimmt die Anteilnahme des Gewerken an dem Gewinn und Verlust des Bergwerks in der gleichen Weise, wie das beim Aktieninhaber der Fall ist. Die Jahresabgleichung des Werks bietet die Unterlage für die Berechnung des auf den Kux treffenden Anteils am Gewinn oder Verlust. Während bei einem Aktienunternehmen der Aktionär seine einmalige Einzahlung leistet und dann schlimmsten Falls auf einen Gewinn und ev. seine Einlage verzichten muß, bleibt der Kuxinhaber verpflichtet, nach Verhältnis seiner Kuxe auch ein etwaiges Defizit der Gewerkschaft am Jahresschluß mitzutragen und zu decken. Nach Art. 173 kann er allerdings durch Hingabe seiner Kuxanteile behufs Befriedigung der Gewerkschaft die Zwangsvollstreckung von sich abwenden.

Da das Gesetz selbst über die Verteilung der Ausbeute keine Vorschriften trifft, so sind Bestimmungen hierüber entweder in den Satzungen zu treffen, die sich auch mit den Abschreibungen, Rücklagen, Zuweisung zum Betriebsfond usw. zu befassen haben werden, oder es hat die Gewerkschaft Sonderbeschluß hiewegen zu fassen. Bei Übertragung eines Kuxes wird überwiegend angenommen, daß für die Verteilung von Ausbeute und Zubuße unter Erwerber und Veräußerer der Zeitpunkt der Fälligkeit entscheidend sei, da es sich nicht um regelmäßig wiederkehrende Leistungen im Sinne der §§ 101, 103 BGB. handele; dagegen richtet sich mit beachtenswerten Gründen Gottschalk im Glückauf 46 S. 1020; er wendet § 101 Ziff. 2 an, wonach bei Gewinnanteilen usw. dem Berechtigten ein der Dauer seiner Berechtigung entsprechender Teil gebührt.

Art. 146 kann durch die Satzungen nicht geändert werden (Art. 139 Abs. 2).

## Art. 147. (125)

Über sämtliche Mitglieder der Gewerkschaft und deren Kuxe wird ein Verzeichnis — das Gewerkenbuch — geführt.

Auf Grund dieses Gewerkenbuches wird einem jeden Gewerken, welcher es verlangt, ein Anteilschein — Kuxschein — ausgefertigt.

Die Kuxscheine sind nach der Wahl des Gewerken über die einzelnen Kuxe oder über eine Mehrheit derselben auszustellen.

Die Kuxscheine dürfen nur auf einen bestimmten Namen, niemals auf den Inhaber lauten.[1]

Ein abhanden gekommener oder vernichteter Kuxschein kann, wenn nicht das Gegenteil bestimmt ist, im Wege des Aufgebotsverfahrens für kraftlos erklärt werden.

Die Vorschriften der §§ 789, 800 des Bürgerlichen Gesetzbuchs finden auf Kuxscheine entsprechende Anwendung.[2]

Das Gewerkenbuch wird von dem Oberbergamte geführt, welches auch die Kuxscheine ausfertigt. Bei der Gewerkschaft wird ein Duplikat des Gewerkenbuches geführt, zu welchem Zwecke das Oberbergamt der Gewerkschaft von jedem Eintrage sofort Nachricht gibt.[3] [4]

**1.** Um die Mitgliedschaft und das Beteiligungsverhältnis in glaubhafter Form zu beurkunden und die Sicherheit des Verkehrs mit Gewerkschaftsanteilen zu befördern, ist, wie bei den Aktien auf Namen ein Aktienbuch geführt wird (§§ 222 und 223 HGB.), die Führung eines Gewerkenbuches erforderlich.

Auf den Inhaber statt auf einen bestimmten Namen lautende Anteile sind mit dem Wesen und dem Zweck der Gewerkschaft nicht verträglich.

**2.** Abs. 5 und 6 sind beigefügt durch Art 158 VIII AGzBGB. Das BG. von 1869 setzte die Zulässigkeit der Kraftloserklärung von Kuxscheinen voraus. Zur Abschneidung von Zweifeln empfahl es sich, die Zulässigkeit ausdrücklich auszusprechen. Die Kraftloserklärung kann, wie bei Aktien, nach § 228 Abs. 1 HGB. ausgeschlossen werden; die Ausschließung kann in dem Kuxscheine selbst oder in der Satzung der Gewerkschaft bestimmt werden.

Nach dem Vorbilde des § 228 Abs. 1 Satz 2 und des § 229 HGB. sind auch die in den §§ 798, 800 BGB. enthaltenen Vorschriften für anwendbar erklärt worden. Dadurch wird die Verpflichtung der Gewerkschaft zum Umtausch eines beschädigten Kuxscheines und zur Erteilung eines neuen Kuxscheines an Stelle des für kraftlos erklärten ausgesprochen. Ohne den Besitz des Kuxscheines ist der Gewerke in der Verfügung über seinen Kux gehindert, für die Verpfändung (Art. 152) ist der Besitz des Kuxscheines sogar gesetzliches Erfordernis.

Da die Zulässigkeit der Kraftloserklärung von Kuxscheinen auf Landesgesetz beruht, so ist die Landesgesetzgebung nach § 11 EGzZPO. befugt, das Verfahren, in dem die Kraftloserklärung erfolgt, abweichend von den Vorschriften der ZPO über das Aufgebotsverfahren zu bestimmen. Nach bisherigem Rechte hat die Kraftloserklärung von Kuxscheinen im Wege des Urkundenaufgebots nach den Vorschriften der

ZPO. stattgefunden. Es bleibt in dieser Richtung bei den allgemeinen Vorschriften der ZPO.

3. In der Erwägung, daß durch das Gewerkenbuch ein Grundbuch geschaffen wird, welches das Bergwerkseigentum überträgt oder repräsentiert, also Gewerkenbuch und Kuxscheine vollste Sicherheit für das Publikum gewähren müssen, diese Sicherheit aber in der Führung der Bücher durch einen bloßen Privatbediensteten nicht gefunden werden kann, überträgt der Art. die Führung des Gewerkenbuches dem Oberbergamte.

4. Art. 147 kann durch die Satzungen nicht geändert werden (Art. 139 Abs. 2).

## Art. 148. (126)

Die Kuxe können ohne Einwilligung der Mitgewerken auf andere Personen übertragen werden.[1]

1. Da nicht im Interesse des Bergbaues liegt, die Gewerken rechtlich so aneinander zu binden, wie es bei den Teilnehmern einer offenen Handelsgesellschaft der Fall ist, so muß dem Gewerken die Veräußerung seines Anteils ohne Einschränkung seitens seiner Mitgewerken gestattet sein. Hieran kann durch die Satzung nichts geändert werden (Art. 139 Abs. 2).

Der frühere Abs. 2 des Art., welcher den Gewerken ein Vorkaufsrecht an den Kuxen nicht zugestand, fiel durch das AGzBGB. hinweg, weil das letztere das gesetzliche Vorkaufsrecht nicht aufgenommen hat, welches den Teilhabern einer Gemeinschaft im Abschn. III § 28 Ziff. 2 Abs. 2 des Landtagsabschieds vom 10. November 1861 gewährt war.

## Art. 149. (127)

Zur Übertragung der Kuxe ist die schriftliche Form erforderlich.

Der Übertragende ist zur Aushändigung des Kuxscheins und, wenn dieser verloren ist, zur Beschaffung des Ausschlußurteils auf seine Kosten verpflichtet.

Die Umschreibung im Gewerkenbuche darf nur auf Grund der Übertragungsurkunde und gegen Vorlegung des Kuxscheines oder des Ausschlußurteils erfolgen.[1]

1. Eine besondere Form ist für die Übertragungsurkunde nicht vorgeschrieben. Um jedoch Schwierigkeiten bei der Umschreibung im Gewerkenbuche zu begegnen, empfiehlt es sich, daß die Unterschrift des Übertragenden durch die einschlägige Gemeindebehörde beglaubigt wird, wenn auch in der Vorzeigung des Kuxscheines oder des Ausschlußurteils genügender Nachweis für die Berechtigung liegt.

Wegen des Ausschlußurteils (Aufgebotsverfahrens) vgl. §§ 946 ff. ZPO.

Art. 149 kann durch die Satzungen nicht geändert werden (Art. 139 Abs. 2).

## Art. 150. (128)

Wer im Gewerkenbuche als Eigentümer der Kuxe verzeichnet ist, wird der Gewerkschaft gegenüber bei Ausübung seiner Rechte als solcher angesehen.[1]

1. Der Eintrag im Gewerkenbuche übt nur gegenüber der Gewerkschaft, nicht aber Dritten seine Wirksamkeit aus. Durch den Eintrag ist der Gewerke als solcher legitimiert und kann bei Gewerkenversammlungen ohne Vorzeigung des Kuxscheines seine Rechte ausüben. Art. 150 kann durch die Satzungen nicht geändert werden (Art. 139 Abs. 2).

## Art. 151. (129)

Bei freiwilligen Veräußerungen von Kuxen bleibt der seitherige Eigentümer derselben der Gewerkschaft für die Beiträge (Art. 146) verpflichtet, deren Erhebung die Gewerkschaft beschlossen hat, bevor die Umschreibung der Kuxe im Gewerkenbuche gesetzlich (Art. 149) beantragt ist.[1]

1. Diese — durch die Satzungen nicht änderbare (Art. 139 Abs. 2) — Bestimmung gibt der Gewerkschaft Sicherheit für die Leistung der beschlossenen Beiträge bei freiwilliger Veräußerung von Kuxen. Bei der Veräußerung der Kuxe im Wege der Zwangsvollstreckung wird der bisherige Eigentümer sofort von der Verpflichtung für die Beiträge befreit (vgl. Art. 153).

Bei freiwilliger Veräußerung hat der bisherige Kuxinhaber das größte Interesse daran, die sofortige Umschreibung der Kuxe im Gewerkenbuche zu beantragen, damit er von der Haftung für die Beiträge frei wird.

## Art. 152. (130)

Die Verpfändung der Kuxe geschieht durch Übergabe des Kuxscheins auf Grund eines schriftlichen Vertrages.[1]

1. Auch hier ist, wie in Art. 149 die schriftliche Form für die Verpfändung der Kuxe vorgeschrieben, um Anfechtungen möglichst hintanzuhalten. Bezüglich der Form gilt das zu Art. 149 Bemerkte. Art. 152 kann durch die Satzungen nicht geändert werden (Art. 139 Abs. 2).

## Art. 153. (131)

Die Zwangsvollstreckung in den Anteil eines Gewerken erfolgt nach den Vorschriften über die Zwangsvollstreckung in das bewegliche Vermögen.[1]

Der Ansteigerer haftet der Gewerkschaft für die noch nicht bezahlten Beiträge.[2]

1. Nach Art. 145 haben die Kuxe, Bergwerksanteile, die Natur beweglicher Sachen, die Zwangsvollstreckung hat daher nach den Vor-

schriften, wie beim beweglichen Vermögen zu erfolgen (vgl. §§ 803ff. ZPO.).

2. Die Abänderung gegenüber der Fassung von 1869 ist bereits durch Art. 78 AGzZPO. vom 23. Februar 1879 erfolgt. Hienach hat der Ansteigerer für die rückständigen Beiträge des bisherigen Kuxinhabers zu haften, soweit solche nicht schon durch den Erlös gedeckt sind (vgl. Art. 151).

## Art. 154. (132)

Die Gewerken fassen ihre Beschlüsse in Gewerkenversammlungen.[1]

Das Stimmrecht wird nach Kuxen, nicht nach Personen ausgeübt.[2]

1. Die Gewerken haben ihre Beschlüsse in Versammlungen zu fassen. Daß hierdurch die Beschlußfassung durch Umlaufschreiben oder Briefwechsel ausgeschlossen ist, entspricht der Rücksicht auf eine geordnete mündliche Behandlung der Gewerkschaftsangelegenheiten.

2. Die Legitimation zum Stimmen, sowie die Stimmenzahl wird durch das Gewerkenbuch festgestellt. Die Vertretung auf Grund einer vorschriftsmäßigen Vollmacht ist zulässig; die Prüfung der Vollmacht und die Zulassung des Bevollmächtigten steht der Gewerkenversammlung zu.

## Art. 155. (133)

Zur Gültigkeit eines Beschlusses ist erforderlich, daß alle Gewerken anwesend oder unter Angabe des zu verhandelnden Gegenstandes zu einer Versammlung eingeladen waren.

Einladungen durch die Post erfolgen durch eingeschriebenen Brief.[1]

Gewerken, die nicht im Deutschen Reiche wohnen, haben zur Empfangnahme der Einladungen einen im Deutschen Reiche wohnenden Bevollmächtigten zu bestellen.[2]

Ist dies nicht geschehen, so sind die treffenden Gewerken in einer wenigstens zwei Wochen vor Abhaltung der Gewerkenversammlung zu veröffentlichenden Bekanntmachung zu derselben einzuladen und zwar, wenn zu den öffentlichen Bekanntmachungen der Gewerkschaft satzungsgemäß bestimmte Blätter bezeichnet sind, in diesen, außerdem in dem Amtsblatte des Kreises, in welchem die Gewerkschaft ihren Sitz hat.

Dasselbe gilt bei Gewerken, deren Wohnort unbekannt ist.[3]

1. Die Einladung erfolgt durch den Repräsentanten oder Grubenvorstand, eventuell auf Antrag der Eigentümer von einem Viertel aller Kuxe (vgl. Art. 165). Eine unmittelbare Einladung durch Mitglieder der Gewerkschaft, selbst wenn sie die Majorität aller Kuxe ver-

treten, ist unverbindlich und sind die desfallsigen Beschlüsse nicht bindend, wenn nicht sämtliche Gewerken anwesend sind. Der eingeschriebene und postordnungsmäßig zugestellte Brief gilt als richtige Einladung; doch kann die Einladung auch auf anderem Wege erfolgen, nur muß ein nicht anfechtbarer Nachweis hierüber vorliegen.

**2.** Der Abs. 3 ist durch Art. 157 IX AG. BGB. entsprechend dem nunmehrigen Bestande des Deutschen Reiches geändert worden.

**3.** Durch die öffentliche Bekanntmachung soll allen auch außerhalb des Deutschen Reiches wohnenden Gewerken die Möglichkeit geboten sein, sich von den Gewerkenversammlungen zu unterrichten und an solchen zu beteiligen.

Wegen der etwaigen Anfechtung der Beschlüsse der Gewerkenversammlung s. Art. 158.

## Art. 156. (134)

Die Beschlüsse werden in der beschlußfähigen Gewerkenversammlung mit einfacher Stimmenmehrheit gefaßt.

Beschlußfähig ist die erste Versammlung, wenn die Mehrheit aller Kuxe vertreten ist.

Ist die Mehrheit aller Kuxe nicht vertreten, so sind sämtliche Gewerken zu einer zweiten Versammlung einzuladen.

Die zweite Versammlung ist ohne Rücksicht auf die Zahl der vertretenen Kuxe beschlußfähig.

Diese Folge muß indes, wenn sie eintreten soll, in der Einladung angegeben werden.

Über jede Gewerkenversammlung ist ein Protokoll aufzunehmen.[1]

**1.** Die einfache Stimmenmehrheit gilt als Regel für die Gültigkeit der Beschlüsse. Ausnahmen finden sich in den Art. 139, 157 und 161.

Voraussetzung für die Beschlußfähigkeit der zweiten Versammlung ist, daß alle Gewerken richtig eingeladen waren (Art. 155).

Bei Stimmengleichheit kann, abgesehen von dem Falle des Art. 161, ein gültiger Beschluß nicht zustandekommen.

Das Protokoll bildet die Urkunde über die gefaßten Beschlüsse, ohne daß hievon jedoch die Gültigkeit derselben abhängig wäre

## Art. 157. (135)

Eine Mehrheit von wenigstens drei Vierteilen aller Kuxe ist erforderlich zu Beschlüssen, durch welche über den Gegenstand der Verleihung — Substanz des Bergwerkes — ganz oder teilweise verfügt werden soll. Dies gilt insbesondere von den Fällen des Verkaufes, des Tausches, der Verpfändung oder der sonstigen dinglichen Belastung des Bergwerkes, sowie der Überlassung der Ausbeute gegen Entgelt (Verpachtung).

Zu Verfügungen über das verliehene Bergwerkseigentum durch Verzicht oder Schenkung ist Einstimmigkeit erforderlich.[1]

1. Im Art. 157 ist der Grundsatz aufgestellt, daß zu Beschlüssen, durch welche über den Gegenstand der Verleihung ganz oder teilweise verfügt werden soll, eine Mehrheit von wenigstens Dreiviertel aller Kuxe erforderlich sei; nur erläuternd sind die hieher gehörigen Fälle aufgeführt.

Nur zu Verfügungen über das verliehene Bergwerkseigentum durch Verzicht oder Schenkung mußte Einstimmigkeit gefordert werden.

Unter den Art. 157 fällt ein Beschluß, durch welchen ein Bergwerk als Teil eines anderen Werkes, z. B. einer Hütte, eines Fabriketablissements erklärt werden soll, da es hiedurch zur Nebensache wird.

Art. 157 Abs. 2 kann durch die Satzungen nicht geändert werden (Art. 139 Abs. 2).

## Art. 158. (136)

Binnen einer ausschließenden Frist von einem Monat vom Ablaufe des Tages, an welchem ein Gewerkschaftsbeschluß gefaßt ist, kann jeder Gewerke, welcher denselben für nachteilig erachtet, gegen die Gewerkschaft auf Aufhebung des Beschlusses klagen und es hat das Gericht dessen Aufhebung auszusprechen, wenn nachgewiesen wird, daß derselbe der Gewerkschaft zum Nachteile gereiche.[1]

Durch die Satzungen kann bestimmt werden, daß die Entscheidung dieser Frage in Streitfällen durch ein Schiedsgericht erfolgen, wie das Schiedsgericht gebildet und unter welchen Formen von demselben verfahren werden soll.[2]

Diese Bestimmungen finden auf einen in Gemäßheit des Art. 139 Abs. 2 gefaßten Beschluß keine Anwendung.[3]

1. In Abs. 1, dessen Fassung auf der Novelle z. BG. vom 30. Juni 1900 beruht, ist jedem Gewerken, welcher glaubt, daß der gefaßte Beschluß der Gewerkschaft nicht zum Besten gereiche, der Rechtsweg offen gelassen, um die Aufhebung des Beschlusses erwirken zu können. Dadurch findet jeder Gewerke hinreichenden Schutz gegen allenfallsige Bedrückung seitens der Mehrheit und es ist durch Feststellung einer gesetzlich angemessenen Frist und dadurch, daß durch Anstellung der Klage die Ausführung des Beschlusses nicht aufgehalten wird (Art. 159), gegen Verzögerung der Ausführung der Beschlüsse Sorge getragen.

Die Klage richtet sich gegen die Gewerkschaft, nicht gegen die Gewerken, welche so beschlossen haben, und bezweckt die Aufhebung des Beschlusses. Eine Modifikation desselben durch das Gericht ist nicht zulässig. Das Gericht hat entweder die Klage abzuweisen oder den Beschluß aufzuheben.

Die Nachteile für die Gewerkschaft können verschiedener Art sein und sowohl aus bergtechnischen, wie aus wirtschaftlichen Erwägungen sich ergeben. Zum Nachweis werden deshalb wohl meist Sachverständige zu vernehmen sein. Zur Aufhebung des Beschlusses genügt es natürlich nicht, wenn aus dem Beschluß wohl einzelne Nachteile für die Gewerkschaft entspringen und erwiesen werden, während derselbe der Gewerkschaft überwiegenden Nutzen zu bringen geeignet ist.

Bezüglich der Zuständigkeit des Gerichts sind die allgemeinen gesetzlichen Vorschriften maßgebend. Die Worte „bei dem Bezirksgerichte, in dessen Sprengel das Bergwerk liegt" wurden gestrichen, da die Landesgesetzgebung nicht ermächtigt ist, eine Vorschrift über den Gerichtsstand zu geben (§ 17 Abs. 2 ZPO.).

Die Ausschlußfrist von einem Monat läuft von dem auf die Beschlußfassung folgenden Tage für alle Gewerken, auch wenn sie hiebei nicht anwesend waren und erst später Kenntnis vom Beschluß erhalten.

**2.** Falls die Entscheidung einem Schiedsgericht überwiesen werden soll, muß in den Satzungen hierüber genau bestimmt werden. Es kommen hier die Vorschriften der ZPO. über das schiedsrichterliche Verfahren in §§ 1025 ff. nicht in Anwendung, sofern sie das Statut nicht aufnimmt.

**3.** Ein nach Art. 139 Abs 2 über die Statuten gefaßter Beschluß von Dreiviertel aller Anteile, der außerdem der Genehmigung des Oberbergamtes bedarf, ist der Anfechtung durch die Klage entzogen, da hier der überwiegenden Majorität die endgültige Entscheidung zukommen muß, durch die Prüfung des Oberbergamtes auch Bürgschaft geboten ist, daß die Statuten den Interessen der Gewerkschaft entsprechen.

## Art. 159. (137)

Durch die Anstellung der Klage auf Aufhebung des Gewerkschaftsbeschlusses wird die Ausführung desselben nicht aufgehalten.

Wird der Beschluß aufgehoben, so verliert derselbe erst von der Rechtskraft der richterlichen Entscheidung an seine rechtliche Wirksamkeit.

Diese Bestimmungen finden keine Anwendung, wenn der Beschluß die im Art. 163 bezeichneten Gegenstände betrifft.[1]

**1.** Der richtig gefaßte Gewerkschaftsbeschluß bleibt solange in Kraft, als er nicht durch richterliches Urteil definitiv aufgehoben ist. Erst vom letzteren Zeitpunkte verliert er seine Wirksamkeit und sind Rechtsgeschäfte, die auf Grund des Beschlusses über diesen Zeitpunkt abgeschlossen werden, für die Gewerken nicht wirksam. Für etwaigen Schaden hat der mit dem Vollzuge des Beschlusses betraute Repräsentant zu haften. Dagegen besteht keinerlei Verantwortlichkeit für die Folgen der Ausführung des Beschlusses, insolange eine Aufhebung des letzteren noch nicht erfolgt ist, da der Vertreter der Gewerkschaft hiezu nach dem Art. befugt war.

Nach Abs. 3 sind jene Beschlüsse ausgenommen, welche nur von einer Mehrheit von dreiviertel aller Kuxe oder einstimmig gefaßt werden können, oder wenn es sich um die Erhebung von Beiträgen handelt. In diesen Fällen wird durch die Anstellung der Klage die Ausführung des Beschlusses aufgehalten und, falls derselbe dennoch ganz oder teilweise in Vollzug gesetzt worden sein sollte, so ist er rückgängig zu machen. Beispielsweise sind die bereits eingehobenen Beiträge zurückzuvergüten. Es ist deshalb zweckmäßig, von dem Vollzuge solcher Beschlüsse abzusehen, bis die einmonatige Klagefrist abgelaufen ist (vgl. Art. 172).

## Art. 160. (138)

Jede Gewerkschaft ist verpflichtet, einen in Bayern wohnenden Repräsentanten zu bestellen und dem Oberbergamte namhaft zu machen.[1]

Statt eines einzelnen Repräsentanten kann die Gewerkschaft jedoch einen aus zwei oder mehreren Personen bestehenden Grubenvorstand bestellen.[2]

Als Repräsentanten oder Mitglieder des Grubenvorstandes können auch Personen bestellt werden, welche nicht Gewerken sind.

1. Die Verpflichtung zur Aufstellung eines Repräsentanten besteht nach Art. 177 auch für die Mitbeteiligten eines Bergwerkes, welche keine Gewerkschaft bilden. Der Repräsentant vertritt die Gewerkschaft ständig nach außen (Art. 162) und hat deren Verwaltung und Geschäfte innerhalb des ihm zugewiesenen Wirkungskreises unter eigener Verantwortlichkeit zu führen.

Nach dem früheren Wortlaut des Gesetzes mußte der Repräsentant „im Inlande" wohnen und war es streitig, ob der Repräsentant nicht außerhalb Bayerns, jedoch im deutschen Reichsgebiete seinen Wohnsitz haben könne. Um diese Zweifel zu beseitigen, wurde durch die Novelle vom 30. Juni 1900 statt „im Inlande" gesetzt „in Bayern", da es im Interesse einer geordneten Verwaltung liegt, daß der Repräsentant sich in Bayern selbst aufhält. Zum Repräsentanten können selbstverständlich nur voll geschäftsfähige Personen bestellt werden.

2. Die Bestellung eines Grubenvorstandes kann nach Art. 156 beschlossen werden. Die Mitglieder des Grubenvorstandes müssen ebenfalls die volle Geschäftsfähigkeit besitzen.

Da der Grubenvorstand an Stelle des Repräsentanten die Gewerkschaft zu vertreten hat, so ergibt sich, daß auch für die Mitglieder des Grubenvorstandes die Vorschrift des Abs. 1 des Art. 160 gilt, daß sie also auch ihren Wohnsitz in Bayern haben müssen und dem Oberbergamte namhaft zu machen sind.

## Art. 161. (139)

Die Wahl erfolgt in einer nach Art. 156 beschlußfähigen Versammlung durch absolute Stimmenmehrheit.[1]

Ist eine solche bei der ersten Abstimmung nicht vorhanden, so werden diejenigen beiden Personen, welche die meisten Stimmen erhalten haben, in die engere Wahl gebracht. Bei Stimmengleichheit entscheidet das Los.[2]

Bei Ausmittelung der in die engere Wahl zu bringenden zwei Personen entscheidet im Falle der Stimmengleichheit ebenfalls das Los.[3]

Das Protokoll über die Wahlverhandlung ist notariell aufzunehmen. Eine Ausfertigung desselben wird dem Repräsentanten oder dem Grubenvorstande zu seiner Legitimation erteilt.[4]

**1.** Einen wesentlichen Bestandteil der gewerkschaftlichen Verfassung bilden die Grundsätze über die Vertretung der Gewerkschaft in ihrem inneren und äußeren Geschäftsleben.

Die Personifizierung der Gewerkschaft dient dazu, auch das Rechtsverhältnis der Repräsentation nach seinen verschiedenen Seiten hin klarzustellen. Da gerade für dieses Rechtsverhältnis unzweifelhafte Vorschriften besonders wichtig sind, so ist dasselbe in den Art. 160 bis 171 eingehend behandelt.

**2.** Die Bestellung des Repräsentanten und der Mitglieder des Grubenvorstandes erfolgt durch Wahl. Ist hiebei eine absolute Stimmenmehrheit nicht erzielt worden, ist z. B. bei 100 Stimmberechtigten auf A und B je eine Stimmenzahl von 40, auf C eine solche von 20 gefallen, so hat eine engere Wahl bezüglich des A und B stattzufinden; erhält bei der engeren Wahl A 52, B 48 Stimmen, so gilt ersterer als gewählt, erhält jeder 50 Stimmen, so hat das Los zu entscheiden.

**3.** Hat bei der ersten Wahl A 48, B und C je 26 Stimmen erhalten, dann kommt in die engere Wahl A, und zwischen B und C entscheidet das Los, wer von diesen zur engeren Wahl mit A gelangt. Bei der Wahl des Grubenvorstandes mit mehreren Mitgliedern müssen diese sämtlich die absolute Stimmenmehrheit besitzen. Falls sohin bei einem gemeinsamen Wahlgange nicht die sämtlichen Mitglieder die absolute Mehrheit aufweisen, ist ein zweiter und ev. weiterer Wahlgang zu betätigen, bis für alle zu wählenden Mitglieder absolute Mehrheit erzielt ist.

**4.** Das notarielle Wahlprotokoll muß den Nachweis erbringen, daß die Versammlung beschlußfähig war (Art. 156), die Zahl der anwesenden Gewerken und der von ihnen vertretenen Kuxe, sowie ihre Abstimmung enthalten, damit ihm die Gültigkeit der Wahl entnommen werden kann.

Die notarielle Ausfertigung genügt für den Nachweis der gültig erfolgten Bestellung des Repräsentanten oder Grubenvorstandes, insolange nicht die Unrichtigkeit der Urkunde dargetan wird.

## Art. 162. (140)

Der Repräsentant oder Grubenvorstand vertritt die Gewerkschaft in allen ihren Angelegenheiten gerichtlich und außergerichtlich.[1]

Eine Spezialvollmacht ist nur in den im Art. 163 bezeichneten Fällen erforderlich.[2]

**Beschränkt oder erweitert die Gewerkenversammlung die Befugnisse des Repräsentanten oder Grubenvorstandes, so müssen die treffenden Festsetzungen in die Legitimation (Art. 161) aufgenommen werden.**[3]

**1.** Bei der Begrenzung der Befugnisse und Verpflichtungen der Repräsentanten und des Grubenvorstandes darf einerseits die Wirksamkeit der Vertretung nicht durch eine zu enge Vollmacht gelähmt, andererseits in wichtigen Angelegenheiten die entscheidende Stimme der Gewerkenversammlung nicht durch eine zu ausgedehnte Vollmacht ausgeschlossen werden. Falls für die Vertretung durch den Grubenvorstand nicht besondere Vorschriften erlassen sind, müssen alle Mitglieder desselben bei rechtsverbindlichen Handlungen mitwirken.

**2.** Der Repräsentant, wie der Grubenvorstand sind mit Ausnahme der in Art. 163 aufgeführten Fälle befugt, sämtliche Rechtsgeschäfte, wie Vergleiche, Anerkennung von Ansprüchen, Einlegung von Mutungen für die Gewerkschaft ohne besondere Vollmacht vorzunehmen und es wird die Gewerkschaft hiedurch verpflichtet. Handelten dieselben dabei im Widerspruch mit etwaigen Beschlüssen der Gewerkschaft, so sind sie dieser für den Schaden haftbar.

**3.** Das Recht der Beschränkung oder Erweiterung der Befugnisse des Repräsentanten oder Grubenvorstandes ist begrenzt durch Art. 167. Damit die Beschränkung oder Erweiterung wirksam werde, ist deren ausdrückliche Aufnahme in die Legitimation (Wahlprotokoll) erforderlich. Ist die Aufnahme nicht erfolgt, so hat die Beschränkung gutgläubigen Dritten gegenüber keine Wirkung.

Der frühere Abs. 3 des Gesetzes wurde durch die Novelle vom 30. Juni 1900 gestrichen, da die Eidesleistung sich nach den allgemeinen prozessualen Bestimmungen zu richten hat.

## Art. 163. (141)

**Der Repräsentant oder Grubenvorstand bedarf eines besonderen Auftrages der Gewerkenversammlung:**

1. **wenn es sich um Gegenstände handelt, welche nur von einer Mehrheit von wenigstens drei Vierteilen aller Kuxe oder nur mit Einstimmigkeit beschlossen werden können;**
2. **wenn Beiträge von den Gewerken erhoben werden sollen.**[1]

**1.** Der Auftrag kann sich nur auf den einzelnen Fall beziehen. Eine generelle Ermächtigung zu Verfügungen der in Art. 157 bezeichneten Art oder zur Ausschreibung von Beiträgen kann dem Repräsentanten usw. nur durch die Satzungen erteilt werden (vgl. Art. 167). Hiezu ist dann die Genehmigung des Oberbergamtes nach Art. 139 erforderlich. Eine diesbezügliche Festsetzung in dem über die Repräsentantenwahl aufzunehmenden Protokoll genügt nicht.

Zur Empfangnahme der beschlossenen Beiträge bedarf der Repräsentant einer Vollmacht nicht, sondern nur zur selbständigen Ausschreibung.

## Art. 164. (142)

Der Repräsentant oder Grubenvorstand ist verpflichtet, für die Führung der erforderlichen Bücher der Gewerkschaft Sorge zu tragen und jedem Gewerken auf Verlangen die Bücher zur Einsicht offen zu legen.[1]

1. Die Führung der Gewerkenbücher und die Ausfertigung der Kurscheine ist durch Art. 147 dem Oberbergamt übertragen. Es handelt sich sonach hier nur um das Duplikat des Gewerkenbuches und die eigentlichen Geschäftsbücher, die für den geordneten Betrieb nötig und vorgeschrieben sind. Den einzelnen Gewerken steht übrigens neben der Einsicht der hier genannten Bücher auch das Recht zu, die Rechnungen und Ausschreibungen, welche zum Nachweise der ganzen Betriebsführung dienen, einzusehen. Es kann jedoch durch das Statut geregelt werden, in welcher Form — etwa durch einen gemeinschaftlichen Bevollmächtigten — die Einsichtnahme zu betätigen ist, um Störungen der Verwaltung hintanzuhalten. Art. 164 kann durch die Satzungen überhaupt geändert werden (Art. 139 Abs. 2, auch Art. 167 Abs. 1).

## Art. 165. (143)

Der Repräsentant oder Grubenvorstand beruft die Gewerkenversammlungen.

Er muß, wenn das Bergwerk im Betriebe ist, alljährlich eine Gewerkenversammlung berufen und derselben eine vollständig belegte Verwaltungsrechnung vorlegen.[1]

Er ist zur Berufung einer Gewerkenversammlung verpflichtet, wenn dies die Eigentümer von wenigstens einem Vierteile aller Kuxe verlangen. Unterläßt er die Berufung, so erfolgt dieselbe durch das Oberbergamt auf Antrag.[2]

Zur Vornahme der Wahl eines Repräsentanten oder Grubenvorstandes oder zur Beschlußfassung über den Widerruf der erfolgten Bestellung kann das Oberbergamt auf Antrag eine Gewerkenversammlung berufen.[3] [4]

1. Die Berufung der Gewerkenversammlungen hat durch den Repräsentanten oder Grubenvorstand zu erfolgen, wenn nicht im Statut (Art. 139) etwas anderes bestimmt ist. Insoferne letzteres nicht der Fall, ist eine Berufung durch die Mitglieder der Gewerkschaft unverbindlich (U. d. RG. am 15. Mai 1886 ZBergr. 23 S. 531). Die Berufung ist ordnungsgemäß erfolgt, wenn alle zur Zeit der Einladung im Gewerkenbuch eingetragenen Gewerken richtig geladen sind.

Unter der Voraussetzung, daß das Bergwerk im Betriebe ist oder doch während eines Teils des Jahres war, ist der Repräsentant zur Berufung einer Gewerkenversammlung im Jahre verpflichtet, der er vollständige Rechnung zu legen hat.

**2.** Zur Berufung einer außerordentlichen Gewerkenversammlung (neben der in Ziff. 1 erwähnten) ist der Repräsentant verpflichtet, wenn und so oft dies von mindestens einem Vierteile aller Kuxen verlangt wird. Selbstverständlich haben die Antragsteller den Zweck der Versammlung zu bezeichnen, damit dieselbe entsprechend vorbereitet werden kann. Unterläßt der Repräsentant trotz des Verlangens die Berufung, so kann jeder Gewerke beim Oberbergamt die Berufung durch dieses beantragen.

**3.** Auf die Wahl eines einzelnen Mitgliedes des Grubenvorstandes findet Abs. 4 keine Anwendung.

Den Antrag auf Berufung der Gewerkenversammlung kann sowohl jeder Gewerke als auch ein Dritter, der ein rechtliches Interesse an der Wahl des Repräsentanten usw. hat, stellen. Wenn es auch in das Ermessen des Oberbergamtes gestellt ist, ob es dem Antrage stattgeben will, so versteht sich doch von selbst, daß das Oberbergamt dem Antrag zu entsprechen hat, sobald es das Interesse der Gewerkschaft verlangt. Gegen einen ablehnenden Beschluß ist Beschwerde zum Staatsministerium des K. Hauses und des Äußern zulässig (Art. 249). Aus Abs. 4 erhellt die Berechtigung der Gewerkschaft, die Bestellung des Repräsentanten zu widerrufen, wenn dies auch nicht ausdrücklich im Statut bestimmt ist. Die Beschlußfassung über den Widerruf erfolgt unter den gleichen formellen Bedingungen, wie die Bestellung.

**4.** S. Art. 167 Abs. 1.

## Art. 166. (144)

Der Repräsentant ist berechtigt und verpflichtet, alle Vorladungen und andere Zustellungen an die Gewerkschaft mit voller rechtlicher Wirkung in Empfang zu nehmen. Bestellt die Gewerkschaft einen Grubenvorstand, so kann die Zustellung an jedes Mitglied des Grubenvorstandes erfolgen.[1]

**1.** Der Art. 166 kann durch Statut nicht abgeändert werden (Art. 139, 167).

Satz 2 ist durch Art. 157 X AG. BGB. abgeändert worden und zwar im Hinblick auf § 171 Abs. 3 ZPO., welcher allgemein bestimmt, daß bei mehreren gesetzlichen Vertretern die Zustellung an einen derselben genügt.

## Art. 167. (145)

Die Bestimmungen der Art. 163, 164 und 165 dürfen nur durch Satzungen (Art. 139), diejenigen des Art. 166 aber gar nicht abgeändert werden.

In keinem Falle darf dem Repräsentanten oder Grubenvorstande die Vertretung der Gewerkschaft bei den Verhandlungen mit der Bergbehörde, mit dem Knappschaftsvereine und mit andern auf den Bergbau bezüglichen Instituten, sowie in den gegen sie angestellten Rechtsstreiten entzogen werden.[1]

1. Die Rücksichten auf das mitbeteiligte öffentliche Interesse bringen mit sich, daß die in Art. 166 und im zweiten Absatz des Art. 167 bezeichneten gesetzlichen Funktionen dem Repräsentanten oder Vorstande nicht durch gewerkschaftlichen Beschluß entzogen werden dürfen.

Aber auch die Bestimmungen der Art. 163, 164 und 165 dürfen nicht der jederzeitigen Abänderung durch einfachen Mehrheitsbeschluß unterworfen werden, weil es sich hiebei wesentlich um den Schutz der Gewerkschaft und des einzelnen Gewerken gegen Übergriffe der Vertretung bzw. um Sicherung des Besitzstandes handelt. In diesen Fällen können deshalb Abänderungen nur unter den strengeren Formen einer satzungsmäßigen Festsetzung zugelassen werden. Die desfallsigen Beschlüsse bedürfen demnach auch der Genehmigung des Oberbergamtes.

Im zweiten Absatze wurden durch die Novelle vom 30. Juni 1900 die früher nach „Rechtsstreiten" enthaltenen Worte „und die Eidesleistung in letzteren" gestrichen, da hiefür die allgemeinen prozessualen Vorschriften zu gelten haben.

## Art. 168. (146)

Die Gewerkschaft wird durch die von dem Repräsentanten oder Grubenvorstande in ihrem Namen geschlossenen Rechtsgeschäfte berechtigt und verpflichtet.

Es ist gleichgültig, ob das Geschäft ausdrücklich im Namen der Gewerkschaft geschlossen worden ist oder ob die Umstände ergeben, daß es nach dem Willen der Kontrahenten für die Gewerkschaft geschlossen werden sollte.[1]

1. Der Grundsatz, daß die Rechte und Verpflichtungen der Gewerkschaft aus der dem Repräsentanten oder Vorstand erteilten Vollmacht auf die Rechtsnachfolger der einzelnen Gewerken übergehen, ist eine juristische Folge der Personifizierung der Gewerkschaft. Die Verpflichtung der Gewerkschaft bewegt sich nur auf zivilrechtlichem Gebiete. Tritt bei Handlungen des Repräsentanten eine strafrechtliche Verantwortlichkeit ein, so haftet der Repräsentant persönlich.

Hat der Repräsentant entgegen den Beschlüssen der Gewerkschaft oder in Überschreitung seiner Befugnisse Rechtsgeschäfte abgeschlossen, so ist er der Gewerkschaft für allenfallsigen Schaden haftbar.

Sind die Rechtsgeschäfte von einem ordnungsgemäß durch den Repräsentanten aufgestellten Bevollmächtigten abgeschlossen worden, so wird die Gewerkschaft in gleicher Weise hiedurch berechtigt und verpflichtet, als wäre der Abschluß durch den Repräsentanten erfolgt.

Art. 168 kann durch die Satzungen nicht geändert werden (Art. 139 Abs. 2).

## Art. 169. (147)

Der Repräsentant oder die Mitglieder des Grubenvorstandes sind aus den von ihnen im Namen der Gewerkschaft vorgenommenen Rechtshandlungen Dritten gegenüber für die Verbindlichkeiten der Gewerkschaft persönlich nicht verpflichtet.[1]

1. Der Artikel, der zwingendes Recht enthält (Art. 139 Abs. 2), spricht hier das bereits im vorhergehenden Artikel Gesagte in anderer Form aus, daß aus den vom Repräsentanten oder Vorstande abgeschlossenen Rechtsgeschäften die Gewerkschaft und zwar nur diese verpflichtet wird, während der Vertreter gegenüber dem Dritten hiedurch eine Verpflichtung nicht eingeht.

Der frühere zweite Absatz des Artikels, welcher lautete: „Handeln dieselben außer den Grenzen ihres Auftrags oder den Vorschriften dieses Titels entgegen, so haften sie persönlich, beziehungsweise solidarisch für den dadurch entstandenen Schaden", wurde durch Art. 157 XXII AG. BGB. aufgehoben, weil der Vorschrift nicht die Bedeutung einer bergrechtlichen Sonderbestimmung zukomme, sondern hiedurch nur der Vollständigkeit wegen das ausgesprochen werden wollte, was sich aus den allgemeinen Vorschriften des bürgerlichen Rechts ergibt. Da sie mit den Vorschriften der §§ 179, 180 BGB. nicht vollständig übereinstimmt, so wurde sie aufgehoben, um die allgemeinen Vorschriften des BGB. zur Anwendung kommen zu lassen. Damit ist auch die Kontroverse beseitigt, ob die Haftbarkeit des Repräsentanten nur gegenüber der Gewerkschaft oder auch gegenüber Dritten Platz zu greifen habe.

## Art. 170. (148)

Das Oberbergamt ist befugt, eine Gewerkschaft aufzufordern, innerhalb drei Monaten einen Repräsentanten oder einen Grubenvorstand zu bestellen.

Wird dieser Aufforderung nicht entsprochen, so kann das Oberbergamt bis dahin, daß dies geschieht, einen Repräsentanten bestellen und demselben eine angemessene, von der Gewerkschaft aufzubringende Vergütung zusichern. Das Oberbergamt kann nötigenfalls die Urkunde, durch welche diese Vergütung zugesichert wurde, vollstreckbar erklären und für deren Beitreibung sorgen.

Dieser interimistische Repräsentant hat die in den Art. 162 bis 166 bestimmten Rechte und Pflichten, insoferne das Oberbergamt keine Beschränkungen eintreten läßt.[1]

1. Art. 170 enthält zwingendes Recht (Art. 139 Abs. 2).

Was in den vorhergehenden Artikeln bezüglich des Repräsentanten bestimmt ist, findet auch auf den Grubenvorstand Anwendung. Hier ist eine Ausnahme insofern in Abs. 2 gemacht, daß das Oberbergamt lediglich einen Repräsentanten bestellen kann.

Von der ihm eingeräumten Befugnis hat das Oberbergamt Gebrauch zu machen, wenn die Bestellung einer Vertretung im öffentlichen Interesse, etwa zur Durchführung bergpolizeilicher Anordnungen, geboten ist oder wenn dritte Personen, die Ansprüche gegen die Gewerkschaft geltend machen wollen, hierauf Antrag stellen und ein dringendes Bedürfnis zur Bestellung einer Vertretung anzuerkennen ist.

Die Aufforderung kann an jeden Gewerken erfolgen, da die Verpflichtung der Gewerkschaft zur Bestellung eines Repräsentanten bereits im Art. 160 ausgesprochen ist. Das Oberbergamt hat sich dabei den Nachweis zu sichern, daß und an welchem Tage die Aufforderung ergangen ist, um nach fruchtlosem Ablauf der dreimonatigen Frist nach Abs. 2 vorgehen zu können. Die gegenteilige Ansicht, es müsse die Aufforderung an sämtliche Gewerken gerichtet werden, dürfte kaum haltbar und namentlich durch Art. 170 Abs. 1 nicht zu begründen sein. Nach Art. 160 ist die Gewerkschaft verpflichtet, einen Repräsentanten oder Grubenvorstand zu bestellen, und der Art. 170 ist dazu bestimmt, dieser Vorschrift den Vollzug zu sichern. Es kann sich sohin nur darum handeln, den Gewerken innerhalb der drei Monate die Bestellung der Vertretung selbst anheimzugeben, widrigenfalls das Oberbergamt die Aufstellung betätigen würde und zwar nur für die Zeit, während deren die Gewerkschaft unterläßt, selbst ihrer Verpflichtung nachzukommen. Durch die Aufforderung an einen Gewerken, mit der die Rechtsfolge des Abs. 2 zweckmäßig verbunden wird, ist die Gewerkschaft an ihre Verpflichtung gemahnt und kann sich nicht beschwert fühlen, wenn das Oberbergamt bei Lässigkeit den Repräsentanten aufstellt und zwar um so weniger, als die Gewerkschaft es jederzeit in der Hand hat, den Vertreter durch einen von ihr vorschriftsmäßig gewählten Repräsentanten oder Grubenvorstand zu ersetzen.

Für die Vergütung haftet die Gewerkschaft mit dem Grubenvermögen; ihre Beitreibung hat nötigenfalls nach Maßgabe der Art. 6 und 7 AG. ZPO. vom **23.** Februar 1879 zu erfolgen.

Die Rechte und Pflichten des interimistischen Repräsentanten sind durch Art. 162—166 begrenzt; eine Erweiterung derselben ist unter keinen Verhältnissen statthaft. Dagegen kann das Oberbergamt dieselben weiter einschränken mit Rücksicht auf die Veranlassung zur amtlichen Bestellung des Repräsentanten.

Als Legitimation dient dem Repräsentanten die Ausfertigung der oberbergamtlichen Verfügung.

Die Benachrichtigung von der erfolgten Bestellung an die Gewerkschaft kann durch Vermittelung des Repräsentanten stattfinden.

Die Verfügung des Oberbergamtes kann nur durch Beschwerde an das Staatsministerium des K. Hauses und des Äußern nach Art. 249 angefochten werden.

## Art. 171. (149)

Soweit der gegenwärtige Titel nichts anderes bestimmt, sind die durch die Bestellung eines Repräsentanten oder Grubenvorstandes entstehenden Rechtsverhältnisse nach den allgemeinen Vorschriften über den Auftrag zu beurteilen.[1]

**1.** Art. 171, der durch die Satzungen nicht geändert werden kann (Art. 139 Abs. 2), wurde durch Art. 157 XI AG. BGB. mit dem Sprachgebrauch des BGB. in Einklang gebracht (vgl. § 27 Abs. 3 und § 713 BGB.). Hienach bestimmt sich auch, inwieweit der Repräsentant oder Grubenvorstand zur Vornahme von Rechtsgeschäften einen Bevollmächtigten aufstellen darf (§ 664 BGB.).

Der einzelne Gewerke steht zu dem Repräsentanten in dem Verhältnis eines Dritten, insofern auch ihm gegenüber der Repräsentant die Gewerkschaft vertritt. Demgemäß kann er vom Repräsentanten auf Zahlung der Beiträge belangt werden, wie er selbst auch gegen den letzteren auf Herausgabe seines Anteils an der Ausbeute klagend vorgehen kann.

## Art. 172. (150)

Die Klage gegen einen Gewerken auf Zahlung seines durch Gewerkschaftsbeschluß bestimmten Beitrages kann nicht vor Ablauf der in dem Art. 158 bestimmten ausschließenden Frist von einem Monat erhoben werden.

Ist innerhalb dieser Frist von den Gewerken auf Aufhebung des Beschlusses Klage erhoben worden (Art. 158), so findet vor rechtskräftiger Entscheidung über dieselbe die Klage gegen den Gewerken nicht statt.[1]

1. Die Beitragsforderung der Gewerkschaft beruht auf dem Beschlusse, durch welchen die Beiträge ausgeschrieben werden. Ist gegen diesen Beschluß die richterliche Entscheidung nicht angerufen oder die Berufung verworfen (Art. 158 und 159), so hat der Repräsentant nach erfolgloser Zahlungsaufforderung das Recht, den rückständigen Betrag gerichtlich einzuklagen. In diesem Rechtsstreite sind Einwendungen, welche gegen den gewerkschaftlichen Beschluß über die Ausschreibung von Beiträgen gerichtet sind, der Natur der Sache nach nicht mehr zuzulassen, weil diese Einwendungen lediglich Gegenstand des vorhergehenden prozessualen Verfahrens wegen Aufhebung des gewerkschaftlichen Beschlusses sind.

Dadurch, daß der Art. 172 vorschreibt, es müsse vor Einlegung jeder Klage auf Zahlung von Beiträgen die Präklusivfrist des Art. 158 verstrichen sein, wird anerkannt, daß jeder Beitrag besonders durch Gewerkenbeschluß bestimmt sein muß. Nur auf diese Fälle hat der Abs. 1 Bezug.

Hat ein Gewerke Klage nach Art. 158 auf Aufhebung des Gewerkschaftsbeschlusses erhoben, so kann vor der rechtskräftigen Entscheidung über dieselbe auch gegen die übrigen Gewerken auf Zahlung der Beiträge nicht geklagt werden.

Der frühere dritte Absatz des Art., welcher den ausschließlichen Gerichtsstand für die Klage gegen den Gewerken bestimmt hatte, ist bereits durch § 14 EG. ZPO. beseitigt worden.

Art. 172 kann durch die Satzungen geändert werden (Art. 139 Abs. 2).

## Art. 173. (151)

Der Gewerke kann seine Verurteilung und die Zwangsvollstreckung dadurch abwenden, daß er unter Überreichung des Kuxscheines den Verkauf seines Anteiles behufs Befriedigung der Gewerkschaft anheimstellt.[1]

1. Dem Gewerken bleibt die Befugnis erhalten, sich von der persönlichen Haftbarkeit für die von ihm der Gewerkschaft schuldigen Beiträge durch Hingabe seines Anteils zu befreien. Dabei bleibt ein allenfallsiger Überschuß beim Verkauf dem Gewerken.

Hat der Gewerke den Kuxschein verpfändet oder sich desselben begeben, so bleibt er für die eingeklagten Beiträge persönlich mit seinem sonstigen Vermögen verhaftet.

Besitzt ein Gewerke mehrere Kuxe, so ist er nicht genötigt, die sämtlichen zu seiner Befreiung der Gewerkschaft anheimzustellen. Er kann vielmehr einen Teil seiner Beiträge bezahlen, soweit der Verkauf des oder der übergebenen Kuxscheine zur Befriedigung nicht hinreicht.

Art. 173 kann durch die Satzungen geändert werden (Art. 139, Abs. 2).

## Art. 174. (152)

Der Verkauf des Anteils erfolgt nach den Vorschriften über die Zwangsvollstreckung in das bewegliche Vermögen.[1]

Ist der Anteil unverkäuflich, so wird er den andern Gewerken nach Verhältnis ihrer Anteile in ganzen Kuxen, soweit dies aber nicht möglich ist, der Gewerkschaft als solcher im Gewerkenbuche lastenfrei zugeschrieben.[2][3]

1. Abs. 1 wurde bei der Neutextierung von 1900 mit den Bestimmungen der ZPO. in Einklang gebracht.

Nach § 285 ZPO. kann die Verwertung des Kuxscheines auf Anordnung des Vollstreckungsgerichts auch in anderer Weise als durch Versteigerung erfolgen. Wegen der Zwangsvollstreckung in das bewegliche Vermögen vgl. die §§ 803, 808, 821/2, 825, 857 ZPO.

Der Verkauf muß zur Sicherstellung des Schuldners im Wege der Zwangsvollstreckung in das bewegliche Vermögen erfolgen. Bei dem Verkaufe des Kuxscheines müssen aus dem Erlöse zunächst die Verkaufskosten, dann die rückständigen Beiträge des Gewerken bestritten werden.

2. Das Zuwachsungsrecht für die Gewerken bei Unverkäuflichkeit des Anteiles entspricht dem Umstande, daß die übrigen Gewerken an Stelle des ausscheidenden Mitbeteiligten die künftigen und nötigenfalls auch rückständigen Beiträge aufbringen müssen.

Läßt sich die Zuteilung an die Gewerken nicht durchführen, so fällt der Anteil der Gewerkschaft und damit auch, insoweit es sich um Verteilung des Gewinnes handelt, den sämtlichen Gewerken nach Verhältnis ihrer Kuxe zu.

3. Art. 174 kann durch die Satzungen geändert werden (Art. 139 Abs. 2). S. dazu Urt. d. RGZ. vom 8. Juli 1908, ZBergr. 50 S. 96.

## Art. 175. (153)

Jeder Gewerke ist befugt, auf seinen Anteil freiwillig zu verzichten, wenn auf dem Anteile weder schuldige Beiträge, noch sonstige Schuldverbindlichkeiten haften oder die ausdrückliche Einwilligung der Gläubiger beigebracht wird und außerdem die Rückgabe des Kuxscheins an die Gewerkschaft erfolgt.[1]

Der Anteil soll alsdann, soferne die Gewerkschaft nicht anderweit über denselben verfügt, durch den Repräsentanten zugunsten der Gewerkschaft verkauft werden.

Ist der Anteil unverkäuflich, so findet die für diesen Fall in Art. 174 getroffene Bestimmung Anwendung.[2 3]

1. Die für den freiwilligen Verzicht auf einen Anteil aufgestellten Bedingungen ergeben sich ebenso wie die Vorschriften, nach welchen über einen solchen Anteil zu verfügen ist, aus allgemeinen Rechtsgrundsätzen und dem Wesen der Gewerkschaft.

Die Rückgabe des Kuxscheines erfolgt selbstverständlich nur bei beweglichen Kuxen; bei unbeweglichen ist neben dem Verzicht der Nachweis zu liefern, daß Beiträge nicht rückständig und der Anteil nicht belastet ist.

2. Im Falle des Art. 175 ist der Repräsentant zum freihändigen Verkauf des Anteils befugt, da hier keine öffentliche Versteigerung vorgeschrieben ist und hier auch die Sicherstellung des Schuldners nicht in Frage kommt. Aus der MinE. vom 6. März 1907 Nr. 4801 II: „Das Recht des Repräsentanten, den Anteil des Gewerken, welcher verzichtet hat, zu verkaufen, ist nicht davon abhängig, daß die Gewerkschaft dem Verkauf zustimmt, sondern diese Befugnis des Repräsentanten entfällt nur, wenn die Gewerkschaft einen anderweitigen Beschluß faßt." Ob der Repräsentant einen Beschluß der Gewerkschaft herbeiführt, steht in seinem Belieben.

Die Gewerkschaft kann jedoch auch anderweitig über den Anteil verfügen. Geschieht dies nicht, und bleibt der Anteil unverkäuflich, dann erst ist nach Art. 174 Abs. 2 zu verfahren.

3. Art. 175 kann durch die Satzungen geändert werden (Art. 139, Abs. 2).

## Art. 176. (154)

Die Bestimmungen der Art. 139 bis 175 kommen nicht zur Anwendung, wenn die Rechtsverhältnisse der Mitbeteiligten eines Bergwerkes durch Vertrag oder sonstige Willenserklärung anderweit geregelt sind. Ein solches Rechtsgeschäft bedarf zu seiner Gültigkeit der notariellen Beurkundung. Die Urkunde über dasselbe ist dem Oberbergamt einzureichen.[1]

Mitbeteiligte eines Bergwerkes im Sinne des Art. 139 sind nicht die Teilhaber an einer ungeteilten Erbschaft oder an einer sonstigen gemeinschaftlichen Masse, zu welcher ein Bergwerk gehört.[2]

1. Den Mitbeteiligten eines Bergwerkes steht frei, ihr gegenseitiges rechtliches Verhältnis in bezug auf das Bergwerk im Vertragswege nach jeder zivilrechtlich zulässigen Form zu regeln. Es kann dies nach den Bestimmungen des BGB. über die Gesellschaft — §§ 705ff. — oder nach jenen des HGB., soweit diese auf Bergwerksgesellschaften Anwendung finden, erfolgen. Hiezu ist selbstver-

ständlich die Einstimmigkeit aller Beteiligten erforderlich, da sonst von einem Vertrage nicht die Rede sein kann. Geschieht dies, dann sind die Bestimmungen in Art. 139—175 ausgeschlossen und es gelten lediglich die getroffenen Vereinbarungen. Ist eine solche Regelung nicht erfolgt, dann tritt das gewerkschaftliche Verhältnis kraft des Gesetzes ein (vgl. S. 116 oben). Es kann die Gewerkschaft jedoch jederzeit durch einstimmigen Beschluß der Gewerken aufgehoben und eine andere Gesellschaftsform gemäß Art. 176 angenommen werden.

Die Vereinbarung ist nur gültig, wenn sie notariell beurkundet ist. Wird dem Oberbergamt eine formell unrichtige Beurkundung vorgelegt, so hat es die Teilhaber am Bergwerke als Gewerkschaft im Sinne des Gesetzes zu behandeln.

2. Unter gemeinschaftlicher Masse sind zu verstehen: die eheliche Gütergemeinschaft und die Konkursmasse.

## Art. 177. (155)

In den Fällen des Art. 176 muß, wenn die Mitbeteiligten eines Bergwerkes nicht eine Gesellschaft bilden, deren Vertretung durch die allgemeinen Gesetze geregelt ist, ein in Bayern wohnender Repräsentant bestellt und dem Oberbergamte namhaft gemacht werden, widrigen Falles letzteres nach Art. 170 zu verfahren befugt ist.

Dasselbe gilt, wenn der Alleineigentümer eines Bergwerkes außerhalb Bayerns wohnt.

Dieser Repräsentant hat diejenigen Geschäfte zu besorgen, welche im Art. 167 als solche bezeichnet sind, die dem Repräsentanten oder Grubenvorstande einer Gewerkschaft niemals entzogen werden dürfen. Eine Abänderung ist auch hier unzulässig.[1]

1. Soweit die Verpflichtung der Mitbeteiligten eines Bergwerkes auf Gründen des öffentlichen Interesses beruht, muß die Erfüllung dieser Verpflichtungen nicht bloß von der Gewerkschaft, sondern allgemein und unabhängig davon gefordert werden, in welchem Rechtsverhältnis die Mitbeteiligten unter sich stehen.

Selbst der Alleineigentümer eines Bergwerkes muß, wenn er außerhalb Bayerns wohnt, dieser Verpflichtung unterworfen werden.

Nur bei Gesellschaften, welche, wie namentlich die Aktiengesellschaften, bereits ihre durch allgemeine Gesetze geordnete Vertretung haben, genügt diese auch in Bergbauangelegenheiten.

Das öffentliche Interesse beschränkt sich in diesen Fällen auf die Vertretung nach außen und zwar in bezug auf diejenigen Geschäfte, welche nach Art. 167 auch dem Repräsentanten oder Grubenvorstande niemals entzogen werden dürfen und im Art. 166 sowie in Art. 167 Abs. 2 namentlich bezeichnet sind.

Die Aufstellung eines Repräsentanten nach Maßgabe dieses Art. ist auf die Fälle des Art. 176 beschränkt, da sonst Kollisionen mit der reichsgesetzlich geordneten Vertretung von Aktiengesellschaften beispielsweise eintreten könnten.

Die Wahl eines Grubenvorstandes an Stelle des Repräsentanten ist nicht zulässig. Es hätte dies sonst ausdrücklich im Gesetze erwähnt werden müssen.

Eine Abänderung ist insofern nicht statthaft, als eine Einschränkung der speziell bezeichneten Befugnisse nicht stattfinden darf, dagegen besteht kaum ein Bedenken, daß durch Gesellschaftsbeschluß die Befugnisse des Repräsentanten eine Erweiterung erfahren.

## Fünfter Titel.

## Von den Rechtsverhältnissen zwischen den Bergbautreibenden und den Grundbesitzern.[1]

### Erster Abschnitt.

### Von der Grundabtretung.

### Art. 178. (156)

Ist für den Betrieb des Bergbaues und zwar zu den Grubenbauen selbst, zu Halden-, Ablage- und Niederlageplätzen, zu Wegen, Eisenbahnen, Kanälen, ohne Unterschied, ob diese Anlagen zur Gewinnung oder zum Absatze der Bergbauerzeugnisse dienen, ingleichen zu Maschinenanlagen, Wasserläufen, Teichen, Hilfsbauen, Zechenhäusern und zu anderen für Betriebszwecke bestimmten Tagegebäuden, Anlagen und Vorrichtungen, zu den im Art. 50 bezeichneten Aufbereitungsanstalten, sowie zu Soleleitungen und Solebehältern die Benützung eines fremden Grundstückes notwendig, so muß der Grundbesitzer, er sei Eigentümer oder Nutzungsberechtigter, die Benützung desselben dem Bergwerksbesitzer insoweit überlassen, als es der Betriebszweck erfordert.[1] [2]

**1.** Der fünfte Titel hat seit 1869 Änderungen lediglich durch das AGzBGB. und durch das Gesetz vom 30. Juni 1900 bzw. durch die auf Grund des Art. III dieses Gesetzes erfolgte Neutextierung erfahren.

Aus der rechtlichen Trennung der den Gegenstand des Bergbaues bildenden unterirdischen Mineralschätze von dem Grundeigentum einerseits und aus der Unentbehrlichkeit des letzteren für den Bergwerksbetrieb andererseits ergibt sich mit Notwendigkeit das Recht des Bergwerksbesitzers, von dem Grundbesitzer die Überlassung der zu den Zwecken des Bergbaues erforderlichen Oberfläche zu verlangen.

Dieses Recht ist von allen BG. anerkannt und im Art. 56 dieses Gesetzes als ein Ausfluß des Bergwerkseigentums bezeichnet worden.

Die Rechtsverhältnisse des Bergbaues zum Grundeigentume, des Bergbautreibenden zum Grundeigentümer bieten ein Bild von massenhaften Kollisionen und Konflikten, in welche Grundeigentum und Bergbau gelangen können. Es ist daher Aufgabe der Berggesetzgebung, bei Regelung dieser Verhältnisse dahin zu wirken, daß den beiderseitigen Interessen entsprechende Bedachtnahme zugewendet werde; denn die Nichtberücksichtigung der Interessen der Bodenkultur, die Versagung der Befriedigung gerechter Wünsche, sind keine Förderungsmittel für den Bergbau; Landkultur und Bodenwert werden umgekehrt keineswegs gehoben durch Unterdrückung des Bergbaues. Wo es durchführbar ist, mögen daher Landwirtschaft und Bergbau gleichberechtigt sein. In diesem Falle werden alle wahren Interessen beider Teile zur Ausführung kommen können und die Konflikte nur scheinbar sein, wenn der Grundeigentümer nicht weiter beschränkt wird, als dem Bedürfnis des Bergbaues entspricht.

Die zwangsweise Erwerbung von Grundeigentum für Zwecke des Bergbaubetriebes unterscheidet sich wesentlich von jener für Zwecke des Gemeinwohles nach dem ZEG.

Der Bergbauberechtigte, dem kraft der Verleihung des Bergwerkseigentums die Lagerstätten der Mineralien zufallen, kann ohne Benützung der Oberfläche die Lager nicht ausbeuten; es ist daher das Recht, diese Benutzung vom Grundeigentümer fordern und eventuell erzwingen zu können, unentbehrliche Voraussetzung für die Ausübung seines Bergwerkseigentums. Dabei genügt aber meist die Abtretung des Grundstückes zur zeitweisen Benutzung, um die Lager ausbeuten zu können, und ist die Erwerbung zum ständigen Eigentume für den Bergwerksbesitzer entbehrlich.

Nur in besonderen Fällen, unter welchen die über eine gesetzlich bestimmte Zeit voraussichtlich oder tatsächlich dauernde Benutzung als der hauptsächlichste erscheint, ist geboten, dem Grundeigentümer das Recht einzuräumen, von dem Bergwerkseigentümer zu verlangen, daß er das Grundstück als Eigentum erwerbe.

Die Eigentümlichkeit der bei dem Bergbau zu verfolgenden Zwecke gestattet auch, die mit Wohn- und Wirtschafts- oder auch Fabrikgebäuden überbauten Grundstücke samt den anliegenden Zugehörungen der Zwangsabtretung gänzlich zu entrücken.

Hiedurch erhalten die bergrechtlichen Grundabtretungsbestimmungen die Rechte des Grundeigentümers in höherem Maße unversehrt und sie versöhnen die anderweitigen Interessen des Grundeigentümers, welche durch den Ersatz des durch eine zeitweise Benützung veranlaßten Minderwertes des Grundstückes nicht gedeckt sind, dadurch, daß sie dem letzteren die Wahl lassen, statt des Ersatzes des Minderwertes die Erwerbung des Grundstücks zum Eigentum vom Bergwerksbesitzer zu verlangen. Hienach kann die Grundabtretung zum Zwecke der Benützung in eine Abtretung zum Eigentum später umschlagen.

Die Frage, ob der Bergwerkseigentümer nicht verpflichtet sei, schon anfangs das Grundstück als Eigentum zu erwerben, statt die bloße Benützung zu verlangen, ergibt sich überall da, wo der Grundeigentümer sich darauf beruft, daß die Benützung über die gesetzliche Zeit (3 Jahre) dauern werde, und das Verlangen des Erwerbes zum Eigentum als Gegenantrag gegenüber dem Antrage des Bergwerkseigentümers auf Abtretung der bloßen Benützung geltend macht. Die gleichzeitige Zulässigkeit dieses Gegenantrags des Grundeigentümers gegen jenen Antrag des Bergwerkseigentümers macht schlechterdings untunlich, für die Abtretung zur Benützung und für jene zum Eigentum ein verschiedenes Verfahren und eine verschiedene Regelung der Zuständigkeit bezüglich der zur Entscheidung der Abtretungsfrage berufenen Verwaltungsbehörden einzuführen. Man kann daher weder hinsichtlich der Förmlichkeiten der Instruktion, noch hinsichtlich des Instanzenzuges eine Änderung für die Fälle eintreten lassen, in welchen schließlich nur eine Abtretung zur Benützung eintritt, weil dieses Ergebnis des Abtretungsverfahrens von vorneherein ein ungewisses ist.

Aus der Literatur s. die auch für das bayer Bergrecht vielfach verwertbare Abhandlung von Völkel, die bergrechtliche Zwangsabtretung in ZBergr. 51 S. 45ff., 391ff.

**2.** Im Art. 178 werden die bergbaulichen Anlagen und Vorrichtungen, für welche der Grundbesitzer seinen Grund und Boden zu überlassen verpflichtet ist, namhaft gemacht. Die namentliche Aufzählung empfahl sich mit Rücksicht darauf, daß das in Rede stehende Privilegium des Bergbaues eine feste Begrenzung nach Zweck und Gegenstand erheischt, daß bei dem Mangel einer solchen Festsetzung dem Ermessen der Behörden ein zu weiter Spielraum gestattet würde und endlich, daß über die Frage, für welche bergbaulichen Zwecke die Abtretungspflicht des Grundbesitzers im allgemeinen Interesse des Bergbaues ausgesprochen werden muß, hinreichende Erfahrungen vorliegen. Für andere als die unter Art. 178 fallenden Anlagen und Vorrichtungen besteht ein gleiches Bedürfnis nicht.

Es genügt den Grund und Boden dieser Verbindlichkeit zu unterwerfen; denn was von diesem gilt, bezieht sich nach allgemeinen Rechtsgrundsätzen auch auf Zugehörungen. Auch diese müssen dem Bergbaue weichen, wenn die Notwendigkeit der Benützung des Grundstückes ausgesprochen ist (vgl. hiezu jedoch Art. 179 Abs. 2).

Abgesehen von den Fällen des Art. 179 ist es gleichgültig, ob das Grundstück bebaut ist oder nicht, dagegen kann der Bergwerksbesitzer in keinem Falle verlangen, daß ihm Gebäude oder sonstige bauliche Anlagen zu seinem Zwecke überlassen werden.

Wenn sich auch vom rein juristischen Standpunkte aus die Zwangsabtretung nur zu eigentlichen Betriebszwecken rechtfertigen läßt, so darf doch nach der Natur der vorliegenden Verhältnisse dem Bergbautreibenden nicht die Möglichkeit versagt werden, Grundablassungen zu den in Art. 178 genannten Anlagen usw auch dann zu verlangen, wenn sie nur zum Absatze der Bergbauerzeugnisse dienen.

Der Bergbautreibende hat daher das Recht, die Grundüberlassung zu verlangen und nicht bloß zum Zwecke der Gewinnung, sondern auch zum Absatze der Bergbauerzeugnisse Ohne diese Ausdehnung würde die Ausbeutung der Mineralien, wenn nicht unmöglich gemacht, so doch außerordentlich erschwert sein.

Die Anlagen selbst, für welche der Bergwerksbesitzer die Abtretung von Grund und Boden zu fordern berechtigt ist, sind, wie schon erwähnt, im Art 178 erschöpfend aufgezählt; eine allenfallsige analoge Erweiterung derselben ist unzulässig; dagegen fallen die bezeichneten Anlagen, mögen sie noch so verschiedenen Betriebszwecken dienen, unter den Art 178. So zählt ein Kanal, welcher zum Abfluß der Grubenwasser angelegt wird, ebenso unter Art. 178, als ein Kanal, der zur Abfuhr der Bergbauprodukte Verwendung findet. Voraussetzung bleibt aber in allen Fällen, daß die Anlage für den Betrieb selbst erforderlich und dienlich ist, sei es zur Gewinnung oder zum Absatz der Mineralien; die Anlage muß nach dem preuß MinRekBesch.

vom 22. August 1908, ZBergr. 50 S. 134, „einer technisch und wirtschaftlich regelrechten Betriebsführung“ entsprechen.

Abtretungsberechtigt ist nach dem Wortlaut des Gesetzes der „Bergwerksbesitzer“, also nicht bloß der Bergwerkseigentümer, sondern insbesondere auch der Pächter eines Bergwerks; vgl. ZBergr. 29 S. 531, 36 S. 126 und Völkel ebenda 51 S. 402 f.

Die Verpflichtung des Grundeigentümers zur Ablassung von Grund und Boden oder zur Gestattung der Benützung desselben geht jedoch nur soweit, als eine solche Überlassung für den besonderen Zweck nötig ist. Gleichzeitig ist der Grundeigentümer berechtigt, von dem Bergwerksbesitzer volle Entschädigung zu verlangen.

## Art. 179. (157)

Eine solche Überlassung kann nach Maßgabe der Vorschriften des Art. 191 erzwungen werden, wenn nicht die Weigerung des Grundbesitzers durch überwiegende Gründe des öffentlichen Interesses unterstützt wird.

Die Benützung des mit Wohn-, Wirtschafts- und Fabrikgebäuden überbauten Grundes und Bodens und der damit in Verbindung stehenden eingefriedeten Hofräume zu überlassen, kann der Grundbesitzer gegen seinen Willen niemals angehalten werden.[1]

**1.** Die allgemeine Voraussetzung für die Abtretungspflicht des Grundeigentümers ist, daß das Grundstück zu einer der im Art. 178 bezeichneten Anlagen usw. notwendig ist. Die Abtretung darf alsdann nicht versagt werden, es sei denn, daß überwiegende Gründe des öffentlichen Interesses entgegenstehen. Bezüglich des öffentlichen Interesses gilt das zu Art. 5 Bemerkte.

Ein Zwang zur Abtretung der in Abs. 2 aufgeführten Gebäude kann nicht geübt werden. Ob die Gebäude zur Zeit der Eröffnung des Bergwerkes schon bestanden haben, ist belanglos; sind die Gebäude vorhanden, sobald die Notwendigkeit der Benützung des fraglichen Grundes eintritt, so sind solche gegen die zwangsweise Abtretung geschützt. Ist mit dem Bau der Gebäude bereits begonnen, so haben auch die unvollendeten Bauwerke den Schutz des Gesetzes, dagegen genügt es nicht, wenn zur Zeit des Anspruchs des Bergwerksbesitzers auf Überlassung lediglich ein Bauvorhaben oder selbst ein genehmigter Bauplan vorliegt. Die Gebäude müssen auch einem dauernden Zwecke dienen. Der Bergwerksbesitzer, dem lediglich die Benützung fremden Grund und Bodens für Zwecke des Bergbaues überlassen ist, darf das Benutzungsrecht nur soweit ausdehnen, als dies durch Übereinkunft oder bei zwangsweiser Überlassung durch die behördliche Entscheidung festgesetzt ist. Gegen eine darüber hinausgehende Benutzung des Grund und Bodens steht dem Grundeigentümer die Klage aus § 1004 BGB. zu.

Dem Bergwerkseigentümer steht nur das Recht zu, die Überlassung des fremden Grundstücks zur **Benützung** zu verlangen und zu erzwingen, keineswegs aber die Abtretung des **Eigentums** zu fordern.

Dagegen kann der Grundeigentümer in den in den Art. 181, 182 und 183 bezeichneten Fällen verlangen, daß der Bergwerkseigentümer statt der Überlassung des Grundstücks zur Benützung das Eigentum erwirbt.

## Art. 180. (158)

**Der Bergwerksbesitzer ist verpflichtet, dem Grundbesitzer für die entzogene Nutzung im voraus jährlich vollständige Entschädigung zu leisten und das Grundstück nach beendigter Benützung wieder zur freien Verfügung des Grundbesitzers zu stellen.**

**Ebenso ist er verpflichtet, für die entzogene Ausübung von Dienstbarkeiten, welche auf dem zur Benützung überlassenen Grundstücke ruhen, den Berechtigten jährlich im voraus vollständige Entschädigung zu leisten.**[1]

**1.** Der Art. 180 entspricht den Rechtsgrundsätzen über die Entschädigungsverbindlichkeit bei unfreiwilligen Beschränkungen des Eigentums im Privatinteresse Dritter. Analog werden die Bestimmungen des § 1090 ff. BGB. in Anwendung kommen können.

Die Entschädigung muß eine vollständige im Sinne des allgemeinen bürgerlichen Rechtes sein und jährlich im Voraus geleistet werden, damit dem Grundbesitzer die notwendige Sicherheit und die Nutzung des Entschädigungspreises an Stelle der entgehenden Nutzung des Grundstücks verschafft werde.

Aus denselben Grundsätzen entspringt auch die Verpflichtung des Bergbauunternehmers, in gleicher Weise den Berechtigten für die entzogene Ausübung von Dienstbarkeiten, welche auf dem zur Benützung überlassenen Grundbesitze ruhen, Entschädigung zu leisten.

Der Bergwerksbesitzer vermag in der Regel das Grundstück nach beendigter Benützung dem Grundbesitzer in demselben Kulturzustande oder so, daß es gehörig benützt werden könnte, gar nicht oder nur mit Aufopferung unverhältnismäßiger Kosten zur Verfügung zu stellen.

Es entspricht daher den tatsächlichen Verhältnissen, den Bergwerksbesitzer nur im allgemeinen zu verpflichten, daß er das Grundstück nach beendigter Benützung wieder zur freien Verfügung des Grundeigentümers stelle, außerdem aber für den Fall einer Wertsminderung Ersatz des Minderwertes leiste (Art. 181 Abs. 1).

Damit aber der Grundbesitzer nicht der Gefahr ausgesetzt ist, sich mit seinem Anspruch auf Ersatz des Minderwertes zur Zeit der Beendigung der Benützung des Grundstücks auf einen zahlungsunfähigen Schuldner angewiesen zu sehen, ist demselben die Befugnis beigelegt (Art. 181 Abs. 2), schon bei der Überlassung des Grundstücks angemessene Sicherheit zu verlangen.

Unter vollständiger Entschädigung ist der Ersatz all' dessen zu verstehen, was dem Grundbesitzer durch die Überlassung des Grundstücks entgeht. Der Grundbesitzer hat den Nachweis zu erbringen, welchen Ertrag das Grundstück bisher geliefert hat und kann in diesem Umfang Entschädigung fordern. Hat der Grundbesitzer Meliorationen vorgenommen, die den Ertrag künftig nachweisbar gesteigert hätten,

z. B. durch Entwässerung, künstliche Düngung, so darf er bei der Entschädigung den zu erwartenden Mehrertrag einrechnen.

Die Verpflichtung zur Rückgabe des benützten Grundstücks tritt ein, sobald der Zweck, zu dessen Erfüllung die Abtretung erfolgt, erreicht ist. Benötigt der Bergwerksbesitzer das Grundstück zu einem anderen Zwecke, dann muß er die Überlassung neuerdings einleiten und und es kann sich dabei darum handeln, ob der Grundeigentümer nunmehr die Erwerbung zum Eigentum verlangen kann.

## Art. 181. (159)

Tritt durch die Benützung eines Grundstückes eine Wertsverminderung desselben oder einer darauf ruhenden Dienstbarkeit ein, so muß der Bergwerksbesitzer, wenn er das Grundstück wieder zur freien Verfügung des Grundbesitzers stellt, die Minderwerte ersetzen.

Für die Erfüllung dieser Verpflichtung kann der Grundbesitzer und der Dienstbarkeitsberechtigte schon bei der Überlassung zur Benützung die Bestellung angemessener Sicherheit verlangen.

Der Eigentümer des Grundstücks ist in diesem Falle zu fordern berechtigt, daß der Bergwerksbesitzer, statt den Minderwert zu ersetzen, das Eigentum des Grundstückes erwirbt.[1]

1. Der Bergwerksbesitzer ist zur Rückgabe des benützten Grundstücks und gleichzeitig neben der Entschädigung für die entgangene Nutzung bei eingetretener Wertsminderung des Grundstücks oder einer hiemit verbundenen Dienstbarkeit zum Ersatz des Minderwerts verpflichtet. Dagegen besteht eine Verbindlichkeit des Bergwerksbesitzers zur Wiederherstellung des Zustandes des Grundstückes bei der Übernahme nicht. Stellt der Bergwerksunternehmer jedoch diesen Zustand freiwillig her, dann hat er der Voraussetzung des Art. 180 genügt und lediglich den Ersatz für den Nutzungsentgang zu leisten.

Eine Wertsverminderung des Grundstücks liegt darin, daß solches nicht mehr geeignet ist, den früheren Ertrag — vor der Überlassung — zu liefern oder daß es an seinem Gesamtwerte, z. B. als Baugrund, in seiner Benützungsart für die Produktion eingebüßt hat. Dagegen sind etwaige Verbesserungen, welche inzwischen dem Grundstücke zugegangen sind, wie Einebnung, Entwässerung bei der Bemessung des Wertes in Anschlag zu bringen.

Die Sicherheitsleistung (s. dazu §§ 232ff. BGB.) kann nur für die etwaige Wertsverminderung gefordert werden, nicht etwa auch für die jährliche Entschädigung, bei welcher die Sicherheit darin gegeben erscheint, daß sie nach Art. 180 im voraus geleistet werden muß.

In dem Falle der Wertsverminderung kann der Eigentümer des Grundstücks statt des Ersatzes des Minderwertes vom Bergwerksbesitzer den Erwerb des Eigentums des Grundstücks verlangen. Das Recht steht nur dem Eigentümer zu; sind andere Berechtigte, wie Nutznießer, vorhanden, so müssen solche abgefunden werden, bzw. ihre Zustimmung erteilt haben.

Durch die Bestimmungen des Art. 181 erscheinen die Rechte des Grundeigentümers entsprechend gewahrt, so daß ihm aus der Überlassung des Grundstücks keinerlei Schädigung erwachsen kann.

## Art. 182. (160)

Wenn feststeht, daß die Benützung des Grundstückes länger als drei Jahre dauern wird, oder wenn die Benützung nach Ablauf von drei Jahren noch fortdauert, so kann der Grundeigentümer verlangen, daß der Bergwerksbesitzer das Eigentum des Grundstückes erwirbt.[1]

1. Voraussetzung für die Geltendmachung des hier dem Grundeigentümer eingeräumten Rechtes ist, daß die Ablassung des Grundstücks zur Benützung bereits feststeht, sei es, daß dies im Wege der Vereinbarung erzielt wurde, oder daß eine behördliche Entscheidung hierüber vorliegt. Ferner muß zugegeben oder nachgewiesen sein, daß die Benützung sich über einen Zeitraum von drei Jahren erstrecken wird, wenn die Zwangserwerbung vor Ablauf der drei Jahre gefordert werden will. Die Entscheidung steht der zuständigen Verwaltungsbehörde zu. Das Recht steht nur dem Grundeigentümer zu; sind andere Berechtigte (Nießbrauchberechtigte) vorhanden, so dürfte dies der Ausübung des Rechtes nicht entgegenstehen; doch hat sich der Eigentümer mit den Berechtigten auseinanderzusetzen.

## Art. 183. (161)

Wenn ein Grundstück durch die Überlassung einzelner Teile zur Benützung so zerstückelt werden würde, daß die übrigbleibenden Teile nicht mehr zweckmäßig benützt werden können, so muß auch für die letzteren die jährliche Entschädigung auf Verlangen des Grundbesitzers von dem Bergwerksbesitzer geleistet werden.[1]

In diesem Falle kann der Eigentümer des zerstückelten Grundstückes, soferne hinsichtlich des zur Benützung überlassenen Teiles entweder die Voraussetzung des Art. 181 oder jene des Art. 182 gegeben ist, verlangen, daß der Bergwerksbesitzer das Eigentum des ganzen Grundstückes erwirbt.[2]

1. Ob ein Grundstück durch Abtrennung einzelner Teile in seiner Benützung so leidet, daß diese für den Eigentümer die Rentabilität verliert, ist eine Tatfrage, welche wohl zumeist unter Zuziehung von Sachverständigen ihre Lösung zu finden hat. Es kann ihre Zerstückelung derart sein, daß durch Abtrennen verschiedener Teile die Bewirtschaftung der dem Grundbesitzer verbleibenden außerordentlich erschwert, ja selbst unmöglich gemacht wird, indem ihm beispielsweise die Zufahrt zu einem Teile abgeschnitten wird. Auch die Form der Teile kommt hiebei in Betracht. In solchen Fällen kann der Grundbesitzer auch für die übrigbleibenden Teile die volle Entschädigung, wie für die über-

lassenen verlangen, dabei ist jedoch selbstverständlich, daß dann auch diese Restteile dem Bergwerksbesitzer zur Benützung verfügbar gestellt werden müssen.

2. Ist der Fall des Abs. 1 gegeben und ist der Grundeigentümer berechtigt, nach Maßgabe des Art. 181 oder 182 die Zwangserwerbung der zur Benützung überlassenen Teile des Grundstücks zu verlangen, so steht ihm dieses Recht auch hinsichtlich der übrigbleibenden Teile zu.

Das letztere Recht erlischt nicht, wenn vor der Entschädigungsbefugnis des Abs. 1 vorerst kein Gebrauch gemacht wurde

## Art. 184. (162)

Die im Art. 180 und im Art. 183 Abs. 1 bezeichneten Entschädigungsforderungen haften, wenn das benützte Grundstück oder das Grundstück, dessen jeweiligem Eigentümer die Dienstbarkeit an dem benützten Grundstücke zusteht, mit Reallasten, Hypotheken, Grundschulden oder Rentenschulden belastet ist, für diese Rechte. Die Vorschriften des § 1123 Abs. 2 Satz 1 und der §§ 1124, 1125 des Bürgerlichen Gesetzbuchs finden mit der Maßgabe entsprechende Anwendung, daß Verfügungen über die Entschädigungsforderungen den Berechtigten gegenüber unwirksam sind, soweit die Fälligkeit erst später als drei Monate nach der Beschlagnahme eintritt.[1]

1. Der Art. wurde durch Art. 157 XII AG. BGB. neueingestellt

Nach den §§ 1123 bis 1125 BGB. erstreckt sich die Hypothek, wenn das belastete Grundstück vermietet oder verpachtet ist, auf die Miet- oder Pachtzinsforderung. Das Recht des Hypothekengläubigers steht aber, solange nicht die Forderung zugunsten des Gläubigers in Beschlag genommen ist, der Einziehung des Miet- oder Pachtzinses und einer anderen Verfügung über die Forderung nicht entgegen. Im Falle der Beschlagnahme sind Verfügungen, die sich auf den Miet- oder Pachtzins für eine spätere Zeit als das zur Zeit der Beschlagnahme laufende und das folgende Kalendervierteljahr beziehen, dem Hypothekengläubiger gegenüber unwirksam. Die Haftung der Miet- oder Pachtzinsforderung hat ihren Grund darin, daß die in das Eigentum des Pächters gelangenden Früchte der Hypothek nicht unterworfen sind und der Hypothekengläubiger auch aus dem dem Mieter oder Pächter überlassenen Gebrauche des Grundstücks nicht Befriedigung suchen kann (§ 1120 BGB., § 21 Abs. 3, § 152 Abs. 3 ZVG., RGBl. 1898 S. 713 ff.). Bei der Benützung für den Betrieb eines Bergwerkes, zu dem das Grundstück nach den Art. 178, 179 dem Bergwerksunternehmer gegen Entschädigung überlassen werden muß, ist die Sachlage ganz dieselbe. Der Hypothekengläubiger kann sich nicht an die Nutzung des Grundstücks halten, diese steht, oft auf eine Reihe von Jahren, dem Bergwerksunternehmer zu, und darum muß dem Hypothekengläubiger in der Haftung der Entschädigungsforderung gegen den Bergwerksunternehmer (Art. 180, Art. 183 Abs. 1) Ersatz gewährt werden. Der Art. 184 erklärt deshalb die Vorschriften des § 1123

Abs. 2 Satz 1 und der §§ 1124 und 1125 BGB. für entsprechend anwendbar. Der Satz 2 des § 1123 Abs. 2 eignet sich nicht zur Übertragung, weil die Entschädigung nach dem Berggesetz auf je ein Jahr im voraus zu entrichten ist — während bei der Bestimmung des BGB. vierteljährige Zahlungsfristen angenommen sind —, die Vorschrift des § 1124 Abs. 2 muß aus demselben Grunde dahin abgeändert werden, daß Verfügungen über die Entschädigung dem Hypothekengläubiger gegenüber unwirksam sind, soweit die Fälligkeit erst später als ein Vierteljahr nach der Beschlagnahme eintritt.

Den Hypotheken stehen außer den Grundschulden und Rentenschulden mit Rücksicht auf die Vorschrift des § 1107 BGB. auch die Reallasten gleich.

## Art. 185. (163)

Bei der zwangsweisen Überlassung eines Grundstückes zur Benützung oder der Erwerbung des Eigentums eines Grundstückes zu einer bergbaulichen Anlage kommen diejenigen Wertserhöhungen, welche das Grundstück erst infolge dieser Anlage erhält, bei der Entschädigung nicht in Anschlag.[1]

**1.** In den Motiven von 1869 ist bemerkt: Obgleich aus der Natur der Sache hervorgeht, daß bei der Entschädigung für ein abzulassendes Grundstück nur der Wert berücksichtigt werden kann, welchen dasselbe zur Zeit der Abtretung hat, so wurde doch für angemessen erachtet, nach dem Vorgange des Art. 9 ZEG. eine derartige Bestimmung in diesen Artikel aufzunehmen. Der Art. 9 des Gesetzes lautet: „Wertserhöhungen, welche dem ganz oder teilweise abzutretenden Gegenstande erst infolge des die Abtretung veranlassenden Unternehmens zuwachsen oder zuwachsen können, kommen bei der Entschädigungsermittlung nicht in Anschlag."

## Art. 186. (164)

Die Entschädigung für jede zwangsweise Erwerbung des Eigentums eines Grundstückes von Seite des Bergwerksbesitzers nach den Bestimmungen der Art. 181 Abs. 3, 182 und 183, ingleichen für den von dem letzteren nach Art. 181 Abs. 1 zu ersetzenden Minderwert des Grundstücks ist nach Art. V des Gesetzes vom 17. November 1837, die Zwangsabtretung von Grundeigentum für öffentliche Zwecke betreffend, zu bemessen.[1]

**1.** Der Art. V lautet:

Die Entschädigung für jede zwangsweise Abtretung von Grundeigentum muß enthalten:

1. den gemeinen Wert des abzutretenden Gegenstandes;
2. Vergütung für die dem Eigentümer durch die Abtretung zugehenden sonstigen Nachteile, namentlich:
   a) Ersatz des Mehrwertes, den der abzutretende Gegenstand durch seinen Zusammenhang mit anderen Eigentumsteilen oder durch seine bisherige Benützungsweise für den Eigentümer behauptet;

b) Ersatz der Wertsminderung, welche durch die Abtretung dem übrigen Grundbesitze desselben Eigentümers zugeht;
c) Ersatz des unvermeidlichen Verlustes, welcher dem Eigentümer durch die Abtretung vorübergehend oder bleibend in seinem Erwerbe erwächst; jedoch darf die hiedurch sich ergebende Mehrung der Entschädigung 30 % des Schätzungswertes nicht übersteigen;
d) Ersatz für die Früchte, deren Ernte durch die Zwangsabtretung gehindert wird;

3. den Betrag derjenigen Entschädigung, welche dem Pächter oder sonstigen Nutzungsberechtigten nach Gesetz oder Vertrag zu leisten ist.

## Art. 187. (165)

Kleben unkörperliche Rechte dem für den Betrieb des Bergbaues nach den Vorschriften der Art. 181 Abs. 3, 182 und 183 von dem Bergwerksbesitzer zum Eigentume zu erwerbenden Grundstücke an, so muß der Bergwerksbesitzer

1. nutzbare Rechte auf anderen unbeweglichen Sachen, welche aktiv mit dem zu erwerbenden Grundstücke verbunden sind, auf Verlangen des Eigentümers gegen volle Entschädigung des letzteren übernehmen;
2. nutzbare Rechte, welche passiv auf dem zu erwerbenden Grundstücke ruhen, durch volle Entschädigung der Berechtigten ablösen, wenn diese darauf dringen oder die Ausübung jener Rechte mit der neuen Bestimmung des Grundstückes nicht mehr vereinbar ist.

## Art. 188. (166)

Für die mit dem zu erwerbenden Grundstücke verbundenen, in Art. 187 bezeichneten Rechte, ingleichen für den nach Art. 181 Abs. 1 zu ersetzenden Minderwert der Dienstbarkeiten ist die Entschädigung nach den im Art. VI des Zwangsabtretungsgesetzes vom 17. November 1837 enthaltenen Bestimmungen zu ermitteln und zu leisten.[1]

1. Art. II und VI lauten:

„Art. II. In Beziehung auf unkörperliche Rechte findet eine Zwangsentäußerung nur insofern statt, als diese Rechte dem für das Unternehmen zu verwendenden Grundeigentume ankleben, und es muß in solchem Falle der Entwehrungsberechtigte

1. nutzbare Rechte auf anderen unbeweglichen Sachen, welche aktiv mit dem Entwehrungsgegenstande verbunden sind, auf Verlangen des Eigentümers gegen volle Entschädigung des letzteren übernehmen;
2. nutzbare Rechte, welche passiv auf dem Entwehrungsgegenstande ruhen, durch volle Entschädigung ihrer Besitzer ablösen, wenn

diese darauf bringen, oder die Ausübung jener Rechte mit der neuen Bestimmung des Gegenstandes nicht mehr vereinbarlich ist.

Art. VI. Für die mit dem Entwehrungsgegenstande verbundenen im Art. II bezeichneten Rechte ist die Entschädigung nach folgenden Normen zu leisten:

1. Gewähren diese Rechte ständige Renten, so hat die Entschädigung in dem 30fachen Betrage des jährlichen Reinertrages zu bestehen;
2. bei unständigen Renten ist der jährliche Reinertrag nach einer Durchschnittsberechnung aus der jüngst verflossenen, durch gütliche Übereinkunft oder richterliches Ermessen mit Rücksicht auf die Natur des Reichnisses zu bestimmenden Periode festzusetzen und mit dem 25fachen Betrage zu Kapital zu erheben;
3. sonstige standes-, guts- und gerichtsherrliche, dann alle Nutzungs- und Servitutsrechte unterliegen besonderer Schätzung, wenn sich die Parteien nicht über die dafür zu leistende Entschädigung verständigen.

Die Entschädigung muß besonders für den Eigentümer und besonders für den Inhaber solcher Rechte ermittelt und ebenso jedem besonders verabreicht werden.

Zu dem Zwecke sind den Taxatoren, bevor sie zur Schätzung des Eigentums schreiten, die sämtlichen auf demselben lastenden nutzbaren Rechte anzuzeigen. Bei der Schätzung des Eigentums ist dann zunächst der Ertrag, welcher nach Abzug der Lasten noch übrig bleibt, in Anschlag zu bringen, außerdem aber auch alle im Art. V Nr. 2 bezeichneten, dem Eigentümer zugehenden Nachteile (s. Note zu Art. 186)."

Die von dem Bergwerksbesitzer hienach bei zwangsweiser Erwerbung von Grundeigentum und der Ablösung hiemit verbundener unkörperlichen Rechte zu leistende Entschädigung ist ganz nach den aufgeführten einschlägigen Bestimmungen des ZEG. zu bemessen.

## Art. 189. (167)

Die von dem Grundeigentümer nach der Vorschrift des Art. 181 Abs. 1 erworbenen Ansprüche auf Ersatz des Minderwerts haften, wenn das beschädigte Grundstück oder das Grundstück, dessen jeweiligem Eigentümer die Dienstbarkeit an dem beschädigten Grundstücke zusteht, mit Reallasten, Hypotheken, Grundschulden oder Rentenschulden belastet ist, für diese Rechte nach Maßgabe der Vorschriften des § 1127 Abs. 2 und des § 1128 des Bürgerlichen Gesetzbuchs. Erhebt ein Berechtigter innerhalb der im § 1128 bestimmten Frist Widerspruch gegen die Zahlung der Entschädigung an den Eigentümer, so kann der Eigentümer und jeder Berechtigte die Eröffnung eines Verteilungsverfahrens nach den für die Verteilung des Erlöses im Falle der Zwangsversteigerung geltenden Vorschriften beantragen. Die Zahlung hat in diesem Falle an das für das Verteilungsverfahren zuständige Gericht zu erfolgen.

Das Recht, die im Art. 181 Abs. 2 bezeichnete Sicherheitsleistung zu verlangen, steht auch den im Abs. 1 bezeichneten Berechtigten zu. Macht einer der Berechtigten von dieser Befugnis Gebrauch, so ist die Sicherheit in der Weise zu leisten, daß sie auch dem Berechtigten haftet.[1]

1. Der Art. wurde abgeändert durch Art 157 XIII AG. BGB

Die Entschädigung, welche nach Art 181 Abs. 1 für die durch die Benützung des Grundstücks für den Betrieb des Bergbaus entstehende Minderung des Wertes des Grundstücks zu leisten ist, haftete nach dem früheren Art. 134 (jetzt 189) BG. (Fassung von 1869) den Hypothekgläubigern und den sonstigen Realberechtigten in der Weise, daß die Entschädigungsforderung auf die Berechtigten, soweit es zu deren Deckung erforderlich war, kraft Gesetzes überging Die Vorschrift war insofern unzureichend, als ohne ein gerichtliches Verteilungsverfahren schwer zu ermitteln ist, inwieweit für die einzelnen Berechtigten die Voraussetzung des Übergangs der Entschädigungsforderung eingetreten ist. Der Art. 53 EG. BGB. füllte die Lücke aus und enthielt in seinen übrigen Vorschriften, die auf den § 1128 BGB. verweisen und eine dem § 1127 Abs. 2 entsprechende Bestimmung treffen, eine zweckmäßige Ausgestaltung der Haftung der Entschädigungsforderung. Der Art. erhielt deshalb die nunmehrige, sich an den zit. Art. 53 anschließende Fassung.

Der frühere Art. 134 gewährte den Berechtigten auch die Befugnis, bei der Festsetzung der Sicherheitsleistung für den Ersatz der zu erwartenden Wertsminderung, zu der der Bergwerksunternehmer nach Art. 181 Abs. 2 dem Besitzer des Grundstücks gegenüber verpflichtet ist, ihre Rechte zu wahren. Der Art. bestimmt in seiner nunmehrigen Fassung diese Befugnis dahin, daß die Sicherheit auf Verlangen eines Berechtigten in der Weise zu leisten ist, daß sie nicht nur dem Besitzer, sondern auch dem Berechtigten haftet.

Eine Frist für die Geltendmachung dieses Rechtes ist nicht bestimmt; dasselbe wird daher wohl während der Dauer der Benützung des betreffenden Grundstückes jederzeit ausgeübt werden können

## Art. 190. (168)

Die auf dem vom Bergwerksbesitzer zum Eigentume zu erwerbenden Grundstücke ruhenden Hypotheken, Grundschulden und Rentenschulden und die in Beziehung auf dasselbe im Grundbuch etwa eingetragenen Verfügungsbeschränkungen erlöschen durch dessen Abtretung, falls nicht bezüglich der Hypotheken, Grundschulden und Rentenschulden deren Übernahme durch den Bergwerksbesitzer im Einverständnisse mit den Hypotheken-, Grundschuld- und Rentenschuldgläubigern erfolgt.

Auf die in den Fällen des Art. 181 Abs. 3, des Art. 182, des Art. 183 Abs. 2 und des Art. 187 zu leistenden Entschädigungen finden, wenn das betroffene Grundstück oder das

Grundstück, dessen jeweiligem Eigentümer das betroffene Recht zusteht, mit Hypotheken, Grundschulden oder Rentenschulden oder mit anderen Rechten belastet ist, für welche eine besondere Entschädigung nicht gewährt wird, die für die Entschädigung im Falle der Zwangsenteignung geltenden Vorschriften Anwendung.[1]

1. Der dem Art. 190 entsprechende Art. 135 der Fassung von 1869 entsprach dem Art. XI Abs. 2 ZEG. und wurde wie dieser durch den Art. 53 des AG. ZPO. ergänzt. Die Vorschrift war insofern zu eng, als sie den Fall unberücksichtigt ließ, daß ein Recht, für das nach Art. 187 eine besondere Entschädigung zu leisten ist, dem jeweiligen Eigentümer des mit der Hypothek belasteten Grundstücks zusteht (Art. XI Abs. 1 ZEG., Art 54 AG. ZPO.). Es wurde deshalb durch Art. 157 XIV AG BGB der 2 Satz des Art 135 durch den jetzigen Abs. 2 des Art. 190 ersetzt, in dem für die in den Fällen des Art. 181 Abs. 3, des Art. 182, des Art. 183 Abs. 2 und des Art. 187 zu leistenden Entschädigungen auf die für die Entschädigung im Falle der Zwangsenteignung geltenden Vorschriften verwiesen wird.

Der Art. 53 Abs. 1 des AG. ZPO. lautet:

„An der Entschädigungssumme stehen den Beteiligten, deren Rechte nach Art. XI ZEG. auf die Entschädigungssumme übergegangen sind, dieselben Rechte zu, die sie im Falle des Erlöschens ihrer Rechte durch Zwangsversteigerung an dem Erlöse haben würden. Der bisherige Eigentümer und jeder Berechtigte kann die Eröffnung eines Verteilungsverfahrens nach den für die Verteilung des Erlöses im Falle der Zwangsversteigerung geltenden Vorschriften beantragen."

## Art. 191. (169)

Können sich die Beteiligten in den Fällen der Art. 178 bis 183 nicht gütlich einigen, so erfolgt die Entscheidung darüber, ob, in welchem Umfange und unter welchen Bedingungen der Grundbesitzer zur Überlassung der Benützung oder der Bergwerksbesitzer zum Erwerbe des Eigentums des Grundstückes verpflichtet ist, durch diejenige Kreisregierung, Kammer des Innern, in deren Bezirk das Grundstück liegt, in einem Senate, welcher aus drei Mitgliedern der Regierung und zwei Mitgliedern des Oberbergamtes besteht.

Die durch diese Zuziehung erwachsenden Reisekosten der Mitglieder des Oberbergamtes dürfen den Parteien nicht aufgerechnet werden.[1]

1. Der Art. 191 beruht in seiner jetzigen Fassung auf dem Ges. vom 30. Juni 1900. Im Art. 136 ff. (jetzt 191) des BG. von 1869 waren über das Verfahren bei Zwangsenteignung für Zwecke des Bergbaues von den Vorschriften des ZEG. abweichende Bestimmungen getroffen worden. Der in diesen Artikeln zum Ausdruck gebrachte Grund-

satz, daß die Frage, ob, in welchem Umfang und unter welchen Bedingungen der Grundbesitzer zur Überlassung der Benützung oder der Bergwerksbesitzer zum Erwerbe des Eigentums des Grundstücks verpflichtet ist, in Kollisionsfällen durch eine aus der Bergbehörde und der ordentlichen Verwaltungsbehörde zusammengesetzte Instanz zu entscheiden sei, und daß dieser Instanz auch die Festsetzung der Entschädigung des Grundbesitzers vorbehaltlich der Beschreitung des Rechtswegs obliege, ist auch als keiner Änderung bedürftig bei der Revision des BG. i. J. 1900 festgehalten worden. Nach dem früheren BG. waren zu diesen Entscheidungen die Distriktspolizeibehörden mit den Bezirksbergämtern zuständig. Diese Zuständigkeit konnte nicht mehr aufrechterhalten werden, da die Verleihung des Bergwerkseigentums nunmehr dem Oberbergamte zusteht. Es war deshalb veranlaßt, diese Entscheidung der einschlägigen Kreisregierung, K d. J., in einem aus drei Mitgliedern der Regierung und zwei Mitgliedern des Oberbergamtes bestehenden Senate zu übertragen.

Der gemeinschaftlichen Zuständigkeit der Distriktspolizeibehörde und der Berginspektion bleibt hiebei die vorbereitende, auf die nötigen Erhebungen und Verhandlungen gerichtete Tätigkeit überlassen.

Der Abs. 2 gibt das frühere Recht wieder im Interesse der beteiligten Parteien.

## Art. 192. (170)

Der bei der Berginspektion anzubringende Antrag des Bergwerksbesitzers auf Überlassung eines Grundstückes zur Benützung muß enthalten: den Namen und Wohnort des treffenden Grundeigentümers oder Nutzungsberechtigten, die Bezeichnung der zur Benützung zu überlassenden Grundfläche nach Lage, Größe und Grenzen, die Beschreibung der Anlage, zu welcher dieselbe verwendet werden soll, die mutmaßliche Dauer der Benützung, das Anerbieten einer bestimmten jährlichen Nutzungsentschädigung, endlich die Erklärung, daß eine gütliche Einigung auf der bezeichneten Grundlage vergebens versucht worden sei.

Als Beleg ist dem Antrage beizufügen der Steuerkatasterplan mit einer Einzeichnung der zur Benützung in Anspruch genommenen Grundfläche und der beabsichtigten Anlage.

## Art. 193. (171)

Der bei der Berginspektion anzubringende Antrag des Grundeigentümers auf Erwerbung des Eigentums des Grundstückes durch den Bergwerkseigentümer muß in den Fällen der Art. 181 Abs. 3, 182 zweite Alternative und 183 enthalten: den Namen und Wohnort des letzteren, beziehungsweise der Gewerkschaft, die Bezeichnung der bereits zur Benützung überlassenen Grundfläche nach Lage, Größe und Grenzen und des Zeitpunktes der zwangsweise oder freiwillig nach Art. 178 erfolgten Gebrauchsüberlassung, ferner den Kapitalbetrag, für welchen die Abtretung angeboten wird, endlich die Erklärung, daß eine gütliche Vereinigung auf dieser Grundlage erfolglos versucht worden sei.

Ist die Überlassung zur Benützung noch nicht erfolgt und stützt der Grundeigentümer sein Verlangen auf Erwerbung des Eigentums des Grundstückes durch den Bergwerksbesitzer auf die Vorschrift des Art. 182 erste Alternative oder des Art. 183, so hat er dieses Verlangen als Gegenantrag dem auf Gebrauchsüberlassung gerichteten Antrage des Bergwerksbesitzers gegenüber anzubringen.[1]

1. Die Entscheidung der in Art. 191 bezeichneten Instanz wird veranlaßt entweder durch den Antrag des Bergwerksbesitzers (Art. 192) oder durch denjenigen des Grundeigentümers (Art. 193). In beiden Fällen hat der Antragsteller seinen Antrag bei der einschlägigen Berginspektion anzubringen, weil dieser ihrem Wirkungskreise gemäß die Mittel zu Gebote stehen, die dem Antrage zu Grunde liegenden, tatsächlichen Verhältnisse einer primären Würdigung zu unterstellen und damit die nötigen Anhaltspunkte zur Entscheidung der Frage über die Zulässigkeit des Antrages überhaupt und die Grundlage zu dem weiteren Verfahren zu geben.

Der Art. 192 bezeichnet die Erfordernisse, welche der Antrag des Bergwerksbesitzers auf Grundüberlassung enthalten soll und welche Belege demselben beigefügt werden müssen, Art. 193 jene für den Antrag des Grundeigentümers. Die Erfordernisse sind in der Natur der Sache selbst begründet.

Nach dem Wortlaute des Art. 193 ist der Grundeigentümer zweifellos berechtigt, seinen Antrag auf Erwerbung des Grundeigentums durch den Bergwerksunternehmer selbständig einzubringen und nicht lediglich als Einwand gegen den Antrag des Bergwerksbesitzers, wenn auch das Verlangen des letzteren auf Überlassung des Grundstücks zur Benützung die Voraussetzung für den Antrag des Grundeigentümers bildet. Der Grundeigentümer kann auch zweifelsohne vor der Überlassung des Grundstücks zur Benützung den Antrag auf Erwerbung des Eigentums stellen.

## Art. 194. (172)

Die Berginspektion hat den bei ihr eingekommenen Antrag (Art. 192, 193) im Benehmen mit derjenigen Distriktspolizeibehörde, in deren Bezirke das Grundstück liegt, einer vorläufigen Prüfung zu unterstellen. Wird der Antrag unvollständig befunden, so ist er zur Vervollständigung zurückzugeben; wird derselbe unzulässig befunden, sei es wegen Gefährdung öffentlicher Interessen oder aus anderen Gründen, so ist ein Beschluß gemäß Art. 191 herbeizuführen. Liegt keiner dieser Fälle vor oder ist der Antrag nachträglich vervollständigt worden, so hat die Distriktspolizeibehörde zur weiteren Instruktion des Antrages zu schreiten.[1]

**1.** Die jetzige Fassung des Art. 194 beruht auf dem Ges. vom 30. Juni 1900. Nachdem der gemäß Art. 192 und 193 bei der Berginspektion eingebrachte Antrag im Benehmen mit der Distriktspolizeibehörde, in deren Bezirke das zu überlassende oder zu erwerbende Grundstück liegt, einer vorläufigen Prüfung unterstellt worden ist, muß derselbe, wenn die Erfordernisse der Art. 192 und 193 ganz oder teilweise fehlen, wenn er sonach als unvollständig die Grundlage zu einer Entscheidung nicht bieten würde, zur Ergänzung zurückgegeben werden. Findet die Berginspektion und die Distriktspolizeibehörde bei der Prüfung, daß auf den Antrag nach Lage der Verhältnisse überhaupt nicht eingegangen werden kann, daß derselbe nach ihrer Anschauung wegen Gefährdung öffentlicher Interessen oder aus anderen gesetzlichen Gründen — weil z. B. die Überlassung überhaupt nicht verlangt werden kann (vgl. Art. 179 Abs. 2) — unzulässig ist, dann sind die Verhandlungen zunächst der nach Art. 191 zuständigen Kreisregierung zur beschlußmäßigen Entscheidung vorzulegen. Die Entscheidung der Kreisregierung hat sich in diesem Falle lediglich mit der Frage der Unzulässigkeit des Antrags aus den im Gesetze erwähnten Gründen zu befassen. Wird der Antrag als unzulässig durch Beschluß des Senates abgewiesen, so steht dem Beteiligten hiegegen das Recht der Beschwerde an den Verwaltungsgerichtshof nach Art. 249 Abs. 1 zu. Wird der Antrag dagegen als zulässig erachtet, so ist die einschlägige Distriktspolizeibehörde zur weiteren Instruktion des Antrags nach Maßgabe des Art. 195 ff. anzuweisen.

Es unterliegt wohl auch keinem Bedenken, daß die zuständige Kreisregierung vor einer förmlichen Beschlußfassung die Instruktion des Antrags einleitet, um hiedurch einer etwaigen Verschleppung der Sache vorzubeugen.

Wird der Antrag seitens der Berginspektion und der Distriktspolizeibehörde für zulässig und vollständig erachtet oder ist die Vervollständigung des Antrags nachträglich erfolgt, so hat dann die Distriktspolizeibehörde, an welche die Verhandlungen sodann abzugeben sind, den Antrag weiter zu instruieren. Der Art. 194 überträgt die vorbereitenden Verfügungen behufs der Verhandlung der Distriktspolizeibehörde allein, weil solche Verfügungen zweckmäßig überhaupt nur von einer Behörde ausgehen können und die Distriktspolizeibehörde im Hinblick auf ihren Wirkungskreis und die ihr zu Gebot stehenden Vollzugsorgane von den beiden beteiligten Behörden die geeignetste ist.

## Art. 195. (173)

Die Distriktspolizeibehörde hat vorerst sämtliche bei dem Antrage Mitbeteiligte im Benehmen mit dem treffenden Rentamte und dem Grundbuchamte zu ermitteln.

Sie setzt hiernach gemeinschaftlich mit der Berginspektion

einen Termin zur Untersuchung und Verhandlung der Sache an Ort und Stelle an, erläßt die Ladung hiezu an sämtliche Beteiligte unter genauer Bezeichnung der Zeit und des Ortes und gibt nach Umständen das beabsichtigte Unternehmen in der Gemeinde, in deren Bezirke die Anlage ausgeführt werden soll, durch Anschlag oder durch ein hiefür geeignetes Lokalblatt bekannt.

Die Vorladung der Parteien und der Mitbeteiligten, namentlich der Realberechtigten, der Hypotheken-, Grundschuld- und Rentenschuldgläubiger, sowie der Eigentümer der benachbarten Grundstücke, Wasserrechte und Triebwerke hat unter dem ausdrücklichen Beisatze zu geschehen, daß das Nichterscheinen der Geladenen in Person oder durch einen Bevollmächtigten zur rechtlichen Folge haben werde:

1. für den Antragsteller die Verbindlichkeit zur Schadloshaltung der Erschienenen in bezug auf Auslagen und Versäumnisse, ferner die Annahme, daß der Antrag als auf sich beruhend erachtet werde,
2. für den Gegner des Antragstellers die Verbindlichkeit zur Schadloshaltung der Erschienenen in bezug auf Auslagen und Versäumnisse und die Wiederaufnahme des Termins auf seine Kosten unter Androhung des weiteren Rechtsnachteiles, daß bei seinem wiederholten Ausbleiben seine Einwilligung in die verlangte Benützung oder Erwerbung des Grundstückes werde angenommen werden,
3. für die geladenen Mitbeteiligten den Verlust ihrer Einwendungen gegen den Antrag, beziehungsweise gegen die nach der Vorschrift des Art. 197 auszumittelnde Größe der Sicherheitsleistung oder Entschädigung.

Die Bescheinigung der stattgehabten Vorladung ist zu den Akten zu bringen.[1]

**1.** Die Distriktspolizeibehörde hat zur Verhandlung des zulässig befundenen Antrags vorerst die Beteiligten im Benehmen mit dem treffenden Rentamte und dem Grundbuchamte zu ermitteln. Sie beraumt auch, nachdem sie sich mit der Berginspektion bezüglich des festzusetzenden Tages verständigt hat, den Termin zur Untersuchung und Verhandlung an und erläßt hiezu die Ladung an sämtliche Beteiligte, wozu nicht allein der Antragsteller und diejenigen, welchen gegenüber der Antrag gestellt wurde (die Parteien), sondern auch die Mitbeteiligten, nämlich die Realberechtigten, die Hypotheken-, Grundschuld- und Rentenschuldgläubiger, dann die Eigentümer der benachbarten Grundstücke, Wasserrechte und Triebwerke gehören.

Unter die Realberechtigten fallen eventuell auch die im bisherigen Gesetze aufgeführten privilegierten Gläubiger des pfälzischen Rechtes, insolange noch von solchen gesprochen werden kann.

Nach Umständen kann auch eine öffentliche Ladung durch Anschlag in dem Bezirk, in welchem die Anlage liegt, oder durch Bekanntmachung in einem hiefür geeigneten Lokale angezeigt sein. Mit dieser Ladung sind die geeigneten Rechtsnachteile für den Fall des ungehorsamen Ausbleibens zu verbinden, und zwar verschieden für den Antragsteller, für dessen Gegner und für die Mitbeteiligten.

Den Antragsteller kann als Folge seines Nichterscheinens nur die Schadloshaltung der Erschienenen für Auslagen und Versäumnisse und die Annahme, daß der Antrag auf sich beruhend erachtet werde, treffen.

Für den Gegner des Antragstellers muß sein Ausbleiben gleichfalls die Folge der Schadloshaltung der Erschienenen und die Wiederaufnahme des Termins auf seine Kosten haben, sowie die weitere Folge, daß bei seinem wiederholten Ausbleiben dessen Einwilligung in die verlangte Benützung, beziehungsweise Erwerbung des Grundstücks angenommen werde.

Die geladenen Mitbeteiligten kann als Folge ihres Ausbleibens lediglich der Verlust ihrer Einwendungen gegen den Antrag, beziehungsweise gegen die auszumittelnde Größe der Sicherheitsleistung oder Entschädigung treffen.

Die Rechtsnachteile müssen bei der Ladung ausdrücklich angedroht werden.

## Art. 196. (174)[1]

Bei dem Termine selbst, welcher mit der Ortsbesichtigung im Beisein eines Abgeordneten der Berginspektion zu beginnen ist, hat der Distriktspolizeibeamte vor allem auf die Erzielung einer gütlichen Übereinkunft zwischen den Teilen über die Abtretungsfrage und die zu leistende Entschädigung hinzuwirken und das Ergebnis zu Protokoll zu nehmen.

Kommt eine solche Übereinkunft nicht zustande, so sind die gegen den Antrag erhobenen Einwendungen vorerst mündlich zu erörtern und hiernach mit den Gegenerinnerungen des Antragstellers genau und vollständig zu Protokoll zu nehmen.[1]

**1.** Die Leitung der Verhandlung, welche mit der Ortsbesichtigung zu beginnen hat, liegt zwar der Distriktspolizeibehörde ob, allein es ist zu derselben der Abgeordnete der Berginspektion beizuziehen, damit hiebei alle bergtechnischen Rücksichten die gehörige Würdigung finden.

Gelingt es nicht, eine vor allem zu versuchende gütliche Vereinbarung zu erzielen, so ist wie bei sonstigen Verwaltungsstreitsachen zu verfahren, es sind sohin die vorerst mündlich zu erörternden wechselseitigen Einwendungen zu Protokoll zu nehmen. Das Verfahren entspricht in der Hauptsache dem in Art. 27 und 29 des Gesetzes vom 8. August 1878 über den Verwaltungsgerichtshof vorgeschriebenen.

Der frühere Abs. 3 (des Art. 141 i. d. F. von 1869) wurde durch das Gesetz vom 30. Juni 1900 gestrichen als entbehrlich, da die Zulassung von Rechtsanwälten sowohl nach dem Verfahren vor den Verwaltungsbehörden, als nach Art. XIII ZEG. keinem Bedenken unterliegt, der Schriftenwechsel, der übrigens auch im Art. 27 VGHGes. ausgeschlossen ist, hier ohnehin keinen Platz hat.

## Art. 197. (175)

Den Beamten der Distriktspolizeibehörde und der Berginspektion liegt auch ob, bei dem anberaumten Termine (Art. 195) die für die Benützung oder für die Abtretung des Eigentums des Grundstücks, ingleichen die nach den Vorschriften der Art. 187 und 188 zu leistenden Entschädigungen, sowie die in Art. 181 bezeichnete Sicherheitsleistung auszumitteln.

Diese Ausmittelung hat auch dann zu geschehen, wenn der Gegner des Antrags nach der Vorschrift des Art. 195 Abs. 3 Ziff. 2 die Folgen seines ungehorsamen Ausbleibens hinsichtlich der Abtretungsfrage verwirkt hat.[1]

1. Die mit der Verhandlung über den Abtretungsantrag betraute zusammengesetzte Behörde hat auch die zu leistende Entschädigung bzw. Sicherheit auszumitteln. Eine Festsetzung der Entschädigung bzw Sicherheitsleistung kommt dieser Behörde jetzt nicht mehr zu; dieselbe hat bei der Verhandlung nur die Unterlagen für die Festsetzung der Entschädigung usw. nach Art. 199 zu gewinnen und daher all das zu ermitteln, was für die Bestimmung der Entschädigung usw. maßgebend ist. Es wird hiewegen auf die Anmerkungen zu den Art. 187 und 188 verwiesen. Nachdem gemäß Art. 195 Abs. 3 Ziff. 2 das wiederholte Ausbleiben des Gegners des Antragstellers in der Hauptsache nur die Folge hat, daß seine Einwilligung in die verlangte Benützung oder Erwerbung des Grundstücks, nicht aber ein Verzicht auf Entschädigungs- und Sicherheitsleistung angenommen wird, so hat, wie in Abs 2 hier bestimmt ist, die Ausmittlung der Entschädigung auch dann zu geschehen, wenn er den angedrohten Rechtsnachteil verwirkt hat

## Art. 198. (176)

Zur Ausmittelung der Entschädigung nach der Vorschrift des Art. 197 und, wo es sonst nach der Sachlage nötig erscheint, sind Sachverständige beizuziehen.

Die Wahl derselben ist der Übereinkunft der Beteiligten überlassen.

Es können hierbei nicht mehr als drei Sachverständige aufgestellt werden.

Kommt eine Übereinkunft hierüber innerhalb einer den Beteiligten vorzusteckenden Frist nicht zustande, so werden die Sachverständigen von Amts wegen ernannt und durch Eidesabnahme verpflichtet.[1]

**1.** Die in Art. 198 vorgeschriebene Beiziehung von Sachverständigen zur Entschädigungsermittlung und, wo es sonst nach der Sachlage nötig erscheint, ist notwendig, da nur ein Mitglied der ermittelnden Behörde Techniker ist und überdies nicht allein bergtechnische Fragen bei der Ermittlung der Entschädigung maßgebend sind.

Zur Beseitigung von Zweifeln, wie sie sich bei Anwendung des ZEG. ergeben haben, ist die Zahl der Sachverständigen festgesetzt.

Durch die Festsetzung dieser Zahl auf höchstens drei sind den Parteien, wie der die Verhandlung leitenden Behörde, welche bei dem Mangel einer Vereinigung der Parteien über die Wahl sämtliche Sachverständige zu ernennen hat, die genügenden Mittel gegeben, die zur technischen Beurteilung des Sachverhalts nötigen Anhaltspunkte herbeizuschaffen.

Die Auswahl der Sachverständigen wird nach den hauptsächlich für die Bemessung der Entschädigung in Betracht kommenden Verhältnissen vorzunehmen sein.

## Art. 199. (177)[1]

Nach Abschluß der Verhandlungen (Art. 195 bis 198) hat die Distriktspolizeibehörde die Akten der Kreisregierung, Kammer des Innern, vorzulegen.

Der Beschluß der Kreisregierung (Art. 191), durch welchen die zwangsweise Gebrauchsüberlassung oder die Erwerbung eines Grundstückes zum Eigentume ausgesprochen wird, muß dasselbe genau bezeichnen und die Bedingungen der Gebrauchsüberlassung oder Erwerbung enthalten.

Ingleichen ist in dem Beschlusse die nach der Vorschrift des Art. 197 ausgemittelte Entschädigung, beziehungsweise Sicherheitsleistung festzusetzen.[2]

**1.** Die jetzige Fassung des Art 177 beruht auf dem Ges vom 30. Juni 1900.

**2.** Unter den Bedingungen sind außer der Entschädigung und Sicherheitsleistung bei Überlassung des Gebrauchs der Zeitpunkt der etwaigen Rückgabe, die Einschränkungen in der Benützung zugunsten des Grundbesitzers und die in seinem Interesse für nötig befundenen Anlagen (Wege, Einfriedungen, sonstige Sicherungen usw.) zu verstehen. Da diese Bedingungen nicht zur Entschädigung gehören, sondern die Voraussetzung für die Überlassung des Grundstücks bilden, so ist hiegegen nur die Beschwerde an den Verwaltungsgerichtshof zulässig, nicht aber der Rechtsweg (Art. 200) Wird die zwangsweise Gebrauchsüberlassung für die Dauer eines bestimmten Zeitraums ausgesprochen, so wird dieser vom Eintritt der Rechtskraft des Bescheids an berechnet, E. d. VGH. vom 16. Oktober 1905, Samml 27 S. 4.

Liegt die Sicherung angrenzenden Eigentums, das dritten Personen, nicht dem von der Zwangsenteignung Betroffenen gehört, im öffentlichen Interesse, wie das insbesondere auch bei öffentlichen Anlagen, bei Waldungen usw. der Fall sein kann, so werden die erforderlichen Auflagen dem Bergwerksbesitzer in dem Beschluß zu machen und hievon die Überlassung, bzw. Abtretung des Grundstücks abhängig zu machen sein (vgl. auch Art. 211 ff.).

Der Beschluß muß die dem Grundbesitzer gebührende volle Entschädigung an der Hand der durch die Distriktspolizeibehörde und die Berginspektion gepflogenen Ermittlungen festsetzen, wobei der Senat, abgesehen von etwaigen Ergänzungen, an die ermittelten Wertziffern nicht unbedingt gebunden ist.

Da die Sicherheitsleistung, um die es sich hier handelt, nur auf ausdrücklichen Antrag des Grundbesitzers festgestellt wird (Art. 181), so muß dieser Antrag so rechtzeitig gestellt werden, daß über denselben bei der Verhandlung vor dem Senate der Kreisregierung erkannt werden kann.

Wenn auch in Art. 249 Abs. 2 bestimmt ist, daß der Art. 45 Abs. 1 bis 3 VGHGes entsprechende Anwendung über die hier einschlägigen Verwaltungsstreitsachen zu finden hat, so ist es doch zweifellos, daß die Entscheidung des Senats auf Grund öffentlicher und mündlicher Verhandlung, wie in den Fällen des Art. 33 VGHGes zu erfolgen hat, um den Parteien auch bei der entscheidenden Behörde die Wahrung ihrer Rechte und Interessen zu ermöglichen. Die Parteien sind deshalb zu der Verhandlung zu laden, wenn dies auch nicht ausdrücklich im Gesetze vorgeschrieben ist.

## Art. 200. (178)[1]

Gegen den Beschluß, durch den die Verpflichtung zur zwangsweisen Überlassung der Benützung oder zur Erwerbung eines Grundstücks als Eigentum ausgesprochen worden ist, findet die Beschwerde nach Maßgabe des Art. 249 statt. Der Rechtsweg ist ausgeschlossen. Gegen die Festsetzung der Entschädigung und der Sicherheitsleistung findet die Beschwerde nicht statt. Dagegen steht den Beteiligten der Rechtsweg zur Herbeiführung der richterlichen Entscheidung über den Betrag der Entschädigung und der Sicherheitsleistung offen. Für die Klage ist das Gericht ausschließlich zuständig, in dessen Bezirke das Grundstück liegt.

Durch die Beschreitung des Rechtsweges wird in diesem Falle die Besitznahme des Grundstücks nicht aufgehalten, vorausgesetzt, daß die ausgemittelte Entschädigung an den Berechtigten gezahlt oder bei verweigerter Annahme hinterlegt, desgleichen die Hinterlegung der festgesetzten Sicherheitsleistung geschehen ist.[2]

**1.** Die jetzige Fassung des Art. 178 beruht auf dem Ges. vom 30. Juni 1900. Bereits durch Art. 10 Ziff. 9 VGHGes. war die endgültige Entscheidung über Streitigkeiten, die sich im Vollzuge des Art. 136 (nun 158) ergeben, in die Zuständigkeit des Verwaltungsgerichtshofes verwiesen.

**2.** Der Rechtsweg kann gegen die Beschlüsse, soweit die Benützung oder Erwerbung des Grundstücks in Frage steht, nicht betreten werden. Mit der Entscheidung des Verwaltungsgerichtshofes, bzw. mit dem rechtskräftig gewordenen Beschlusse des Regierungssenats ist die Abtretungsfrage selbst endgültig erledigt. Dagegen ist eine Beschwerde hinsichtlich der Festsetzung der Entschädigung und der Sicherheitsleistung nicht statthaft und zwar ebensowenig an den Verwaltungsgerichtshof als an das Staatsministerium des K. Hauses und des Äußern. Falls diese Festsetzung angefochten werden will, hat dies und zwar durch Klage bei dem Gericht zu geschehen, in dessen Bezirke das Grundstück gelegen ist.

Der Rechtsweg steht den Beteiligten offen, so allen denen, die bei der Festsetzung der Entschädigung finanziell berührt sind, wie jene Hypothekengläubiger, deren Forderungen durch die festgestellte Eigentums-Erwerbssumme nicht gedeckt sind.

Die Besitznahme des Grundstücks wird durch die erhobene Klage nicht behindert, wenn die beschlußmäßig festgestellte Entschädigung gezahlt oder nach den über die Hinterlegung geltenden Vorschriften hinterlegt ist.

## Art. 201. (179)

**Handelt es sich nach Beendigung der Benützung eines Grundstückes nach Art. 181 Abs. 1 um den Ersatz des Minderwertes durch den Bergwerksbesitzer, so sind behufs der Festsetzung der Ersatzsumme lediglich die Gerichte zuständig.[1]**

**1.** Für die Festsetzung der Ersatzsumme bei eingetretener Wertsminderung des Grundstücks (Art. 181 Abs 1) sind nach diesem Artikel die Gerichte ausschließend zuständig. Die übrigen Entschädigungen oder Sicherheitsleistungen hat der nach Art. 191 gebildete Senat vorbehaltlich des Rechtsweges zu bestimmen.

## Art. 202. (180)

**Die Kosten des Verfahrens über die zwangsweise Überlassung eines Grundstücks zur Benützung oder über die zwangsweise Erwerbung zum Eigentume hat für die erste Instanz der Bergwerksbesitzer, für die Beschwerdeinstanz der unterliegende Teil zu tragen.[1]**

**1.** Der Art. 202 enthält hinsichtlich des Kostenpunktes lediglich die auf dem allgemeinen Grundsatze beruhenden Bestimmungen, daß die Kosten vom veranlassenden Teile zu tragen sind, d. i. dem Bergwerksbesitzer; denn er ist nicht nur bei dem Antrage auf Überlassung eines Grundstücks zur Benützung der Veranlassende, sondern auch bei dem Antrage des Grundbesitzers auf zwangsweise Erwerbung des Grundstücks zum Eigentum, da dieser Antrag ja den ersteren zur Voraussetzung hat.

Unter den Kosten der ersten Instanz sind sämtliche dabei entstandene Kosten verstanden, so auch jene, welche die Erörterung des öffentlichen Interesses hervorgerufen hat.

## Zweiter Abschnitt.[1]

## Von der Benützung des Wassers.

### Art. 203. (181)

Auf Grubenwässer, welche der Bergwerksbesitzer erschroten hat, bleibt demselben, auch wenn er sie zutage ausfließen läßt, bis zu deren Vereinigung mit anderen beständigen Tagwässern das Vorrecht der Benützung zum Betriebe des Bergwerkes und der dazu gehörigen Aufbereitungsanstalten vorbehalten.[2]

1. Das WG. hat sich hinsichtlich der Grubenwässer darauf beschränkt, im Art. 16 Abs. 2 ausdrücklich die Bestimmungen des BG vorzubehalten.

2. Die Grubenwässer, deren Erschrotung ausschließlich dem Bergbau zu verdanken ist (s. dazu Urt. d. bayer. ObLGZ. vom 3. Januar 1894, Samml. 15 S. 1), und welche man in gewisser Beziehung als ein Erzeugnis des Bergbaues betrachten muß, sollen auch für die Zwecke zugunsten des Bergwerksbesitzers erhalten bleiben. Es ist daher hier bestimmt, daß solche Grubenwässer, welche der Bergwerksbesitzer zu Tage ausfließen läßt, bis zu ihrer Vereinigung mit anderen beständigen Tagwässern in erster Reihe zum Betriebe des Bergwerkes und der dazu gehörigen Aufbereitungsanstalten vorbehalten bleiben: zugleich gibt das Gesetz zu erkennen, daß um so mehr dem Bergwerksbesitzer das Benützungsrecht an den von ihm erschrotenen Grubenwässern zustehen soll, solange sie noch nicht zu Tage ausgeflossen sind

Über die Schadensersatzpflicht des Bergwerkseigentümers für Bergschaden, der durch Grubenwasserableitung verursacht ist, s. Anm. 1 zu Art. 206 am Schluß.

Den Streit, ob ein Wasser Grubenwasser sei, entscheiden die Gerichte (zit. Urt.).

### Art. 204. (182)

Insoweit und solange ein Bergwerksbesitzer seine Grubenwässer zu Betriebszwecken nicht selbst benützt, kann deren Benützung von dem Oberbergamte in widerruflicher Weise auch anderen gestattet werden.

Den Besitzern benachbarter Bergwerke und Aufbereitungsanstalten gebührt in diesem Falle der Vorrang.[1]

1. Es würde zu weit gehen, wollte man das dem Bergwerksbesitzer im Art 203 eingeräumte Vorrecht, falls er hievon keinen Gebrauch macht, auch auf die Besitzer benachbarter Gruben ausdehnen. Da jedoch die Grubenwässer ihrer Natur gemäß sich in keiner Beziehung nach den Bestimmungen des Wasserbenützungsgesetzes behandeln lassen, da vielmehr für dieselben besondere Bestimmungen zunächst im Interesse des Bergbaues, welcher sie gewonnen hat, zu treffen sind, so müssen auch in betreff derjenigen Grubenwässer, welche von demjenigen, der sie erschroten hat, nicht benützt werden, im BG Bestimmungen getroffen werden.

Demgemäß legt der Art. 204 dem Oberbergamte die Befugnis bei, die Benützung solcher Wässer auch anderen in widerruflicher Weise zu gestatten. Dabei gebührt den Besitzern benachbarter Bergwerke und Aufbereitungsanstalten, wenn diese sie benötigen und Antrag auf Benützung stellen, der Vorrang. Gegen die desfallsigen Verfügungen des Oberbergamts steht den Beteiligten das Recht der Beschwerde zum Staatsministerium des K. Hauses und des Äußern offen (Art. 249

## Art. 205. (183)

Hinsichtlich der Benützung des Tagwassers bei dem Betriebe der Berg- und Hüttenwerke kommen die Bestimmungen des Wassergesetzes vom 23. März 1907 zur Anwendung.[1]

1. Bezüglich der Benützung des Tagwassers für den Betrieb der Berg- und Hüttenwerke steht den Bergbautreibenden keinerlei Vorrecht zu, vielmehr sind sie hiebei wie sonstige Beteiligte an die Bestimmungen des WG. vom 23. März 1907 gebunden, das gemäß seines Art 213 an die Stelle des bisher im obigen Art. zit. WG. vom 28. Mai 1852 getreten ist.

## Dritter Abschnitt.

## Von dem Schadenersatze für Beschädigungen des Grundeigentums.

## Art. 206. (184)

Der Bergwerksbesitzer ist verpflichtet, für allen Schaden, welcher dem Grundeigentum oder dessen Zubehörungen durch den unterirdisch oder mittels Tagebaues geführten Betrieb des Bergwerkes zugefügt wird, vollständige Entschädigung zu leisten ohne Unterschied, ob der Betrieb unter dem beschädigten Grundstücke stattgefunden hat oder nicht, ob die Beschädigung von dem Bergwerksbesitzer verschuldet ist und ob sie vorausgesehen werden konnte oder nicht.[1]

Auf die Entschädigungsforderung finden im Falle der Beschädigung eines Grundstücks die Vorschriften des Art. 189 Abs. 1 entsprechende Anwendung; im Falle der Beschädigung von Zubehörstücken haftet die Entschädigungsforderung den im Art. 189 Abs. 1 bezeichneten Berechtigten nach Maßgabe der Vorschriften des § 1123 Abs. 2 Satz 1, des § 1124 Abs. 1, 3 und des § 1127 Abs. 2 des Bürgerlichen Gesetzbuches.[2]

1. Der Art hat die Aufgabe, die besondere Entschädigungspflicht des Bergbautreibenden gegenüber dem Grundbesitzer im Anschluß an die geltenden Rechtsgrundsätze so zu regeln, daß einerseits den gerechten Ansprüchen des Grundbesitzers vollständig Genüge geleistet,

andererseits der Bergbau nicht durch Verpflichtungen belastet wird, welche über diese Rücksicht noch hinausgehen. Hienach beruht der vorliegende Abschnitt auf folgenden leitenden Grundsätzen:

a) Der Bergwerksbesitzer hat als solcher ohne Rücksicht auf einen anderen Verpflichtungsgrund allen Schaden zu vergüten, welcher dem Grundeigentum und dessen Zubehör durch den Betrieb des Bergwerks zugefügt wird und es obliegt ganz dieselbe Verpflichtung dem Schürfer und Muter hinsichtlich der von ihnen ausgeführten Arbeiten (Art. 210).

Ob der beschädigende Betrieb unterirdisch oder mittels Tagbau geführt ist, ändert an der Verpflichtung zum Schadensersatze und dem Umfange dieser Verpflichtung nichts, denn in beiden Fällen liegt derselbe Verpflichtungsgrund, die Ausübung des Bergwerkseigentums, vor.

Auch die äußere Lage des beschädigten Grundstücks zu dem Betriebe des Bergwerks oder zu der bergbaulichen Anlage, durch welche die Beschädigung veranlaßt ist, bleibt für die Schadensersatzverbindlichkeit gleichgültig. Ebensowenig kann einen Unterschied machen, ob die Beschädigung von dem Bergbautreibenden verschuldet ist oder nicht, und ob sie vorausgesehen werden konnte oder nicht.

Mehrere Beschädiger müssen zwar nicht solidarisch, aber gemeinschaftlich und zwar bis zu dem ihnen überlassenen Nachweise eines anderen Teilnahmeverhältnisses zu gleichen Teilen haften. Nach allgemeinen Rechtsgrundsätzen genügt zur Begründung des Entschädigungsanspruches, daß der Grundbesitzer seinerseits die Schadenszufügung durch die mehreren Bergbautreibenden nachweist, während derselbe nicht für verpflichtet erklärt werden kann, auch das Maß der Beteiligung jedes einzelnen nachzuweisen. S. dazu Art. 207.

Im Falle der Verpachtung des Bergwerksbetriebs haftet, wie das Urt. d. RGZ. vom 12. Mai 1909, 71 S. 152, ZBergr. 51 S. 159, ausführt, stets der Bergwerkseigentümer und nicht der Pächter.

b) Zur Entschädigung berechtigt ist nicht bloß der Eigentümer, sondern auch jeder andere Nutzungsberechtigte des Grundstücks, sofern der Schaden sich auf Nutzungsrechte erstreckt.

c) Die Schadensersatzverbindlichkeit beschränkt sich nicht auf den Grund und Boden selbst, sondern erstreckt sich auch auf die Zubehörungen desselben, z. B. industrielle Anlagen. Bei sonstigen Beschädigungen, z. B. von Personen, treten dagegen die Bestimmungen des Haftpflichtgesetzes vom 7. Juni 1871 ein. Bezüglich der Änderungen des letzterwähnten Ges. s. Art. 42 EG. BGB.

d) Dem Beschädigten muß vollständige Entschädigung geleistet, was aber unter einer solchen begriffen ist, muß nach den allgemeinen Grundsätzen des bürgerlichen Rechts beurteilt werden. Die Entschädigung muß ferner als Kapitalentschädigung behandelt und geleistet werden, weil der Grundeigentümer nach allgemeinen Rechtsgrundsätzen Anspruch hierauf hat. Ob der Beschädigte befugt ist, die Entschädigung statt in Geld durch Wiederherstellung des früheren Zustandes oder durch gleichartige Leistungen zu gewähren, oder ob andererseits der Beschädigte eine derartige Entschädigung verlangen kann, unterliegt wiederum der Beurteilung nach den nunmehr gültigen allgemeinen Rechtsnormen.

e) Für die Verjährung der Ansprüche auf Ersatz eines durch den Bergbau verursachten Schadens war im BG von 1869 eine Frist von drei Jahren festgesetzt, um einerseits den Bergbautreibenden vor veralteten Entschädigungsansprüchen, deren Grund und Umfang nicht mehr aufgeklärt werden kann, zu schützen und andererseits den Beschädigten durch die dort bezeichneten Voraussetzungen der kürzeren Verjährungsfrist, vor einer Verkürzung an seinem Rechte zu sichern. Der gleiche Zweck wird durch die auf dem AG. BGB. beruhende Fassung des Art. 209 erreicht.

f) Die privatrechtlichen Streitigkeiten über die in Frage stehenden Entschädigungen gehören nicht vor die Bergbehörde, sondern vor den ordentlichen Richter. – Der Beschluß der AbgK. bei den Verhandlungen über die Novelle von 1900, nach Art. 210 (155 alt) einen neuen Art. 155a einzuschalten, wonach das Oberbergamt über Streitigkeiten, die sich im Vollzuge des dritten Abschnittes ergeben, vorbehaltlich des Rechtswegs entscheiden sollte, wurde von der K. d. RR. nicht angenommen und dann auch von der zweiten Kammer fallen gelassen. –

g) Schließlich entsteht noch die wichtige Frage, ob und unter welchen Voraussetzungen die Entschädigungsverbindlichkeit der Bergbautreibenden gegenüber dem Grundbesitzer ausgeschlossen sein soll

Die Frage hat deshalb ihre besondere Schwierigkeit, weil einesteils der Grundbesitzer in der vollen Ausübung seines Rechtes nicht durch den Bergbau gehindert, anderenteils aber auch der Bergbau nicht der unbeschränkten Willkür des Grundbesitzers preisgegeben werden darf

Bei dieser Sachlage war zweckmäßig jede Ausnahmsbestimmung von der bergrechtlich festgestellten Entschädigungspflicht des Bergbautreibenden gegenüber dem Grundbesitzer zu vermeiden und vielmehr lediglich auf die allgemeine Rechtsregel zurückzugehen, daß der Beschädigte, welchem ein eigenes grobes Versehen bei der Beschädigung zur Last fällt, keinen Schadenersatz in Anspruch nehmen kann, sofern nicht etwa auf Seiten des Beschädigers ebenfalls grobes Versehen vorliegt

Damit aber über die Anwendbarkeit dieses Grundsatzes dadurch kein Zweifel verursacht wird, daß das BG. die Entschädigungspflicht des Bergbautreibenden im übrigen weiter ausdehnt, als das bürgerliche Recht, erscheint es zweckmäßig, jene Rechtsregel, angewandt auf den Fall des Bergbaues, im BG. selbst auszudrücken. S dazu Art 208.

Die Entschädigungspflicht des Bergwerksbesitzers tritt ein, sobald durch den Betrieb seines Bergwerkes auf irgendwelche Art dem damit zusammenhängenden Grundeigentume oder dessen Zubehörungen ein Schaden zugeht. Die Ersatzpflicht ist nicht davon abhängig, daß der Bergwerksbesitzer widerrechtlich gehandelt hat, oder daß er beim Betriebe schuldhaft etwas unterlassen hat, oder daß die Schädigung im Voraus erkennbar war, es genügt die Tatsache der Beschädigung, auch wenn der Bergwerksbesitzer lediglich in der Ausübung seines Bergrechtes hiebei gehandelt hat Nur darf der Grundeigentümer nicht durch eigenes grobes Verschulden die Schädigung herbeigeführt haben. Es ist immer jener Bergwerksbesitzer für den Schaden haftbar, welcher bei Eintritt des Schadens das Bergwerk besitzt ohne Rücksicht darauf, ob etwa die die Schädigung veranlassenden Betriebshandlungen schon unter seinem Vorbesitzer vorgenommen wurden Letzterenfalls kann er gegenüber dem Vorbesitzer auf Ersatz dessen klagen, was er dem Grundbesitzer an Entschädigung zu leisten hatte

Grubenwasserableitung fällt unter den Begriff des Bergwerksbetriebs im Sinne des Art. 206; s. Urt. d. RGZ. vom 1. Juli 1899, ZBergr. 40, 479, und vom 9 März 1910, Glückauf 1910 (46), 997; das RG. erkannte Beschädigungen eines Grundstücks oder seiner Zubehörungen mittels der einem Flusse zugeleiteten salzhaltigen Grubenwasser als Bergschäden an. S. ferner zur Begriffsbestimmung des Bergwerksbetriebs im Sinne des Art. 206 das Urt. d. OLG. Frankfurt a. M. vom 24 Juni 1907, ZBergr 50, 119; s auch ebenda 40, 231 ff.

**2.** Der Abs. 2 ist durch Art 157 XV AG. BGB. beigefügt worden. Nach Art. 206 ist der Bergwerksunternehmer für allen Schaden haftbar, der einem ihm nicht nach den Art. 178, 179 zur Benützung überlassenen fremden Grundstücke durch den Betrieb des Bergbaues zugefügt wird, und die gleiche Ersatzpflicht ist im Art. 210 dem Schürfer für die durch die Schürfarbeiten entstehenden Beschädigungen auferlegt. Die Vorschrift des Art. 189 ist auf die nach Art. 206 zu leistende Entschädigung nicht erstreckt. Die Sachlage ist aber im wesentlichen die gleiche und der Art 67 Abs. 2 des EG BGB. macht deshalb zwischen dem Falle des Art. 206 und dem des Art. 181 Abs. 1, für den Art. 189 gilt, keinen Unterschied. Es wurden deshalb in diesem Abs. 2 des Art. 206 die Vorschriften des Art. 189 Abs 1 für anwendbar erklärt.

Die Art. 206 und 210 gewähren einen Ersatzanspruch auch wegen Beschädigung des Zubehörs eines Grundstücks. Für diesen Ersatzanspruch treten an die Stelle des im Art 189 Abs 1 für anwendbar erklärten § 1128 BGB. nach dem Vorbilde des Art 53 Abs 2 EG. BGB. die Vorschriften des § 1123 Abs. 2 Satz 1 und des § 1124 Abs. 1, 3; für die Zulassung des im Art. 189 Abs 1 Satz 2 bestimmten Verteilungsverfahrens besteht kein Bedürfnis Die Ersatzpflicht wird ebenso behandelt, wie wenn sie auf einer bei dem Bergwerksunternehmer genommenen Versicherung des Zubehörs gegen die aus dem Bergwerksbetriebe entstehenden Gefahren beruhte (§§ 1127, 1129 BGB)

## Art. 207. (185)

Ist der Schaden durch den Betrieb zweier oder mehrerer Bergwerke verursacht, so sind die Besitzer dieser Bergwerke gemeinschaftlich und zwar zu gleichen Teilen zur Entschädigung verpflichtet.

Im Verhältnis der Bergwerksbesitzer unter sich ist der Nachweis eines anderen Teilnahmeverhältnisses und der Anspruch auf Erstattung des Zuvielbezahlten nicht ausgeschlossen.[1]

**1.** S dazu im allgemeinen Anm. 1 lit. a zum vorigen Artikel. Der Einwand, daß der größere Teil der Beschädigung einem anderen Bergwerke zuzuschreiben sei, greift gegenüber dem ersatzberechtigten Grundeigentümer nicht Platz. Er kann von den beteiligten Bergwerksbesitzern — nur die Schädigung selbst durch diese muß nachgewiesen sein — zu gleichen Teilen die ihm zukommende Entschädigung fordern. Sache der Bergwerksbesitzer ist es sodann, das Verhältnis, in dem sie den Schaden des Grundeigentums durch ihre Betriebe veranlaßt haben, unter sich festzustellen und hienach den Ausgleich gegenüber einer allenfallsigen Mehrzahlung an den Grundbesitzer herbeizuführen.

Dagegen wird die Rückforderung gegenüber dem Grundeigentümer im Hinblick auf die Fassung des Abs. 1 des Art. wohl ausgeschlossen erscheinen, da eine etwaige Mehrzahlung zugunsten des anderen Bergwerksbesitzers erfolgte und daher auch von diesem der Ersatz zu fordern ist.

## Art. 208. (186)

Der Bergwerksbesitzer ist nicht zum Ersatze des Schadens verpflichtet, welcher an Gebäuden oder anderen Anlagen durch den Betrieb des Bergwerkes entsteht, wenn solche Anlagen zu einer Zeit errichtet worden sind, wo die denselben durch den Bergbau drohende Gefahr dem Grundbesitzer bei Anwendung gewöhnlicher Aufmerksamkeit nicht unbekannt bleiben konnte.[1]

Muß wegen einer derartigen Gefahr die Errichtung solcher Anlagen unterbleiben, so hat der Grundbesitzer auf die Vergütung der Wertsverminderung, welche sein Grundstück dadurch erleidet, keinen Anspruch, wenn sich aus den Umständen ergibt, daß die Absicht, solche Anlagen zu errichten, nur kundgegeben wird, um jene Vergütung zu erzielen.[2]

1. Der Abs 1 des Art bezeichnet den Ausnahmefall (s dazu Anm 1 lit g zu Art 184), in welchem der Bergwerksbesitzer für den Schaden nicht aufzukommen hat, der durch den Betrieb des Bergwerks an Gebäuden und Anlagen verursacht wurde Der Ausnahmefall beschränkt sich auf Gebäude und ähnliche Anlagen die erst nach der Inbetriebsetzung des Bergwerks errichtet wurden und zwar zu einer Zeit, wo es offenkundig war, daß eine Schädigung der zu errichtenden Gebäude eintreten mußte Hier liegt also, wenn der Grundbesitzer trotz der Erkennbarkeit der Gefahr bei gewöhnlicher Aufmerksamkeit die Bauten ausgeführt hat, zweifellos ein grobes Verschulden desselben vor, welches die Entschädigungspflicht des Bergwerksbesitzers ausschließt. Es ist die Frage, ob eine drohende Gefahr vorhanden war, tatsächlicher Art, und es wird der Nachweis hierüber unschwer geführt werden können, da andernfalls bei erheblichen Zweifeln die Voraussetzung von vorneherein fehlt, daß gewöhnliche Aufmerksamkeit die Gefahr erkennen konnte und mußte. Es erscheint also in diesem Falle das Interesse des Grundbesitzers genügend gesichert Die Beschädigungen am Grund und Boden selbst müssen unter allen Umständen vom Bergwerksbesitzer voll entschädigt werden

2. Aus dem Abs. 2 des Art geht hervor, daß der Grundbesitzer auf Grund des Art 206 Entschädigung für den Fall fordern kann, wenn er gemäß Abs 1 genötigt war, die Anlage von Gebäuden auf dem durch den Bergbau gefährdeten Terrain zu unterlassen und hiedurch in der vollen Ausnützung seines Eigentums beeinträchtigt ist Er kann diesfalls Entschädigung für die hiedurch bedingte Wertsminderung verlangen Diese Forderung ist jedoch nach Abs 2 dann ausgeschlossen,

wenn für die Errichtung der Anlagen keinerlei Bedürfnis für den Grundbesitzer vorliegt und er nur wegen der Vergütung eine solche Absicht kundgibt

Es wird das Bedürfnis allerdings hier im Interesse des Grundbesitzers sehr weit zu greifen sein; auch wenn eine zwingende Notwendigkeit nicht gegeben ist, aber wenn der Grundbesitzer etwa zu seiner Annehmlichkeit den Grund und Boden zu Gebäudeanlagen ausnützen will, wird man den Einwand, daß dies nur der Erlangung der Vergütung halber geschehe, zurückweisen müssen. Auch hier wird sich aus den begleitenden Umständen unschwer erkennen lassen, ob das Bauvorhaben nur den Vorwand zur Erzielung der Vergütung bildet.

So wird der Besitzer eines bestehenden Hauses, dessen Erweiterung wegen der dem Gebäude infolge eines Bergbaubetriebs drohenden Gefahr nicht betätigt werden kann, zweifellos für diese Wertsminderung Vergütung beanspruchen können, da es ihm unbenommen bleiben muß, die Wohnlichkeit seines Hauses jederzeit zu verbessern, und nur in ganz besonderen Fällen wird sich hier eine Ablehnung des Anspruchs rechtfertigen lassen, wenn etwa feststeht, daß mehr als genügender Raum für die Bedürfnisse des Besitzers und dessen Familie vorhanden und für alle erdenklichen Einrichtungen schon Vorsorge getroffen ist (vgl AbgKVerh. 1900 StenB. Bd II S. 881/84).

## Art. 209. (187)

**Ansprüche auf Ersatz eines durch den Bergbau verursachten Schadens (Art. 206, 207), welche sich nicht auf Vertrag gründen, verjähren nach den für Ersatzansprüche aus unerlaubten Handlungen geltenden Vorschriften.** [1]

**1.** Wie in Anm. 1e zu Art 206 kurz bemerkt ist, ersetzt die durch Art 175 XVI AG. BGB geänderte Fassung die früheren Bestimmungen über die Verjährung der Ersatzansprüche mit dem gleichen Ziele Nach § 852 Abs 1 BGB. verjährt der Anspruch auf Ersatz des aus einer unerlaubten Handlung entstandenen Schadens in drei Jahren von dem Zeitpunkt an, an welchem der Verletzte von dem Schaden und der Person des Ersatzpflichtigen Kenntnis erlangt, ohne Rücksicht auf diese Kenntnis in dreißig Jahren von der Begehung der Handlung an. — Begehung der Handlung ist hier gleichbedeutend mit „Eintritt des Schadens"

Die Verweisung ist eine rein formale wegen Anwendung der desfallsigen Vorschriften, denn die Entschädigungspflicht des Bergwerksbesitzers tritt auch ein, wenn dieser in völlig erlaubter Weise gehandelt hat und hiebei der Schaden entstanden ist

## Art. 210. (188)

**Auf Beschädigung des Grundeigentums oder der Zubehörungen desselben durch die von Schürfern und Mutern ausgeführten Arbeiten finden die Art. 206 bis 209 ebenfalls Anwendung.** [1]

**1.** Daß der Schürfer und der Muter noch keinen Bergwerksbetrieb führen, sondern nur die bergmännischen und bergrechtlichen Vorbereitungen hiezu treffen, bedingt keine Verschiedenheit ihres Verhältnisses zum Grundbesitzer von demjenigen, in welchem der Bergwerksbesitzer zum letzteren in bezug auf die Schadensersatzpflicht steht. Vgl. dazu Anm. 1 lit. a zu Art. 206.

Nach der Fassung des Art. 210 erstrecken sich die Ergänzungen in Art. 206 Abs. 2 ohne weiteres auf die dort bestimmten Entschädigungen.

## Vierter Abschnitt.

## Von den Verhältnissen des Bergbaues zu den öffentlichen Verkehrsanstalten.

### Art. 211. (189)

Gegen die Ausführung von öffentlichen Straßen und Wegen, Eisenbahnen, Kanälen und anderen öffentlichen Verkehrsmitteln, zu deren Anlegung dem Unternehmer durch Gesetz oder besondere landesherrliche Verordnung das Recht der Zwangsenteignung beigelegt ist, steht dem Bergbautreibenden ein Widerspruchsrecht nicht zu.

Vor Feststellung der solchen Anlagen zu gebenden Richtung sind diejenigen, über deren Bergwerke dieselben geführt werden sollen, seitens der zuständigen Behörde darüber zu hören, in welcher Weise unter möglichst geringer Benachteiligung des Bergwerkseigentums die Anlage auszuführen sei.[1] [2]

1. Die Frage, ob und inwieweit der Grundeigentümer verpflichtet ist, für den seinerseits dem Bergbautreibenden zugefügten Schaden Ersatz zu leisten, eignet sich in dieser Allgemeinheit nicht zur Entscheidung durch das Berggesetz, sondern muß nach allgemeinen Rechtsgrundsätzen beantwortet werden. Eine Ausnahme tritt jedoch in Bezug auf die besondere Frage ein, ob und welche Entschädigung dem Bergwerkseigentümer in dem Falle zu gewähren sei, daß sein Ausbeutungsrecht zum Schutze öffentlicher Verkehrsanstalten, wie Straßen, Eisenbahnen, Kanäle usw., eingeschränkt wird.

Diese Frage von großer Bedeutung wurde in oberstrichterlichen Erkenntnissen verneinend entschieden.

In Art. 211 ist nun bestimmt, daß ein Widerspruchsrecht gegen die Ausführung oder festgestellte Richtung der Anlage dem Bergbautreibenden nicht zusteht. Die Ausführung ist daher weder von der Zustimmung noch von einer Abfindung des Bergwerksbesitzers abhängig.

Durch die angeordnete vorgängige Vernehmung der beteiligten Bergwerksbesitzer ist Gelegenheit gegeben, einerseits den dem Bergwerkseigentume drohenden Schaden zu vermeiden oder wesentlich zu vermindern, andererseits die Erteilung der Konzession für die neue Verkehrsanlage an solche Bedingungen zu knüpfen, durch welche, wenn Gründe der Billigkeit dafür sprechen, dem Bergwerksbesitzer größere oder geringere Entschädigungsansprüche für den einzelnen Fall beigelegt werden. Wenn hienach dem Bergbautreibenden ein Widerspruchsrecht nicht zusteht und durch das Berggesetz ein Anspruch auf Entschädigung nicht eingeräumt ist, so erscheint es doch billig, auch die Interessen des Bergbaues bei Anlage öffentlicher Verkehrsanstalten, mögen diese durch den Staat selbst oder mit dessen Genehmigung durch Privatunternehmer ausgeführt werden, tunlichst wahrzunehmen.

Das Ges. vom 30 Juni 1900 hat die Fassung des Art 211 insofern geändert, als es das Wort „Chausseen" durch „öffentliche Straßen und Wege" ersetzte

2. S. hierher Art 281 und BlfRA. 58 S 116

## Art. 212. (190)

War der Bergbautreibende zu dem Bergwerksbetriebe früher berechtigt, als die Genehmigung der Anlage (Art. 211) erteilt ist, so hat derselbe gegen den Unternehmer der Anlage einen Anspruch auf Schadensersatz. Ein Schadensersatz findet nur insoweit statt, als entweder die Herstellung sonst nicht erforderlicher Anlagen in dem Bergwerke oder die sonst nicht erforderliche Beseitigung oder Veränderung bereits in dem Bergwerke vorhandener Anlagen notwendig wird.[1]

1. Nicht rechtfertigen würde es sich, wenigstens vom Standpunkte der Billigkeit aus betrachtet, lassen, wenn man auch demjenigen Bergbautreibenden, welcher zum Bergbaubetriebe früher berechtigt war, als die Genehmigung zur Anlage erteilt wurde, gegen den Unternehmer der neuen Anlage selbst dann keinen Anspruch auf Schadensersatz zugestehen wollte, wenn die Benachteiligung nicht bloß in der Verhinderung in Gewinnung der Mineralien (lucrum cessans), sondern in einem wirklichen Nachteile (damnum emergens), nämlich darin bestände, daß das neue Unternehmen den Bergwerksbesitzer entweder zur Herstellung sonst nicht erforderlicher oder Beseitung und Änderung bereits vorhandener Anlagen in dem Bergwerke nötigt.

Aus dem Art. 212 geht im Zusammenhalt mit Art 253 hervor, daß der Bergbautreibende alle jene Vorkehrungen zu treffen verpflichtet ist, die zum Fernhalten von Schädigungen solch' öffentlicher Verkehrsanstalten nötig sind.

Da dem Bergwerksbesitzer nun Auslagen infolge der Neuanlage von Verkehrswegen erwachsen, gegen welche ihm ein Widerspruchsrecht nicht eingeräumt ist, so erscheint es billig, ihm hiefür wenigstens Ersatz zu bieten. Voraussetzung für den Ersatzanspruch ist, daß

a) der Bergbautreibende früher zum Betriebe berechtigt war, als die Genehmigung zur neuen Anlage erteilt wurde,

b) daß die Herstellung einer sonst nicht erforderlichen Schutzanlage beim Bergwerke notwendig wird oder

c) daß eine Veränderung oder Beseitigung einer bereits vorhandenen Anlage im Bergwerke zum Nachteile des Bergwerksbesitzers stattfinden muß.

Aus der Rechtspr s. hierher Urt. d. bayer ob. Gerichtshofs vom 25 Februar 1878, BlfRA 43 S. 133 (Verhinderung an der Gewinnung der Mineralien begründet keinen Schadensersatzanspruch des Bergbautreibenden), ferner Urt d. bayer ObLG vom 24. Oktober 1892, BlfRA. 58 S. 116.

## Art. 213. (191)

Können sich die Beteiligten über die zu leistende Entschädigung nicht gütlich einigen, so erfolgt die Festsetzung derselben nach Anhörung beider Teile und mit Vorbehalt des Rechtsweges durch einen Beschluß des Oberbergamtes, welcher vorläufig vollstreckbar ist.[1]

1. Die jetzige Fassung des Art 213 beruht auf dem Ges. v. 30 Juni 1900. Während früher die Festsetzung der Entschädigung beim Mangel einer Einigung der Parteien ausschließend den Gerichten zugewiesen war, hat nunmehr das Oberbergamt hierüber in erster Reihe, allerdings vorbehaltlich des Rechtsweges, Beschluß zu fassen, der jedoch vorläufig vollstreckbar ist.

Die Veranlassung zu der Änderung bot die Erwägung, daß es sich hier in der Hauptsache um die Entscheidung bergtechnischer Fragen handle, welche am zweckmäßigsten durch das Oberbergamt erfolgen, und daß hiedurch Prozesse vor den ordentlichen Gerichten meist vermieden würden. Auch hat das preußische Berggesetz die gleiche Bestimmung, die sich nach dortigen Erfahrungen bewährt hat. Hiezu kommt noch, daß das Oberbergamt hier wohl in der Lage ist, den dem Bergwerksbesitzer zugehenden Schaden selbst genau bewerten zu können, was bei der Abschätzung des dem Grundeigentümer erwachsenden Schadens (Art 206 ff ) eben nicht der Fall ist

Die vorläufige Vollstreckbarkeit des Beschlusses, gegen den nur Beschwerde zum Staatsministerium des K Hauses u des Äußern (Art. 249 Abs. 3) zulässig ist, rechtfertigt sich dadurch, daß der Bergwerksbesitzer genötigt ist, die ihm zum Schutze der Verkehrsanlagen auferlegten Maßnahmen sofort zu treffen, und daß er daher auch die hiefür zu gewährende Entschädigung sofort beanspruchen kann Die Erhebung der Klage vor dem Richter hält die Vollstreckbarkeit nicht auf

## Sechster Titel.[1]

# Von der Aufhebung des Bergwerkseigentums.

## Art. 214. (192)

Wird amtlich festgestellt, daß ein Bergwerkseigentümer die nach Vorschrift des Art. 68 an ihn erlassene Aufforderung zur Inbetriebsetzung des Bergwerkes oder zur Fortsetzung des Betriebes nicht befolgt, so hat das Oberbergamt die Einleitung des Verfahrens wegen Entziehung des Bergwerkseigentums durch einen Beschluß auszusprechen.[2]

1. Der 6 Titel hat seit 1869 Änderungen durch das AG BGB. u durch das Gesetz vom 30. Juni 1900 bzw. durch die auf Grund des Art III dieses Gesetzes erfolgte Neutextierung des Berggesetzes erfahren

2. Art 214 beruht in seiner jetzigen Fassung auf dem Ges. vom 30. Juni 1900. Die Aufhebung des Bergwerkseigentums kann unfreiwillig durch Entziehung desselben oder freiwillig durch Verzicht erfolgen. Der gegenwärtige Titel bestimmt die Voraussetzungen und Formen für diese Fälle.

Nachdem der Betriebszwang auf den Fall des Art. 68 beschränkt ist, wo dem Nichtbetriebe überwiegende Gründe des öffentlichen Interesses — die jedoch, wie dort bemerkt, ziemlich weit zu fassen sind — entgegenstehen, hat das Berggesetz auch den Grundsatz der Unwiderruflichkeit des verliehenen Bergwerkseigentums nur in Beziehung auf diesen einen Fall zu beschränken. Es widerspricht der allgemeinen Bergbaufreiheit und dem hierauf beruhenden öffentlichen Interesse, wenn ein Bergwerkseigentümer sein Bergwerk trotz der unter den Voraussetzungen und den Formen des Gesetzes an ihn erlassenen Aufforderung zur Inbetriebsetzung nicht betreibt. Diese Verletzung des öffentlichen Interesses muß deshalb durch Entziehung des Bergwerkseigentums beseitigt werden. Im Art. 214 ist die Einleitung des Entziehungsverfahrens dem Oberbergamt übertragen, weil dieses nicht bloß die verleihende Behörde ist, sondern auch nach Art 68 die Aufforderung zur Inbetriebsetzung des Bergwerkes zu erlassen und darüber zu wachen hat, daß dieser Aufforderung Folge geleistet wird.

Das Ges. vom 30. Juni 1900 änderte die Fassung von 1869, indem es bestimmte, daß das Oberbergamt, falls der Bergwerkseigentümer der Aufforderung nach Art 68 nicht entspricht, die Entziehung des Bergwerkseigentums einzuleiten hat, während bisher dies in sein Ermessen gestellt war. Das Oberbergamt muß also in den bezeichneten Fällen mit Entziehung vorgehen.

## Art. 215. (193)

Der rechtskräftige Beschluß des Oberbergamtes wird den aus dem Grundbuch ersichtlichen Gläubigern und anderen Realberechtigten zugestellt und außerdem durch das Amtsblatt der Kreisregierung, in deren Bezirk das Bergwerk liegt, unter Verweisung auf die Bestimmungen dieses und des folgenden Artikels zur öffentlichen Kenntnis gebracht.[1]

1. Die Realberechtigten werden zu dem Entziehungsverfahren des Oberbergamtes nicht beigezogen und die Entziehung selbst hat regelmäßig die gänzliche Aufhebung des Eigentums zur Folge. Es liegt deshalb gleichmäßig im allgemeinen Interesse des Bergbaues, wie in demjenigen der beteiligten Privatpersonen, das Entziehungsverfahren so zu ordnen, daß die Realberechtigten und der Bergwerkseigentümer selbst das Recht erlangen, den öffentlichen Verkauf des Bergwerks zu beantragen, und daß die Aufhebung des Bergwerkseigentums erst dann, wenn ein öffentlicher Verkauf nicht beantragt oder ohne Erfolg geblieben ist, und zwar mit der Wirkung ausgesprochen wird, daß alle Ansprüche auf das Bergwerk erlöschen.

Als Realberechtigte erscheinen alle diejenigen, zu deren Gunsten das Bergwerk mit dinglichen Lasten beschwert ist. Um nicht allein den

Hypothekengläubigern und sonstigen Realberechtigten, sondern überhaupt allen übrigen Gläubigern und Beteiligten Gelegenheit zur Wahrung ihrer Rechte zu geben, wurde im Art. 215 neben der besonderen Benachrichtigung der aus dem Grundbuch ersichtlichen Realberechtigten die einmalige Bekanntmachung des oberbergamtlichen Beschlusses in dem einschlägigen Kreisamtsblatte angeordnet.

## Art. 216. (194)

Jeder Gläubiger, insbesondere die Hypotheken-, Grundschuld- und Rentenschuldgläubiger oder sonstigen Realberechtigten sind befugt, binnen drei Monaten vom Ablauf des Tages, an welchem der Beschluß zugestellt, beziehungsweise an welchem das die Bekanntmachung enthaltende Kreisamtsblatt ausgegeben worden ist, behufs ihrer Befriedigung die gerichtliche Versteigerung des Bergwerkes auf ihre Kosten zu beantragen, vorbehaltlich der Erstattung derselben aus den Kaufgeldern.

Hypotheken-, Grundschuld- und Rentenschuldgläubiger oder sonstige Realberechtigte, welche von diesem Rechte binnen der angegebenen Frist keinen Gebrauch machen, haben bei der demnächstigen Aufhebung des Bergwerkseigentums das Erlöschen ihrer dinglichen Ansprüche zu erleiden.

Auch der seitherige Eigentümer des Bergwerkes kann innerhalb jener ausschließenden Frist von drei Monaten die Versteigerung auf seine Kosten beantragen.[1]

1. Die Realberechtigten sind zwar nicht sachlich legitimiert, die Aufhebung des Beschlusses des Oberbergamts auf Entziehung des Bergwerkseigentums (Art 214) zu verlangen, dagegen ist jedem Realberechtigten, überhaupt jedem Gläubiger das Recht eingeräumt, die Aufhebung des Bergwerkseigentums und somit das Erlöschen seines Realrechtes durch den Antrag auf öffentliche Versteigerung des Bergwerkes abzuwenden.

Dem bisherigen Eigentümer ist gleichfalls gestattet, die Aufhebung des Bergwerkseigentums durch den Antrag auf Versteigerung desselben abzuwenden. Wird in dieser Weise die Versteigerung von dem Antrage eines Beteiligten abhängig gemacht, so beschränkt dieselbe sich auf diejenigen Fälle, in welchen voraussichtlich ein Erfolg vom Verkaufe zu erwarten ist, und es bleiben die zahlreichen Fälle ausgeschlossen, in welchen der Verkauf wegen Wertlosigkeit des Gegenstandes zu keinem Ergebnis führen würde. In diesen Fällen kann daher von der Einleitung der Versteigerung gänzlich abgesehen werden

Das in der Fassung von 1869 enthaltene Verbot des Mitsteigerns für den Bergwerkseigentümer bei öffentlicher Versteigerung des Bergwerkes wurde durch das Ges. v 30 Juni 1900 gestrichen, da nach Art. 50 AG GBO u. ZVG (Beil z. Landtagsabschied 1899 S 134) Gebote des Bergwerkseigentümers bei der gerichtlichen Versteigerung des Bergwerks nach Art 216 unwirksam sind über die Zwangsvollstreckung in Bergwerke und unbewegliche Kuxe vgl überhaupt die Art. 37 bis 51 des ebenerwähnten Gesetzes.

## Art. 217. (195)

Wird die Versteigerung nicht beantragt oder führt sie nicht zum Verkaufe des Bergwerkes, so spricht das Oberbergamt durch einen Beschluß die Aufhebung des Bergwerkseigentums aus.

Mit dieser Aufhebung erlöschen alle Ansprüche auf das Bergwerk, von welcher Art sie auch sein mögen.[1]

Die Vorschriften des Art. 40 Abs. 2 finden entsprechende Anwendung.[2]

1. Wird das Bergwerk im Versteigerungsverfahren verkauft, so gehen damit die Rechte und Verbindlichkeiten des Bergwerkseigentümers auf den Käufer über. Da der Zweck der Versteigerung schließlich die Inbetriebnahme des Bergwerkes war, so wird der Käufer den Betrieb wieder aufnehmen müssen, widrigenfalls auch gegen ihn das Verfahren nach Art 68 und bzw. 214 eingeleitet würde.

Wird die Aufhebung des Bergwerkes ausgesprochen, dann erlischt das Bergrecht mit allen seinen rechtlichen Folgen Der rechtliche Zustand vor Verleihung des Bergwerkseigentums wird wieder hergestellt, und es muß, wenn der Bergwerksbetrieb von neuem begonnen werden will, um die Verleihung nach den Vorschriften des Berggesetzes nachgesucht werden.

Betrifft die Aufhebung ein Bergwerk, dessen Längenfeld von dem gevierten Felde eines anderen Bergwerkes umschlossen ist, so erlangt der Eigentümer des letzteren nach Art 279 ein Vorzugsrecht auf die Vereinigung des gestreckten Feldes mit seinem Geviertfelde

Gegen den Aufhebungsbeschluß findet Beschwerde zum VGH (Art 249) statt.

2. Wird das Bergwerkseigentum durch Entziehung aufgehoben, so wird das Grundbuch unrichtig Es ist deshalb durch Art. 157 XVII AG BGB der Abs 3 angefügt worden, um die Berichtigung des Grundbuchs im Sinne des Art 40 herbeizuführen

## Art. 218. (196)

Erklärt der Eigentümer eines Bergwerkes vor dem Oberbergamte seinen freiwilligen Verzicht auf dasselbe, so wird mit dieser Erklärung nach Art 215 ebenso verfahren, wie mit dem dort bezeichneten Beschlusse.

Die den Gläubigern, insbesondere den Hypotheken-, Grundschuld- und Rentenschuldgläubigern und anderen Realberechtigten im Art. 216 eingeräumte Befugnis steht denselben auch in diesem Falle zu, und hinsichtlich der Aufhebung des Bergwerkseigentums finden die Bestimmungen des Art 217 ebenfalls Anwendung.[1 2]

**1.** Für den freiwilligen Verzicht auf ein Bergwerkseigentum hat das Berggesetz Vorschriften getroffen, weil hiefür allgemeine Rechtsgrundsätze mit Rücksicht auf das mitberührte öffentliche, namentlich bergpolizeiliche Interesse und auf den Schutz der Realberechtigten nicht ausreichen.

Zwar wird der Fall eines ausdrücklichen Verzichtes nur selten vorkommen, weil der Bergwerkseigentümer, welcher nicht die Absicht hat, sein Bergwerk zu betreiben, die Einleitung des Entziehungsverfahrens abwarten kann. Allein es darf kein Bergwerkseigentümer wider seinen Willen auf diesen Weg gedrängt werden, vielmehr ist die Möglichkeit und rechtliche Zulässigkeit eines ausdrücklichen Verzichts anzuerkennen und deshalb das in diesem Falle eintretende Verfahren im Gesetze vorzusehen

Das Verfahren regelt sich aber am zweckmäßigsten durch Anwendung der für das Entziehungsverfahren in den Art 216 und 217 aufgestellten Grundsätze, indem auch hier auf den Schutz der Realberechtigten, sowie darauf Bedacht zu nehmen ist, daß durch eine förmliche amtliche Aufhebung des Bergwerkseigentums das Bergwerk wieder unter die allgemeine Bergbaufreiheit zurückgelangt

**2.** Der frühere Art 164 des Berggesetzes von 1869, welcher auch den freiwilligen Verzicht auf einzelne Teile eines Feldes zugelassen hat, wurde durch das Ges. vom 30 Juni 1900 aufgehoben, weil dem etwaigen Mißbrauch, der hiemit getrieben werden könnte, vorgebeugt werden sollte Es ist also nur mehr ein Verzicht auf das gesamte Bergwerk zulässig.

## Art. 219. (197)

Bei jeder Aufhebung eines Bergwerkseigentums darf der bisherige Eigentümer die Zimmerung und Mauerung des Grubengebäudes nur insoweit wegnehmen, als nach der Entscheidung der Berginspektion nicht polizeiliche Gründe entgegenstehen. [1]

**1.** Die Zimmerung und Mauerung eines Grubengebäudes sind, um letzteres vor dem Einstürzen zu schützen und für einen späteren Betrieb zugänglich zu erhalten, sowie gemeingefährliche Tagebrüche zu verhüten, so unentbehrlich, daß aus polizeilichen Gründen gerechtfertigt erscheint, die Wegnahme dieser Gegenstände bei der Aufhebung des Bergwerkseigentums davon abhängig zu machen, daß der Wegnahme nach der Entscheidung der Berginspektion polizeiliche Gründe nicht entgegenstehen

## Art. 220. (198)

Die Kosten, welche durch das im gegenwärtigen Titel angeordnete Verfahren bei dem Oberbergamte, beziehungsweise der Berginspektion erwachsen, hat der Bergwerkseigentümer zu tragen. [1]

1. Das Oberbergamt kann die Berginspektion mit der Vornahme von Erhebungen usw., die auf die Entziehung des Bergwerkseigentums Bezug haben, beauftragen, wie auch weiter der Vollzug des Art. 219 eine Tätigkeit der Berginspektion veranlassen kann.

Die auf die Tätigkeit der Berginspektion erwachsenden Kosten hat der Bergwerkseigentümer ebenso wie die beim Verfahren des Oberbergamtes sich ergebenden zu tragen.

## Siebenter Titel.[1]

# Von den Knappschaftsvereinen.

## Art. 221. (199)

Für die Arbeiter aller dem gegenwärtigen Gesetze unterworfenen Bergwerke und Aufbereitungsanstalten, desgleichen für die Arbeiter der Salinen sollen Knappschaftsvereine bestehen, welche den Zweck haben, ihren Teilnehmern und deren Angehörigen nach näherer Bestimmung des Gesetzes Unterstützungen zu gewähren.

Sind mit den vorbezeichneten Werken zugleich Gewerbsanlagen verbunden, welche nicht unter der Aufsicht der Bergbehörde stehen, so können die bei diesen Gewerbsanlagen beschäftigten Arbeiter auf den gemeinschaftlichen Antrag der letzteren und der Werksbesitzer durch den Knappschaftsvorstand in den Knappschaftsverein aufgenommen werden.

Die Knappschaftsvereine erlangen durch die Bestätigung ihrer Satzungen die Eigenschaft juristischer Personen.[2]

1. Der VII Titel hat seit 1869 Änderungen durch die Gesetze vom 30. Juni 1900 und vom 13. August 1910, sowie durch die auf Grund des Art III des erstzit. Ges erfolgte Neutextierung erfahren.

2. Der Art. bezweckt, nach dem Vorgange über die Bildung von Bruderkassen zur Unterstützung erwerbsunfähiger Bergleute und der Hinterbliebenen mit Tod abgegangener Bergarbeiter die sämtlichen Arbeiter auf Bergwerken und dazu gehörigen Aufbereitungsanstalten, sowie den Salinen zu Knappschaftsvereinen zusammenzuschließen, denen die Unterstützung ihrer Mitglieder nach mehrfacher Richtung obliegen soll.

Es wird deshalb angeordnet, daß überall Knappschaftsvereine gebildet werden sollen, und sodann werden die allgemeinen Grundsätze festgestellt, nach welchen diese Vereine gebildet und verwaltet werden sollen.

Die besondere Ausführung der allgemeinen Grundsätze ist den Satzungen der einzelnen sich bildenden Vereine unter Berücksichtigung der bei den treffenden Werken bestehenden besonderen Verhältnisse überlassen.

In Abs 3 ist die Erlangung der juristischen Persönlichkeit an die bergbehördliche Bestätigung der Satzungen geknüpft. Dies ist der richtige Zeitpunkt, von welchem an der Verein als vorschriftsgemäß gebildet erachtet werden kann, und es ist dadurch, daß die juristische Persönlichkeit nicht früher eintritt, die Möglichkeit abgeschnitten, einen Verein mit gesetzwidrigen Satzungen ins Leben treten zu lassen

## Art. 222. (200)

Die bereits bestehenden Knappschaftsvereine bleiben in Wirksamkeit; dieselben können mit Zustimmung ihrer Vertreter einem nach Art. 223 zu bildenden Bezirke einverleibt werden. Der gegenwärtige Titel findet jedoch auch auf sie Anwendung und es sind ihre Satzungen mit den Vorschriften dieses Gesetzes in Übereinstimmung zu bringen.

Die Besitzer und Arbeiter der Hüttenwerke und der dem gegenwärtigen Gesetze nicht unterworfenen Aufbereitungsanstalten, welche bereits einem Knappschaftsvereine angehören, scheiden auf ihren gemeinschaftlichen Antrag aus dem Vereine aus.[1]

1. Die bereits bestehenden Knappschaftsvereine sollen, auch wenn die betreffenden Werke dem Berggesetz nicht unterworfen sind, aufrecht erhalten bleiben.

Die Ausscheidung aus den berggesetzlichen Knappschaftsvereinen ist nur bei gemeinschaftlicher Zustimmung statthaft

## Art. 223. (201)

Die Bestimmung der Bezirke, für welche neue Knappschaftsvereine gegründet werden sollen, hängt zunächst von dem Beschlusse der Beteiligten ab.

Wird von den Beteiligten der zu gründenden Knappschaftsvereine die Bildung eines Bezirks überhaupt nicht beschlossen oder erfolgt über die Bestimmung des Bezirkes keine Einigung unter den Beteiligten, so entscheidet das Oberbergamt nach Anhörung der Werksbesitzer und eines von den Arbeitern zu wählenden Ausschusses.[1]

1. Gemeinschaftliche Knappschaftsvereine für mehrere Werke zusammen haben vor getrennten Knappschaftsvereinen einzelner Gruben den Vorzug, daß solche größere Vereine weniger Schwankungen ausgesetzt sind, als kleinere einzelne, welche bei sie treffenden Unglücksfällen aus sich selbst nicht die nötigen Hilfsmittel schöpfen können, während, je größer die Zahl der wechselseitig Versicherten ist, um so leichter den Bedrängnissen Einzelner abgeholfen werden kann

Insbesondere wird es daher vorteilhaft sein, wenn namentlich für erst entstehende oder noch nicht lange im Betriebe befindliche Bergwerke, welche noch kein oder nur ein unbedeutendes selbständiges Knappschaftsvermögen besitzen, gemeinschaftliche Knappschaftsvereine gebildet werden.

Dagegen haben zu große Knappschaftsvereine aber auch wieder den Nachteil, daß deren Überwachung, insbesondere von seite der Knappschaftsmitglieder selbst erschwert ist und daß, eben weil die Wirkung einer Überbürdung nicht so rasch ihren Einfluß ausübt, übermäßige Ansprüche an die gemeinschaftlichen Kassen weniger kräftig zurückgewiesen werden

Es ist deshalb am angemessensten, die Bildung neuer Knappschaftsvereine in erster Linie den Beteiligten selbst zu überlassen und nur eine bergbehördliche Einwirkung zu bestimmen, wenn von den Beteiligten der zu begründenden Knappschaftsvereine die Bildung eines Bezirks überhaupt nicht beschlossen wird, oder hierüber keine Einigung unter den Beteiligten erfolgt.

In solchen Fällen muß dem Oberbergamte die Entscheidung hierüber, jedoch nur nach Anhörung der Werksbesitzer und eines von den Arbeitern zu wählenden Ausschusses (vgl. Art. 94) übertragen werden, um das Zustandekommen der Bildung von Knappschaftsvereinen zu ermöglichen.

Das Oberbergamt wird es als eine seiner Hauptaufgaben zu betrachten haben, leistungsfähige und gut geleitete Knappschaftsvereine ins Leben zu rufen. Es wird deshalb auch, ehe es zur Entscheidung nach Abs. 2 berufen ist, die Beteiligten tunlichst bei der Bildung solcher Vereine unterstützen und behufs Feststellung ihrer Verfassung dieselben nach jeder Richtung unterstützen Unter allen Verhältnissen ist der Errichtung zu kleiner nicht lebensfähiger Vereine entgegenzuwirken, da hiedurch statt Nutzen nur eine Schädigung für die Bergarbeiter herbeigeführt wird Sehr große Vereine können Gutes leisten, wenn sie richtig verwaltet sind, und wenn deshalb für eine geordnete und jederzeit durchsichtige Geschäftsführung gesorgt werden kann, dann tritt der obenerwähnte Nachteil zurück. Voraussetzung dabei ist eine vorzügliche Organisation Hat das Oberbergamt die Entscheidung zu treffen, so wird es unter Berücksichtigung der berechtigten Wünsche der Werkbesitzer und Arbeiter nach den vorstehenden Grundsätzen zu verfahren haben

## **Art. 224.** (202)

Alle in dem Bezirke eines bereits bestehenden oder neu gegründeten Knappschaftsvereines gelegenen Bergwerke, Aufbereitungsanstalten und Salinen (Art. 221) und die auf denselben beschäftigten Arbeiter sind dem Vereine nach näherer Bestimmung der Satzungen beizutreten berechtigt und verpflichtet.

Berechtigt zum Beitritt sind auch die Werksbeamten, sowie die Verwaltungsbeamten des Knappschaftsvereines.[1]

**1.** Der erste Absatz dieses Artikels spricht die allgemeine Beitrittspflicht zum Knappschaftsvereine sowohl für die Werke, beziehungsweise deren Besitzer, als auch für die Arbeiter aus.

Der Zusatz: „nach näherer Bestimmung der Satzungen" weist darauf hin, daß letztere diejenigen Arbeiterklassen zu bestimmen haben, welche von dem Eintritte ausgeschlossen sein sollen wie z. B die nur vorübergehend beschäftigten Arbeiter.

Es muß hiebei den einzelnen Satzungen namentlich die Bestimmung überlassen bleiben, ob sie zwischen ständigen und unständigen Arbeitern unterscheiden wollen, oder ob eine gewisse Dauer der Dienstleistung festgesetzt werden will, um in den Knappschaftsvereinen eintreten zu können, bzw. zu müssen und dergl.

Nach § 74 Abs. 1 KrVG. tritt für die Mitglieder der auf Grund berggesetzlicher Vorschriften errichteten Krankenkassen (Knappschaftskassen) weder die Gemeindekrankenversicherung noch die Verpflichtung, einer nach Maßgabe des KrVG errichteten Krankenkasse anzugehören, ein.

Der Abs. 2, wonach die Werksbeamten zum Beitritt berechtigt sind, liegt im Interesse der Vereine, da diese Personen für die Verwaltung von Wert sind, und da sie meist auch die Kassen nicht so stark in Anspruch nehmen.

## Art. 225. (203)

Für jeden Knappschaftsverein haben die Werksbesitzer unter Mitwirkung eines von den Arbeitern zu wählenden Ausschusses mit dem gegenwärtigen Gesetze in Übereinstimmung stehende Satzungen aufzustellen.

Dieselben unterliegen der Bestätigung des Oberbergamtes, welche nur versagt werden darf, wenn die Satzungen den gesetzlichen Bestimmungen zuwiderlaufen.

Werden die Satzungen nach vorgängiger Aufforderung nicht innerhalb Jahresfrist vorgelegt, so hat das Oberbergamt dieselben aufzustellen.[1]

1. Die Aufstellung von Satzungen ist zunächst den Beteiligten selbst zu überlassen. Als Beteiligte erscheinen Werksbesitzer und Arbeiter.

Die Satzungen müssen aber in Übereinstimmung sein mit dem Gesetze, weshalb sie der Bestätigung des Oberbergamtes unterliegen und der Verein nur nach erlangter Bestätigung der Satzungen in Rechtswirksamkeit tritt (Art. 221 Abs. 3).

Indem das Gesetz aber die Verweigerung der Bestätigung der Satzungen nur dann gestattet, wenn dieselben den gesetzlichen Bestimmungen zuwiderlaufen, ist Sorge dafür getragen, daß von Seite der Verwaltungsorgane keine den freien Willen der Beteiligten unnötig hemmende Einmischung stattfinde.

Nur dann, wenn die Satzungen nach vorgängiger Aufforderung nicht innerhalb Jahresfrist vorgelegt werden, ist geboten, daß zur Wahrung des öffentlichen Interesses solche von Seite der Bergbehörde aufgestellt werden, weil sonst die Ausführung des Gesetzes vereitelt werden könnte.

Werden Knappschaftssatzungen erst nach Ablauf der Jahresfrist eingereicht, so ist das Oberbergamt bei Prüfung derselben nicht auf die Beseitigung der gesetzwidrigen Bestimmungen beschränkt, sondern kann hiebei auf Grund des Abs. 3 völlig selbständig verfahren. Bei der nach Art. 249 zulässigen Beschwerde an den Verwaltungsgerichtshof kann die Festsetzung der Satzungen durch das Oberbergamt nicht damit angefochten werden, daß bereits vor der Festsetzung die Knappschaftssatzungen in Vorlage gebracht worden seien

Bei Prüfung der Satzungen durch das Oberbergamt ist zu beachten, daß dieselben weder gegen die Bestimmungen des Berggesetzes verstoßen, noch auch den sonstigen gesetzlichen Bestimmungen, insbesondere den reichsgesetzlichen, über die Rechte der Arbeiter (Koalitionsrecht usw.) zuwiderlaufen Dagegen ist das Oberbergamt nicht befugt, etwa aus Zweckmäßigkeitsgründen Bestimmungen der Satzungen, die an sich gesetzlich statthaft sind, zu beanstanden.

In gleicher Weise können die von dem Oberbergamte nach Abs. 3 aufgestellten Satzungen beim Verwaltungsgerichtshofe nur in der Richtung angefochten werden, daß sie mit gesetzlichen Bestimmungen in Widerspruch stehen. Eine Beschwerde aus anderen Gründen kann lediglich als Oberaufsichtsbeschwerde an das Staatsministerium des K. Hauses und des Äußern gerichtet werden.

Bei Statutenänderungen über vermögensrechtliche Leistungen und Ansprüche der Vereinsmitglieder müssen solche für die Beteiligten der gleichen Klassen gleich bestimmt werden

## Art. 226. (204)

Zu allen Abänderungen von Knappschaftssatzungen ist erforderlich, daß dieselben von den Beteiligten nach den hierüber in die Satzungen aufzunehmenden näheren Bestimmungen beschlossen werden und sodann die Bestätigung des Oberbergamtes nach Maßgabe des Art. 225 erlangen.[1]

**1.** Nachdem die Satzungen der Bestätigung des Oberbergamts unterliegen, so können selbstverständlich auch Veränderungen derselben nur nach oberbergamtlicher Bestätigung in Wirksamkeit treten.

Die desfallsigen Bestimmungen des Art 226 stehen mit den allgemeinen Vorschriften über Änderung der Verfassung von Korporationen und mit den Satzungen anderer juristischer Personen im Einklange und dienen zur Befestigung des Vertrauens der Beteiligten auf die ganze Einrichtung (vgl. auch § 33 BGB).

Kommen übereinstimmende Beschlüsse der Werksbesitzer und der Vereinsmitglieder über die Änderungen nicht zustande, dann bleibt es bei den bisherigen Satzungen ebenso, wie wenn die Bestätigung des Oberbergamtes zur Abänderung versagt wird. Es schließt das jedoch nicht aus, daß einzelne Bestimmungen der Satzungen, bezüglich deren Übereinstimmung besteht und welche oberbergamtlich genehmigt wurden, in Wirksamkeit treten.

## Art. 227. (205)

Die Leistungen, welche jeder Knappschaftsverein nach näherer Bestimmung der Satzungen seinen Mitgliedern zu gewähren hat, sind:

1. in Krankheitsfällen eines Knappschaftsgenossen freie Kur und Arznei für seine Person;
2. ein entsprechender Krankenlohn;
3. ein Beitrag zu den Begräbniskosten der Mitglieder und Invaliden;
4. eine Unterstützung an Wöchnerinnen;
5. eine lebenslängliche Invaliden-Unterstützung bei einer ohne grobes Verschulden eingetretenen Arbeitsunfähigkeit;
6. eine Unterstützung der Witwen auf Lebenszeit, beziehungsweise bis zur etwaigen Wiederverheiratung;
7. eine Unterstützung zur Erziehung der Kinder verstorbener Mitglieder und Invaliden bis nach zurückgelegtem vierzehnten Lebensjahre.[1]

Für die vollberechtigten Mitglieder sind mindestens die unter Ziff. 1 bis 3, 5 bis 7, für die nicht vollberechtigten Mitglieder mindestens die unter Ziff. 1 bis 4 genannten Leistungen, wenn sie aber bei der Arbeit verunglücken, auch die unter Ziff. 5 bis 7 genannten zu gewähren.[2]

Die unter Ziff. 1 bis 4 bezeichneten Leistungen müssen in allen Fällen die durch das Krankenversicherungsgesetz für die Betriebs- (Fabrik-) Krankenkassen vorgeschriebenen Mindestleistungen erreichen.[3] [4]

Die Gewährung von Krankenlohn (Abs. 1 Ziff. 2) kann durch die Satzungen für die in § 26a Abs. 2 Ziff. 2 des Krankenversicherungsgesetzes vorgesehenen Fälle ausgeschlossen werden.[5] [6]

**1.** Der Art. 227 bestimmt die Leistungen, welche jeder Knappschaftsverein nach näherer Bestimmung der Satzungen seinen Mitgliedern gewähren muß.

Das Berggesetz von 1869 ist durch das Gesetz vom 30. Juni 1900 in dieser Beziehung mehrfach geändert worden. Zunächst ist bei Ziff. 2 der Beisatz „bei einer ohne eigenes grobes Verschulden entstandenen Krankheit" gestrichen worden, um die Bestimmung mit der Vorschrift des Krankenversicherungsgesetzes in Einklang zu bringen. Ferner war nach den bisherigen Bestimmungen ein Teil der Leistungen fakultativ. Nur Kur- und Arzneifreiheit, dann der Krankenlohn war in allen Fällen obligatorisch, der Beitrag zu den Begräbniskosten und die lebenslängliche Invalidenunterstützung nur dann, wenn die betreffenden Mitglieder bei der Arbeit verunglückten. Dies entsprach nicht vollständig der gesetzlichen Entwicklung der von Alters her bestehenden Bruderladen, Knappschaftsvereine usw., welche neben Gewährung lebenslänglicher Unterstützungen an invalide Arbeiter auch die Unterstützung von Witwen und Waisen verunglückter Bergleute stets als ihre Hauptaufgabe betrachtet hatten. Auch die Praxis stellte sich nach Erlaß des Berggesetzes vom 20. März 1869 auf denselben Standpunkt. Es wurden deshalb die sämtlichen Leistungen unter 1 bis 7 unter der Beschränkung des Abs. 2 als obligatorische erklärt, die der Knappschaftsverein sonach gewähren muß. Die Ziff. 4 (Unterstützung an Wöchnerinnen) wurde auf Vorschlag des Ausschusses der Abgeordnetenkammer beigefügt, um jeden Zweifel darüber auszuschließen, daß diese Leistung in Ausführung des § 74 Abs. 2 des Krankenversicherungsgesetzes gewährt werden müsse.

Der Verwaltungsgerichtshof hat wiederholt entschieden, daß Knappschaftskassen zu den Unterstützungskassen i. S. des § 25 Abs. 1 GewUVG. und Knappschaftspensionen zu den dort vorausgesetzten Unterstützungen gehören (s. E. vom 2. März 1908 und vom 13. Juli 1908, Bd. 29 S. 66 u. 143).

**2.** Unter vollberechtigten Mitgliedern sind jene zu verstehen, die nach den Knappschaftssatzungen alle Rechte des Vereins in Anspruch nehmen können. Die Satzungen setzen meistens eine sog. Karenzzeit fest, welche ein Mitglied hinter sich haben muß, um vollberechtigt zu werden. Vor Ablauf dieser Zeit (meist 5 Jahre) stehen den Mitgliedern nur gewisse in den Satzungen bestimmte Rechte zu. Der Abs. 2 des Art. 217 bestimmt nun, daß diesen Vollmitgliedern, als welche nur wirkliche Bergleute in Betracht kommen, die Leistungen 1 mit 3 und 5 mit 7 unter allen Verhältnissen gewährt werden müssen. Ziffer 4 fällt hier hinweg, weil Arbeiterinnen nicht unter Tage beschäftigt werden dürfen, also nie Vollmitglieder des Vereins werden können.

Die nicht vollberechtigten Mitglieder (darunter die Arbeiterinnen) haben unter allen Verhältnissen Anspruch auf die Leistungen unter Ziffer 1 mit 4 und, falls sie bei der Arbeit verunglücken, auch auf die Leistungen Ziffer 5 mit 7.

**3.** Im § 74 Abs. 2 KrVG (RGBl 1892 S. 410) ist bestimmt, daß die statutenmäßigen Leistungen der Knappschaftskassen in Krankheitsfällen die für die Betriebs- (Fabrik-) Krankenkassen vorgeschriebenen Mindestleistungen erreichen müssen. Die für Betriebs- (Fabrik-) Krankenkassen vorgeschriebenen Mindestleistungen (Krankenunterstützung, Wöchnerinnen-Unterstützung und Sterbegeld) sind in § 64, bzw § 20 KrVG. näher bestimmt Das Mindestmaß dieser bildet zugleich die untere Grenze für die bezüglichen Leistungen der Knappschaftsvereine und für die statutarische Autonomie derselben.

Es wurde, um dies zum Ausdruck zu bringen, der Abs. 3 beigefügt.

**4.** Seit dem Ges. vom 30 Juni 1900 (vgl. Anm 1 oben) hat der § 74 KrVG durch die Novelle z. KrVG. vom 25. Mai 1903 einen Abs. 3 erhalten, wonach die Vorschrift des § 20 Abs 5, § 26 Abs. 1 u. Abs. 2 Satz 1, § 56 Abs. 2 bis 4, § 56 a und § 57 a auch auf Knappschaftskassen Anwendung finden, und zwar die Vorschriften des § 56

Abs. 2 bis 4 auch hinsichtlich aller den Knappschaftskassen berggesetzlich obliegenden Leistungen. S. dazu die Bem zu Art. 230 unten.

5. Der Abs. 4 wurde beigesetzt, da nach dem Krankenversicherungsgesetz die Gewährung von Krankengeld nicht allgemein bei Vorliegen eines eigenen Verschuldens des Arbeiters — worunter auch Fahrlässigkeit bei der Arbeit verstanden werden kann — verweigert werden darf, sondern nur dann statutarisch ausgeschlossen werden kann, wenn eigenes Verschulden im Sinne des § 26a Abs 2 Ziff 2 KrVG (RGBl. 1892 S. 391) gegeben ist. Es sollte hiemit Übereinstimmung erzielt werden. § 26a Abs. 2 Ziff 2 KrVG ist durch die Novelle zum KrVG. vom 25. Mai 1903 Art I Ziff. XII (RGBl 1903 S 236) geändert worden.

6. a) Entscheidend für die Bestimmung der Dienstesklasse und der Dienstaltersabstufung eines Vereinsmitgliedes ist die über sämtliche Knappschaftsmitglieder zu führende und evident zu haltende Personalstandstabelle (Knappschaftsrolle), deren Zuverlässigkeit auch dadurch gesichert wird, daß die Knappschaftsältesten versichert sind, von derselben Einsicht zu nehmen und wahrgenommene Unrichtigkeiten dem Knappschaftsvorstand zur Anzeige zu bringen, und daß ferner jedem Vereinsmitglied die Einsicht in die Knappschaftsrolle, soweit sie seine Person betrifft, gestattet ist. Ein Gegenbeweis, daß ein irriger Vortrag vorliegt, ist allerdings nicht ausgeschlossen.

b) Erfolgt die Aufnahme eines geisteskranken Knappschaftsmitgliedes in eine Irrenanstalt zunächst und vorwiegend im öffentlichen Interesse, so hat nicht der Knappschaftsverein die Kosten zu tragen, vielmehr hat die zuständige Distriktspolizeibehörde hierüber nach Maßgabe der einschlägigen gesetzlichen Bestimmungen zu beschließen.

c) Ist die Pensionsberechtigung eines Vereinsmitgliedes an ein bestimmtes Alter, das beim Eintritt in den Verein nicht überschritten sein darf, geknüpft und wird die Altersgrenze später vorschriftsmäßig erweitert, so wirkt die Hinaufsetzung der Grenze selbstverständlich für alle jene Vereinsmitglieder, die bei ihrem Eintritt zwar die erstbestimmte Altersgrenze überschritten hatten und deshalb nicht pensionsberechtigt waren, die nunmehr aber bei dem Inkrafttreten der neuen Altersgrenze die letztere noch nicht erreicht haben, und erlangen diese deshalb mit der Änderung der Satzungen von selbst die Pensionsberechtigung.

d) Der Begriff der „Invalidität“ deckt sich mit jenem der Erwerbsunfähigkeit im Sinne des IVG. § 5 Abs. 4 (RGBl. 1899 S. 465.)

e) Bezüglich der etwaigen Ersatzansprüche der Knappschaftsvereine gegenüber den Berufsgenossenschaften bei Rentenansprüchen von Knappschaftsmitgliedern vgl. § 8 des GewUVG vom 30 Juni 1900 (RGBl 1900 S. 356.)

## Art. 228. (206)

Aus dem Betriebe ausscheidende Mitglieder können durch Entrichtung einer Gebühr, welche den monatlichen Betrag von 1 ℳ nicht übersteigen darf, die bis zum Tage des Austrittes erworbenen Pensionsaussprüche für sich und ihre Angehörigen wahren, insofern nicht bei Eintritt in einen anderen Knappschaftsverein die bisherige Dienstzeit angerechnet wird.

Die bezügliche Absicht muß dem Kassenvorstand innerhalb eines Monats nach dem Austritt erklärt werden.

Bleibt der Ausgeschiedene mit der Gebühr länger als drei Monate im Rückstand, so erlischt der vorbehaltene Anspruch ohne weiteres.

Insofern nicht nach Vorstehendem Pensionsansprüche gewahrt werden wollen, kann der Knappschaftsvorstand ausscheidenden Mitgliedern, welche eine Invalidenunterstützung nicht beziehen, eine einmalige Vergütung gewähren, deren Höhe durch die Knappschaftssatzungen bestimmt wird.[1]

1. Der Art beruht auf dem Ges. vom 30. Juni 1900; er war im Regierungsentwurfe nicht enthalten und ist auf Anregung des Ausschusses der Abgeordnetenkammer, in welchem lebhafte Debatten hierüber statthatten, zuletzt in der von der Reichsratskammer festgestellten Fassung aufgenommen worden

Es soll durch die Bestimmung den aus dem Verein ausscheidenden Arbeitern die Möglichkeit gewahrt werden, sich die Pensionsansprüche, welche sie bis zum Ausscheiden aus dem Arbeitsverhältnis erworben haben, durch Zahlung einer Gebühr zu wahren, wenn sie nicht in einen anderen Knappschaftsverein eintreten, welcher ihnen unter Anrechnung der bisherigen Dienstzeit wenigstens die gleichen Rechte gewährt. Es entspricht dies der Billigkeit, da die Arbeiter durch Einzahlung ihrer Beiträge die Pensionsrechte erworben haben, und bei allenfallsigem Austritt aus der Arbeit den Leistungen der Arbeiter eine Gegenleistung des Knappschaftsvereins nicht mehr gegenüberstehen würde In den Fällen der Entlassung eines Arbeiters ohne jedwedes Verschulden des letzteren würde der Verlust der erworbenen Pensionsansprüche noch empfindlicher und gar nicht zu rechtfertigen sein. In der Wirklichkeit haben auch schon bisher die meisten Knappschaftssatzungen diese Wahrung der Pensionsansprüche vorgesehen. Da es aber immerhin in das Belieben der Beteiligten gestellt war, den Arbeitern diesen Schutz zu gewähren, so erschien es zweckmäßig, die Berechtigung der ausscheidenden Arbeiter gesetzlich festzulegen. In den Knappschaftssatzungen sind sodann die näheren Bestimmungen hierüber zu treffen Dabei darf die monatliche Gebühr nicht höher als 1 Mk. festgesetzt werden. Die Frist zur Erklärung nach Abs 2 darf nicht kürzer als einen Monat nach Austritt bestimmt und für das Erlöschen des Anspruchs die dreimonatige Frist nicht abgekürzt werden. Dagegen besteht kein Hindernis, die Gebühr niedriger als 1 Mk. festzusetzen, die Frist für die Erklärung nach Abs. 2 und das Erlöschen des Anspruchs nach Abs. 3 zu verlängern.

Voraussetzung für die Berechtigung auf Wahrung der Pensionsansprüche ist, daß der Arbeiter in seinem etwaigen neuen Arbeitsverhältnis nicht die gleichen Ansprüche unter Anrechnung seiner bisherigen Dienstzeit sofort erwirbt.

Der Abs. 4 hat nach den Beschlüssen der Reichsratskammer, denen die Kammer der Abgeordneten beigetreten ist, eine Fassung erhalten, welche keinen Zweifel darüber aufkommen läßt, daß an Stelle der Wahrung der Pensionsansprüche durch die Fortzahlung der in Abs. 1 bestimmten Gebühr den ohne den Bezug einer Invalidenunterstützung ausscheidenden Mitgliedern eine einmalige Vergütung, eine Abfindung durch den Knappschaftsvorstand gewährt werden kann. Es steht hienach nicht im Belieben der austretenden Mitglieder, ob sie die Gebühr zur Wahrung ihrer Ansprüche zahlen oder die Abfindung wählen wollen. Die Gewährung der letzteren, welche von dem ausscheidenden Mitgliede beantragt werden kann, liegt ganz in dem Ermessen des Knappschaftsvorstandes. Der Grund für diese Anordnung liegt darin, daß der Bestand der Knappschaftskassen ernstlich gefährdet würde, wollte man den Mitgliedern das Recht unbedingt einräumen, beim Ausscheiden aus dem Vereine die Abfindung zu fordern. Es bestände diese Gefahr namentlich bei großen Arbeiterausständen, wenn Hunderte von Arbeitern die Arbeit niederlegen, ausscheiden und die einmalige Vergütung von der Kasse verlangen. Dadurch würde zweifellos, da große Summen ausgezahlt werden müßten, der Ruin vieler Kassen bedingt werden. Auch sonst kann es Fälle geben, in welchen der Knappschaftsvorstand die Abfindung im Interesse der Familie des Arbeiters selbst verweigern wird, so wenn sicher zu erwarten steht, daß der ausscheidende Arbeiter den Abfindungsbetrag in kurzer Zeit verschleudern würde. Es ist deshalb durch Abs. 4 dem Knappschaftsvorstand die Befugnis eingeräumt, in Würdigung der gegebenen Verhältnisse die einmalige Vergütung zu gewähren oder abzulehnen. Gegen etwaige Willkürlichkeiten des Knappschaftsvorstandes bietet das durch Art. 213 und Art. 249 eingeräumte Recht der Beschwerde an das Oberbergamt und den Verwaltungsgerichtshof genügenden Schutz. Der Verwaltungsgerichtshof hat sich in seiner Entsch. vom 26. April 1909, MABl. 1909 S. 415, dahin ausgesprochen, daß das Oberbergamt den Knappschaftsverein anhalten kann, die einmalige Vergütung zu gewähren; das OBA. kann also eine dahingehende Verpflichtung des Knappschaftsvereins aussprechen.

Der Knappschaftsvorstand bestimmt nur, ob die einmalige Vergütung zu gewähren oder abzulehnen sei. Über die Höhe der zu gewährenden Vergütung selbst haben die Knappschaftssatzungen zu bestimmen. Es ist hiebei einerseits auf die Höhe der von dem ausscheidenden Mitgliede gezahlten Beiträge, andererseits auf die Länge und Art der Dienstleistung desselben angemessene Rücksicht zu nehmen. Hienach wird für bestimmte Arbeitsklassen und für bestimmte Dienstdauer eine Pauschalsumme als Vergütung festzusetzen sein. Von den Beiträgen werden selbstverständlich nur jene in Betracht kommen, die als Invalidenbeiträge entrichtet werden, während die Krankenkassenbeiträge nur das Äquivalent bilden für den Anspruch auf Krankenhilfe.

## Art. 229. (207)

Für die Leistungen unter 1, 2 und 3 des Art. 227 oder für einzelne derselben können nach dem gemeinschaftlichen Beschlusse der Werksbesitzer, der Knappschaftsältesten und des

Knappschaftsvorstandes besondere Krankenkassen auf sämtlichen zu einem Knappschaftsvereine gehörigen Werken und zwar auf jedem einzelnen Werke oder gruppenweise auf mehreren eingerichtet werden.

Die für die Krankenkassen nach Vorschrift des Art. 225 aufzustellenden Satzungen unterliegen der daselbst erwähnten Bestätigung.

Die Beaufsichtigung der Krankenkassen gehört zu den Obliegenheiten des Knappschaftsvorstandes. In den Satzungen des Knappschaftsvereines sind die näheren Bestimmungen hierüber, sowie über die bei der Abzweigung der Krankenkassen eintretende Herabsetzung der Beiträge zur Hauptkasse zu treffen.[1]

1. Größere, über ausgedehnte Bezirke sich erstreckende gemeinschaftliche Knappschaftsvereine haben ihre Nachteile. Diese äußern sich besonders beim Krankenunterstützungswesen, weil die Handhabung einer strengen Ordnung und Überwachung bei denselben erschwert ist.

Um nun die zweifache Wirksamkeit der Knappschaftskassen als Kranken- und Pensionskassen im richtigen Gegengewicht zu erhalten und die Vereine vor einer übermäßigen, die wichtigeren Interessen des Pensionswesens gefährdenden Anspannung ihrer Kräfte zur Bestreitung der Kurkosten und Krankenlöhne zu bewahren, ist hier vorgesehen, die Verwaltung der Vereine in bezug auf das Krankenunterstützungswesen zu dezentralisieren und letzteres innerhalb engerer Kreise durch besondere Krankenkassen, deren Ausgaben durch Beiträge der unmittelbar beteiligten Werksbesitzer und Arbeiter zu decken sind, besorgen zu lassen.

Es ist also den Beteiligten die Entscheidung darüber überlassen, ob und in welcher Weise sie solche besondere Krankenkassen errichten wollen.

Die Bestätigung der Satzungen ist auch hier dem Oberbergamte vorbehalten, weil es sich um Leistungen handelt, welche das Gesetz im Interesse der Arbeiter unter die Oberaufsicht des Staates stellt.

Die Krankenkassen bilden eigentlich nur Unterabteilungen der Knappschaftskassen der Werke, zu welchen sie gehören. Es ist daher nicht erforderlich, ihnen die den Knappschaftskassen beigelegte Eigenschaft einer juristischen Person ebenfalls beizulegen, zumal es sich bei denselben nicht sowohl um Vermögensverwaltung, als vielmehr wesentlich nur um die Deckung laufender Ausgaben durch laufende Einnahmen handelt.

Es ist aber selbstverständlich, daß diese besonderen Krankenkassen der in Art. 227 Abs. 3 ausgesprochenen Verpflichtung unterliegen.

## Art. 230. (208)

Die Ansprüche der Berechtigten auf die Leistungen der Knappschafts- und der Krankenkassen sind nicht übertragbar.[1]

**1.** Die Fassung des Art. 230 beruht auf dem Ges. vom 30. Juni 1900. An die Stelle des Art. 230 sind nunmehr gem. § 74 Abs. 3 KrVG. (Novelle zum KrVG. vom 25. Mai 1903) die eingehenderen Vorschriften des § 56 Abs. 2 bis 4 KrVG., und zwar auch für die Ansprüche an die knappschaftlichen Pensionskassen getreten.

Die Abs. 2 bis 4 des zit. § 56 lauten wie folgt:

„Die Übertragung der dem Unterstützungsberechtigten zustehenden Ansprüche auf Dritte sowie die Verpfändung oder Pfändung hat nur insoweit rechtliche Wirkung, als sie erfolgt:

1. zur Deckung eines Vorschusses, welcher den Berechtigten auf seine Ansprüche vor Anweisung der Unterstützung von dem Arbeitgeber oder einem Organe der Kasse oder dem Mitglied eines solchen Organs gegeben worden ist;

2. zur Deckung der im § 850 Abs. 4 der Zivilprozeßordnung bezeichneten Forderungen.

Die Ansprüche dürfen auf geschuldete Eintrittsgelder und Beiträge, auf gezahlte Vorschüsse, auf zu Unrecht gezahlte Unterstützungsbeträge und auf die von den Organen der Kassen verhängten Geldstrafen aufgerechnet werden. Die Ansprüche dürfen ferner aufgerechnet werden auf Ersatzforderungen für Beträge, welche der Unterstützungsberechtigte in den Fällen des § 57 Abs. 4 oder auf Grund der Reichsgesetze über Unfallversicherung bezogen, oder an die Kasse zu erstatten hat; Ansprüche auf Krankengeld dürfen jedoch nur bis zur Hälfte aufgerechnet werden.

Ausnahmsweise darf der Berechtigte den Anspruch ganz oder zum Teil auf andere übertragen, sofern dies von der unteren Verwaltungsbehörde genehmigt wird."

## Art. 231. (209)

Sowohl die Arbeiter, als auch die Werksbesitzer haben zu den Knappschafts- und den Krankenkassen Beiträge zu leisten.[1]

**1.** Die Bestimmung entspricht den Grundsätzen, wie sie in den Reichsversicherungsgesetzen zum Ausdruck gelangen. Es sollen die beiden Parteien an den Kassen beteiligt sein, die ja ebenso den Interessen der Werksbesitzer wie der Arbeiter dienen, da erstere durch eine angemessene Fürsorge für die Arbeiter sich einen Stamm verlässiger Leute sichern.

Bezüglich der Verjährung der Beiträge vgl. den Art. 126 AG. BGB. (Beil.Bd. z. Landtagsabschied 1899 S. 32).

## Art. 232. (210)

Die Beiträge der Mitglieder sind in einem Bruchteile ihres Arbeitslohns oder Gehalts oder in einem festen Satze zu bestimmen.

Die Beiträge der Werksbesitzer sind in gleicher Höhe zu

entrichten wie die Beiträge der beitrittspflichtigen Arbeiter (Art. 224 Abs. 1).[1 2]

Zur Beitragsleistung für die nichtbeitrittspflichtigen Mitglieder sind die Werksbesitzer nicht verpflichtet. Soweit eine Beitragsleistung für ein nichtbeitrittspflichtiges Mitglied durch den Werksbesitzer nicht erfolgt, hat das nichtbeitrittspflichtige Mitglied neben dem Mitgliedbeitrag auch den auf den Werksbesitzer entfallenden Beitrag seinerseits zu entrichten.

1. Art. 232 hat seine jetzige Fassung durch das Ges. vom 13. August 1910 erhalten; neu ist im Abs. 2 die Erhöhung des gesetzlichen Mindestbetrags der Beiträge der Werksbesitzer, der nach der bisherigen Fassung des Gesetzes „mindestens die Hälfte des Beitrags der Arbeiter" ausmachen sollte; neu ist ferner Abs. 3, während Abs. 1 nur redaktionell geändert wurde.

2. Die Höhe der Beiträge ist jeweils durch die Satzungen zu bestimmen und hat sich nach dem Bedürfnis zu bemessen. Da in erster Reihe die Arbeiter an den Kassen interessiert sind, so sind solche zunächst mit einem bestimmten Bruchteil des Lohnes heranzuziehen, an dessen Stelle auch ein fester Satz bestimmt werden kann. Die Berechnung des Mindestbetrages der Werksbesitzer erfolgt nach der Gesamtleistung der Arbeiter.

Daß den Knappschaftskassen, welchen auch nach Art. 284 die gerichtlich erkannten Geldstrafen zufließen, unabbrüchig der Beiträge der Arbeiter und Werksbesitzer ihre Einnahmen aus dem bisher erworbenen oder noch zu erwerbenden Vermögen verbleiben und daß ihnen auch sonstige Einnahmen zufließen, bzw. durch die Satzungen zugewiesen werden können, ist bei ihrer Erwerbsfähigkeit als juristische Person selbstverständlich.

Bei Festsetzung von festen Beiträgen ist ein Unterschied nach den verschieden gelohnten Arbeiterklassen zu machen, wie auch der Unterschied zwischen vollberechtigten und minderberechtigten Mitgliedern entsprechend zu beachten ist.

Zu Absatz 3 vgl. Art. 214 Abs. 2.

## Art. 233. (211)

Die Werksbesitzer sind verpflichtet, die Beiträge ihrer Arbeiter bei Vermeidung der zwangsweisen Einziehung an die Vereinskasse abzuliefern; sie sind berechtigt, diese Beiträge, soweit dieselben für die betreffende Lohnperiode fällig sind, durch Lohnabzüge einzuheben.

Auch haben die Werksbesitzer ihre Arbeiter und deren Lohnbezüge regelmäßig an den durch die Satzungen festzusetzenden Zeitpunkten bei dem Knappschaftsvorstande anzumelden.

Unterbleibt die Anmeldung, so ist der Vorstand befugt, die Zahl der Arbeiter, für welche die Beiträge zur Knappschaftskasse eingezogen werden sollen, nach seinem Ermessen zu bestimmen oder bei dem Oberbergamte eine Ungehorsamsstrafe gegen den säumigen Werksbesitzer in Antrag zu bringen.[1]

**1.** Der Abs. 1 ist durch das Ges. vom 30. Juni 1900 auf Initiative der Abgeordnetenkammer dahin abgeändert worden, daß an die Spitze die Verpflichtung des Bergwerksbesitzers zur Ablieferung der Arbeiterbeiträge an die Vereinskasse gestellt wurde, während dessen Berechtigung, diese Beiträge durch Lohnabzüge einzuheben, angefügt wurde und zwar mit dem einschränkenden Zusatze, daß der Abzug nur für die auf die treffende Lohnperiode entfallenden Beiträge stattfinden darf, damit nicht, wie der Referent der Abgeordnetenkammer bemerkte, die Arbeiter vielleicht sich für zwei oder drei Wochen die Abzüge gefallen lassen müßten.

Da die Unterstützungen zur bestimmten Zeit bezahlt werden müssen und die Dürftigkeit der Empfänger eine Verzögerung nicht zuläßt, ist die rasche Einziehung der Beiträge ein notwendiges Erfordernis einer geregelten Verwaltung. Es rechtfertigt sich deshalb die den Werksbesitzern auferlegte Verpflichtung, bei Meidung der zwangsweisen Einziehung die Beiträge ihrer Arbeiter an die Vereinskasse gelangen zu lassen. Dagegen haben sie das Recht, die Beiträge den Arbeitern bei der Lohnzahlung abzuziehen, immer jedoch nur die jeweils in dieser Periode fällig gewordenen Beiträge.

Die Vorschrift im 2 Absatze ist notwendig, um eine geordnete Verwaltung der Knappschaftskassen zu ermöglichen Um einen wirklichen Zwang gegen die mit der Anmeldung säumigen Werksbesitzer auszuüben, soll der Vorstand ermächtigt sein, die Zahl der Arbeiter, für welche die Beiträge eingezogen werden sollen, nach seinem Ermessen zu bestimmen, falls der Werksbesitzer die Anmeldung unterläßt. Bei der Bestimmung der Arbeiterzahl ist auch eventuell die Zahl nach den Arbeiterklassen abgestuft zu bezeichnen. Es liegt hierin keine Härte und Unbilligkeit, weil die Werksbesitzer die allenfalls hieraus für sie entspringenden Nachteile leicht von sich abwenden können.

Da indes auch dieses Zwangsmittel sich unter Umständen als ungenügend oder ungeeignet erweisen kann, so ist zugleich dem Vorstand die Befugnis eingeräumt, beim Oberbergamt eine Ungehorsamsstrafe gegen den säumigen Werksbesitzer zu beantragen.

Der letzte Absatz wurde durch das Ges vom 30. Juni 1900 dahin geändert, daß nicht die Androhung einer Ungehorsamsstrafe, wie bisher in Antrag zu bringen ist, sondern die Verhängung einer solchen Strafe.

## Art. 234. (212)

Alle Beiträge zur Knappschaftskasse, wie zu den Krankenkassen können, nachdem die Ausstandsverzeichnisse von dem Oberbergamte vollstreckbar erklärt sind, zwangsweise beigetrieben werden.[1]

1. Aus den zu Art. 233 angegebenen Gründen muß Vorsorge getroffen werden, daß die Beiträge zu den Knappschafts- und Krankenkassen rasch eingehen. Sobald daher die Ausstandsverzeichnisse dem Oberbergamte zur Prüfung vorgelegt und von diesem für vollstreckbar erklärt sind, erfolgt die zwangsweise Beitreibung der Beiträge. (Vgl. Art. 7 und 8 AG. ZPO.)

## Art. 235. (213)

Über Streitigkeiten, die sich aus dem Vollzug der Art. 227 bis 234 ergeben, entscheidet unter Ausschluß des Rechtswegs das Oberbergamt.[1]

1. Nach der Fassung von 1869 war bezüglich der Beiträge der Rechtsweg vorbehalten, ohne daß jedoch durch Beschreitung desselben die Einhebung der Beiträge aufgehalten worden wäre. Der Vereinfachung der Sache halber und, da das Oberbergamt vermöge seiner Aufsichtsbefugnisse über die Knappschaftsvereine am ehesten in der Lage ist, Streitigkeiten auch bezüglich der Beiträge zu entscheiden, wurde durch das Gesetz vom 30. Juni 1900 die Entscheidung hierüber, wie überhaupt über alle Streitigkeiten, die sich beim Vollzug der Art. 227 bis 234 ergeben, dem Oberbergamt unter Ausschluß des Rechtsweges übertragen.

Zur Sicherung der Rechte der Beteiligten, die sich durch die Entscheidung des Oberbergamtes benachteiligt fühlen, ist sodann in Art 249 hiegegen die Beschwerde an den Verwaltungsgerichtshof eingeräumt

## Art. 236. (214)

Die Verwaltung eines jeden Knappschaftsvereines erfolgt unter Beteiligung von Knappschaftsältesten durch einen Knappschaftsvorstand.[1]

1. Um eine geordnete Verwaltung bei den der bergbehördlichen Aufsicht unterstellten Knappschaftsvereinen zu sichern, ist die Verwaltung einem Knappschaftsvorstand übertragen, dem die Knappschaftsältesten zur Seite stehen.

Über die Knappschaftsältesten trifft der folgende Art. die erforderlichen Bestimmungen, während die Zusammensetzung des Knappschaftsvorstandes in Art 238 geregelt ist.

## Art. 237. (215)

Die Knappschaftsältesten werden von den zum Vereine gehörigen Arbeitern in einer durch die Satzungen festzustellenden Zahl aus ihrer Mitte in geheimer Wahl mit verdeckten Stimmzetteln gewählt.

Auch den invaliden Arbeitern und Beamten kann die Wählbarkeit durch die Satzungen beigelegt werden.

Die Knappschaftsältesten vertreten die Knappschaftsmitglieder bei der Wahl des Vorstands und haben im allgemeinen das Recht und die Pflicht, einerseits die Befolgung der Satzungen durch die Knappschaftsmitglieder zu überwachen und andererseits die Rechte der letzteren gegenüber dem Vorstande wahrzunehmen.

Die Satzungen oder eine besondere Instruktion (Art. 240) regeln ihre Dienstobliegenheiten.[1]

**1.** Durch den Art. 237 ist dem Institute der Knappschaftsältesten die erforderliche gesetzliche Grundlage gegeben. Es sind hier über ihre Wahl und über ihre durch die Satzungen näher festzusetzenden Funktionen Bestimmungen getroffen. Hienach haben die Ältesten einerseits die Vereinsgenossen gegenüber dem Vorstande zu vertreten und andrerseits die Befolgung der Satzungen von seiten der Vereinsgenossen zu überwachen, außerdem aber an der Wahl des Vorstandes Teil zu nehmen.

Die Wählbarkeit erwerbsunfähiger Vereinsgenossen zu Knappschaftsältesten ist gesetzlich weder verneint, noch bejaht, sondern die Bestimmung hierüber lediglich den Satzungen anheimgegeben.

Das aktive Wahlrecht kommt nur den Arbeitern des Vereins - die Beiträge zahlen — zu, während die passive Wahlfähigkeit (Abs. 2) auch invaliden Arbeitern und Beamten durch die Satzungen eingeräumt werden kann. Geschieht Letzteres nicht, so sind solche auch nicht wählbar Durch das Ges vom 30 Juni 1900 wurden im Abs 1 auf Initiative des Landtags die Worte „und Beamten" gestrichen und „geheime Wahl mit verdeckten Stimmzetteln" vorgeschrieben. Die Beamten seien ohnehin durch die Bestellung seitens der Werksbesitzer vertreten.

Aus dem Art geht hervor, daß der Wirkungskreis der Knappschaftsältesten auf Angelegenheiten des Knappschaftsvereins beschränkt ist, wenn auch nicht ausgeschlossen erscheint, daß durch die Satzungen oder eine besondere Instruktion ihnen weitere Geschäfte übertragen werden Es ergibt sich hienach der Unterschied zwischen den Knappschaftsältesten und den nach Art 94 zu wählenden Arbeiterausschüssen, welch letztere die Interessen der Arbeiterschaft im allgemeinen zu vertreten haben, namentlich gegenüber den Werksbesitzern und Werksbeamten

## Art. 238. (216)

Die Mitglieder des Knappschaftsvorstandes werden nach näherer Bestimmung der Satzungen zur einen Hälfte von den Werksbesitzern, beziehungsweise von den Repräsentanten und zur andern Hälfte von den Knappschaftsältesten je aus ihrer Mitte oder aus der Zahl der königlichen oder Privatbergbeamten in geheimer Wahl mit verdeckten Stimmzetteln gewählt.[1]

Die Hälfte des Knappschaftsvorstandes muß aus Arbeitern oder Arbeiterinvaliden bestehen.[2]

Der Knappschaftsvorstand wählt seinen Vorsitzenden und dessen

Stellvertreter aus der Zahl seiner aus den Werksbesitzern oder den Repräsentanten gewählten Mitglieder.[1]

**1.** Die Art der Wahl der Mitglieder des Knappschaftsvorstandes ist den Satzungen überlassen, doch ist wegen der wechselseitigen Beteiligung bestimmt, daß die eine Hälfte von den Werksbesitzern, bzw. deren Vertretern, die andere Hälfte von den Knappschaftsältesten je aus ihrer Mitte oder aus der Zahl der Beamten zu wählen ist. An diesem Verhältnis darf durch die Satzungen nichts geändert werden.

Bei der Änderung des Berggesetzes durch die Novelle vom 30. Juni 1900 wurde vom Landtage der Zusatz beschlossen, daß die Wahl als geheime mit verdeckten Stimmzetteln vorzunehmen ist.

**2.** Der Abs. 2 wurde von dem Ges. vom 30. Juni 1900 hinzugefügt, damit die Arbeiter im Vorstande gleichheitlich wie die Werksbesitzer vertreten seien. Es ergibt sich hiebei allerdings die Schwierigkeit, daß ohne Vereinbarung zwischen den beiden Wahlparteien ein Wahlresultat im Sinne des Abs. 2 nicht sicher ist. Es müßte sohin ein Übereinkommen dahin getroffen werden, daß jede Partei mindestens eine bestimmte Zahl von Arbeitern oder Invaliden wählt, um für diese die Hälfte zu sichern; mangels einer solchen Vereinbarung wären die Knappschaftsältesten genötigt, von der Wahl von Beamten ganz abzusehen. Wird der Vorschrift des Abs. 2 bei einer Wahl nicht genügt, so ist eben eine weitere Wahl vorzunehmen, so lange, bis der Vorschrift entsprochen ist.

**3.** Abs. 3 wurde durch das Ges. vom 13. August 1910 angefügt; er entspricht der Übung, die bereits vor jenem Gesetz bestand; diese Übung durch eine gesetzliche Vorschrift zu stützen, erschien nach den Mot. veranlaßt, nachdem durch das gleiche Gesetz die Mindestbeiträge der Werksbesitzer erhöht wurden (Art. 232 Abs. 2).

## Art. 239. (neu)

Die Beschlußfassungen im Vorstand erfolgen mit einfacher Stimmenmehrheit. Ergibt die Abstimmung über einen Antrag Stimmengleichheit, so ist der Antrag innerhalb eines Monats zur nochmaligen Beschlußfassung zu bringen.

Ergibt auch die wiederholte Abstimmung Stimmengleichheit und erscheinen durch Nichtannahme des Antrags erhebliche Interessen des Vereins gefährdet, so kann von jedem Vorstandsmitglied innerhalb eines Monats ausschließender Frist vom Tage der wiederholten Abstimmung ab die Entscheidung des Oberbergamts über Annahme oder Ablehnung des Antrags angerufen werden.[1]

**1.** Art. 239 beruht auf dem Ges. vom 13. August 1910 und steht in Zusammenhang mit dem neuen Abs. 3 des Art. 238. Art. 239 schützt die Minoritäten im Knappschaftsvorstand, in welchem die Werksbesitzer durch den ihnen gesetzlich gesicherten Vorsitz ein Übergewicht haben.

Gegen die Entscheidung des Oberbergamts ist die Beschwerde zum Staatsministerium des K. Hauses und des Äußern zulässig (Art. 249 Abs. 3).

## Art. 240. (217)

Der Knappschaftsvorstand vertritt den Verein nach außen, leitet die Wahl der Knappschaftsältesten, erwählt die Beamten und Ärzte des Vereines, schließt die Verträge mit denselben, sowie mit den Apothekern ab, erläßt die erforderlichen Instruktionen, verwaltet das Vermögen des Vereins und besorgt alle übrigen durch die Satzungen ihm übertragenen Geschäfte.[1]

1. Der Art. 240 stellt den Geschäftskreis des Vorstandes in allgemeinen Umrissen fest und überläßt demselben die Vermögensverwaltung nach den näheren Bestimmungen der Satzungen, ohne der Bergbehörde eine Mitwirkung einzuräumen, welche um so weniger notwendig erscheint, als die Bestätigung der Satzungen dem Oberbergamte vorbehalten ist.

## Art. 241. (218)

Die jährlich zu legenden Rechnungen müssen nach vorgängiger Prüfung durch den Vorstand den Knappschaftsältesten und den Werksbesitzern zur Einsicht und etwaigen Erklärung offen gelegt werden, bevor der Vorstand dem Kassenbeamten die Entlastung erteilt.[1]

1. Die Bestimmung in Art. 241, wonach die Rechnungen nach vorgängiger Prüfung durch den Vorstand den Knappschaftsältesten und den Werksbesitzern zur Einsicht und etwaigen Erinnerung offen liegen müssen, bevor der Vorstand dem Kassabeamten die Entlastung erteilt, gewährt genügende Sicherheit für die Wahrung der Interessen der Beteiligten, und es konnte um so mehr von einer zu Weitläufigkeiten führenden und über die Grenzen des Oberaufsichtsrechtes hinausgehenden revisorischen Prüfung und Verbescheidung durch das Oberbergamt Umgang genommen werden, als das Recht des Oberbergamtes zur Einsicht der Vereinsrechnung durch den Art. 244 gewahrt ist

Bei den Knappschaftsvereinen kann zwar die kaufmännische doppelte Buchführung auf Beschluß des Vorstandes zur Anwendung kommen; indes wird durch den jährlichen Abschluß solcher Rechnungsbücher und deren Vorlage an die Knappschaftsältesten usw. dem Art. 241 nicht genügt; vielmehr ist hiezu die Aufstellung und Offenlegung einer förmlichen Jahresrechnung erforderlich (Beschl. des Oberbergamtes München vom 31. August 1876)

## Art. 242. (219)

Das Oberbergamt hat die Beobachtung der Satzungen und insbesondere die satzungsmäßige Verwaltung des Vermögens zu überwachen.[1]

1. Die durch das öffentliche Interesse bedingte staatliche Beaufsichtigung der Knappschaftsvereine hat sich darauf zu beschränken, daß durch das Oberbergamt die Beobachtung der Satzungen im allgemeinen und insbesondere hinsichtlich der Vermögensverwaltung überwacht wird.

Der Knappschaftsvorstand kann vom Oberbergamte nicht bloß an der Fassung satzungswidriger Beschlüsse verhindert, sondern auch zu positivem Handeln angehalten werden, wenn er die Erfüllung der ihm statutgemäß obliegenden Verpflichtungen (z. B. Einberufung von Generalversammlungen, Unterbringung von Kapitalien, Offenlegung der Rechnung) versäumt

Gegen die Entscheidungen des Oberbergamts ist Beschwerde an das Staatsministerium des K. Hauses und des Äußern zulässig (Art. 249 Abs. 3.) In der Entschl dieses Ministeriums vom 27. April 1909 Nr 1565 II ist ausgeführt, daß Art 242 nicht zu eng und zu wörtlich ausgelegt werden dürfe; es verstehe sich von selbst und brauchte deshalb vom Gesetz nicht ausdrücklich gesagt werden, daß die im öffentlichen Interesse eingesetzte Staatsaufsicht auch die Beobachtung der auf die Knappschaftsvereine bezüglichen gesetzlichen Bestimmungen zu überwachen habe, und es folge hieraus, daß die Staatsaufsichtsbehörde berechtigt sei, darüber zu wachen, daß die Knappschaftsvereine so verwaltet werden, daß sie in der Lage sind, ihre gesetzlichen Pflichten zu erfüllen, allein aus Art 242 ergebe sich immer nur das Recht, im einzelnen Fall, wenn Anlaß vorhanden, mit obrigkeitlichem Zwang einzugreifen, dagegen ergebe sich aus ihm nicht die Befugnis der Aufsichtsbehörde, über die Verwaltung der Knappschaftsvereine allgemein bindende Vorschriften zu erlassen, die über die Bestimmungen der einschlägigen Gesetze und über die Satzungen der einzelnen Vereine hinausgehen

## Art. 243. (220)

In Ausübung dieses Aufsichtsrechtes ist der Beauftragte des Oberbergamtes befugt, allen Sitzungen des Knappschaftsvorstandes, welche zu diesem Zwecke mindestens acht Tage vorher anzuzeigen sind, beizuwohnen und gegen jeden satzungswidrigen Beschluß Einspruch zu erheben. Von der Erhebung soll er dem Oberbergamte sofort Anzeige erstatten. Das Oberbergamt entscheidet, ob der Einspruch aufrecht zu erhalten oder aufzuheben ist. Solange der Einspruch nicht aufgehoben ist, darf der Beschluß nicht vollzogen werden.[1]

1. Der Art ist durch das Ges vom 30 Juni 1900 geändert worden Das Aufsichtsrecht des Art. 242 wird nach der nunmehrigen Organisation der Bergbehörden durch einen Beauftragten des Oberbergamtes ausgeübt Das Oberbergamt kann hiemit den Berginspektor oder einen seiner Beamten je nach Lage der Sache betrauen. Der Beauftragte hat das Recht, gegen jeden satzungswidrigen Beschluß Einspruch zu erheben Das Oberbergamt, dem von dem Einspruche sofort Anzeige zu erstatten ist, entscheidet dann, ob der Einspruch berechtigt ist

So lange der Einspruch nicht aufgehoben ist, bleibt der Vollzug des Beschlusses suspendiert. Insofern kommt dem Einspruch des Beauftragten die Wirkung einer bedingten Suspension zu.

Die Anzeige über die Sitzungen des Knappschaftsvorstandes ist dem Oberbergamt oder dem von diesem bezeichneten Beauftragten zu erstatten. Dabei ist zweckmäßig die Tagesordnung mit vorzulegen, um hienach die Bedeutung der Sitzung bemessen zu können. Die zweckmäßigste und am wenigsten belästigende Form für die Ausübung des staatlichen Aufsichtsrechtes besteht darin, daß dem Beauftragten des Oberbergamtes die Befugnis eingeräumt ist, allen Sitzungen des Knappschaftsvorstandes beizuwohnen und satzungswidrige Beschlüsse mit der Wirkung der bedingten Suspension zu beanstanden. Die Gültigkeit der Vorstandsbeschlüsse von der Anwesenheit des Beauftragten in den Sitzungen abhängig zu machen, geht über die Zwecke des Aufsichtsrechtes hinaus und könnte die Tätigkeit des Vorstandes leicht lähmen.

Es genügt daher die Befugnis zur Teilnahme an den Sitzungen.

Im Interesse eines geordneten Geschäftsbetriebes erscheint angemessen, die kürzeste Frist, binnen welcher Anzeige von den Sitzungen zu machen ist, im Gesetze zu bestimmen.

Erscheint ein Beauftragter des Oberbergamtes in der Sitzung nicht, so kann der Vorstand die Beschlüsse sofort vollziehen. Es ist jedoch hiedurch das Recht des Oberbergamtes nicht ausgeschlossen, satzungs- oder gesetzwidrige Beschlüsse des Vorstandes nachträglich aufzuheben.

## Art. 244. (221)

Der Knappschaftsvorstand ist verpflichtet, dem Beauftragten des Oberbergamtes jederzeit auf Verlangen die Einsicht der über seine Verhandlungen zu führenden Protokolle, der Kassabücher und der gelegten Rechnungen, sowie die Revision der Kassa zu gestatten.

Auch hat er dem Oberbergamte die zur Statistik des Knappschaftswesens erforderlichen Nachrichten zu geben.[1]

**1.** Die in diesem — durch das Ges. vom 30. Juni 1900 nur redaktionell geänderten — Art. getroffenen Bestimmungen sind notwendig, um das Oberbergamt zu einer wirksamen Ausübung seines Aufsichtsrechtes in Stand zu setzen.

Die Verpflichtung, dem Beauftragten des Oberbergamtes die Einsicht in die Sitzungsprotokolle usw. zu gestatten, hat im Sinn des Art. 244 nur den Zweck, demselben Gelegenheit zur Prüfung der allgemeinen Geschäftsführung des Knappschaftsvorstandes zu bieten. Die Gültigkeit der Beschlüsse hängt, wie dies auch zu dem Vorartikel schon bemerkt wurde, von der Einsichtnahme nicht ab.

## Art. 245. (222)

Beschwerden über die Verwaltung des Vorstandes sind bei dem Oberbergamte vorzubringen.[1]

1. Zur Vermeidung von Zweifeln war bezüglich der Zuständigkeit der Bergbehörden bei den über die Verwaltung des Vorstandes sich ergebenden Beschwerden Bestimmung zu treffen, weil aus dem Aufsichtsrecht des Oberbergamts über den Verein nicht notwendig folgt, daß dasselbe sich auch der Untersuchung und der Entscheidung der von einzelnen Vereinsmitgliedern in persönlichen Angelegenheiten erhobenen Beschwerden unterziehen müsse.

Die Befugnis des Oberbergamtes hiezu entspricht dem Interesse der Arbeiter. Ihre sachgemäße Begrenzung findet dieselbe darin, daß das Oberbergamt überhaupt nur auf Befolgung der Satzungen zu halten, mithin nur solche Beschwerden seiner Kenntnisnahme und Prüfung zu unterwerfen hat, welche eine satzungswidrige Verwaltung des Vorstandes behaupten.

Es handelt sich hier zunächst um Beeinträchtigung der vermögensrechtlichen Interessen der Vereinsmitglieder durch den Vorstand und zwar mittels unrichtiger Anwendung der satzungsmäßigen Bestimmungen.

Für die Beschwerde der Vereinsmitglieder ist eine Frist im Gesetze nicht bestimmt; es ist aber auch zweifellos, daß das Oberbergamt, wenn eine Zuwiderhandlung gegen die Satzungen seitens des Vorstandes zu seiner Kenntnis durch eine solche Beschwerde gelangt, kraft seines Aufsichtsrechtes zur Abänderung des satzungswidrigen Beschlusses befugt ist. Anders natürlich bei Beschwerden gegen desfallsige Beschlüsse des Oberbergamts, bezüglich deren die 14tägige Ausschlußfrist des Art. 249 eingehalten werden muß.

## Art. 246. (223)

Für den Fall der Auflösung eines Knappschaftsvereines kann über den nach Erfüllung aller Verbindlichkeiten noch übrig bleibenden Vermögensrest durch die Satzungen oder, wenn diese eine ausreichende Bestimmung darüber nicht enthalten, durch die letzten Mitglieder nur zugunsten von anderen Knappschaftsvereinen oder von Gemeinden verfügt werden.

Mangelt eine solche Verfügung, so sind die Knappschaftsvereine oder die Gemeinden, welchen der Vermögensrest zufallen soll, durch die Staatsregierung zu bezeichnen. [1]

1. Damit bei Auflösung eines Knappschaftsvereines dessen Vermögen nicht anderen als den seiner Entstehung und seiner ursprünglichen Bestimmung verwandten Zwecken zufalle oder zugewendet werde, war es nötig, hierüber Bestimmungen im Gesetze vorzusehen.

Ganz im Widerspruche mit den erwähnten Zwecken würde eine Verteilung des Vermögens eines aufgelösten Knappschaftsvereins unter die zur Zeit der Auflösung beteiligten Werksbesitzer und Arbeiter stehen, zumal die zuletzt vorhandenen (vielleicht wenigen) Arbeiter und Werksbesitzer wohl nur einen kleinen Teil des oft sehr beträchtlichen, in vielen Jahren angesammelten Vermögens beigetragen haben werden und ihnen ihre Nutzungsrechte hieran ohnehin vorbehalten bleiben.

Weiter darf aber die gesetzliche Beschränkung des freien Verfügungsrechtes nicht gehen, als notwendig ist, um zu verhindern, daß der Vermögensrest zu völlig fremdartigen Zwecken verwendet und seiner ursprünglichen Bestimmung in ungerechtfertigter und unbilliger Weise entzogen werde

Das Gesetz schreibt daher in Art. 246 ganz allgemein vor, daß über den verbleibenden unbelasteten Vermögensrest nur zugunsten anderer Knappschaftsvereine oder Gemeinden verfügt werden könne, überläßt aber die Bestimmung der Knappschaften oder Gemeinden, welchen er zugewendet werden will, zunächst den Vereinssatzungen und, wenn diese keine ausreichende Bestimmung enthalten, den letzten Vereinsmitgliedern.

Erst dann, wenn eine solche Verfügung mangelt, sind die Knappschaftsvereine oder Gemeinden, welchen der Vermögensrest zufallen soll, durch die Staatsregierung zu bezeichnen.

Daß solches Knappschaftsvermögen nicht allein anderen solchen Vereinen, sondern auch Gemeinden zugewendet werden kann, findet in dem Umstande seine Rechtfertigung, daß in manchen Fällen die Mitglieder eines aufgelösten Knappschaftsvereins außer allen Beziehungen zu anderen Knappschaftsvereinen stehen, während sie mit ihren Angehörigen nach und häufig gerade infolge der Auflösung des Knappschaftsvereins, vielmehr der Auflassung der treffenden Werke ihren Heimatgemeinden zur Last fallen.

Die Verfügung nach Abs. 2 steht dem Staatsministerium des K. Hauses und des Äußern zu.

Es ist selbstverständlich, daß den bei Auflösung des Vereins noch vorhandenen Mitgliedern ihre erworbenen Rechte gegenüber der Vereinskasse gewahrt werden müssen, und es ist für den Fall der Überweisung des Vermögens an einen anderen Knappschaftsverein oder eine Gemeinde in den Satzungen oder durch die besondere Verfügung Vorsorge zu treffen, daß zunächst den ehemaligen Mitgliedern aus dem Ertrage des überwiesenen Vermögens die ihnen nach Art. 227 zustehenden Pensionsrechte eintretendenfalls gewährt werden, ferner, soweit der Ertrag des Vermögens reicht, tunlichst auch die übrigen Leistungen.

## Achter Titel.

# Von den Bergbehörden.[1]

### Art. 247. (224)

Der Vollzug dieses Gesetzes obliegt, soweit nicht nach den Bestimmungen desselben andere Behörden mitzuwirken haben, den Bergbehörden (Berginspektionen, Oberbergamt), deren Organisation und näherer Wirkungskreis durch K. Verordnung bestimmt wird.[2]

1. Der achte Titel hat tiefgreifende Änderungen durch das Ges. vom 30. Juni 1900 erfahren, die mit der neuen Organisation der Bergbehörden in Bayern vom gleichen Jahre zusammenhängen. Da das Bedürfnis nach einer intensiveren Beaufsichtigung des Bergbaues,

durch welche Unglücksfällen im Bergbau nach Möglichkeit vorgebeugt werden soll, immer mehr hervortrat, wurde im Jahre 1900 die Organisation der Bergbehörden in der Weise in die Wege geleitet, daß an Stelle der früheren Bezirksbergämter Berginspektionen eingerichtet wurden, welchen die Handhabung der Bergpolizei als ihre eigentliche Aufgabe übertragen wurde und welchen zur intensiveren Erfüllung dieser ihrer Aufgabe sachkundige Hilfskräfte ähnlich wie bei der Gewerbeaufsicht zur Seite gestellt wurden, wogegen alle jene Geschäfte, durch welche Rechtsverhältnisse geschaffen, geordnet und beurkundet werden, beim Oberbergamt in erster Instanz vereinigt sind. Diese Organisation bedingte auch eine Änderung der Beschwerdeinstanzen; die Entscheidung von Beschwerden gegen Verfügungen der Berginspektionen wurde dem Oberbergamte, jene gegen Beschlüsse des Oberbergamts in bestimmten bergrechtlichen Angelegenheiten dem Verwaltungsgerichtshof, in anderen Fällen dem zuständigen Staatsministerium übertragen (vgl. Art. 249).

Die oberste Aufsicht auf das Bergwesen ist mit K. Verordnung vom 10. November 1904 betr. die Formation der Staatsministerien (GVBl. S. 567) mit Wirkung vom 1. Januar 1905 ab vom StM. des Innern auf das Staatsministerium des K. Hauses und des Äußern übertragen worden.

**2.** Als eigentliche Bergbehörden sind tätig die Berginspektionen, das Oberbergamt. Die Organisation und der Wirkungskreis der Bergbehörden sind durch die im Anhang abgedruckte Allerh. Verordnung vom 30. Juni 1900 bestimmt; durch sie wurden an den Spitzen der früheren Bezirksbergämter drei Berginspektionen geschaffen; der K. Berginspektion Bayreuth ist mit K. V. vom 7. Dezember 1908 (GVBl. S. 1083) ein exponierter Bergamtsassessor mit dem Sitz in Schwandorf beigegeben worden; dazu s. MBek. vom 9. Dez. 1908, ebenda S. 1084.

Der Vorbehalt in Art. 247 „soweit nicht nach den Bestimmungen desselben" ist geboten, weil abgesehen von der Zuständigkeit des Staatsministeriums auch andere Behörden, z. B. in Enteignungssachen die Kreisregierungen und Distriktspolizeibehörden, tätig werden.

Der Verwaltungsgerichtshof bildet in bergrechtlichen Angelegenheiten nach der Bestimmung des Gesetzes die II. Instanz.

## Art. 248. (225)

Das Oberbergamt bildet in den in diesem Gesetz ihm zugewiesenen Angelegenheiten, soweit nicht ein anderes ausdrücklich bestimmt ist, die erste Instanz.[1]

Die Berginspektionen haben außer den in diesem Gesetz ihnen sonst übertragenen Obliegenheiten insbesondere die Handhabung der Bergpolizei nach Vorschrift des Tit. IX dieses Gesetzes wahrzunehmen.[2]

**1.** Wie zum Vorartikel bemerkt ist, hat nunmehr das Oberbergamt in den rein bergrechtlichen Anlegenheiten die erste Instanz zu bilden, so namentlich bei Verleihung des Bergwerkseigentums (Mutungen usw.).

Die Fälle, in welchen das Oberbergamt in erster Instanz zuständig ist, sind im Gesetze besonders aufgeführt. Da, wo von Bergbehörden die Rede ist (z. B. in Art. 253), bilden die Berginspektionen die erste, das Oberbergamt die zweite Instanz.

**2.** Die Obliegenheiten der Berginspektionen sind in den einzelnen Gesetzesartikeln aufgeführt. Die Hauptaufgabe derselben liegt jedoch, wie schon erwähnt, in der Handhabung der Bergpolizei nach Titel IX. Die Berginspektionen sollen, wie die Gewerbeaufsichtsbeamten, die ihnen unterstellten Betriebe einer ständigen Überwachung unterziehen, für die Sicherheit der Baue Sorge tragen und Unfälle, soweit es nur tunlich, hintanhalten. Die Einzelaufgaben der Bergpolizei finden sich in Art. 253 aufgeführt.

## Art. 249. (226)

Zur Bescheidung von Beschwerden gegen erstinstanzielle Entscheidungen im Vollzuge der Art. 9, 34, 53, 65, 66, 139, 191, 214, 217, 225 mit 226, dann 235 ist der Verwaltungsgerichtshof zuständig, soweit nicht nach Art. 13 des Gesetzes vom 8. August 1878, betreffend die Errichtung eines Verwaltungsgerichtshofes und das Verfahren in Verwaltungsrechtssachen, anders bestimmt ist.

Die Bestimmungen des Art. 45 Abs. 1 bis 3 des bezeichneten Gesetzes finden entsprechende Anwendung.

Im übrigen ist gegen die Beschlüsse und die Verfügungen des Oberbergamtes binnen vierzehn Tagen ausschließender Frist vom Tage der Eröffnung an gerechnet Beschwerde an das K. Staatsministerium des Innern*) zulässig.[1]

**1.** Die Zuständigkeit des Verwaltungsgerichtshofs ist durch das Ges. vom 30. Juni 1900 gegen früher erheblich erweitert worden, teilweise zusammenhängend mit der Neuorganisation der Bergbehörden. Es fallen hierunter die Fälle der Gestattung und Untersagung von Schürfungen, der Verleihung und Entziehung des Bergwerkseigentums, der Einräumung des Mutungsvorrechts, der Gestattung von Hilfsbauen, der Zusammenlegung und Teilung von Grubenfeldern, der Bestätigung von Gewerkschafts- und Knappschaftssatzungen, sowie Beschwerden in Angelegenheiten der Knappschaftsvereine, deren Entscheidung in erster Instanz dem Oberbergamte zukommt. Durch Art. II des Gesetzes vom 30. Juni 1900, betr. Änderung einiger Bestimmungen des Berggesetzes für das Königreich Bayern vom 20. März 1869, wurde vom 1. Oktober 1900 ab der Art. 10 Ziff. 9 des Gesetzes vom 8. August 1878 über den Verwaltungsgerichtshof außer Wirksamkeit gesetzt. An dessen Stelle traten die Bestimmungen des Art. 249. Das Ges. vom

*) Nunmehr (seit 1. Januar 1905) an das K. Staatsministerium des K. Hauses und des Äußern (§§ 1 und 2 der K. Allerh. Verordnung betr. die Formation der Staatsministerien vom 10. November 1904, GVBl. 1904 S. 567).

13. August 1910 hat dem Verwaltungsgerichtshof eine weitere Zuständigkeit in Art 78 Abs 2 eingeräumt; s. die Bem. dazu.

Soweit Beschwerden an den Verwaltungsgerichtshof in Frage kommen, bemißt sich deren Behandlung nach Art 45 Abs 1 bis 3 des vorerwähnten Gesetzes über den Verwaltungsgerichtshof. Wegen des Verfahrens in den Fällen des Art. 191 vgl jedoch die Anmerkungen hiezu.

Die Fristen für Beschwerden gegen anderweitige Beschlüsse und Verfügungen des Oberbergamtes wurden übereinstimmend mit den Vorschriften des mehrgenannten Gesetzes auf 14 Tage bestimmt. Eine Beibehaltung der bisherigen Beschwerde- und Rechtfertigungsfristen erschien nicht veranlaßt

## Art. 250. (227)

Die Verfügungen der Berginspektionen können binnen vierzehn Tagen ausschließender Frist vom Tage der Eröffnung an gerechnet durch Beschwerde an das Oberbergamt angefochten werden.[1]

1. Die Frist für die gegen alle Verfügungen der Berginspektionen zulässigen Beschwerden zum Oberbergamte wurde gleichheitlich mit den übrigen Beschwerden (vgl Art 249) festgesetzt.

## Art. 251. (228)

Die Beschwerde ist bei der Bergbehörde, welche die beschwerende Verfügung erlassen hat, schriftlich oder zu Protokoll anzumelden.[1]

Widerspricht die Verfügung den von zuständigen Berufsgenossenschaften erlassenen Vorschriften zur Verhütung von Unfällen, so ist zur Einlegung der Beschwerde auch der Vorstand der Berufsgenossenschaft oder der berufsgenossenschaftlichen Sektion befugt.[2]

1. Die Bestimmung im Abs 1 entspricht der Vorschrift des Art. 45 Abs 2 des Verwaltungsgerichtshofgesetzes und empfiehlt sich, um jeden Zweifel hinsichtlich der Einlegung der Beschwerde auszuschließen

2. Der frühere Abs 2, welcher für den Fall der Beteiligung mehrerer Parteien die Mitteilung der Berufung an die übrigen Parteien angeordnet hatte, ist als entbehrlich weggefallen. Dagegen wurde (1900 auf Anregung des Ausschusses der Abgeordnetenkammer der jetzige Abs 2 beigefügt, welcher dem § 120d Abs 4 (letzter Satz) GewO. nachgebildet und die Interessen der beteiligten Berufsgenossenschaft zu wahren bestimmt ist Es ergibt sich übrigens hieraus, daß Verfügungen, welche abweichend von den Unfallverhütungsvorschriften der Genossenschaft erlassen werden, der letzteren zuzustellen sind

## Art. 252. (229)

Die Beamten des Oberbergamtes und der Berginspektionen können in ihrem Verwaltungsbezirke keine Bergwerke oder Kuxe durch Mutung erwerben. Dasselbe gilt von ihren Ehefrauen und ihren unter der elterlichen Gewalt des Vaters stehenden Kindern.

Zu solchen Erwerbungen durch andere Rechtsgeschäfte unter Lebenden ist die Genehmigung des zuständigen K. Staatsministeriums erforderlich.[1]

1. Der Art. erfuhr gegen die Fassung von 1869 (vgl. Anm. 1 zu Art. 247) durch das Ges. vom 30. Juni 1900 insoferne eine Änderung, als auch die Beamten des Oberbergamtes und deren Ehefrauen von dem Erwerbe von Bergwerken oder Kuxen durch Mutung ausgeschlossen wurden. Es hängt dies damit zusammen, daß das gleiche Gesetz die Verleihung des Bergwerkseigentums dem Oberbergamt übertragen hat. Die Bestimmung ist ähnlich wie jene in § 21 der IX. Verfassungsbeilage. Der eigentliche Grund aber liegt darin, daß jeder Schein von Parteilichkeit bei Mutungen ferngehalten werden soll. Für die Beamten des Oberbergamts erstreckt sich das Verbot auf das ganze Königreich, für diejenigen der Berginspektionen auf den Inspektionsbezirk.

Der Erwerb von Bergwerken und Kuxen auf anderem Wege bedarf der Genehmigung des Staatsministeriums des K. Hauses und des Äußern (vgl. S. 198 oben).

# Neunter Titel.[1]

# Von der Bergpolizei.

## Art. 253. (230)

Der Bergbau steht unter der polizeilichen Aufsicht der Bergbehörden.

Unter den Bergbauen, welche der polizeilichen Aufsicht nach den Vorschriften dieses Titels unterliegen, sind die unterirdischen Baue auch auf andere als die in Art. 1 bezeichneten Mineralien einschließlich der unterirdischen Steinbrüche und Gräbereien begriffen.

Die bergpolizeiliche Aufsicht bezweckt die Verhütung von Gefahren für Personen und Eigentum beim Bergbau und erstreckt sich insbesondere auf:

die tunlichste Sicherheit des Lebens und der Gesundheit der Arbeiter,

die möglichste Sicherheit der Baue,

die Aufrechterhaltung der guten Sitten und des Anstandes durch die Einrichtung des Betriebs,

den Schutz der Oberfläche im Interesse der persönlichen Sicherheit und des öffentlichen Verkehrs,

den Schutz gegen gemeinschädliche Einwirkungen des Bergbaus.

Der bergpolizeilichen Aufsicht unterliegen auch die in den Art. 50 und 51 erwähnten, zur Aufsuchung, Gewinnung, Förderung und Aufbereitung erforderlichen Anstalten.[2]

1. Der 9. Titel hat seit 1869 lediglich durch das Gesetz vom 30. Juni 1900 Änderungen erfahren

2. Der Art. 253, in welchem der Begriff und Umfang der bergpolizeilichen Aufsicht bestimmt ist, ist durch das Ges vom 30 Juni 1900 schärfer begrenzt und teilweise erweitert worden. In der früheren Fassung fehlte die Bestimmung, daß die bergbehördliche Aufsicht auch auf die unter Art 50 und 51 als zur Förderung und Aufbereitung erforderlich bezeichneten Anstalten, also auf die Zubehörungen des Bergwerkes sich erstreckt, eine Bestimmung, für deren Aufnahme sich inzwischen ein entschiedenes Bedürfnis gezeigt hatte.

Ferner erscheint es notwendig, durch den Inhalt der gesetzlichen Vorschrift außer Zweifel zu stellen, daß der Schutz der Oberfläche durch das Interesse der persönlichen Sicherheit und des öffentlichen Verkehrs bedingt sei. Die Einfügung der „Aufrechterhaltung der guten Sitten und des Anstandes" in die Aufgaben der Bergpolizei erscheint u a. im Hinblick auf die Vorschrift des § 120b Abs 1 GewO veranlaßt

Durch die aufgezählten Aufgaben erscheinen die sämtlichen Richtungen, in welchen sich die Bergpolizei zu bewegen hat, in der Hauptsache zwar erschöpft Indes empfiehlt es sich, durch Beibehaltung des Wortes „insbesondere" der Aufzählung den exemplifikatorischen Charakter zu wahren und die etwaige spätere Zuweisung weiterer Aufgaben an die Bergpolizei nicht hintanzuhalten.

Es liegt in den natürlichen Verhältnissen des Bergbaues, daß derselbe mehr als andere Industriezweige der polizeilichen Aufsicht bedarf.

Aufgabe des Berggesetzes ist daher, gemeinsame Vorschriften über die Bergpolizei aufzustellen und sowohl die Zuständigkeit zum Erlasse bergpolizeilicher Vorschriften und das Verfahren bei Unglücksfällen zu regeln. als auch die erforderlichen bergpolizeilichen Strafbestimmungen zu treffen

Der Bergbau ist der polizeilichen Aufsicht der in Art 247 bezeichneten Bergbehörde unterstellt

Da die Gefährdung der Personen und des Eigentums durch den Bergbau nicht davon abhängt, auf welche Mineralien derselbe getrieben wird, sondern davon, welche Art des Bergbaues stattfindet, so sind die unterirdischen Baue auch auf andere als die in Art. 1 bezeichneten Mineralien, einschließlich der unterirdischen Steinbrüche und Gräbereien, der polizeilichen Aufsicht nach den Vorschriften dieses Titels ebenfalls unterstellt, wie ja auch in Art. 83 die Vorschriften der Art. 69 bis 82 und in Art. 138 die Art. 84 bis 137 auf Baue der letzterwähnten Art aus ähnlichen Gründen für anwendbar erklärt sind.

Die Bergpolizei bezweckt die Verhütung von Gefahren für Personen und Eigentum, insbesondere für Leben und Gesundheit der Arbeiter, die Sicherung der Baue, Aufrechterhaltung der guten Sitten und des Anstandes beim Betriebe, den Schutz der Oberfläche und Beseitigung gemeinschädlicher Einwirkungen des Bergbaues.

Der letzterwähnte Schutz bezieht sich auf Fälle, wo es sich z. B. um Verhütung gemeingefährlicher Tagebrüche, Verunreinigung fließender Gewässer (veranlaßt durch Bergbau) usw. handelt, welche Fälle recht eigentlich zu den Gegenständen der Bergpolizei gehören. Auch der Schutz von öffentlichen Straßen, Wasserleitungen usw. fällt hierunter.

Der Schutz der Oberfläche liegt der Bergpolizei, wie nun ausdrücklich festgelegt ist, nur insoweit ob, als hiebei die persönliche Sicherheit und der öffentliche Verkehr in Betracht kommen. Die auf die persönliche Sicherheit zielenden Verfügungen sind jedoch ziemlich weit zu greifen, so namentlich, wenn durch den Bergbaubetrieb fremde Gebäude und damit die Sicherheit der daselbst wohnenden oder verkehrenden Personen in Gefahr geraten. Hier dürfen nicht lediglich die Bestimmungen des V. Titels in Betracht gezogen werden.

Die Berginspektionen haben durch häufige und eingehende Besichtigungen der ihrer Aufsicht unterstellten Betriebe zu überwachen, daß alle Maßnahmen getroffen werden, welche in erster Reihe die Sicherheit des Lebens und der Gesundheit der Arbeiter tunlichst zu schützen geeignet sind und daß alles ferngehalten werde, was dieselbe gefährden kann. Selbstverständlich sind bei den Revisionen auch alle sonstigen für die Beaufsichtigung in Betracht kommenden Momente im Auge zu behalten und ist insbesondere darauf zu sehen, daß die Leitung und Aufsicht der Werke in guten Händen sich befindet, auch daß die erforderliche Anzahl von Aufsichtspersonen vorhanden ist und ob der der einzelnen Aufsichtsperson zugewiesene Geschäftskreis nicht zu groß ist (vgl. Anm. 1 zu Art. 77).

Von der Ausdehnung der Bergpolizei auf die Wahrung der Nachhaltigkeit des Bergbaues war abzusehen, weil dieser dehnbare Begriff eine scharfe Begrenzung der Bergpolizei verhindert und weil es unter den jetzigen Verhältnissen regelmäßig im eigenen Interesse der Bergbautreibenden liegt, auf die Nachhaltigkeit ihres Bergbaues Bedacht zu nehmen, überdies aber auch der förmliche Raubbau schon vom eigentlichen bergpolizeilichen Standpunkt aus verhindert werden kann.

## Art. 254. (231)[1]

Die bergpolizeilichen Bestimmungen in dem in Art. 253 angegebenen Umfange sind durch Verordnung oder oberpolizeiliche Vorschriften zu erlassen.

Die Zuwiderhandlungen gegen diese Bestimmungen können mit Geldstrafe bis zu dreihundert Mark bedroht werden.

Zum Erlaß oberpolizeilicher Vorschriften ist nur das Staatsministerium des Innern*) zuständig.[2]

Vor der Erlassung oberpolizeilicher Vorschriften, welche sich auf die Sicherheit des Lebens und die Gesundheit der Arbeiter und auf die Aufrechterhaltung der guten Sitten und des Anstandes im Betrieb beziehen, ist dem Vorstande der beteiligten Berufsgenossenschaft oder Genossenschaftssektion Gelegenheit zu einer gutachtlichen Äußerung zu geben. Auf diese finden die Bestimmungen des § 79 Abs. 1 des Unfall-Versicherungsgesetzes vom 6. Juli 1884**) Anwendung.[3]

1. Die jetzige Fassung der Absätze 2 und 3 beruht auf dem Ges. vom 30. Juni 1900, das den Abs. 4 neu hinzugefügt hat.

2. Die Notwendigkeit bergpolizeilicher Vorschriften kann nicht im Zweifel gestellt werden, denn die Bergpolizei kann von den Vollzugsorganen nur auf Grund bestimmter bergpolizeilicher Vorschriften ausgeübt werden, und es hängt die Möglichkeit der Bestrafung bergpolizeiwidriger Handlungen oder Unterlassungen von dem Bestehen solcher Vorschriften ab.

In der Erwägung, daß nicht angemessen sei, in ein Gesetz, welches doch nur feste, wenigstens für einige Zeit dauernde Regeln geben soll, Vorschriften aufzunehmen, welche bei dem raschen Fortschritte der bergbaulichen Technik und des öffentlichen Bedürfnisses ihrer Natur nach in kurzer Zeit der Ergänzung und Abänderung bedürfen, daß eine gesetzliche Feststellung des Bereichs, innerhalb dessen sich die Bergpolizeibehörden zu bewegen haben, weit mehr Sicherheit gegen deren Ausschreitungen gibt und daß die gleichmäßige Fortbildung dieses Teiles des Bergrechtes am besten durch, die Zuständigkeit der Bergbehörden bei Erlassung von Polizeivorschriften gesetzlich regelnde Bestimmungen erzielt werden, wurde der Erlaß bergpolizeilicher Bestimmungen der Verordnung oder oberpolizeilichen Vorschriften zugewiesen.

Um eine Einheitlichkeit in den bergpolizeilichen Vorschriften zu erzielen und mit Rücksicht auf die große Bedeutung solcher Vorschriften wurde der Erlaß dieser Vorschriften ausschließlich dem zuständigen Staatsministerium übertragen.

Auf Grund des Art. 254 sind bisher ergangen die oberbergpolizeilichen Vorschriften vom 30. Juli 1900 (GVBl. S. 843), die Abänderungen und Ergänzungen durch die oberbergpolizeil. Vorschr. vom 28. November 1909 (GVBl. S. 859) und vom 30. September 1910 (GVBl. S. 911) erfahren haben (s. Anhang!), ferner die Betriebs-

---

*) Nunmehr (seit 1. Januar 1905) das K. Staatsministerium des K. Hauses und des Äußern (§§ 1 und 2 der K. Allerh. Verordnung betr. die Formation der Staatsministerien vom 10. November 1904, GVBl. 1904 S. 567).

**) Gemäß § 1 Abs. 3 des Gesetzes, betr. die Abänderung der Unfallversicherungsgesetze vom 30. Juni 1900 (RGBl. 1900 S. 335) sind an die Stelle des § 79 Abs. 1 des Unfallversicherungsgesetzes vom 6. Juli 1884 die einschlägigen Bestimmungen des Gewerbe-Unfallversicherungsgesetzes getreten.

ordnung für die Grubenanschlußbahnen vom 13. Oktober 1910 (GVBl. S. 969) [S. Anhang]. Vgl. hieher Art. 12 Abs. 2 und die Bem dazu.

**3.** Der Abs. 4 ist hinzugefügt worden, um auch der beim Erlaß von oberpolizeilichen Vorschriften sehr beteiligten einschlägigen Berufsgenossenschaft Gelegenheit zu bieten, die Interessen der Genossenschaft zu wahren und tunlichst eine Übereinstimmung mit den eigenen Unfallverhütungsvorschriften herbeizuführen; die Vorschrift entspricht der in § 120e Abs. 2 GewO.

Vgl. nunmehr § 113 Abs. 2, 4 und § 115 Abs. 4 Satz 1 GewUVG.

## Art. 255. (232)

Für solche Betriebe, in welchen durch übermäßige Dauer der täglichen Arbeitszeit die Gesundheit der Arbeiter gefährdet wird, kann das Oberbergamt Dauer, Beginn und Ende der täglichen Arbeitszeit und der zu gewährenden Pausen vorschreiben und die zur Durchführung dieser Vorschriften erforderlichen Anordnungen erlassen.[1]

**1.** Der Art. beruht auf dem Ges. vom 30. Juni 1900; er war, wie in der Vorbemerkung zum 4. Abschnitt des III. Titels angeführt wurde, von der Staatsregierung bei den Verhandlungen in der Abgeordnetenkammer über den Art. 78a vorgeschlagen, von dieser Kammer jedoch durch Mehrheitsbeschluß abgelehnt worden. Die Reichsratskammer hat denselben wieder eingefügt und die Abgeordnetenkammer hat ihn dann gleichfalls angenommen.

Die Bestimmung ist für die Arbeiter von erheblicher Wichtigkeit. Ähnlich, wie bezüglich der übrigen gewerblichen Arbeiter durch § 120e Abs. 3 der Gewerbeordnung dem Bundesrat die Befugnis beigelegt wurde, in den geeigneten Fällen Dauer, Beginn und Ende der zulässigen täglichen Arbeitszeit und der zu gewährenden Pausen vorzuschreiben, ist hier das Oberbergamt ermächtigt, einer übermäßigen Dauer der Arbeitszeit, welche die Gesundheit der Arbeiter zu gefährden droht, entgegenzutreten und die Arbeitszeit so zu regeln, daß eine Gesundheitsgefährdung der Arbeiter hintangehalten wird. Es handelt sich hier nicht bloß um außerordentliche ungünstige Verhältnisse, welche, wie hohe Temperatur, große Nässe usw. eine lange Arbeitszeit ohnehin nicht zulassen, sondern auch um eine die Kraft des Bergarbeiters übersteigende Dauer der Arbeitszeit unter sonst normalen Verhältnissen. Da, wo nach der Erfahrung oder nach den gutachtlichen Äußerungen Sachverständiger die in einem Werke durch Arbeitsordnung oder Vertrag bestimmte Arbeitszeit die Gesundheit der Arbeiter angreift, hat das Oberbergamt auf Grund des Art. 255 die Verpflichtung, einzuschreiten und die Arbeitszeit so zu regeln, daß diese Gefährdung für die Arbeiter beseitigt wird. Das Oberbergamt hat nicht erst abzuwarten, bis etwa Beschwerden von Arbeitern über zu lange Arbeitsdauer oder ungenügende Pausen einlaufen, sondern selbst durch Vermittlung der Berginspektionen sich zu überzeugen, ob in den seiner Oberaufsicht unterstehenden Betrieben allerorts eine den Kräften der Arbeiter angemessene Arbeitszeit und Verteilung derselben eingeführt ist, und nichtzutreffendenfalls das Erforderliche vorzukehren. Ebenso zählt es zu einer der hervorragenden Aufgaben der Berginspektionen, sich in dieser Richtung durch Einsichtnahme der nach Art. 137 Abs. 2 von den Werksbesitzern zu führenden Aufzeichnungen über die von den einzelnen Arbeitern verfahrenen Schichten, Überschichten rc., dann durch Augenschein und Einvernahme von Arbeitern genaue Kenntnis der einschlägigen Verhältnisse zu verschaffen und veranlaßtenfalls entsprechende Anträge beim Oberbergamte zu stellen. Vgl. Anm. 3 zu Art. 137.

Bei einer entsprechenden Handhabung dieser gesetzlichen Bestimmung werden Schädigungen der Arbeiter sicher ferne gehalten werden.

## Art. 256. (233)

Die den Polizeibehörden durch Art. 21 des Polizeistrafgesetzbuchs vom 26. Dezember 1871 eingeräumten Befugnisse zur Anwendung von Zwangsmitteln und von Ungehorsamsstrafen bis zum Betrage von fünfundvierzig Mark stehen zum Vollzuge des Berggesetzes den Bergbehörden zu.[1]

1. Der Art. 256, dessen jetzige Fassung auf dem Ges. vom 30. Juni 1900 beruht, räumt den Bergbehörden die sämtlichen Befugnisse zur Anwendung von Zwangsmitteln und von Strafen bis zu 45 Mark ein, wie der Art. 21 PStGB. sie den Polizeibehörden zugesteht.

Der Art. 21 PStGB. von 1871 lautet:

„Die Behörden der inneren Verwaltung sind befugt, Verfügungen, die sie innerhalb ihrer Zuständigkeit zum Vollzuge von Gesetzen, deren Übertretung nicht mit Strafe bedroht ist, an bestimmte Personen erlassen und diesen eröffnet haben, durch Anwendung gesetzlicher Zwangsmittel zur Ausführung zu bringen.

Zu diesem Zwecke sind jene Behörden insbesondere berechtigt, die Nichtbefolgung einer Verfügung der im Abs. 1 bezeichneten Art mit Ungehorsamsstrafen zu bedrohen und diese im Falle des Ungehorsams für verwirkt zu erklären und zwar . . . . . . die Behörden der inneren Verwaltung bis zu 45 Mark.

Wird nach Verhängung der Ungehorsamsstrafe der erneuerten Verfügung der Behörde nicht Folge geleistet, so ist diese befugt, die nach Abs. 2 zulässige Ungehorsamsstrafe wiederholt anzudrohen und in angemessener Frist als verwirkt zu erklären, soferne weder die in Abs. 4 vorgesehene Vollstreckungsmaßregel, noch ein sonstiges Zwangsmittel zur Durchführung des Vollzuges anwendbar ist.

Unterläßt jemand innerhalb der dafür bestimmten Frist dasjenige zu tun, was ihm durch eine Verfügung der in Abs. 1 bezeichneten Art durch die zuständige Behörde auferlegt ist, so ist letztere befugt, diese Handlung auf Kosten des Ungehorsamen vornehmen zu lassen und den von ihr festgestellten Kostenaufwand, vorbehaltlich der Verpflichtung zum Schadensersatze, nach den gesetzlichen Bestimmungen über Beitreibung von Untersuchungskosten, bzw. Gemeindegefällen, in der Pfalz auf dem Wege des administrativen Zwangsvollzuges zu erheben.

Gegen die Androhung oder Vorkehrung der nach Maßgabe des gegenwärtigen Artikels zulässigen Vollzugsmaßregeln ist Beschwerde an die höheren Stellen zulässig. In dringenden Fällen haben solche Beschwerden keine aufschiebende Wirkung.

. . . . . . .

Enthält ein Spezialgesetz eine Mehrheit von Anordnungen, und ist in demselben nur die Übertretung eines Teiles der getroffenen Anordnungen unter Strafe gestellt, so findet der gegenwärtige Artikel auf die nicht mit Strafe bedrohten Anordnungen dieses Gesetzes Anwendung."

Die Zwangs- und Strafbefugnisse der Distriktspolizeibehörden sind hier den Bergbehörden eingeräumt.

Dieselben beziehen sich nicht auf jene Anordnungen, deren Nichtbefolgung bereits im Gesetze mit Strafe bedroht ist.

Die Berginspektionen haben demnach weitergehende Befugnisse, als die Gewerbeaufsichtsbeamten, welchen gemäß § 6 Allerh. VO. vom 7. Februar 1907 (Ges. u. VBl. S. 73) nicht gestattet ist, polizeiliche, eventuell im Wege administrativen Zwanges durchzuführende Verfügungen zu erlassen.

## Art. 257. (234)[1]

Tritt auf einem Bergwerke in Beziehung auf die im Art. 253 bezeichneten Gegenstände eine Gefahr ein, so hat die Berginspektion die geeigneten polizeilichen Verfügungen nach Vernehmung des Bergwerksbesitzers oder des Repräsentanten zu treffen.

Ist die Gefahr dringend, so hat die Berginspektion sofort selbst ohne vorgängige Vernehmung des Bergwerksbesitzers oder des Repräsentanten die zur Beseitigung der Gefahr erforderlichen polizeilichen Anordnungen zu treffen.

Bergwerksbesitzer oder deren Repräsentanten, welche diesen Anordnungen nicht nachkommen oder denselben zuwiderhandeln, werden an Geld bis zu dreihundert Mark gestraft.[2]

**1.** Die Abs. 1 und 3 beruhen in ihrer jetzigen Fassung auf dem Ges. vom 30. Juni 1900.

**2.** Im Gegensatze zu den in Art. 256 berührten allgemeinen Bergpolizei-Vorschriften handelt dieser Artikel von bergpolizeilichen Anordnungen für einzelne Fälle.

Zu einer wirksamen Handhabung der Bergpolizei reichen allgemeine Bergpolizeivorschriften vielfach nicht aus; es sind vielmehr in Fällen der Gefahr, wie solche bei dem Bergbau häufig und unerwartet eintreten, besondere den gegebenen Verhältnissen angepaßte Anordnungen von der größten Wichtigkeit. Derartige Maßregeln zu treffen, gehört daher zu den wesentlichsten Aufgaben der Bergpolizei. Die auf Grund des Art. 257 ergehenden Verfügungen der Berginspektionen unterliegen der Beschwerde nach Art. 250. Die Beschwerde hat aufschiebende Wirkung außer in den Fällen des Abs. 2; s. Art. 262. Über die Bekanntmachung der Verfügungen s. nächsten Art. Ein Entschädigungsanspruch des Bergbauberechtigten gegenüber dem, in dessen Interesse das polizeiliche Eingreifen erfolgt — z. B. wenn ihm zum Schutz eines Anwesens das Stehenlassen eines Sicherheitspfeilers auferlegt wird — könnte nur dann in Frage kommen, wenn die polizeiliche Verfügung sich als ein Eingriff in wohlerworbene Rechte des Bergwerksbesitzers darstellen würde (vgl. die Urt. d. RG. vom 12. März 1909 — VII. ZS. — und vom 20. Oktober 1909 — V. ZS. —, Entsch. 70 S. 387, 72 S. 85, ZBergR. 51 S. 155, 315, von denen das Erstere nicht bedenkenfrei ist). Regelmäßig wird ein Eingriff in ein wohlerworbenes Recht nicht vorliegen, weil das Bergwerkseigentum gesetzlichen, aus Art. 253 sich ergebenden Beschränkungen unterliegt.

Es sind die Fälle dringender Gefahr von denjenigen unterschieden, wo die Gefahr keine dringende ist, indem sich aus der Natur der Sache dort ein anderes Verfahren ergibt, als hier.

Ist die Gefahr keine dringende, so erheischt es die Rücksicht auf den Rechtsschutz des Bergwerksbesitzers, daß vor der Verfügung der Berginspektion der Bergwerksbesitzer oder dessen Stellvertreter vernommen wird; denn häufig greifen derartige Anordnungen tief und nachhaltig in die Betriebs- und Wirtschaftsverhältnisse eines Bergwerks ein. Durch die vorgängige Vernehmung ist dem Bergwerksbesitzer Gelegenheit zur Wahrung seiner Interessen gegeben, und es sind die berechtigten Einwendungen desselben, soweit es mit der Beseitigung der Gefahr vereinbarlich ist, entsprechend zu berücksichtigen.

Bei dringender Gefahr können dagegen die erforderlichen Anordnungen von dieser vorgängigen Vernehmung nicht abhängig gemacht werden. Hier hat vielmehr die Berginspektion sofort einzugreifen. Dieselbe ist in solchen Fällen auch befugt, den Betrieb einer Grube sofort ohne Vernehmung des Werksbesitzers einzustellen, wenn eine andere Maßregel den Schutz der Personen usw. nicht zu gewähren vermag. S. auch Abs. 2 dieser Anm.

Da nach Art. 253, letzter Abs., auch die in Art. 50 und 51 erwähnten Anstalten nunmehr der bergpolizeilichen Aufsicht unterliegen, so erstreckt sich die Befugnis der Berginspektion, Verfügungen nach Maßgabe dieses Artikels zu treffen, auch auf die bezeichneten Anstalten. Dieselbe hat sich jedoch hiewegen mit der einschlägigen Distriktspolizeibehörde ins Benehmen zu setzen.

Bei einer mehreren Werken gemeinschaftlich drohenden Gefahr können die Besitzer der verschiedenen Werke zu gemeinsamen Arbeiten zur Abwendung der Gefahr verhalten werden.

Über das richterliche Prüfungsrecht s. ObLG. vom 11. April 1905 Sammlung Nr. 5, 361.

## Art. 258. (235)

Die Bekanntmachung der auf Grund des Art. 257 getroffenen bergpolizeilichen Verfügungen an den Bergwerksbesitzer oder den Repräsentanten erfolgt durch Zustellung der Verfügung, beziehungsweise der Anordnung.

Die Bekanntmachung an den Betriebsführer und die Grubenbeamten wird nach Anweisung der Berginspektion durch Eintragung in das Zechenbuch bewirkt, welches zu diesem Zwecke auf jedem Bergwerke gehalten werden muß.

Soweit eine Bekanntmachung an die Arbeiter erforderlich

ist, geschieht dieselbe auf Anweisung der Berginspektion durch Verlesung und durch Anschlag auf dem Werke.[1]

1. Um für den Fall der gerichtlichen Verfolgung von Übertretungen der getroffenen bergpolizeilichen Anordnungen feststellen zu können, daß und wann die Anordnungen den Zuwiderhandelnden bekannt gemacht worden sind, bedarf es gesetzlicher Vorschriften über die Form der Bekanntmachung. Der Art. 258 schreibt diese Formen nach Verschiedenheit der Fälle vor, indem zwischen den Bekanntmachungen an die Bergwerksbesitzer und Repräsentanten, an die Betriebsführer und die Grubenbeamten und an die Arbeiter unterschieden wird.

Für jeden dieser Fälle ergibt sich die besondere Art der Bekanntmachung aus der Natur der Verhältnisse und der nach dem Gesetze bestehenden Einrichtungen.

Was insbesondere das Zechenbuch betrifft, so genügt im Gesetze die Bestimmung, daß ein solches auf jedem Werke zu dem angegebenen Zwecke gehalten werden muß, während die allenfallsige Mitbenutzung desselben zu anderen Eintragungen füglich der Bestimmung des Werksbesitzers oder der Bergbehörde überlassen bleiben kann.

Die Zustellung hat gegen Nachweis — eingeschriebenen Brief — zu erfolgen.

Über den Eintrag in das Zechenbuch hat die Berginspektion das Erforderliche anzuordnen, falls sie ihn nicht selbst durch ihre Beamten bewirkt. Die Betriebsführer und Grubenbeamten haben sich durch jeweilige Einsicht des Zechenbuches von den erfolgten Eintragungen Kenntnis zu verschaffen.

Strafbestimmung: Art. 264 Ziff. 10.

## Art. 259. (236)

Sobald auf einem Bergwerke eine Gefahr in Beziehung auf die im Art. 253 bezeichneten Gegenstände eintritt, hat der Betriebsführer und im Verhinderungsfalle der denselben vertretende Grubenbeamte der Berginspektion Anzeige hievon zu erstatten.[1]

1. Ohne die hier dem Betriebsführer und dessen Stellvertreter auferlegte Verpflichtung würde ein rechtzeitiges Einschreiten der Bergpolizei häufig vereitelt werden.

Dem Bergwerksbesitzer selbst kann jedoch die hier vorgeschriebene Anzeige nicht zur Pflicht gemacht werden, da er in der Regel nicht persönlich auf dem Bergwerke anwesend ist; er haftet nur nach Maßgabe des Art. 79 Abs. 2.

Strafbestimmung im Art. 264 Ziff. 3.

## Art. 260. (237)

Ereignet sich auf einem Bergwerke unter oder über Tag ein Unglücksfall, welcher den Tod oder die schwere Verletzung einer oder mehrerer Personen herbeigeführt hat oder herbeizuführen droht, so sind die im Art. 259 genannten Personen zur sofortigen Anzeige bei der Berginspektion und bei der Ortspolizeibehörde, in deren Bezirk der Unglücksfall sich ereignet hat, verpflichtet.

Die genannten Behörden ordnen die zur Rettung der verunglückten Personen oder zur Abwendung weiterer Gefahr erforderlichen Maßregeln an.

Die zur Ausführung derselben notwendigen Arbeiter und Hilfsmittel hat zunächst der Besitzer des Bergwerkes zur Verfügung zu stellen. Auch die Besitzer benachbarter Bergwerke sind zur Hilfeleistung verpflichtet.[1]

1. Der Abs. 1 des Art. 260 dehnt die im Art. 259 ausgesprochene Verpflichtung zur Anzeige auch auf Unglücksfälle aus.

Außer an die Berginspektion muß die Anzeige aber auch an die einschlägige Ortspolizeibehörde erfolgen, damit die zuständige Behörde den strafprozessualen Vorschriften gemäß die etwaige Einleitung eines gerichtlichen Untersuchungsverfahrens veranlassen kann.

Im zweiten Absatze des Artikels ist die Zuständigkeit dieser Behörden zur Anordnung der bei Unglücksfällen erforderlichen Rettungs- und Sicherungsarbeiten festgestellt, während die näheren Bestimmungen über das Verfahren den Vollzugsvorschriften vorzubehalten waren.

Bei größeren Unglücksfällen hat die Berginspektion nach der Dienstinstruktion das Oberbergamt sowohl, als das Staatsministerium des K. Hauses und des Äußern telegraphisch sofort in Kenntnis zu setzen.

Die Maßregeln haben sich sowohl auf die Rettung der verunglückten Personen zu erstrecken, als auch auf die Abwendung von weiteren Gefahren für Personen und Eigentum. Beschwerden haben keine aufschiebende Wirkung (Art. 262).

Es ist selbstverständlich, daß die Betriebsbeamten bis zum Eintreffen der Beamten der Berginspektion usw. selbst alles zur Rettung verunglückter Personen Taugliche anordnen und ausführen. Zur Hilfeleistung sind auch hier die Besitzer benachbarter Bergwerke verpflichtet.

Strafbestimmung in Art. 264 Ziff. 3 und 4.

## Art. 261. (238)

Sämtliche Kosten für die Ausführung der in Art. 260 bezeichneten Maßregeln trägt der Besitzer des betroffenen Bergwerkes, vorbehaltlich des Entschädigungsanspruches gegen Dritte, welche den Unglücksfall verschuldet haben.[1]

1. Die hier ausgesprochene Verpflichtung des Bergwerksbesitzers zur Übernahme der Kosten rechtfertigt sich dadurch, daß letztere im mittelbaren oder unmittelbaren Interesse des Werksbesitzers aufgewendet werden.

### Art. 262. (239)

In den Fällen des Art. 257 Abs. 2 und des Art. 260 findet der Vollzug der getroffenen Anordnungen ohne Rücksicht auf eine vom Bergwerksbesitzer eingelegte Beschwerde statt, es sei denn, daß die Berginspektion denselben einstellt.[1]

1. Gegen die auf Grund der Art. 257 und 260 getroffenen Anordnungen der Berginspektion muß demjenigen, welcher sich hierdurch beschwert erachtet, zwar das Recht der Beschwerdeführung offen bleiben, es kann aber in den Fällen, in welchen Gefahr durch Verzögerung des Vollzuges besteht, derselbe nur dann hiedurch gehemmt werden, wenn die Berginspektion selbst den Vollzug einstellt.

Dies wird immer nur dann der Fall sein können, wenn die Ausführung der Anordnungen namentlich ohne Gefährdung von Personen verschiebbar ist.

## Zehnter Titel.

## Strafbestimmungen.[1]

### Art. 263. (240)

Mit Geldstrafe bis zu dreihundert Mark und im Unvermögensfalle mit Haft wird der Bergwerksbesitzer oder dessen Stellvertreter bestraft:

1. wenn er ohne Anzeige oder eigenmächtig vor Ablauf der dreißigtägigen Frist das Bergwerk in Betrieb setzt (Art. 69),
2. wenn er das Bergwerk in Betrieb setzt, ohne der Bergbehörde einen Betriebsplan vorgelegt zu haben (Art. 70), oder ehe der Betriebsplan von der Bergbehörde ausdrücklich oder stillschweigend genehmigt ist (Art. 71), oder wenn er von dem genehmigten oder festgestellten Betriebsplan eigenmächtig abweicht, ohne durch unvorhergesehene Ereignisse entschuldigt zu sein und ohne in diesem Falle rechtzeitig Anzeige gemacht zu haben (Art. 72),
3. wenn er den Betrieb trotz Einstellungsbeschluß der Bergbehörde fortsetzt (Art. 73),
4. wenn er die Anzeige über Betriebseinstellung nicht oder nicht rechtzeitig macht (Art. 74),
5. wenn er den Vorschriften des Art. 75 über Anfertigung, Ergänzung oder Ablieferung des Grubenbildes zuwiderhandelt,

6. wenn er die Leitung oder Beaufsichtigung des Bergwerks Personen überläßt, deren Befähigung nicht anerkannt ist (Art. 76, 77),
7. wenn er unterläßt, die zur Leitung oder Beaufsichtigung des Bergwerks angenommenen und die im Art. 79 Abs. 2 bezeichneten Personen nach Maßgabe des Art. 77 Abs. 1 oder des Art. 79 Abs. 3 der Bergbehörde namhaft zu machen oder den ihm nach den Art. 101, 102, 103, 104 Abs. 4 obliegenden Verpflichtungen nachzukommen,
8. wenn er die in Art. 137 Abs. 1 vorgesehene Arbeiterliste oder die in Art. 137 Abs. 2 vorgeschriebene Aufzeichnung zu führen unterläßt oder dieselbe vorsätzlich unrichtig führt oder ihre Vorlage an die Bergbehörde verweigert,
9. wenn er in einem Bergwerke, dessen Eigentum er verloren hat oder aufgibt, Zimmerung oder Mauerung ohne oder gegen die Entschädigung der Bergbehörde wegnimmt (Art. 219),
10. wenn er kein Zechenbuch führt, oder Einträge in dasselbe zu machen unterläßt, oder vorsätzlich unrichtig macht oder die gebotene Bekanntmachung bergpolizeilicher Vorschriften an die Arbeiter zu bewirken unterläßt (Art. 258).[2]

Andere Personen als der Werksbesitzer oder dessen Stellvertreter werden, wenn sie die Vorschriften der Art. 76, 77, 80, 101 Abs. 5 Satz 3, Abs. 7, 8 Satz 2 übertreten, mit Geldstrafe bis zu einhundertfünfzig Mark und im Unvermögensfalle mit Haft bestraft.[3]

In den Fällen der Ziff. 2, 3 und 6 tritt die Strafe auch dann ein, wenn auf Grund der Art. 73 oder 78 der Betrieb des Bergwerkes von der Berginspektion eingestellt wurde.[4]

1. Die Strafbestimmungen des BG. sind durch das Ges. vom 30. Juni 1900 gänzlich umgestaltet worden; sie haben Ergänzungen durch das Ges. vom 13. August 1910 erfahren.

2. Die Motive von 1869 bemerken hiezu: „Mit Rücksicht auf die große Gefährlichkeit des Bergbaues sind die Bergbehörden häufig genötigt, strenge Anordnungen zu treffen, und die pünktlichste Befolgung derselben, sowie überhaupt der polizeilichen Vorschriften muß durch Androhung bedeutender Strafen gesichert sein, indem die geringste Vernachlässigung schwere Unglücksfälle oder schwere Nachteile zur Folge haben kann."

Es sind nicht alle Übertretungen der bergpolizeilichen Vorschriften von Gemeingefährlichkeit für die öffentliche Sicherheit, aber es rechtfertigt sich die Zulässigkeit des höchsten Geldstrafmaßes auch noch in der Erwägung, daß ihnen öfters Eigennutz zugrunde liegt. Im übrigen hat der Strafrichter bei Würdigung des einzelnen Falles es in der Hand, nach Lage der Verhältnisse auf eine geringe oder hohe Strafe zu erkennen.

Ziff. 7 und 8 sind durch das Ges. vom 13. August 1910 erweitert worden.

**3.** Abs. 2 ist neu und beruht auf dem ebenzit. Gesetz. Zu Abs. 2 s Art. 79 Abs. 1, wo die Verantwortlichkeit der Aufsichtspersonen für die Einhaltung der gesetzlichen oder auf Grund des Gesetzes ergangenen Vorschriften im allgemeinen und mit der Wirkung festgesetzt wird, daß die in Frage kommenden Strafbestimmungen ohne weiteres gegen sie zur Anwendung kommen (vgl. S. 63 oben). Der neue Abs. 2 bedeutet keine Ausnahme hievon, sondern enthält lediglich die Strafandrohung für die Nichtbeachtung von Geboten, die sich direkt an die Adresse von Aufsichtspersonen richten.

**4.** Da die vorläufige polizeiliche Einschreitung nur unter Vorbehalt der späteren Strafverfolgung stattfindet, so darf auch die von der Berginspektion in den Fällen der Art 70, 72, 76 und 77 verfügte Betriebseinstellung die spätere Strafverfolgung nicht hindern

## Art. 264. (241)

Mit Geldstrafe bis zu dreihundert Mark und im Unvermögensfalle mit Haft wird ferner bestraft:

1. wer an Orten schürft, wo dies untersagt ist, oder wer gegen Verbot der Bergbehörde im freien oder verliehenen Felde schürft, oder wer dies ohne die erforderliche Einwilligung des Grundbesitzers tut (Art. 5 und 11),[1] ferner
2. wer der Vorschrift des Art. 12 Abs. 2 Satz 1 über die Anzeige des Beginnes und der Einstellung von Schürfarbeiten entgegenhandelt,[2]
3. der Betriebsführer oder dessen Stellvertreter, welcher die sofortige Anzeige einer eingetretenen Gefahr (Art 259) oder eines Unglückfalles (Art. 260) unterläßt,[3]
4. wer seinen Obliegenheiten zur Rettung bei Unglücksfällen oder zur Hilfeleistung hiebei nicht nachkommt (Art. 260).

**1.** Da unter Ziff 1 auf Art 5 und 11 ausdrücklich hingewiesen ist, so erscheint das Schürfen auf fremden Grundstücken ohne Erlaubnis des Grundbesitzers, Art 6 und 9 des Berggesetzes, abgesehen von den Fällen des Art. 5 Abs. 3, durch das Berggesetz nicht mit Strafe bedroht: doch kann der beschädigte Grundbesitzer zivilrechtlich gegen den Schürfer klagbar werden, sei es auf Unterlassung oder auf Entschädigung, falls der Schürfer nicht gemäß Art 9 des Berggeſ. die Entſcheidung des Oberbergamtes anruft

2. Ziff 2 wurde durch das Geſ vom 13. Auguſt 1910 angefügt.

3. Zu Ziff 3 ſ Art 79 Abſ. 2

## Art. 265. (242)

Mit Geldſtrafe bis zu zweitauſend Mark und im Unvermögensfalle mit Gefängnis bis zu ſechs Monaten werden Werksbeſitzer oder deren Stellvertreter beſtraft:

1. wenn ſie den Art. 111 Abſ. 3, Art. 122 Abſ. 3 zuwiderhandeln;
2. wenn ſie den Art. 113, Art. 114, Art. 115, Art. 116 zuwiderhandeln.[1]

1. Die Strafbeſtimmung des Art. 265 wurde durch das Geſ. vom 30. Juni 1900 neu eingeſtellt und durch das Geſ. vom 13. Auguſt 1910 erweitert Im allgemeinen ſ zu ihr Art 79 Abſ 1 und die Bem. dazu

Dieſelbe entſpricht in Ziff 1 der Vorſchrift der Gewerbeordnung in § 146 Ziff 3 und ſoll den Arbeiter gegen unberechtigte Kennzeichnung in dem Arbeitsbuch oder Zeugnis ſchützen.

Die durch Ziff. 2 geſchützten Beſtimmungen beruhen auf dem Geſ. vom 13. Auguſt 1910

## Art. 266. (243)

Mit Geldſtrafe bis zu dreihundert Mark und im Unvermögensfalle mit Haft wird beſtraft, wer ein Bergwerk betreibt, für welches eine Arbeitsordnung (Art. 88) nicht beſteht, oder wer der endgültigen Anordnung der Behörde wegen Erſetzung oder Abänderung der Arbeitsordnung (Art. 97) nicht nachkommt.[1]

1. Auch dieſer Artikel wurde durch das Geſ vom 30 Juni 1900 im Hinblick auf die Forderung des Art 88, daß für jedes Bergwerk und die mit demſelben verbundenen, unter der Aufſicht der Bergbehörden ſtehenden Anlagen, in welchen in der Regel mindeſtens 10 Arbeiter beſchäftigt werden, eine Arbeitsordnung erlaſſen werden muß, ſowie mit Rückſicht auf Art 97 eingefügt, welcher die Erſetzung oder Abänderung geſetzwidriger Arbeitsordnungen nach Anordnung der Berginſpektion vorſchreibt

Über die verantwortlichen Perſonen ſ Art 79

## Art. 267. (244)

Den Strafbeſtimmungen des Art. 266 unterliegt, wer den Vorſchriften des Art. 85 oder den gemäß Art. 255 getroffenen Anordnungen des Oberbergamtes zuwiderhandelt.[1]

1. Der Artikel 267 wurde durch das Ges. vom 30. Juni 1900 neu eingestellt mit Rücksicht auf die durch das gleiche Gesetz getroffenen Bestimmungen in Art. 85 über die Lohnzahlung und in Art. 255 über den sanitären Maximalarbeitstag.

## Art. 268. (245)

Mit Geldstrafe bis zu einhundertfünfzig Mark und im Unvermögensfalle mit Haft bis zu vier Wochen wird bestraft:

1. wer der Bestimmung des Art. 92 Abs. 2 zuwider gegen Arbeiter Strafen verhängt, welche in der Arbeitsordnung nicht vorgesehen sind oder den gesetzlich zulässigen Betrag übersteigen, oder wer Strafgelder, Lohnabzüge oder die im Art. 89 Ziff. 6 bezeichneten Beträge in einer dem Gesetze oder der Arbeitsordnung widersprechenden Weise verwendet,
2. wer es unterläßt, den durch die Art. 90, 96 Abs. 1, 98 und 106 für ihn begründeten Verpflichtungen nachzukommen.[1]

1. Der Art. wurde durch das Ges. vom 30. Juni 1900 neu eingefügt; wegen der verantwortlichen Personen s. Art. 79. Ziff. 1 bezieht sich auch auf die Einschränkung bezüglich der Höhe der Geldstrafen in Art. 91 Satz 2. Die Ziff. 1 entspricht der Vorschrift in § 148 Abs. 1 Ziff. 11 GewO.

Die Ziff. 2 betrifft den Art. 90 (Verbot des Nullens usw.); der Art. 90 in der Fassung des Ges. vom 30. Juni 1900, auf den sich zunächst Art. 268 Ziff. 2 bezog, ist durch den Art. 90 in der Fassung des Ges. vom 13. August 1910 ersetzt worden, der gegen die frühere Fassung weitere Gebote an die Werksbesitzer enthält, die ebenfalls durch die vorliegende Strafbestimmung geschützt sind. Ähnlich wie in der Gewerbeordnung § 148 Abs. 1 Ziff. 12 wurden die Zuwiderhandlungen gegen die Vorschriften über Vorlage, Abänderung der Arbeitsordnung (Art. 96 Abs. 1 und 98), sowie gegen die Bestimmungen über die Verwendung geeichter Fördergefäße usw., über die Verpflichtung des Bergwerksbesitzers zur Herstellung der hienach gebotenen Einrichtungen, ferner gegen das Verbot von Lohnabzügen für Waschabgänge usw. (Art. 106 Abs. 1 Ziff. 1, Abs. 2 und 3) unter Strafe gestellt.

## Art. 269. (246)

Mit Geldstrafe bis zu dreißig Mark und im Unvermögensfalle mit Haft bis zu acht Tagen wird bestraft, wer es unterläßt, der durch Art. 86 Abs. 3 und 96 Abs. 2 für ihn begründeten Verpflichtung nachzukommen.[1]

1. Der Art. wurde durch das Gesetz vom 30. Juni 1900 eingestellt, um die Beurkundung des Gedinges nach Art. 86 Abs. 3 und den

Aushang, sowie die Aushändigung der Arbeitsordnung an die Arbeiter nach Art. 96 Abs. 2 zu sichern.

## Art. 270. (247)

Mit Geldstrafe bis zu zwanzig Mark und im Unvermögensfalle mit Haft bis zu drei Tagen für jeden Fall der Verletzung des Gesetzes wird bestraft:

1. wer den Bestimmungen der Art. 112 und 118 bis 123 zuwider einen Arbeiter in Beschäftigung nimmt oder behält,
2. wer außer dem im Art. 265 vorgesehenen Falle den Bestimmungen dieses Gesetzes in Ansehung der Arbeitsbücher zuwiderhandelt,
3. wer vorsätzlich ein auf seinen Namen ausgestelltes Arbeitsbuch unbrauchbar macht oder vernichtet,
4. wer den Bestimmungen des Art. 126 Abs. 1 oder einer auf Grund des Art. 126 Abs. 3 erlassenen statutarischen Bestimmung zuwiderhandelt,
5. wer es unterläßt, den durch Art. 92 Abs. 3 für ihn begründeten Verpflichtungen nachzukommen.[1]

1. Der Art. beruht auf dem Ges. vom 30. Juni 1900. Ziff. 1 und 2 stellt unter Strafe, wenn der Bergwerksbesitzer oder dessen Stellvertreter einen Arbeiter ohne Zeugnis oder Arbeitsbuch einstellt oder den Vorschriften über die Arbeitsbücher zuwiderhandelt. Es ist das wichtig, weil hiermit die zweckentsprechende Beschäftigung des Arbeiters zusammenhängt. Die Eintragung von Merkmalen zur Kennzeichnung des Arbeiters ist nach Art. 265 als Vergehen strafbar.

Die Strafbestimmung unter Ziff. 4 soll den Besuch des Fortbildungsunterrichts durch die Bergarbeiter sichern und jene in Ziff. 5 die Kontrolle der verhängten Strafen ermöglichen.

## Art. 271. (248)

Wer, ohne die nach diesem Gesetze erforderliche Befugnis erlangt zu haben, bergbauliche Anlagen zur Gewinnung der in Art. 1 bezeichneten Mineralien macht oder ohne bergbauliche Anlagen zu Tag anstehende Mineralien in der Absicht wegräumt, um sich dieselben anzueignen, wird in dem ersteren Falle mit Geldstrafe bis zu dreihundert Mark, im anderen Falle bis zu zweihundert Mark bestraft.[1]

Die Berginspektion ist berechtigt, vorbehaltlich der Strafverfolgung die unbefugte Gewinnung dieser Mineralien abzustellen.[2]

1. Der unbefugte Bergbaubetrieb und überhaupt die unbefugte Gewinnung und Aneignung von solchen Mineralien, welche nach dem Berggesetze dem Grundeigentum entzogen sind, darf nicht gestattet werden. Um dieselbe aber durch Bestrafung hindern zu können, mußte sie im Gesetze mit Strafe bedroht werden. Den unbefugten Bergbau mit einer Geldstrafe bis zu 300 Mk. zu bedrohen, erschien im öffentlichen Interesse geboten.

Nicht in demselben Maße strafbar erscheint derjenige, welcher ohne bergbauliche Anlagen solche zutage stehende Mineralien in der Absicht wegräumt, sich dieselben anzueignen; hier wurde das Strafmaximum daher auf 200 Mk. festgesetzt.

Der Art. trifft selbstverständlich auch den Grundeigentümer, da nach Art 1 des Berggesetzes sich das Eigentumsrecht an Grund und Boden nicht auf die daselbst bezeichneten Mineralien erstreckt (vgl auch Art. 27).

2. Die Art und Weise der Einstellung ist der Berginspektion überlassen; die in Art. 256 ihr eingeräumten Strafbefugnisse kann sie jedoch hier nicht zur Geltung bringen, weil die Zuwiderhandlung durch das Gesetz selbst unter Strafe gestellt ist. Es ist hier analog dem Art 20 PStGB. zu verfahren. Dabei kann jedoch von einem etwaigen Schadensersatzanspruch des Zuwiderhandelnden keine Rede sein

Das Gesetz überträgt der Berginspektion nur eine Befugnis aus dem Abs 2 kann also nicht die Pflicht der Berginspektion gefolgert werden, in allen Fällen einzugreifen; jedenfalls muß aber die Unbefugtheit der Mineralgewinnung feststehen (ME vom 22. Mai 1905 Nr. 10500 II).

## Art. 272. (249)

Wer bei Benützung seines Bergwerkseigentums fahrlässiger Weise die Grenzen seines Grubenfeldes überschreitet, wird mit einer Geldstrafe bis zu fünfzig Mark bestraft.

Geschieht eine solche Überschreitung der Grenze vorsätzlich, so tritt gegen den Eigentümer oder dessen Stellvertreter Geldstrafe bis zu dreihundert Mark ein.[1]

1. Zum Schutze der Bergwerksbesitzer gegen Übergriffe der benachbarten Bergwerksunternehmer ist die Bestrafung von Überschreitungen der Grubenfeldgrenzen nicht entbehrlich Geschieht solches aus Fahrlässigkeit, so ist hierauf eine geringe Strafe (bis zu 50 Mk.) angedroht, während das vorsätzliche Überschreiten mit der hohen Geldstrafe bis zu 300 Mk. geahndet wird. Da die Grenzen der Grubenfelder genau vermessen und vorgetragen sind, so ist es jedem Bergwerksbesitzer, bzw. dessen Betriebsführer leicht möglich, solche Verletzungen der Grenzen zu vermeiden.

## Art. 273. (250)

In den Fällen der Art. 271 und 272 unterliegen die widerrechtlich gewonnenen Mineralien vorbehaltlich der Rechte Dritter der Einziehung.[1]

1. Wegen des die Strafe möglicherweise übersteigenden Gewinnes, welcher aus dem unbefugten Abbaue solcher Mineralien gezogen werden könnte, mußte, um ein solches Unternehmen um so sicherer zu vereiteln, auch noch die Einziehung der hiedurch gewonnenen Mineralien ausgesprochen werden. Falls nicht Dritte Anspruch auf die Mineralien haben, fallen solche bzw. der Erlös aus denselben dem Staate zu.

## Art. 274. (251)

Alle nach den Bestimmungen dieses Gesetzes erkannten Geldstrafen fließen in die betreffende Knappschaftskasse.[1]

1. Die Bestimmung wurde durch das Ges. vom 30. Juni 1900 dem früheren Art. 213 (Fassung von 1869) entnommen und als eigener Artikel eingefügt, weil in demselben allgemein über die nach dem Berggesetz anfallenden Geldstrafen verfügt ist. Die Strafgelder der Knappschaftskasse zuzuwenden, stimmt mit den früher bestandenen Verhältnissen überein und erscheint um so gerechtfertigter, als aus der Mehrzahl der Übertretungen den Knappschaftsvereinsmitgliedern Nachteile zugehen können.

Zwischen den hier erwähnten Strafgeldern und den etwa in der Arbeitsordnung vorgesehenen (Art. 89) ist zu unterscheiden. Die Verwendung der letzteren ist in Art. 91 Abs. 2 geregelt. Unter den Geldstrafen des Art. 274 sind die von den Gerichten erkannten zu verstehen.

## Art. 275. (252)

Die Strafverfolgung der in diesem Gesetze mit Strafe bedrohten Handlungen verjährt mit Ausnahme der unter Art. 265 fallenden innerhalb drei Monaten von dem Tage an gerechnet, an welchem sie begangen sind.[1]

1. Der Art. wurde durch das Ges. vom 30. Juni 1900 eingestellt und lehnt sich an den § 145 GewO. an.

Die unter Art. 265 fallenden strafbaren Handlungen stellen sich als Vergehen dar und es gelten hier bezüglich des Verhältnisses von Geldstrafe zur Freiheitsstrafe, sowie für die Verjährung die Bestimmungen des Reichsstrafgesetzbuchs über Vergehen (vgl. § 27 mit § 29).

Die übrigen strafbaren Handlungen sind teils Vergehen, teils Übertretungen je nach der Höhe der Strafgrenze. Sind solche mit Geldstrafe über 150 Mk. bedroht, so sind sie nach § 1 Abs. 3 des Reichsstrafsgesetzbuchs Vergehen, während sich jene mit Geldstrafe bis zu 150 Mk. bedrohten nach § 1 Abs. 2 des RStGB. als Übertretungen darstellen. Auch hier sind bezüglich des Verhältnisses von Geldstrafe zur Freiheitsstrafe und für das Mindestmaß der Strafen die Bestimmungen des Reichsstrafgesetzbuchs (vgl. § 27 mit § 29) maßgebend. Nur bezüglich der Verjährung ist wie in der Gewerbeordnung für alle strafbaren Handlungen, jene aus Art. 265 ausgenommen, eine dreimonatliche Frist bestimmt.

Wegen des Beginns der Verjährung gehen die Meinungen auseinander; zutreffend dürfte sein, dieselbe von dem auf den Tag der Begehung folgenden Tage ab beginnen zu lassen; bei den sog Dauer- oder Zustandsdelikten beginnt die Verjährung nicht, solange der gesetzwidrige Zustand dauert

## Elfter Titel.

## Übergangsbestimmungen.[1]

### Art. 276. (253)

Die Längenfelder bestehender Bergwerke sind auf Antrag des Berechtigten nach Maßgabe des Art. 28ff. in gevierte Felder umzuwandeln.

Ein solcher Antrag gilt in Beziehung auf das begehrte freie Feld als Mutung.

Bei vereinigten Bergwerken kann der Antrag für jedes einzelne Feld gestellt werden.[2]

1. Durch Art III des Gesetzes vom 30. Juni 1900, die Änderung einiger Bestimmungen des Berggesetzes für das Königreich Bayern vom 20. März 1869 betr, wurde die K Staatsregierung ermächtigt, den Text des Berggesetzes, wie er sich aus den Änderungen ergibt, welche im Gesetze vom 30 Juni 1900, im AG BGB und im AG. ZPO u. KO vorgesehen sind, unter Weglassung oder Änderung der ganz oder teilweise gegenstandslos gewordenen Übergangsbestimmungen unter fortlaufender Nummernfolge der Artikel usw., sowie unter Berichtigung der Verweisungen durch das Gesetz- und Verordnungsblatt bekannt zu machen und hiebei auch die dem Art 174 AG BGB sowie die der bestehenden Gerichtsverfassung entsprechenden Änderungen vorzunehmen

Auf Grund dieser Ermächtigung erfuhr der elfte Titel im Jahre 1900 eine erhebliche Umarbeitung, da die bisherigen Übergangsbestimmungen teils veraltet und daher gegenstandslos geworden waren, teils sich den sonstigen Bestimmungen und betätigten Änderungen des Gesetzes nicht mehr anschlossen

2. Der erste Absatz des früheren Art 215 (Fassung von 1869) lautete: „Die Felder der bei dem Eintritte der Gesetzeskraft des gegenwärtigen Gesetzes eingelegten Mutungen und bestehenden Bergwerke sind nach Maßgabe desselben (Art 26ff) auf den Antrag des Berechtigten, wenn sie Längenfelder sind, in gevierte Felder umzuwandeln und, wenn sie gevierte Felder sind, bis zu den zulässigen Ausdehnungen (Art. 27) zu erweitern“

Da seit dem Inkrafttreten des Berggesetzes vom 20 März 1869 gemäß Art. 26 nur mehr gevierte Felder verliehen werden konnten, so war eine Änderung des Abs 1 geboten. Die vor dem 1. Juli 1869 – dem Tage des Inkrafttretens des bisherigen Berggesetzes – eingelegten Mutungen sind längst beschieden und daher hier wegzulassen.

Dagegen sind auch jetzt noch Längenfelder aus den Zeiten vor dem Berggesetze des Jahres 1869 vorhanden, für welche die Umwandlung in gevierte Felder nach der Regel des Gesetzes offen gehalten werden muß. Hiebei kommt nun freies Feld in Frage und, um den Bergwerkseigentümer bei Umwandlung seines Feldes gegen Schikanen jüngerer Muter zu sichern, ist seinem Antrage, soweit derselbe auf freies Feld Bezug hat, die rechtliche Bedeutung der Mutung beizulegen. Hiedurch wird das in dem Umwandlungsantrage begehrte Geviertfeld gegen Mutungen Dritter geschlossen (Art. 20) und in Beziehung auf das neu hinzubegehrte Feld das Vorrecht des Alters erworben, während selbstverständlich an dem Alter des ursprünglich verliehenen Bergwerks nichts geändert werden darf und nichts geändert wird.

Bei vereinigten Bergwerken mußte grundsätzlich, wie bisher, für zulässig erklärt werden, den Umwandlungsantrag für jedes einzelne Längenfeld zu stellen, weil in dieser Beziehung der Eigentümer eines solchen Bergwerkes infolge der Vereinigung nicht ungünstiger gestellt sein darf, als derjenige, welcher seine Felder nicht vereinigt hat. In der Praxis wird indes meistenteils bei kleinen vereinigten Längenfeldern das für eines derselben begehrte Geviertfeld vollständig für den Zweck der Feldesumwandlung ausreichen, indem der Hauptzweck in einer festen unveränderlichen Begrenzung des Feldes besteht. Sobald daher zwei oder mehr vereinigte Längenfelder in zweckmäßiger Weise bereits durch ein einziges, das gesetzliche Maximum nicht überschreitendes Geviertfeld umschlossen werden können, würde zweckwidrig und unzulässig sein, an dieses Geviertfeld noch eines oder mehrere Geviertfelder auf den Grund hin anschließen zu wollen, weil das umzuwandelnde Feld zufällig aus mehreren kleinen Längenfeldern besteht

Der Abs 4 des früheren Art 215 ist durch Art I Ziff 69 des Gesetzes vom 30 Juni 1900 gestrichen worden, da nach Ablauf der dort gestellten sechsmonatigen Frist die Stellung von Erweiterungsanträgen nunmehr nicht mehr zulässig ist.

Aus diesem Grunde war auch in Abs 1 die Erweiterung gevierter Felder bis zum Maximum (Art 29) als nicht mehr statthaft wegzulassen

## Art. 277. (254)

Von dem durch einen Umwandlungsantrag (Art. 276) begehrten Felde dürfen die Längenfelder anderer Bergwerke nur dann ganz oder teilweise umschlossen werden, wenn die Eigentümer dieser Bergwerke auf eine desfallsige Aufforderung des Oberbergamtes sich mit der Umschließung ihrer Felder ausdrücklich einverstanden erklären.

Tritt diese Voraussetzung nicht ein, so muß der Antragsteller sich eine entsprechende, nötigenfalls durch einen Beschluß des Oberbergamtes festzustellende Beschränkung des begehrten gevierten Feldes gefallen lassen.[1]

1. In dem Art. 277 sind die Worte „oder Erweiterungsantrag" gestrichen worden, da die Erweiterung nach dem zum Art. 276 Bemerkten nicht mehr zulässig ist.

Den zu Art. 276 niedergelegten Grundsätzen entsprechend erklärt der Art. 277 die Umschließung von Längenfeldern durch ein in dem Umwandlungsantrage eines Dritten begehrtes Geviertfeld nur dann für statthaft, wenn die Eigentümer des zu umschließenden Längenfeldes sich ausdrücklich hiemit einverstanden erklären. Fehlt diese Voraussetzung, so muß derjenige, welcher den Umwandlungsantrag gestellt hat, sich die zur Vermeidung von Kollisionen erforderliche Beschränkung des begehrten Geviertfeldes gefallen lassen. In dieser Beziehung besteht also für die Feldesumwandlung eine durch die Sache selbst gebotene Modifikation des Rechtsanspruches, welcher dem Muter auf das gesetzliche Feld zusteht.

## Art. 278. (255)

Mehrere Umwandlungsanträge, welche auf das nämliche Feld gerichtet sind, begründen für jeden der Antragsteller ein gleiches Recht.

Bei einer solchen **Kollision** bildet, insoweit eine vertragsmäßige Einigung nicht zu erzielen ist, die Teilung in gleiche Teile die Regel.

Das Oberbergamt ist jedoch befugt, bei der Verleihung von diesem Teilungsverhältnisse abzuweichen, insoweit sich dies für einen zweckmäßigen Betrieb erforderlich darstellt.[1]

1. Bei der Umarbeitung der Übergangsbestimmungen (1900) wurde der Abs. 2 des früheren Art. 217 (Fassung von 1869), welcher von mehreren Erweiterungsanträgen auf das nämliche Feld handelte, mit Rücksicht darauf, daß eine Erweiterung nunmehr nicht mehr zulässig ist (vgl. Art. 276 Anm.), gestrichen.

Der Art. 278 stellt zur Lösung der Schwierigkeiten, welche bei den auf dasselbe Feld erhobenen Ansprüchen entstehen können, einige allgemeine Grundsätze auf und weist dem Oberbergamt eventuell die Entscheidung zu. Das letztere Mittel, so sehr es dem Geiste des Gesetzes über die Erteilung von Gerechtsamen widerstreitet, ist ein notwendiges Auskunftsmittel, weil sonst die größten wirtschaftlichen Nachteile für den Bergbau entstehen können und eine ausschließlich gesetzliche Regelung unmöglich ist.

Die auf das nämliche Feld gerichteten mehreren Umwandlungsanträge begründen für jeden der Antragsteller das gleiche Recht. Es entscheidet sonach nicht etwa der frühere Zeitpunkt des Einbringens des Antrags beim Oberbergamt, da dies sonst im Gesetze ausdrücklich hätte bestimmt werden müssen, sondern es sind alle solche Umwandlungsanträge, insoferne sie vor endgültiger Entscheidung eines derselben einkommen, nach Maßgabe des 2. und 3. Absatzes zu behandeln. Der Abs. 2 des Art. 278 steht dem nicht entgegen. Denn dort handelt es sich darum, den auf Umwandlung gerichteten Antrag vor späteren eigentlichen Mutungen zu schützen und hiedurch die im

Interesse des Bergbaues liegende Umwandlung zu begünstigen; hier entfällt dieser Grund, vielmehr scheint es veranlaßt, den mehreren Umwandlungsanträgen tunlichst den Erfolg zu sichern.

Der Art. 278 bezieht sich nur auf das von mehreren Antragstellern begehrte nämliche Feld und es ist dieses, wenn eine Einigung über die Teilung unter den Parteien nicht erfolgt, vom Oberbergamte tunlichst nach gleichen Teilen — nicht etwa nach Verhältnis der bisherigen Feldesgröße — den Antragstellern zuzuweisen. Wenn hiebei sich jedoch ein rationeller Betrieb nicht ermöglichen ließe, so kann das Oberbergamt eine andere Abteilung treffen, welche die einzelnen Felder zweckmäßig arrondiert.

## Art. 279. (256)

Wird das Eigentum eines Bergwerkes, dessen Längenfeld von dem gevierten Felde eines anderen Bergwerkes umschlossen ist, nach dem sechsten Titel dieses Gesetzes aufgehoben, so hat der Eigentümer des andern Bergwerkes, welchen das Oberbergamt von der Aufhebung in Kenntnis zu setzen hat, ein binnen einem Monat nach dieser Bekanntmachung auszuübendes Vorzugsrecht auf die Vereinigung des Längenfeldes mit seinem gevierten Felde.

Die Vereinigung wird durch einen Nachtrag zur Verleihungsurkunde ohne weitere Förmlichkeiten ausgesprochen.[1]

**1.** Der Art. 279 ist durch das Ges. vom 30. Juni 1900 gegen früher sachlich nicht verändert worden, da er auch jetzt noch Anwendung finden kann.

Die Vorschrift dieses Artikels beruht auf der Erwägung, daß Bergwerke, welche als Längenfelder verliehen sind, nicht wieder nach dieser Vermessungsweise verliehen werden können, wenn das Eigentum derselben nach dem VI. Titel aufgehoben wird; daß ferner bei solchen Bergwerken, wenn dieselben von Geviertfeldern umschlossen sind, eine selbständige Wiederverleihung nach gevierter Vermessung in der Regel nicht ausführbar sein wird, daß dagegen die Vereinigung derartiger Längenfelder mit den umschließenden Geviertfeldern aus bergbaulichen und wirtschaftlichen Gründen zweckmäßig und deshalb durch ein einfaches Verfahren zu begünstigen ist.

Voraussetzung für die Anwendbarkeit ist, daß beide Bergwerke auf das gleiche Mineral berechtigt sind, bzw. waren, da sonst die Vereinigung keinen besonderen Zweck aufwiese. Ferner muß das gevierte Feld, soweit dessen Besitzer die Vereinigung anstrebt, das Längenfeld umschließen. Die etwa nicht umschlossenen Teile unterliegen dem Vorrechte des Art. 279 nicht.

Wird die Vereinigung vom Oberbergamt ausgesprochen, so hat dieses das Grundbuchamt entsprechend behufs Berichtigung des Grundbuchs zu benachrichtigen.

## Art. 280. (257)[1]

Unberührt von der Vorschrift des Art. 2 bleiben die beim Inkrafttreten dieses Gesetzes bereits erworbenen Berechtigungen auf die dem Staate vorbehaltenen Mineralien.[2]

Schürfungen auf diese Mineralien, welche nach dem 1. November 1899 begonnen wurden, begründen keinen Anspruch auf Verleihung des Bergwerkseigentums.[3]

1. Art. 280 beruht auf dem Ges. vom 30. Juni 1900. Vgl. die Bemerkungen zu Art. 2.

2. Es ist selbstverständlich, daß bereits erworbene Berechtigungen auf die dem Staate vorbehaltenen Mineralien durch die Einführung des Regals nicht beseitigt werden. Es kommt übrigens in dieser Beziehung nur ein einziger Betrieb, die Saline Philippshall bei Dürkheim in der Pfalz in Betracht.

3. Der Abs. 2 sollte verhüten, daß der Zweck des Gesetzes durch erfolgreiche Schürfarbeiten vereitelt würde, welche etwa bis zum Zeitpunkte des Inslebentretens des Gesetzes durch Private ausgeführt werden sollten.

## Art. 281. (258)

Soweit dieses Gesetz auf die bereits bestehenden Bergwerke überhaupt Anwendung findet, unterliegen den Bestimmungen desselben auch diejenigen Bergwerke, Steinbrüche und Gräbereien, welche den seitherigen gesetzlichen Vorschriften gemäß auf Mineralien berechtigt sind, die der Art. 1 dieses Gesetzes nicht mehr aufführt.[1]

Der Titel VII desselben findet jedoch auf solche Bergwerke, Steinbrüche und Gräbereien, welche am 1. Juli 1869 einem Knappschaftsvereine nicht angehört haben, keine Anwendung.[2]

1. Art. 258 — 221 der Fassung von 1869 — wurde durch das Ges. vom 30. Juni 1900 nur redaktionell geändert; er ist im Hinblick auf die noch bestehenden älteren Bergrechte immer noch anwendbar.

Art. 1 BG. hat den Kreis der verleihbaren Mineralien gegenüber dem vor 1869 in einzelnen Gebietsteilen geltenden Bergrecht enger gezogen. Soweit indes — bemerken die Mot. von 1869 S. 80 — „bereits Verleihungen auf solche Mineralien bestehen, darf denselben die bergrechtliche Grundlage durch Aufhebung der seitherigen Berggesetze nicht entzogen werden, vielmehr müssen die an die Stelle der letzteren tretenden Vorschriften des neuen Berggesetzes auch auf jene Bergwerke, Steinbrüche und Gräbereien Anwendung erhalten, damit auf diese Weise die Rechtsverhältnisse derselben, soweit sie bergrechtlicher Natur sind, geregelt werden".

Bezüglich des Satzes „Soweit das gegenwärtige Gesetz auf die bereits bestehenden Bergwerke überhaupt Anwendung findet" wird auf die Art. 83, 221, 253 und 284 hingewiesen.

Aus älteren Verleihungen sind zu erwähnen: jene auf Lehm im vormaligen Fürstentum Bamberg, auf Schiefer im vormaligen Geltungsbereiche der markgräflich Brandenburgschen Bergordnung vom 1. Dezember 1619. Bezüglich der älteren Berechtigungen auf Granit (rohen Sandstein) und deren Umfang ist aus einem Rekursbescheid des Oberbergamts vom Jahre 1898 hervorzuheben:

„Das unterscheidende Moment ist nicht die Gleichheit oder Verwandtschaft hinsichtlich der chem. Konstitution, sondern der physikalische Charakter, die Gesteinsstruktur und daraus folgende technische Verwendbarkeit. Die alten Lehnbriefe sprechen nun von Verleihung auf ‚groben Sandstein', der zu Steinhauerarbeiten als Fensterstöcke, Türstöcke, Treppen usw. verwendbar sei und nicht in fortsetzenden Strichen, sondern in einzelnen zutage liegenden Wacken vorkomme. Damit ist das massige Vorkommen, der grobkörnige Gesteinshabitus, die richtungslose Struktur, welche den Granit vom Gneiß unterscheidet, andererseits aber auch die Art der technischen Verwendbarkeit und damit der eigentliche Zweck der Verleihung mit vollkommener Deutlichkeit charakterisiert. Der massige Granit, nicht der geschichtete Gneiß, das Material für Steinhauerarbeit, nicht solches für Bruchsteinmauerwerk war seinerzeit Gegenstand der Verleihung".

Die Entscheidung muß als vollständig zutreffend erachtet werden. Bei der Auslegung über den Umfang solcher altverliehenen Rechte ist streng zu Werke zu gehen im allgemeinen Interesse und sind, wo so scharfe Abgrenzung wie hier für den Zweck insbesondere vorliegt, dieselben auf die sicher erkennbare Verleihung bestimmter Mineralien einzuschränken.

Aus der Rechtspr. s. Urt. d. bayer. ObLG. vom 24. Oktober 1892, BlfRA. 58, 116 (zit. S. 169 oben).

**2.** Der Abs. 2 bezieht sich lediglich auf Bergwerke der im Abs. 1 bezeichneten Art, also auf solche, die nach dem vor 1869 geltenden Recht auf jetzt nicht mehr verleihbare Mineralien verliehen worden sind; auf sie soll, sofern sie nicht schon am 1. Juli 1869 — dem Zeitpunkt des Inkrafttretens des Berggesetzes von 1869 — einem Knappschaftsverein angehört haben, der Knappschaftstitel keine Anwendung finden. Die Mot. von 1869 fahren zur Begründung des Abs. 2 fort: „Da, wo es sich aber nicht darum handelt, bestehenden Rechtsverhältnissen ihre Grundlage zu erhalten, wo also auch von einer Regelung solcher Verhältnisse nicht die Rede sein kann, ist keine Veranlassung gegeben, die Vorschriften des neuen Berggesetzes auf solche, wenn auch bisher der Berggesetzgebung unterworfen gewesene Bergwerke, Steinbrüche und Gräbereien in Anwendung zu bringen". Hiezu wird daran erinnert, daß vor dem BG. von 1869 ein Zwang zur Errichtung von Knappschaftsvereinen in Bayern nicht bestand.

## Art. 282. (259)

**In Ansehung der bestehenden Erbstollengerechtigkeiten, insbesondere auch der Aufhebungsarten, verbleibt es bei den bisher hiefür geltenden Bestimmungen.[1] [2]**

**1.** Der frühere Art. 222 BG. von 1869, durch welchen dem Staate die Steinsalz- und Solegewinnung nur für das Gebiet des Bezirksamtes Berchtesgaden vorbehalten wurde, ist durch Art. 2 des jetzigen

Berggesetzes gegenstandslos geworden und wurde deshalb durch das Ges. vom 30. Juni 1900 gestrichen.

2. Der erste Abs des früheren Art. 223 (jetzt 282), wurde durch das eben zit. Ges gestrichen, da bereits nach dem 1. Juli 1869 eine Verleihung von Erbstollenrechten nicht mehr stattfinden durfte. Dagegen verbleibt es bezüglich der noch bestehenden wenigen Erbstollengerechtigkeiten bei den hiefür bisher gültig gewesenen Gesetzen. Die noch vorhandenen Erbstollengerechtigkeiten haben daher auch fernerhin den Verpflichtungen nachzukommen, von deren Erfüllung die Erhaltung der Gerechtsame abhängt. Bezüglich der Erbstollenrechte vgl. die bayer Bergordnung, insbesondere Art. 66, 71, 76, 77 und 87, dann die Brandenburgsche Bergordnung Art. 49 und 51.

## Art. 283. (260)

Bei Verleihung von Bergwerkseigentum findet ein Anspruch auf Freikuxe irgend einer Art nicht mehr statt.

Den bereits vor dem 1. Juli 1869 von Kirchen und Schulen und von Grundbesitzern erworbenen Freikuxen steht nur eine Realberechtigung auf den durch die damaligen Gesetze bestimmten Ausbeuteanteil an dem Bergwerke zu.

Die Ablösung der Freikuxe bleibt der freien Vereinbarung der Beteiligten vorbehalten.[1]

1. Der Abs. 1 wiederholt den im früheren Art. 224 Abs. 1 (Fass von 1869) ausgesprochenen Grundsatz, daß Freikuxe nicht mehr verliehen werden, allgemein.

Die bereits vor dem Inkrafttreten des BG. von 1869 erworbenen Freikuxe bleiben mit der im Abs 2 bezeichneten Realberechtigung den Inhabern

Die Absätze 3 und 4 des früheren Art. 224 über Freikuxe von Knappschaftskassen wurden durch das Ges vom 30 Juni 1900 als gegenstandlos geworden gestrichen

Die Ablösbarkeit der noch vorhandenen Freikuxe liegt im Interesse des Bergbaues und bleibt daher nach wie vor der freien Vereinbarung der Beteiligten überlassen. Einen Zwang zur Ablösung auszuüben, besteht keinerlei Anlaß.

Auch für die älteren Gewerkschaften gilt die Vorschrift des Art 139 des Berggesetzes, wonach für die Errichtung von Gewerkschaftsatzungen — gleichviel ob sie neuaufgestellt, oder nur in einzelnen Teilen abgeändert werden — die notarielle Beurkundung und oberbergamtliche Bestätigung erfordert werden

## Art. 284. (261)

Die Rechtsverhältnisse der am 1. Juli 1869 in den Landesteilen diesseits des Rheins bestandenen Gewerkschaften sind, soweit es an vertragsmäßigen Verabredungen fehlt und nicht in den nachfolgenden Art. 285 bis 295 etwas anderes bestimmt ist, nach den Vorschriften des vierten Titels zu beurteilen.[1][2]

1. Der frühere Art. 225 des Berggesetzes von 1869 kam in Wegfall, da die dort bestimmte Frist für Geltendmachung des Mitbaurechts des Grundbesitzers längst abgelaufen ist.

2. Der frühere Art. 226 — jetzt 284 — ist sachlich nicht verändert worden. Es kommen hiebei nur die beim Eintritt der Gesetzeskraft des Gesetzes vom 20. März 1869 bereits vorhanden gewesenen Gewerkschaften in Betracht. Die im IV. Titel des BG. über die Organisation der Gewerkschaft aufgestellten Grundsätze und die hienach getroffenen Bestimmungen sind von der Art, daß es zweckmäßig erschien, sie auf die damals bereits bestehenden Gewerkschaften mit nur wenigen Modifikationen auszudehnen, welche sich aus der Personifizierung der Gewerkschaften nach dem Gesetze und der veränderten Natur der Kuxe ergaben. Denn in dieser Beziehung durfte ein Zwang zur Annahme der neuen Gewerkschaftsform gegen die bestehenden Gewerkschaften nicht ausgeübt werden. Im übrigen konnten aber die Vorschriften des IV. Titels ohne jedes rechtliche und praktische Bedenken auf diese Gewerkschaften Anwendung finden. Die Modifikationen finden sich in den Artikeln 285 bis 295.

Aus der Rechtspr. s. Urt. d. bay. ObLG. vom 16. Februar 1887, BlfRA. 52 S. 145.

## Art. 285. (262)

**Die Art. 139 bis 142, 145, 147, 149, 150, 152 und 153 finden auf diejenigen Bergwerke keine Anwendung, welche am 1. Juli 1869 sich bereits im Besitze einer Gewerkschaft befunden haben.** [1]

1. Der Art. wurde bereits durch Art. 157 XVIII AG. BGB. abgeändert, indem der aus Versehen früher weggelassene Art. 93 (nun 147) mit aufgenommen wurde. Im übrigen wurde er durch das Ges. vom 30. Juni 1900 so redigiert, daß die am 1. Juli 1869 bereits gewerkschaftlich organisierten Bergwerke den Bestimmungen der aufgezählten Artikel nicht unterliegen. Eine sachliche Änderung liegt hierin nicht.

Die Vorschriften der Art. 139 usw. sind nur insoweit als ausgeschlossen zu erachten, als sie gegen früher neues Recht enthalten. Wo in diesen Artikeln Grundsätze des früheren gewerkschaftlichen Rechtes unverändert wiederholt werden, gilt dies selbstverständlich wie bisher auch für die Gewerkschaften des alten Rechts. So z. B. daß die Gewerkschaft unter ihrem Namen Rechte erwerben und Verbindlichkeiten eingehen kann, daß sie klagen und verklagt werden kann usw.

## Art. 286. (263)

**Die seitherige Kuxeinteilung bleibt bestehen. Jedoch kann ein Kux nur noch in Zehnteile geteilt werden.**

**Die Kuxe behalten die Eigenschaft von Rechten, die den Grundstücken gleichstehen. Die Vorschrift des Art. 45 Abs. 1 findet entsprechende Anwendung.** [1]

1. Zu Abs. 1 wurden durch das Ges. vom 30. Juni 1900 lediglich die Worte „von jetzt an" als entbehrlich gestrichen. Eine Zurückführung der alten Kuxeinteilung auf die im Art. 145 bestimmte Zahl würde

unverhältnismäßige Schwierigkeiten verursachen und ist um so weniger geboten, als die Gewerkschaft durch Annahme der neuen Gewerkschaftsform diese Zurückführung jederzeit bewirken kann. Die beschränkte Teilbarkeit der alten Kuxe ist veranlaßt durch die großen Nachteile, welche eine willkürliche Teilbarkeit mit sich bringt. Die früher bestandene anderweite Teilung kann jedoch nicht beanstandet werden.

Der Abs. 2 wurde durch Art. 157 XIX AG. BGB. geändert. Die Änderung entspricht der neuen Fassung der Art. 44 und 45 Abs 1, daß die Kuxe des älteren Rechtes den Grundstücken gleichstehen und daß auf den Erwerb solcher Kuxe die für den Erwerb des Eigentums an Grundstücken geltenden Vorschriften entsprechende Anwendung finden. Sachlich ist nichts geändert. An die Stelle des Gegenbuchs trat das Grundbuch, weshalb der Satz 2 Abs 2 der Fassung von 1869 wegfiel.

## Art. 287. (264)

**Eine Verpfändung des ganzen Bergwerkes durch Mehrheitsbeschluß von drei Vierteilen (Art. 157) ist nur dann zulässig, wenn die einzelnen Kuxe nicht mit Hypotheken, Grundschulden und Rentenschulden belastet sind, außerdem nur, wenn die Gläubiger, denen die einzelnen Kuxe verpfändet sind, vorher abgefunden sind oder in die Verpfändung des ganzen Bergwerkes ausdrücklich eingewilligt haben und die Gewerkschaft die Verpfändung einstimmig beschließt. Bei der Geltendmachung bestehender Pfandrechte kommen die für Grundstücke geltenden Bestimmungen zur Anwendung.**[1]

1. Die Statthaftigkeit der Belastung der einzelnen Kuxe mit Hypotheken, Grund- und Rentenschulden ist Folge ihrer dinglichen Natur (Art 286 Abs 2)

Im allgemeinen entspricht die Zulassung eines Mehrheitsbeschlusses mehr dem Geiste und dem Zwecke der jetzigen gewerkschaftlichen Verfassung. Indessen muß, wenn einzelne Kuxe mit Hypotheken usw belastet sind, die Zustimmung der Gläubiger der Teilinhaber verlangt werden, damit ihnen Gelegenheit geboten ist, eintretenden Falles ihre Interessen zu wahren.

Die durch das AG BGB in Art 157 XX vorgenommene Streichung „der Veräußerung von Kuxen" im letzten Satze ist hervorgerufen durch den Hinweis auf Art 45 Abs 1 im Art 286 Abs 2

## Art. 288. (265)

**Der Art. 151 findet mit der Maßgabe Anwendung, daß die Erhebung der Beiträge beschlossen sein muß, bevor der seitherige Eigentümer der Kuxe dieselben veräußert hat.**[1]

1. Die Anwendbarkeit des Art. 151 ist zwar durch Art 284 gegeben; bezüglich der Verbindlichkeit und Zahlung der Beiträge mußte als entscheidender Zeitpunkt der der Veräußerung der Kuxe festgesetzt

werden, welcher ein ganz bestimmter ist, da die dingliche Natur des Kuxes zur Gültigkeit eine Beurkundung erfordert (vgl § 925 BGB.).

## Art. 289. (266)

Soweit die bereits bestellten Repräsentanten und Grubenvorstände mit besonderen Vollmachten versehen sind, behält es bei denselben sein Bewenden.

Im übrigen finden die Art. 162 bis 169 und 171 auf diese Repräsentanten und Grubenvorstände Anwendung.[1]

1. Die Vorschriften dieses Artikels beruhen darauf, daß die Vollmachten der bereits früher bestellten Repräsentanten und Grubenvorstände, soweit hiedurch die gesetzlichen Befugnisse erweitert oder beschränkt sind, nicht durch neue Gesetzesvorschriften in Frage gestellt werden durften Nunmehr wird der Artikel wenig praktische Bedeutung haben, immerhin mußte er aufrecht erhalten bleiben, da noch einzelne Repräsentanten aus der früheren Zeit mit besonderen Vollmachten vorhanden sein können

## Art. 290. (267)

In den Fällen der Art. 173, 175 müssen die Erklärungen des Gewerken und der Gläubiger öffentlich beurkundet oder öffentlich beglaubigt sein.

In dem Falle der Art. 173, 174 erfolgt der Verkauf des Anteils im Wege der Zwangsversteigerung unbeweglicher Sachen.

Ein unverkäuflicher Anteil wird in den Fällen der Art. 174, 175 der Gewerkschaft im Grundbuche zugeschrieben.[1]

1. Der Art wurde abgeändert durch Art 157 XXI AG BGB.

Nach dem früheren Art 232 (Fassung von 1869) erfolgte der Verkauf eines Kuxes älteren Rechtes in den Fällen der Art 119 bis 121 (173 bis 175 neu) im Wege der Zwangsversteigerung unbeweglicher Sachen Für den Fall des Art 121 (175 neu) besteht aber kein Grund, eine solche Versteigerung vorzuschreiben, vielmehr kann es bei der Vorschrift des Abs 2 des Art 121 (175 neu) belassen werden, wonach der Repräsentant den Anteil verkauft Die Vorschriften, welche die Liquidatoren einer offenen Handelsgesellschaft, einer Kommanditgesellschaft, einer Aktiengesellschaft und einer eingetragenen Genossenschaft verpflichten, die Veräußerung unbeweglicher Sachen im Wege öffentlicher Versteigerung vorzunehmen, sind im Handelsgesetzbuch vom 10 Mai 1897 und im Art 10 IX EG. HGB beseitigt Es ist deshalb die Zwangsversteigerung auf die Fälle der Art 173, 174 beschränkt

Die in den Fällen der Art 173, 175 erforderlichen Erklärungen des Gewerken und des Gläubigers müssen bei den Kuxen des älteren Rechtes, um den Antrag auf gerichtliche Versteigerung des Kuxes oder die Umschreibung des Kuxes im Grundbuche zu ermöglichen, öffentlich beurkundet oder öffentlich beglaubigt sein (vgl § 29 GBO).

Im Falle der Unverkäuflichkeit eines Kuxes tritt an die Stelle der Zuschreibung im Gewerkenbuche die Zuschreibung im Grundbuche.

## Art. 291. (268)

Durch einen von einer Mehrheit von wenigstens drei Vierteilen aller Kuxe gefaßten Beschluß kann, soweit nicht vertragsmäßige Verabredungen entgegenstehen, jede bereits bestehende Gewerkschaft sich denjenigen Bestimmungen des vierten Titels, welche nach Art. 285 auf die bestehenden Bergwerke keine Anwendung finden, unterwerfen und insbesondere die Kuxe auf die nach Art. 145 zulässige Einteilung mit der Wirkung zurückführen, daß die neuen Kuxe die Eigenschaft der beweglichen Sachen haben.

Ist bei dem Eintritt der Gesetzeskraft dieses Gesetzes der Besitz der Kuxe einer Gewerkschaft dergestalt geteilt, daß der Zurückführung derselben auf die vorbezeichnete Einteilung außergewöhnliche Schwierigkeiten entgegenstehen, so kann mit Genehmigung des Oberbergamtes die Zahl der Kuxe auf zehntausend bestimmt werden.

Das Protokoll über die Gewerkenversammlung, in welcher der Beschluß gefaßt wird, ist notariell aufzunehmen.

Wenn auf gewerkschaftlichen Anteilen Hypotheken, Grundschulden und Rentenschulden haften, so darf ein solcher Beschluß nur dann ausgeführt werden, wenn diese Gläubiger entweder vorher abgefunden sind oder in die Ausführung ausdrücklich eingewilligt haben.[1]

1. Da die im IV. Titel bestimmte Form der Gewerkschaft zur Förderung der allgemeinen Interessen des Bergbaues dient, so muß es für wünschenswert erachtet werden, daß auch die älteren Gewerkschaften allmählich diese Verfassung in ihrem ganzen Umfang annehmen und namentlich die vielen Unzuträglichkeiten beseitigen, welche mit der jetzigen unbeweglichen Natur der Kuxe verbunden sind.

Bei der Wichtigkeit der Beschlüsse, um welche es sich handelt, wäre einerseits nicht gerechtfertigt, schon einem durch einfache Stimmenmehrheit gefaßten Beschlusse bindende Kraft zu geben, andererseits dürfte aber auch nicht Stimmeneinheit verlangt werden, damit nicht durch den Widerspruch eines einzigen, vielleicht ganz gering beteiligten Gewerken, die im allgemeinen höchst wünschenswerte Umwandlung der alten Gewerkschaft in die Gewerkschaft des neuen Rechtes unmöglich gemacht werde.

Es wurde deshalb ein Mittelweg gewählt, indem im Anschluß an Art. 157 des Gesetzes eine Stimmenmehrheit von wenigstens drei Vierteilen aller Kuxe zu einem gültigen Beschlusse gefordert wird.

Im Art. 145 ist die Zahl der zulässigen Kuxe auf 1000 festgestellt. Zur Erleichterung des Überganges in das neue Verhältnis ist die Zulässigkeit einer weiteren Teilung wünschenswert, daher gestattet der

Art. 291 in seinem Abs 2 die Festsetzung der Kuxzahl mit Genehmigung des Oberbergamts auf 10000 für den Fall, daß durch die Teilung des Kuxbesitzes der Zurückführung der Kuxe auf die Zahl 1000 zu große Schwierigkeiten begegnen.

Das Protokoll über die Gewerkenversammlung, in welcher der Beschluß über die Umwandlung einer Gewerkschaft des alten Rechtes in eine des neuen gefaßt wird, ist wegen seiner Wichtigkeit und, da dingliche Rechte in Frage kommen, notariell aufzunehmen

Die Ausführung des Umwandlungsbeschlusses muß übrigens davon abhängig gemacht werden, daß die Hypotheken- usw Gläubiger, welchen gewerkschaftliche Anteile verhaftet sind, vorher abgefunden werden oder ihre ausdrückliche Einwilligung erteilen. Denn die wohlerworbenen Rechte solcher Gläubiger dürfen gegen deren Willen nicht der wesentlichen Umgestaltung unterworfen werden, welche die Mobilisierung der Kuxe mit sich bringt

## Art. 292. (269)

Soweit nicht etwas anderes vereinbart ist, haften den seitherigen Hypotheken-, Grundschuld- und Rentenschuldgläubigern die neuen Kuxe, welche an die Stelle der verpfändeten Anteile treten, in der bisherigen Rangordnung als Pfand.

Die auf den gewerkschaftlichen Anteilen haftenden Hypotheken, Grundschulden und Rentenschulden und anderen Realansprüche werden aus dem Grundbuche wörtlich in die Kuxscheine übertragen.

Die Löschung dieser Einträge erfolgt nach den für die Löschung im Grundbuche maßgebenden Vorschriften.[1]

1. Obwohl nach Art 291 die Eigenschaft der Unbeweglichkeit der Kuxe nicht gegen den Willen der Hypotheken- usw Gläubiger beseitigt werden kann, so sind doch Bestimmungen darüber notwendig, wie sich die Rechte dieser Gläubiger gestalten sollen. wenn mit ihrer Einwilligung die Kuxe mobilisiert sind, denn ohne solche Bestimmungen würde es den Beteiligten an gesetzlichen Anhaltspunkten für die Beurteilung ihrer Rechte fehlen und infolgedessen die Vollziehung eines auf die Mobilisierung gerichteten Beschlusses Schwierigkeiten finden

Das Hypothekenrecht des seitherigen Gläubigers nimmt mit rechtlicher Notwendigkeit die Natur des eigentlichen Pfandrechtes an (vgl. die §§ 1204 ff BGB. über das Pfandrecht an beweglichen Sachen).

An der bisherigen Rangordnung wird durch den Übergang der Hypothekenrechte usw in Pfandrechte an den neuen Kuxen nichts geändert

## Art. 293. (270)

Ist ein Anteil nach Art. 292 mit Pfandrechten, welche an die Stelle bisheriger Hypotheken, Grundschulden und Rentenschulden getreten sind, belastet, so wird der darüber ausgefertigte Kuxschein, sofern nur ein seitheriger Gläubiger vorhanden ist, diesem ausgehändigt, sofern aber zwei oder mehrere solcher Gläubiger vorhanden sind, für diese durch einen von ihnen zu bestimmenden Notar in amtliche Verwahrung genommen.[1]

**1.** Die zur Entstehung dieses Pfandrechtes erforderliche Besitzübergabe (vgl. § 1205 BGB. wird nach Art. 293 in der Weise bewirkt, daß der über den belasteten Anteil ausgefertigte Anteilschein, sofern nur ein seitheriger Gläubiger vorhanden ist, diesem ausgehändigt, sofern aber zwei oder mehrere solcher Gläubiger vorhanden sind, für dieselben durch einen von ihnen zu bestimmenden Notar in Gewahrsam genommen wird, so daß der Notar als Beamter der freiwilligen Gerichtsbarkeit das Besitzrecht über die Urkunde, welche jedem der mehreren Gläubiger zur rechtlichen Benützung zusteht, also gemeinschaftliche Urkunde ist, namens dieser Gläubiger ausübt. Über die Person des Notars werden sich die Gläubiger in der Regel verständigen. Wenn nicht, so ist selbstverständlich, daß die Bergbehörde (das Oberbergamt) den Notar, bei welchem die Aufbewahrung zu geschehen hat, wählt.

Um das gegenseitige Rechtsverhältnis mehrerer seitheriger Gläubiger unverändert zu erhalten, muß, wie schon in Art 292 bestimmt ist, die bisherige Rangordnung auch für die Befriedigung aus dem neuen Pfande maßgebend bleiben.

Die wörtliche Übertragung der Einträge aus dem Grundbuch in den Anteilschein ist zur Sicherheit des Verkehrs erforderlich.

Für die Löschung dieser Einträge in dem Anteilsscheine müssen die Grundsätze maßgebend sein, nach welchen die Löschung im Grundbuch zu erfolgen hätte.

## Art. 294. (271)

Die Befriedigung seitheriger Gläubiger aus dem Kuxscheine erfolgt nach den Vorschriften über die Zwangsvollstreckung in das bewegliche Vermögen.

Der Antragsteller hat bei Meidung des Schadensersatzes den Versteigerungstermin sämtlichen aus dem Kuxscheine ersichtlichen seitherigen Gläubigern bekannt zu machen.[2]

**1.** Die Fassung des Abs. 1 beruht auf dem Ges. vom 30. Juni 1900, die des Abs. 2 auf Art. 78 AG. ZPO. Die Abs. 3 und 4 der Fassung von 1869 wurden vom erstzit. Ges. als entbehrlich gestrichen.

**2.** Die Vorschriften dieses Artikels über den Verkauf von Anteilsscheinen behufs Befriedigung der durch sie gesicherten Gläubiger ergeben sich aus der Natur der Kuxscheine als beweglicher Sachen.

Da nach Art. 292 die Übertragung der Einträge aus dem Grundbuch in die Kuxscheine wörtlich zu erfolgen hat, so sind solchen die Gläubiger mit Sicherheit zu entnehmen.

Mit dem Verkauf erlöschen sämtliche Pfandrechte, die auf dem verkauften Anteile hafteten, nach § 1242 Abs. 2 BGB. Ebenso ist selbstverständlich, daß die Befriedigung der Gläubiger aus dem Erlös nach der Rangordnung ihrer Forderungen erfolgt. Sind zwei Gläubiger in gleichem Range forderungsberechtigt und reicht der Erlös zur Befriedigung beider nicht aus, so geschieht die Verteilung nach Verhältnis der ihnen zustehenden Forderungen.

## Art. 295. (272)

Für die Gewerkschaften des älteren Rechtes, welche im vormaligen Fürstentum Bayreuth die ihnen bergrechtlich verliehene Gewinnung von Granit und Syenit zur Zeit des Inkrafttretens dieses Gesetzes in der Weise betreiben, daß die Gewerken bestimmte Flächen im Einzelbetriebe ausbeuten, gelten die nachstehenden besonderen Vorschriften:

1. Die Bestimmungen im Art. 146 Abs. 1 und im Art. 157 finden keine Anwendung.
2. In der Gewerkenversammlung geben ein bis vier Kuxe eine Stimme, je vier weitere Kuxe eine weitere Stimme. Ein Bruchteil von drei Kuxen wird als voll gerechnet, ein geringerer Bruchteil bleibt außer Betracht. Ein Gewerke kann nicht mehr als zehn Stimmen haben.
3. Zu einer Verfügung über das der Gewerkschaft verliehene Recht ist Einstimmigkeit der Gewerken erforderlich.
4. Die Überlassung der auszubeutenden Flächen erfolgt nach Maßgabe des fünften Titels an die Gewerkschaft. Die von den einzelnen Gewerken zu benützenden Flächen werden diesen durch den Repräsentanten zugeteilt. Ist die überlassene Fläche unter mehreren Gewerken zu verteilen, so erfolgt die Zuteilung an sie nach Verhältnis ihres Kuxbesitzes durch Beschluß der Gewerkenversammlung.
5. Wer ohne Einweisung durch den Repräsentanten eine Fläche in Benützung nimmt oder die ihm zugeteilte Fläche vorsätzlich oder fahrlässig überschreitet, wird an Geld bis zu 300 ℳ bestraft.

Einzelbetriebe, die nicht vor dem 1. April 1900 entstanden sind, sind unstatthaft.[1]

**1.** Der Art. ist durch das Ges. vom 30. Juni 1900 nach eingehenden Verhandlungen auf Antrag des Abgeordneten Karl Schmidt neu eingestellt worden, um die Verhältnisse der auf Granit und Syenit berechtigten Inhaber von alten Bergrechten im vormaligen Fürstentum Bayreuth, die bisher vielfach Anlaß zu Streitigkeiten geboten, endgültig zu regeln.

Die Granitindustrie des Fichtelgebirgs ist Jahrhunderte alt und hat sich im Laufe der Zeiten ganz außerordentlich entwickelt, so daß Hunderte von Arbeitern darin lohnende Beschäftigung finden. Der Hergang bei der Entwicklung dieser Industrie, soweit sie auf das Bergrecht sich gründet, war folgender: Im ehemaligen Fürstentum Bayreuth war die Gewinnung von Granit und Syenit bergrechtlich verliehen worden und zwar an das Maurer- oder Steinmetzhandwerk für den ganzen Richterbezirk, da nach der Art des Vorkommens des Granits und Syenits eine Verleihung nach Grubenmaßen nicht möglich war Solche Verleihungen fanden auch noch statt, nachdem das Fürstentum Bayreuth an die Krone Bayern übergegangen war

Während nun das beliehene Maurer- oder Steinmetzhandwerk als Gewerkschaft einen gemeinschaftlichen Betrieb hätte führen und die Gerechtigkeit gemeinschaftlich ausüben sollen, brachten es die Verhältnisse mit sich, daß die einzelnen Mitglieder des berechtigten Handwerks von dem Vorstande (Repräsentanten) Flächen zugewiesen erhielten zur Ausbeutung auf ihre Kosten und für ihre Gewerbszwecke Diese Art des Betriebs bildete mit der Zeit sich überwiegend aus, so daß von einer Gewerkschaft im Sinne der bergrechtlichen Bestimmungen und namentlich des BG von 1869 keine Rede mehr sein konnte Die Kennzeichen der Gewerkschaft bestanden schließlich nur mehr darin, daß für den verliehenen Bezirk (ehemaligen Richterbezirk) eine bestimmte Anzahl von Kuxen (128) vorhanden und daß ein Repräsentant für den ganzen Bezirk bestellt war, dem gewisse Befugnisse zugewiesen waren Im übrigen war jeder Inhaber von Kuxen ganz selbständig in seinem Betriebe und hatte nur einen äußerst losen Zusammenhang mit der Gesamtheit der Kuxinhaber Dabei war vielfach die große Mehrzahl der Kuxe in einzelne Hände übergegangen, andererseits hatte eine Teilung der Kuxe in Bruchteile stattgefunden, deren Inhaber gleichfalls ganz unabhängig die Gewinnung von Granit und Syenit in dem verliehenen Gebiete betrieben.

Es hatte sich dann auch die Gewohnheit herausgebildet, daß jeder einzelne Kuxinhaber seine Ausbeutefläche durch die Bergbehörde zugewiesen erhielt

Nach der Einführung des Berggesetzes vom 20 März 1869 weigerten sich die Waldgrundbesitzer wegen der vielen mit dieser Einzelzuweisung verbundenen Unzuträglichkeiten, Waldflächen an Einzelbetriebe zur Ausbeutung zu überlassen, und das Oberbergamt erließ unterm 29 Juli 1874 eine Instruktion an das Bezirksbergamt Bayreuth, nach welcher die bereits nach altem Bayreuther Bergrecht verliehenen Granit- und Syenit Steinbrüche, bzw Steinbruchbezirke im Fichtelgebirge auch ferner noch als wirkliche Berglehen anzuerkennen, jedoch nach den Vorschriften des neuen Berggesetzes zu behandeln seien Demgemäß dürfe, da durch die Art 239 und 240 BG von 1869 auch alle bisherigen Gewohnheiten mit dem 1 Juli 1869 ihre Gültigkeit verloren hätten, eine Einweisung von gesonderten Bruchflächen an die einzelnen Kuxinhaber innerhalb des verliehenen gewerkschaftlichen Steinbruchbezirkes nicht mehr stattfinden, und es könnten neue Bruchflächen für die Granit- und Syenitgewinnung nur allein an die ganze Gewerkschaft überlassen werden, welche durch ihren Repräsentanten die Verträge mit den Grundbesitzern nach Maßgabe des V Titels abzuschließen habe

Dies hatte nun zur Folge, daß die Repräsentanten die Verteilung in die Hand bekamen und sich zahlreiche Streitigkeiten infolge der eigenartigen Verteilung der Kuxe ergaben (Vgl AbgkVerh 1900 StenBer Bd II S 907 ff.)

Um nun diesen Differenzen vorzubeugen und insbesondere um die

Kleinbetriebe gegen Übervorteilung durch die Großbetriebe tunlichst zu schützen, wurde die Regelung der Verhältnisse dieser Steinbruchbetriebe für nötig befunden und nach dem vorliegenden Art. 295 beschlossen.

Vor allem ist hiezu zu bemerken, daß diese Vorschriften ausschließlich Geltung haben für die Gewerkschaften des älteren Rechtes, welche im vormaligen Fürstentum Bayreuth die ihnen bergrechtlich verliehene Gewinnung von Granit und Syenit mit dem 1. Oktober 1900 in der Weise betreiben, daß die Gewerken (Kuxinhaber) bestimmte Flächen im Einzelbetriebe ausbeuten.

Für diese — eine Ausdehnung auf andere Gewerkschaften älteren Rechtes in einem anderen Bezirke oder mit Verleihung des Rechtes auf ein anderes Mineral als Granit oder Syenit ist unbedingt ausgeschlossen — ist die Bestimmung des Art. 146 Abs. 1 — Anteilnahme an Gewinn und Verlust der Gewerken nach Verhältnis ihrer Kuxe —, sowie jene des Art. 157 über die Beschlußfassung über den Gegenstand der Verleihung — nicht anwendbar. Es ergibt sich dies aus der Art des Betriebes, die einen gemeinschaftlichen Gewinn und Verlust nicht kennt, und aus der Verfassung der Gewerkschaften von selbst.

Die Ziffer 2 regelt sodann, abweichend von der Vorschrift des Art. 154 die Abstimmung so, daß der Besitz von einem bis vier Kuxen eine Stimme gewährt und daß vier weitere Kuxe oder mindestens drei eine weitere Stimme geben und daß ein Gewerke nicht mehr als zehn Stimmen besitzen kann ohne Rücksicht auf die Zahl der ihm gehörigen Kuxe.

Kleinere Bruchteile als ein voller Kux berechtigen nicht zum Mitstimmen.

Dadurch soll der Majorisierung der Besitzer der Minderzahl der Kuxe durch einen oder mehrere Gewerken, welche im Besitze der Mehrzahl der Kuxe sich befinden, tunlichst vorgebeugt werden.

Die Bestimmung in Ziffer 3 entspricht der Vorschrift des Art. 157 Abs. 2.

In Ziffer 4 ist bestimmt, daß die Überlassung der auszubeutenden Flächen stets von der Gewerkschaft nach Maßgabe des V. Titels zu erfolgen hat, da sich die direkte Überweisung an die einzelnen im Interesse eines geordneten Forstbetriebes nicht durchführen läßt.

Die Verteilung der Flächen an die einzelnen Gewerken hat durch den Repräsentanten zu erfolgen. Es ergibt sich hieraus, daß der Waldbesitzer stets nur nach dem Gesamtbedarf der Gewerkschaft zur Überlassung von Grund und Boden verpflichtet ist und daß unberechtigte zu weitgehende Forderungen zurückgewiesen werden müssen. Wird von der Gewerkschaft die Überlassung von Grund und Boden beansprucht, so muß sie eben nach den Bestimmungen des V. Titels nachweisen, daß sie solchen in dem verlangten Umfange nötig hat. Ist z. B. die Gewerkschaft noch im Besitze von genügend großen Flächen, um die berechtigten Bedürfnisse ihrer Mitglieder hiemit befriedigen zu können, so kann sie insolange keine neue Flächen in Anspruch nehmen. Ist die überlassene Fläche nur für einen Gewerken bestimmt, da die übrigen noch hinreichenden Boden unausgebeutet zur Verfügung haben, so wird sie diesem einfach von dem Repräsentanten überwiesen. Ist die überlassene Fläche unter mehrere Gewerken zu verteilen, so hat die Zuteilung durch Beschluß der Gewerkenversammlung nach Verhältnis des

Kuxbesitzes an dieselben zu erfolgen, wobei die Vorschrift unter Ziff. 2 zu beachten ist

Hiedurch dürfte eine Benachteiligung der einzelnen Gewerken seitens des Repräsentanten hintangehalten werden Die Abfindung mit dem Grundbesitzer ist durch die Gewerkschaft (den Repräsentanten) zu betätigen, wogegen selbstverständlich der einzelne Gewerke den Ersatz der auf die ihm zugeteilte Fläche treffenden Entschädigung zu leisten hat

Die Ziff 5 tritt eigenmächtiger Benützung uneingewiesener Flächen durch die einzelnen Gewerken entgegen und ist erforderlich, um die Ordnung im Betriebe aufrecht zu erhalten

Die Bestimmung in Abs 2 wurde beigefügt, damit nicht durch weitere Teilung der Kuxe die Wirksamkeit der vorgehenden Vorschriften in Frage gestellt werden kann Selbstverständlich ist der hier gesetzte Termin sofort gültig, wenn auch das ganze Gesetz erst mit dem 1 Oktober 1900 in Kraft tritt Es ist also vom 1. April 1900 ab eine weitere Teilung der Kuxe oder die Schaffung neuer Einzelbetriebe nicht mehr statthaft, bzw ungültig, wenn solches trotzdem stattgefunden haben sollte Dies wird bei der künftigen Überlassung von Flächen an die Gewerkschaft in Betracht zu kommen haben.

## Art. 296. (273)

In den Rechtsverhältnissen der Mitbeteiligten der am 1. Juli 1869 in der Pfalz im Besitze mehrerer Personen befindlichen Bergwerke wird durch dieses Gesetz nichts geändert. Jedoch finden die Bestimmungen des Art. 177 auch auf diese Bergwerke Anwendung.

Durch einen von einer Mehrheit von wenigstens drei Vierteilen aller Anteile gefaßten Beschluß können die Mitbeteiligten eines solchen Bergwerkes die im vierten Titel des gegenwärtigen Gesetzes (Art. 139 bis 174) enthaltene gewerkschaftliche Verfassung annehmen, soweit nicht vertragsmäßige Verabredungen entgegenstehen.

Der Beschluß ist notariell aufzunehmen [1]

1. In den Landesteilen jenseits des Rheines unterlagen früher die Rechtsverhältnisse der Mitbeteiligten eines Bergwerkes beim Mangel eines besonderen Vertrages lediglich der Beurteilung nach den allgemeinen Regeln des bürgerlichen Rechts. Dies bleibt für die am 1 Juli 1869 im Besitze mehrerer Personen befindlichen Bergwerke auch ferner in Kraft

Die Beteiligten können jedoch, wo ein Vertrag nicht hindernd im Wege steht, durch Beschluß von drei Vierteilen aller Anteile die gewerkschaftliche Verfassung des IV Titels annehmen

Aus der Rechtspr f Beschl. des Bay ObLG. vom 25. Oktober 1906, Bay. Z. f. Rpfl III. S. 20.

## Art. 297. (274)

Auf Fälle, in welchen vor dem 1. Juli 1869 für den Betrieb des Bergbaues Grund und Boden eigentümlich oder zur

Benützung abgetreten ist, kommen nicht die Art. 180 bis 191, sondern die bis zum 1. Juli 1869 in Geltung gestandenen Gesetze zur Anwendung.[1]

1. Der Art. bringt zum Ausdruck, daß die Überlassung von Grund und Boden zum Betriebe des Bergbaues, die schon vor dem Inkrafttreten des BG. von 1869 erfolgt ist, bezüglich der Abtretungspflicht und deren Folgen, der Entschädigungsfrage, nach den damals hiefür gültigen Gesetzen zu beurteilen ist

## Art. 298. (275)

Für die Berechnung der Fristen findet die Vorschrift des § 222 Abs. 1 und 2 der Zivilprozeßordnung entsprechende Anwendung.[1]

1. Der Art wurde durch das Ges vom 30 Juni 1900 neu beigefügt, um eine Einheitlichkeit mit der sonst üblichen Fristenberechnung zu erzielen.

§ 222 Abs. 1 und 2 ZPO. lautet:

„Für die Berechnung der Fristen gelten die Vorschriften des Bürgerlichen Gesetzbuchs.

Fällt das Ende einer Frist auf einen Sonntag oder allgemeinen Feiertag, so endigt die Frist mit Ablauf des nächstfolgenden Werktages".

Siehe dazu §§ 186 ff BGB.

# Anhang.

## I.

### Königliche Allerhöchste Verordnung

vom 30. Juli 1900 (GVBl. S. 839)

die

### Organisation und Wirkungskreis der Bergbehörden betr.

Im Namen Seiner Majestät des Königs.

**Luitpold,**

von Gottes Gnaden Königlicher Prinz von Bayern, Regent.

Wir finden uns bewogen, zum Vollzuge des Berggesetzes für das Königreich Bayern in der Fassung der Bekanntmachung vom 20. Juli 1900 (Ges.- u. Verordn.-Bl. Nr. 45) zu verordnen, was folgt:

**§ 1.** Die Ausübung der dem Staate nach dem Berggesetze zustehenden Hoheitsrechte bleibt wie bisher von dem Betriebe und der Verwaltung der Staatsbergwerke getrennt.

**§ 2.** Die den Bergbehörden durch das Berggesetz zugewiesenen Befugnisse und Obliegenheiten werden von den Berginspektionen und von dem Oberbergamte wahrgenommen.

**§ 3.** Bis auf weiteres wird je eine Berginspektion errichtet

1. in München für die Regierungsbezirke Oberbayern, Niederbayern, Schwaben und Neuburg,

2. in Bayreuth für die Regierungsbezirke Oberpfalz und Regensburg, Oberfranken, Mittelfranken, Unterfranken und Aschaffenburg,

3. in Zweibrücken für den Regierungsbezirk der Pfalz.

**§ 4.** Den Berginspektionen obliegt vor allem die Handhabung der Bergpolizei nach Vorschrift des Tit. IX. des Berggesetzes.

In Beziehung auf die ihrer Aufsicht unterstellten Anlagen und Betriebe stehen ihnen die Befugnisse der im § 139b der Gewerbeordnung bezeichneten Aufsichtsbeamten zu (§ 1 Abs. 1 und § 2 der Verordnung vom 31. März 1892, die Fabriken- und Gewerbe-Inspektoren betreffend).[1])

Die Berginspektionen haben die Aufsicht über die Ausführung der Bestimmungen über die Sonntagsruhe in den ihnen unterstehenden Betrieben und sind für die Gestattung von Ausnahmen auf Grund der §§ 105 f, 138 a, 139 Abs. 1 und 154 a der Gewerbeordnung für Bergwerke, unterirdisch betriebene Brüche oder Gruben und die damit zusammenhängenden Aufbereitungsanstalten als untere Verwaltungsbehörden zuständig (§ 49 der Verordnung vom 29. März 1892, den Vollzug der Gewerbeordnung betreffend).

Weiter wird ihnen die Aufsicht über die Ausführung der die Arbeitsbücher und die Beschäftigung der jugendlichen Arbeiter und der Arbeiterinnen betreffenden Bestimmungen der Art. 103 bis 109 des Berggesetzes[2]) und der §§ 135 bis 139 b der Gewerbeordnung für die vorbezeichneten Betriebe übertragen.

Die Berginspektionen haben ferner alle ihnen sonst durch das Berggesetz und zum Vollzuge desselben durch die vorgesetzten Behörden und Stellen zugewiesenen Obliegenheiten zu erfüllen.

Außerdem werden dieselben unter teilweiser Abänderung der Verordnung vom 19. Juli 1884, den Vollzug des § 109 des Unfallversicherungsgesetzes vom 6. Juli 1884 betreffend (Ges.- und Verord.-Bl. S. 439/40)[3]) mit der Wahrnehmung der nach den reichsgesetzlichen Bestimmungen über Gewerbe-Unfallversicherung den unteren Verwaltungsbehörden sowie den Ortspolizeibehörden zukommenden Verrichtungen für die zur Knappschafts-Berufsgenossenschaft gehörigen Betriebe betraut.

---

[1]) Siehe nun § 1 Abs. 1 und § 2 der K. VO. vom 7. Februar 1907, die Gewerbeaufsichtsbeamten betr. (GVBl. S. 73).

[2]) Nun Art. 118 bis 124 BG.

[3]) An die Stelle dieses Gesetzes ist nun das Gewerbe-Unfallversicherungsgesetz vom 30. Juni 1900 getreten (RGBl. 1900 S. 335, 585).

**§ 5.** Die Berginspektionen werden mit einem Berginspektor, welcher den Rang und Gehalt eines Oberbergamtsassessors erhält, sowie mit der entsprechenden Anzahl nichtpragmatischer Assistenten mit dem Rang und Gehalt der Assistenten der Fabriken- und Gewerbe-Inspektoren besetzt.[4])

**§ 6.** Der Geschäftskreis des Oberbergamts erstreckt sich auf das gesamte Gebiet des Königreichs und umfaßt zunächst die ihm durch das Berggesetz zugewiesenen Obliegenheiten.

Das Oberbergamt führt ferner die Aufsicht über die Berginspektionen und erläßt mit Genehmigung des Staatsministeriums des Innern[5]) die Dienst-Instruktion für dieselben.

Es hat die beim Vollzuge der Gewerbeordnung den k. Regierungen, Kammern des Innern, übertragenen Befugnisse der höheren Verwaltungsbehörden für die der Aufsicht der Bergbehörden unterstehenden Betriebe auszuüben.

Weiter hat das Oberbergamt die im Vollzuge des Berggesetzes ihm vom Staatsministerium des Innern[5]) übertragenen Geschäfte wahrzunehmen.

Außerdem wird demselben unter teilweiser Abänderung der Verordnung vom 19. Juli 1884, den Vollzug des § 109 des Unfallversicherungsgesetzes vom 6. Juli 1884 betreffend,[6]) die Wahrnehmung der nach den reichsgesetzlichen Bestimmungen über Gewerbe-Unfallversicherung den höheren Verwaltungsbehörden zukommenden Verrichtungen für die zur Knappschafts-Berufsgenossenschaft gehörigen Betriebe übertragen.

Dem Oberbergamte bleibt wie bisher die geognostische Untersuchung des Königreichs unterstellt. Dem Vorstand der letzteren wird jedoch die volle Selbständigkeit und Verantwortlichkeit bezüglich der wissenschaftlichen Arbeiten gewahrt.

**§ 7.** Das Oberbergamt wird besetzt mit einem Oberbergdirektor, zwei Oberbergräten, einem Oberbergamts-Markscheider mit dem Rang und Gehalte der bisherigen Bergamtsassessoren, einem Sekretär und mit dem erforderlichen nichtpragmatischen Personal.

Für die geognostische Untersuchung wird ein pragmatischer Beamter als Vorstand mit dem weiter nötigen Personal aufgestellt.

[4]) Mit K. VO. vom 7. Dezember 1908 (GVBl. S. 1083) wurde vom 1. Januar 1909 an der Berginspektion Bayreuth ein exponierter Bergamtsassessor mit dem Amtssitze in Schwandorf beigegeben; ü. d. dessen dienstliche Stelle und Wirkungskreis s. d. die MinBek. vom 9. Dezember 1908 (GVBl. S. 1084).

[5]) An dessen Stelle ist seit 1. Januar 1905 das Staatsministerium des K. Hauses und des Äußern getreten; vgl. oben S. 203 Anm. *)

**§ 8.** Das Oberbergamt hat kollegial zu beraten[6]) und zu beschließen über die Gestattung und Untersagung von Schürfungen, über die Verleihung und Entziehung des Bergwerkseigentums, über das Mutungsvorrecht, über die Gestattung von Hilfsbauen, über die Zusammenlegung und Teilung von Grubenfeldern, über die Bestätigung von Gewerkschafts- und Knappschaftssatzungen sowie über Beschwerden gegen die Verwaltungen der Knappschaftsvereine. Die weiteren Bestimmungen über das Verfahren werden von dem Staatsministerium des Innern[5]) erlassen.

**§ 9.** Behufs Vornahme der nach dem Berggesetz erforderlichen markscheiderischen Geschäfte werden bis auf weiteres zwei Markscheider als nichtpragmatische Beamte mit dem Rang und Gehalte der Assistenten der Fabriken- und Gewerbe-Inspektoren und zwar

der eine bei der Berginspektion Bayreuth für das diesrheinische Bayern,[7])

der zweite bei der Berginspektion Zweibrücken für den Regierungsbezirk der Pfalz

aufgestellt.

Dieselben sind berechtigt, neben ihrem Gehalte von den Grubenbesitzern für die ihnen durch das Berggesetz zugewiesenen Geschäfte, für Vermessung der Gruben sowie für Herstellung und Nachtragung der Grubenbilder Gebühren zu erheben. Die Höhe der Gebühren wird durch das Oberbergamt mit Genehmigung des Staatsministeriums des Innern[5]) bestimmt.

Die Aufsicht über die Markscheider wird durch das Oberbergamt geführt.

**§ 10.** Alle Zuständigkeiten, welche durch das Berggesetz dem Staatsministerium zugewiesen sind, übertragen **Wir Unserem** Staatsministerium des Innern,[5]) welchem die Bergbehörden untergeordnet werden.

**§ 11.** Die oberste Leitung der Bergwerke, Hütten und Salinen des Staates verbleibt **Unserem** Staatsministerium der Finanzen.

6) Mit ME vom 17 April 1907 Nr 796 a II wurde bestimmt, daß sich das Kollegium des Oberbergamts aus dem Oberbergdirektor und den zwei Oberbergräten zusammensetzt; zugleich wurde die Stellvertretung bei Verhinderung von Kollegialmitgliedern geregelt.

7) Inhaltlich der MinBek. vom 11. Januar 1907 (MABl. S 43) wurde mit Allerh. Ermächtigung der Bezirk des Markscheiders in Bayreuth auf den Bezirk der Berginspektion Bayreuth eingeschränkt und ein neuer Markscheiderbezirk aus dem Bezirk der K. Berginspektion München mit dem Amtssitze in München gebildet

**§ 12.** Gegenwärtige Verordnung tritt an Stelle der Verordnung vom 16. Juni 1869, die Organisation der Bergbehörden betreffend, mit dem 1. Oktober 1900 in Wirksamkeit.

Mit dem gleichen Tage werden die bisherigen Bezirksbergämter aufgehoben.

München, den 30. Juli 1900.

**Luitpold,**

Prinz von Bayern, des Königreichs Bayern Verweser.

Dr. **Frhr. v. Feilitzsch.** Staatsrat **v. May.**

Auf Allerhöchsten Befehl:
Der General-Sekretär:
an dessen Statt
Ministerialrat v Geib

# Anmerkungen zur Verordnung über Organisation usw. der Bergbehörden.

## Zu §§ 2 mit 5.

An Stelle der früheren Bezirksbergämter, denen auch die Verleihung und Entziehung des Bergwerkseigentums in erster Instanz übertragen war, traten mit dem 1. Oktober 1900 die Berginspektionen, welchen als Hauptaufgabe die Bergpolizei zugewiesen wurde.

Die Berginspektoren sollen nach dem Vorbilde der Gewerbeaufsichtsbeamten die ihrer Aufsicht nach dem Berggesetze unterstellten Betriebe häufig und gründlich revidieren und die hiebei wahrgenommenen Mißstände beseitigen und alle Maßregeln anordnen, durch welche Unglücksfällen vorgebeugt werden kann.

Zu diesem Zwecke sind ihnen Assistenten in der erforderlichen Anzahl beigegeben, welche dem Personal der befähigteren Bergarbeiter entnommen werden sollen; sie entsprechen den Gewerbeaufsichtsassistenten

Die Berginspektionen haben die Aufsicht über die Ausführung der die Arbeitsbücher usw betreffenden Bestimmungen; die Ausstellung der Arbeitsbücher selbst hat durch die zuständige Ortspolizeibehörde zu erfolgen.

## Zu § 6.

Bezüglich der Befugnisse der höheren Verwaltungsbehörden beim Vollzuge der Gewerbeordnung wird auf die §§ 105e, 138a Abs 2 und 139 Abs. 1 und 2 der Gewerbeordnung, dann die §§ 34, 36 bis 38 und 45 der Ausführungsanweisung vom 18 Dezember 1909 (MABl S 991) verwiesen.

## Zu § 8

Das Oberbergamt hat hienach in allen Fällen, in denen der Verwaltungsgerichtshof in II. Instanz zuständig ist, seine Beschlüsse kollegial zu fassen Nebstdem kann das Staatsministerium, welches das Verfahren sonst zu bestimmen hat, anordnen, in welchen Angelegenheiten außerdem die kollegiale Beratung einzutreten hat.

## Zu § 9

Den Markscheidern stehen zunächst für die von ihnen betätigten Geschäfte die gleichen Diäten wie den Gewerbeaufsichtsassistenten nebst Reisekosten zu Für besondere Dienstleistungen (Zeichnungen usw.) sind die Gebühren durch das Oberbergamt mit ministerieller Genehmigung allgemein festzusetzen.

II.

# Oberbergpolizeiliche Vorschriften.[1]

## Königliches Staatsministerium des Innern.

Das K. Staatsministerium des Innern erläßt auf Grund der Art. 230 und 231 [2]) des Berggesetzes für das Königreich Bayern in der Fassung der Bekanntmachung vom 20. Juli 1900 zur Verhütung von Gefahren für Personen und Eigentum beim Bergbau nachstehende Vorschriften:

### I. Schutz der Oberfläche.

**§ 1.** Jede Neuanlage oder Wiedereröffnung eines unterirdischen Betriebes ist mindestens einen Monat zuvor der Berginspektion anzuzeigen. Das gleiche gilt für die Einstellung des Betriebes. Muß dieser mit kürzerer Frist eingestellt werden, so ist die Anzeige binnen längstens zwei Wochen nach erfolgter Betriebseinstellung nachzutragen. (Art. 67 und 72.)[3]

**§ 2.** Tagebaue sind gegen angrenzende Wege und Wohnplätze durch mindestens 1 Meter hohe, starke Einfriedigung abzusperren.

Werden Sprengarbeiten vorgenommen, so müssen vor dem Schießen die vorbeiführenden Wege von der Mannschaft derart besetzt werden, daß andere Personen nicht ungesehen und ungewarnt in die Nähe des Arbeitsortes gelangen können.

---

1) Die im Nachstehenden abgedruckten oberbergpolizeilichen Vorschriften vom 30. Juli 1900 (GVBl. S. 843 ff.) sind abgeändert, bzw. ergänzt worden durch die oberbergpolizeilichen Vorschriften des Staatsministeriums des K. Hauses und des Äußern vom 28. November 1909 (GVBl. S. 859) — s. § 128 unten — und vom 30. September 1910 (GVBl. S. 911), s. §§ 78 bis 104.

2) Nun Art. 253 und 254.

3) Nun Art. 69 und 74.

**§ 3.** Alle Öffnungen und Zugänge der Schächte, Aufzüge, Bremsberge und anderer Betriebsanlagen über Tage sind derartig abzusperren, daß niemand ohne eigene Schuld hinabstürzen oder sonst Schaden durch dieselben erleiden kann.

Bei jeder, wenn auch nur zeitweiligen Einstellung des Betriebes eines Bergbaues müssen alle Zugänge in denselben gegen jede Gefahr für Menschen und Tiere versichert werden.

**§ 4.** Sicherheitspfeiler, welche zum Schutz von Ortschaften, Flüssen, Landstraßen und anderen öffentlichen Anlagen behördlich vorgeschrieben wurden, dürfen nicht ohne behördliche Genehmigung geschwächt oder durchörtert werden.

Anm. Die Stärke der Sicherheitspfeiler hat die Berginspektion je nach der Lage des Einzelfalles vorzuschreiben. Eine Schwächung oder Änderung derselben ohne Genehmigung der Berginspektion ist unstatthaft.

**§ 5.** Nähern sich Grubenbaue — mit Einschluß von Tagebauen — Eisenbahnen, öffentlichen Wegen, Gebäuden, Wasserläufen, Wasserreservoiren und anderen Tagesgegenständen, deren Beschädigung die persönliche Sicherheit über oder unter Tage oder den öffentlichen Verkehr gefährden würden, so ist, soweit die Sicherung derselben nicht bereits durch den Betriebsplan vorgesehen war, unter Ergänzung des Betriebsplanes der Berginspektion hievon ungesäumt Anzeige zu machen.

Anm. Vgl. hiezu die Art. 206 ff. und die Art. 211 ff. des Berggesetzes.

**§ 6.** Sind infolge des Grubenbetriebes Anzeichen von Senkungen oder Tagebrüche vorhanden, durch welche die Sicherheit der Personen oder des öffentlichen Verkehrs gefährdet werden kann, so hat der Bergwerksbesitzer dem Besitzer oder Verwalter des betreffenden Grundstückes von der vorliegenden Gefahr alsbald Nachricht zu geben.

Die gefahrdrohenden Stellen, sowie bereits eingetretene Tagebrüche sind vom Bergwerksbesitzer dauernd und sicher zu verwahren, und ist das Verbot des Betretens der abgesperrten Fläche durch Warnungstafeln ersichtlich zu machen.

Bei zeitweiser oder dauernder Einstellung eines unterirdisch betriebenen Bergwerkes hat der letzte Besitzer desselben geeignete Vorkehrungen zu treffen, um die Oberfläche gegen die Gefahr für Personen oder den öffentlichen Verkehr sicher zu stellen.

Anm. Die Vorschrift des Abs. 1 ist zur Sicherung der Personen, sowie zum Schutze des öffentlichen Verkehrs getroffen. Sobald der

Bergwerksbesitzer wahrnimmt, daß Senkungen oder Tagebrüche infolge des Betriebes eintreten werden, ist er verpflichtet, die Beteiligten sofort zu verständigen, damit solche ihrerseits Vorkehrungen zum Schutze treffen, eventuell die bedrohten Gebäude verlassen und sich auch den Ersatz des eintretenden Schadens sichern können.

Zu Abs. 3 vgl. Art. 219 des Berggesetzes.

**§ 7. Das planmäßige Zubruchebauen der Oberfläche, worunter das aus Betriebszwecken absichtlich herbeigeführte vollständige Niederziehen der Oberfläche verstanden wird, ist nur unter der Voraussetzung gestattet, daß der Nachweis der vorausgegangenen Einigung mit dem beteiligten Grundeigentümer bzw. der im Enteignungsverfahren erlangten Berechtigung zu einer solchen Benützung von fremdem Grund und Boden erbracht ist.** [1]

1. Nach Art. 178 ff. des Bergges. muß der Grundbesitzer dem Bergwerksbesitzer die zum Bergbau erforderliche Fläche überlassen, jedoch nur gegen vollen Schadensersatz. Will daher die Oberfläche zu Bruche gebaut werden, so muß vorher die Entschädigung geregelt sein.

**§ 8. Es ist tunlichst alles zu vermeiden, was zu Haldenbränden Veranlassung geben kann. Insbesondere dürfen glühende Schlacken und Aschenhaufen weder auf Kohlengebirgshalden noch in die Nähe von solchen oder von Gebäuden abgestürzt werden.**

**Brennende Halden sind, insoweit es die örtliche Lage erfordert, durch Einfriedigung abzusperren; die daran vorbeiführenden Wege sind mit Warnungstafeln zu versehen.**

Anm. Vgl. hiezu die Allerh. Verordnung vom 27. Juni 1862 und 31. Dezember 1867, die Verhütung von Feuersgefahren betr. (RegBl. 1862 S. 1573 und 1868 S. 5 ff.).

**§ 9. Die aus den Gruben und Aufbereitungsanstalten abfließenden Wasser dürfen nur in tunlichst geklärtem Zustande in öffentliche Gewässer eingeleitet werden.**

Anm. S. nun Art. 37 ff. des Wassergesetzes vom 23. März 1907 (GVBl. S. 157 ff.).

## II. Sicherung der Grubenbaue.

**§ 10. Jede Schachtanlage ist, soweit es die Gebirgsbeschaffenheit erfordert, durch hinreichenden Ausbau und genügende Schachtpfeiler sicher zu stellen.**

**Letztere dürfen nur mit bergbehördlicher Genehmigung geschwächt oder abgebaut werden.**

Anm. Gebirgsbeschaffenheit = Bodenbeschaffenheit. Die Art und Stärke des Ausbaues und der Schachtpfeiler ist im Betriebsplan (Art. 70) mit Genehmigung der Berginspektion zu bestimmen.

**§ 11.** Bei Steinkohlengruben und auf Verlangen der Berginspektion auch auf anderen Bergwerken ist in regelmäßigen Zeitabschnitten unter Leitung des speziell mit der Schachtüberwachung betrauten Bediensteten durch die Schachtzimmerleute eine Untersuchung der Hauptschächte vorzunehmen.

Der Berginspektor hat zu entscheiden, auf welchen Schächten und in welchen Zeitabschnitten diese regelmäßigen Schachtrevisionen stattzufinden haben.

Förderschächte, welche zur Seilfahrt benutzt werden, müssen unter allen Umständen mindestens allwöchentlich untersucht werden.

Über diese Untersuchung ist ein besonderes Buch zu führen, welches die Namen der damit beauftragten Personen, den Befund im Falle besonderer Anordnungen des Betriebsleiters, auch die Angabe über Art und Zeit der Ausführung, endlich das Datum des Eintrags enthalten muß.

Anm. Diese Revision ist von größter Wichtigkeit und es haben die Berginspektionen bei ihren Besichtigungen sich stets zu überzeugen, daß solche sorgfältig und rechtzeitig vorgenommen wird. Die Häufigkeit derselben richtet sich nach den Verhältnissen der Grube und der Verlässigkeit der Betriebsleitung.

**§ 12.** Sämtliche Grubenbaue müssen bei der Anlage gegen ein Hereinbrechen des Gesteins oder der Kohle hinreichend sicher gestellt und ebenso wie die dazu gehörigen Vorrichtungen für den Verkehr, so lange sie sich in Benützung befinden, in sicherem Zustande erhalten werden.

Gefahrdrohende Überhänge sind auf geeignete Weise gegen vorzeitiges Hereingehen zu verwahren.

Anm. Auch hier ist im Betriebsplan das Erforderliche im einzelnen und genau vorzusehen. Die Berginspektion hat eingehend zu prüfen, ob die Sicherung genügend ist, und hat eventuell die nötigen Ergänzungsmaßregeln anzuordnen. Unter Überhängen sind jene Teile der Gesteins- und Erdmassen zu verstehen, welche aus dem Verbande der Umgebung teilweise losgetrennt sind und aus der Hauptmasse hervorragen, hiedurch meist die Gefahr des Hereinbrechens bietend.

**§ 13.** Alle Schächte, Gesenke, Rolllöcher, Lichtlöcher, Bremsberge u. dgl. sind an ihren Mündungen und Zugängen, sei es über oder unter Tage, derartig zu verwahren, daß niemand ohne Verschulden in dieselben hineinstürzen kann.

Unbefugten ist das Öffnen oder Besteigen solcher Verschlüsse untersagt.

Diejenigen, welche zum Zwecke des Betriebes solche Verschlüsse geöffnet oder beseitigt haben, sind verpflichtet, dieselben nach Erreichung des Betriebszweckes sofort in der früheren Weise wiederherzustellen.

Münden solche Grubenbaue direkt in eine Förderstrecke ein, so ist die Befahrung der letzteren durch geeignete Vorrichtungen (Verschläge, Umbruchörter) sicher zu stellen.

Anm. Die Vorschrift ist für die Sicherheit der Arbeiter von großer Bedeutung und daher mit aller Strenge durchzuführen. Das Verbot des unbefugten Öffnens ist gut sichtlich anzuschlagen.

**§ 14.** Alle Tagschächte müssen alsbald nach ihrer Anlage mindestens mit einer verschließbaren Kaue[1] überbaut oder in sonst geeigneter Weise dergestalt abgesperrt werden, daß Unbefugte in die Grubenbaue ohne Anwendung von Gewalt oder Übersteigen nicht gelangen können.

Stollen, Tagstrecken und Schachtgebäude sind, sobald darin regelmäßiger Verkehr nicht stattfindet, verschlossen zu halten, andernfalls aber mit Warnungstafeln zu versehen, durch welche Unbefugten der Zutritt verboten wird.

1. Kaue = Schachthütte.

**§ 15.** Gezähstücke, Holz, Steine und andere lose Gegenstände dürfen nur in solcher Entfernung von Schächten, Bremsbergen, Gesenken 2c. niedergelegt und geduldet werden, daß ein Hinabfallen derselben in letztere nicht erfolgen kann.

**§ 16.** Alle Betriebe, mit welchen voraussichtlich die Grenzen von Sicherheitspfeilern oder alte unzugängliche Baue und Wassersäcke gelöst werden, sollen auf Grund der Angaben des Markscheiders ausgeführt werden.

Anm. Es ist diese Vorschrift zur Vermeidung von Unfällen geboten, da der Markscheider auf Grund seiner Arbeiten mit den Verhältnissen am vertrautesten ist.

**§ 17.** Sind Durchschläge mit dem alten Mann[1] oder nicht zugänglichen Grubenbauen zu erwarten, so ist in jedem Falle vorzubohren.

Handelt es sich aber um die Lösung von Grubenbauen, welche voraussichtlich mit Wasser oder schädlichen Wettern gefüllt sind, so ist außerdem dem Berginspektor Anzeige zu erstatten, welcher die zur Verhütung eines unerwarteten Durchbruches, zur Benützung eines geeigneten Fluchtweges und zur Sicherstellung der auf benachbarten Bauen angelegten Arbeiter von der Betriebsleitung eingeleiteten Vorkehrungen zu prüfen, und insoweit es angezeigt erscheint, durch entsprechende Anordnungen abzuändern oder zu vervollständigen hat.

Über den Vorbohrbetrieb sind Aufzeichnungen zu führen, aus welchen der jeweilige Stand der Bohrarbeiten ersehen werden kann.

Die in Absatz 2 vorgeschriebene besondere Anzeige an den Berginspektor wird durch Erwähnung des betreffenden Betriebes in dem an die Berginspektion eingereichten Betriebsplane nicht ersetzt.

1. Alter Mann: Abgebaute, mit Versatz ausgefüllte Räume.

Die Vorschrift in Abs. 2 ist sehr wichtig und darf im Interesse des Schutzes der beteiligten Personen nie außer acht gelassen werden, vgl. Abs. 4.

**§ 18.** Sind bei einer Grube diejenigen Hölzer und sonstigen Materialien, welche zum sicheren Betriebe unbedingt notwendig erscheinen, nicht vorhanden, so kann der Berginspektor die Einstellung des Grubenbetriebes bis nach Beschaffung des Erforderlichen anordnen.

Anm. Von dieser Befugnis muß der Berginspektor Gebrauch machen, sobald aus dem Fehlen der Hölzer usw. für den Betrieb sofortige Gefahren drohen.

**§ 19.** Münden Schächte oder Stollen, durch welche die Wetter einziehen, in der Nähe von brandgefährlichen Objekten, so müssen solche Anordnungen getroffen sein, daß beim Ausbruch eines Brandes die Fortpflanzung des Feuers sowie das Einziehen der Brandgase in die Grube möglichst verhindert wird.

Insoferne Wasserleitungen mit ausreichendem Drucke nicht zur Verfügung stehen, muß für das Vorhandensein jederzeit brauchbarer und leicht erreichbarer Feuerlöschvorrichtungen Sorge getragen werden.

Anm. Der Berginspektor hat zu prüfen, ob die nach Abs. 1 getroffenen Anordnungen zweckentsprechend und genügend sind, und hat nötigenfalls deren sofortige Ergänzung anzuordnen.

**§ 20.** Das Einhängen von Gefäßen mit brennenden Stoffen zum Zwecke des Wetterwechsels usw. ist nur unter Anwendung der nötigen Vorsicht und bei steter Beaufsichtigung gestattet.

Mit Ausnahme des in unterirdischen Feuerungsanlagen oder in Feuerkörben zu unterhaltenden, sowie sonst zu Betriebszwecken unumgänglich notwendigen Feuers ist das Anmachen und Unterhalten von offenem Feuer in den Grubenbauen untersagt.

Wird der Betrieb unterirdischer Feuerungsanlagen unterbrochen, so haben die dieselben bedienenden Arbeiter sich nicht eher zu entfernen, als bis sie die Gewißheit erlangt haben, daß deren Feuer völlig verlöscht ist.

Alles leichtsinnige Gebaren mit Feuer im Innern von Schachtgebäuden und Kauen oder in deren unmittelbarer Nähe ist strengstens verboten.

Grubenlichter sind stets derart aufzuhängen, daß eine Entzündung brennbarer Stoffe durch sie nicht erfolgen kann.

Brennende Dochtstücke dürfen nicht weggeworfen werden, sondern sind zuvor abzulöschen.

Massen, welche erfahrungsgemäß zur Selbstentzündung in der Grube geneigt sind, dürfen niemals zur Verfüllung von Grubenbauen in die Grube eingeführt werden.

Grubenbrände sind der Berginspektion ungesäumt zur Anzeige [1] zu bringen.

1. Die Anzeige hat tunlichst telegraphisch oder telephonisch zu erfolgen.

## III. Fahrung.

**§ 21.** Auf jedem Bergwerke, in welchem die Befahrung nicht ausschließlich durch Stollen oder einfallende Strecken stattfindet, muß mindestens ein von allen Punkten des Grubengebäudes ohne Gefahr erreichbarer, mit Fahrten versehener, Schacht vorhanden sein.

**§ 22.** Für jede in Abbau stehende Kohlengrube müssen zwei gut fahrbare Tagausgänge vorhanden sein, welche dergestalt voneinander unabhängig sind, daß es der gesamten, auf den verschiedenen Sohlen und in den einzelnen Bauabteilungen befindlichen Belegschaft beim Unfahrbarwerden des einen Weges möglich bleibt, durch den anderen die Tagesoberfläche zu erreichen.

Bei den sonstigen in Abbau stehenden unterirdischen Betrieben ist für einen zweiten Tageausgang zu sorgen, sobald dies durch die Verhältnisse [1] erforderlich erscheint, worüber die Berginspektion entscheidet.

Der Berginspektion ist Anzeige zu erstatten, wenn der zweite fahrbare Tageausgang verloren geht oder das Aufgeben desselben in den nächsten drei Monaten beabsichtigt oder befürchtet wird.

Bei Anlage einer neuen Sohle ist zugleich auch auf die baldige Herstellung einer Verbindung mit dem zweiten Tageausgange Bedacht zu nehmen.

Anm. Die Forderung ist eine wohlberechtigte, um bei Sperrung des einen Ausgangs den Arbeitern die Rettung durch den anderen Ausgang zu ermöglichen. Auf deren Durchführung ist strenge zu achten.

1. Die Verhältnisse, die hiezu veranlassen, können in der örtlichen Beschaffenheit der Grube, in der Art des Betriebes liegen. Die Berginspektion hat in Würdigung aller in Betracht kommenden Verhältnisse die entsprechende Anordnung zu treffen.

**§ 23.** Das Ein- und Ausfahren der Mannschaft darf nur in den zur Fahrung bestimmten Stollen, Strecken und Schächten erfolgen.

Das Befahren anderer Strecken, Schächte und Bauabteilungen ist nur dem einschlägigen Aufsichtspersonal, sowie den von diesem besonders hiezu ermächtigten Personen gestattet.

Anm Zur Fernhaltung von Unglücksfällen ist strenge Durchführung der Vorschriften geboten. Die Ermächtigung ist schriftlich zu erteilen.

**§ 24.** Fahrschächte müssen dergestalt mit Fahrten oder Treppen ausgerüstet sein, daß ein sicheres Einsetzen des Fußes stattfinden kann.

Die Fahrten dürfen nie überhängen und in Schächten, welche mehr als 20 Meter Teufe haben, nicht seiger[1] gestellt sein, sondern müssen immer einige Tonnlage[1] besitzen.

Da wo die Fahrten nicht sofort fest eingebaut werden können, müssen sie wenigstens in tüchtige Fahrthaken eingehängt werden.

1 seiger = senkrecht, Tonnlage = schräge.

**§ 25.** In allen Fahrschächten von mehr als 65 Grad Neigung müssen in Abständen von höchstens 10 Meter Ruhebühnen angebracht sein.

Wo dies nicht tunlich erscheint, sind wenigstens auf gleiche Entfernungen Ruhesitze im Hangenden oder zur Seite der Fahrt anzubringen.

**§ 26.** Über der Hängebank sowie über jeder Ruhebühne muß entweder die Fahrt 1 Meter hervorragen, oder wo dies nicht tunlich ist, müssen eiserne Klammern oder Stangen angebracht werden, an welchen die Fahrenden sich festhalten können.

**§ 27.** Flache Fahrten, Treppen und Fahrsteige sind mit Handstangen oder Anhaltseilen zu versehen.

Drahtseil-Kettenfahrten dürfen nur provisorisch[1] in Verwendung kommen und dürfen nicht länger als 8 Meter sein.

Steigbäume dürfen nur in Verhauen und provisorischen Anlagen in Verwendung kommen. Mehr als 8 Meter hohe, oder schlecht befestigte oder abgetretene Stufen zeigende Steigbäume dürfen nicht geduldet werden.

1 Es dürfen nur vorübergehende Betriebe von kurzer Dauer sein, bei denen die Drahtseilfahrten Anwendung finden

**§ 28.** Bildet ein Fahrschacht nur eine Abteilung eines auch zu anderen Zwecken dienenden Schachtes, so ist er von den übrigen Abteilungen durch Einstriche und Verschalung derartig abzuscheiden, daß die Fahrenden vor Beschädigung gesichert sind.

Dient in kleinen Schächten der Förderraum zugleich als Fahrschacht, so ist das Fahren während der Förderung gänzlich untersagt.

Anm. Zur Vermeidung von Kollisionen und Unglücksfällen ist Abs. 2 genau zu beachten.

**§ 29.** Wo der Gebrauch von Holzpantoffeln in der Grube üblich ist, darf deren Benützung bei Fahrten in Schächten nur mit Genehmigung der Berginspektion unter den vorher vorgeschriebenen Vorsichtsmaßregeln fernerhin stattfinden. Das Mitnehmen von größeren Gezähstücken ist verboten. Kleinere Gezähstücke müssen in verschlossenen Ledertaschen getragen werden.

Die Fahrschächte sind möglichst rein und eisfrei zu erhalten.

Anm. In einem kleinen Teile von Gruben ist der Gebrauch von Holzpantoffeln seit lange herkömmlich und es würden die Leute solche schwer entbehren. Andererseits ist die Gefahr nicht zu unterschätzen, welche durch herabfallende Pantoffeln den Arbeitern droht. Es sind daher die Pantoffeln nur statthaft unter bestimmten, von der Berginspektion nach Lage der Verhältnisse vorzuschreibenden Schutzmaßnahmen.

**§ 30.** Die Benützung des Förderseiles zum Ein- und Ausfahren auf beladenen Fördergefäßen ist unbedingt untersagt. Dagegen kann die Betriebsleitung in geeigneten Fällen das Fahren in der leeren Tonne oder auf dem Förderkorb ausnahmsweise gestatten.

Auf Haspelschächten ist die Benützung des Seiles zur Ein- und Ausfahrt nur mit spezieller Genehmigung der Berginspektion gestattet.

Anm. Die Vorschriften über die Seilfahrt sind von der größten Wichtigkeit und ist darum die höchste Vorsicht geboten. Es sind von vorneherein die strengsten Bedingungen zu stellen, um ein Zerreißen des Seiles oder ein Versagen der Vorrichtungen tunlichst unmöglich zu machen. Dann ist ebenso strenge zu überwachen, daß die Vorschriften über Benützung des Seiles, dessen Befestigung, periodische häufige Prüfung usw. aufs Peinlichste beachtet werden. Es hängt hievon das Leben vieler Arbeiter ab.

Alle Mängel, selbst kleine, sind sofort abzustellen.

**§ 31.** Die Benützung des Seiles zur Mannschaftsförderung (Seilfahrt) bedarf der ausdrücklichen Erlaubnis der Berginspektion, welche die Bedingungen und erforderlichen Sicherheitsmaßregeln nach Vernehmung des Werkbesitzers bzw. der Betriebsleitung festzusetzen hat.

Von dieser Erlaubnis darf erst Gebrauch gemacht werden, wenn die Ausführung der Bedingungen und Sicherheitsmaßregeln an Ort und Stelle geprüft und die Benützung der Seilfahrt von der Berginspektion für zuläßig erklärt worden ist.

Dem Gesuche um Genehmigung zur Seilfahrt sind Zeichnung

und Beschreibung der in Betracht kommenden Einrichtungen beizufügen.

**§ 32.** Die Befestigung des Förderseiles am Seilkorb, die Seilscheibe, der Förderkorb und die Verbindungsstücke zwischen diesem und dem Förderseil, sowie letzteres selbst sind auf ihre Haltbarkeit täglich vor der Benützung zur Seilfahrt von einer damit betrauten zuverlässigen Person zu untersuchen, und es muß dabei das Seil vor deren Augen wenigstens einmal im Schachte langsam auf- und abgewunden werden.

**§ 33.** Der Wärter, welcher die bei der Seilfahrt benützte Maschine lenkt, ist für die Beobachtung der vorgeschriebenen Sicherheitsmaßregeln, soweit sie sich auf den Betrieb der Maschine beziehen, verantwortlich.

**§ 34.** Bei dem jedesmaligen Ein- und Ausfördern der Belegschaft muß ein zuverlässiger Aufseher zugegen sein, welcher für die Aufrechterhaltung der Ordnung, besonders bei dem Ein- und Aussteigen verantwortlich ist, und dessen Anordnungen alle Fahrenden Folge zu leisten haben.

**§ 35.** Die zur Seilfahrt benützten Schachtabteilungen und die Schachtleitungen sind in vollständig sicherem Zustande zu erhalten und müssen wenigstens einmal wöchentlich einer genauen Untersuchung unterworfen werden. Die entdeckten Mängel sind sofort zu beseitigen; ehe dies geschehen, darf keine Seilfahrt stattfinden.

Über den Befund und die Ausführung von Reparaturen ist in dem nach § 11 zu haltenden Schachtbuche entsprechender Eintrag zu machen.

**§ 36.** Die Betriebsleitung hat die mit der Untersuchung der Seilfahrtseinrichtungen, der Maschinenführung, der Aufrechterhaltung der Ordnung bei der Seilfahrt sowie auch die mit der Schachtrevision betrauten Personen mit entsprechenden, von der Berginspektion zu bestätigenden Instruktionen zu versehen.

**§ 37.** Die Namen der unter §§ 32—35 bezeichneten Personen sowie die bei der Seilfahrt zu befolgende Fahrordnung müssen stets im Schachthause angeschlagen sein.

**§ 38.** Alle im Betrieb stehenden Bremsberge und Flachschächte, die für mehr als Einen Betriebspunkt vorgerichtet sind, müssen mit besonderen Fahrüberhauen oder Fahrabteilungen versehen sein, so daß die Arbeiter nicht gezwungen sind, in den Förderabteilungen oder durch dieselben zu fahren.

Die Fahrabteilungen, die sich in den Bremsbergen und Flachschächten selbst befinden, sind gegen die Förderabteilung so zu verschlagen, daß die Fahrenden vor Beschädigung sicher sind.

Bei zweiflügligen Bremsschächten 2c. sind auch zwei Fahrüberhaue herzustellen oder es sind behufs Verbindung der gegenüberstehenden Schachtseiten entsprechende Umbruchörter anzulegen.

**§ 39.** Das Befahren und Ueberschreiten der Förderabteilungen in Bremsbergen und Flachschächten ist nur den Aufsichtsbeamten sowie den von der Betriebsleitung damit besonders beauftragten Personen gestattet.

Während solcher Befahrungen ist die Förderung einzustellen.

Belegte Übersichbrechen oder Aufbrüche dürfen erst dann befahren werden, wenn auf den Ruf „Aushalten" zustimmende Antwort erfolgt ist.

**§ 40.** Sollen Strecken mit mechanischer Förderung gleichzeitig zum Fahren benutzt werden, so sind dieselben entweder mit besonderer Fahrabteilung oder, soweit es sich um eingeleisige Strecken handelt, mit einer genügenden Anzahl von Ausweichestellen zu versehen.

Wo diese Bestimmung nicht durchführbar ist, sind unter Zustimmung der Berginspektion besondere Anordnungen für die Befahrung zu treffen.

## IV. Förderung.

**§ 41.** Bei der Förderung in Schächten, Gesenken, Brems- und Haspelschächten ist die Verbindung zwischen Förderseil und Fördergefäß oder Förderkorb so herzustellen, daß eine zufällige Lösung derselben nicht stattfinden kann.

Anm. Auch diese Vorschrift ist von besonderer Bedeutung für die Sicherheit der Arbeiter und deshalb genau zu beachten.

**§ 42.** Die Haspel über Ziehschächten (Haspelschächten) müssen mit Hängekappen und Wehrstangen, ferner mit Vorsteckern und bei mehr als 20 m Schachttiefe auch mit Bremsen versehen sein.

Die über die Sohle der Hängebank mindestens 8 Zentimeter hervorragende Hängekappe (Bodenleiste) soll dem Fuße, die Wehrstange der Hand des Abziehers (Anschlägers) eine sichere Stütze bieten.

Auch sind die Haspel so einzurichten, daß der Rundbaum weder nach oben ausspringen, noch bei einem Zapfenbruche fortfallen kann.

**§ 43.** An allen Anschlagspunkten müssen zweckentsprechende Füllörter vorhanden sein.

Die Schachtmündungen sind so einzurichten, daß das Abziehen und Einhängen der Fördergefäße ohne Gefahr für die an der Hängebank und am Füllort beschäftigten Arbeiter erfolgen kann.

Bei Schächten von einigen Weitschaft sind den Anschlägern Haken zum Herüberziehen der Fördergefäße zuzuteilen.

Bei der gewöhnlichen Förderung ist vor der Schachtmündung eine Barriere (Querstange) anzubringen, welche dem Anschläger (Abzieher) als Halt und Stütze dient, ohne das Durchschieben der Fördergefäße zu hindern.

In allen Fällen, in denen eine mündliche Verständigung zwischen Anschlagssohle und Hängebank nicht mehr möglich ist, jedenfalls aber bei mehr als 40 m Teufe, müssen Signalvorrichtungen vorhanden sein.

Die Füllörter, von welchen regelmäßige Schachtförderung geht, und Nachts die Hängebänke sind während der Förderung durch ständige Lampen gut erleuchtet zu halten.

**§ 44.** Zur Sicherung der beim Schachtabteufen auf der Sohle beschäftigten Arbeiter sind, soweit es die Raumverhältnisse gestatten, (bei vorhandener Fahrabteilung) Bühnen anzubringen, welche geeignet sind, den Arbeitern gegen das Herabfallen von Gegenständen während der Förderung Schutz zu gewähren.

Die Fördergefäße dürfen beim Abteufen nur bis zu einer Handbreit unter dem Rande gefüllt werden.

Die beim Abteufen zur Ein- und Ausförderung gelangenden Materialien und Gezähe müssen, falls sie über den Rand des Fördergefäßes hinausragen, an das Seil befestigt werden.

**§ 45.** Beim Einhängen und Ausfördern von Holz- und Maschinenteilen in Schächten ist insbesondere für sichere Befestigung am Seile und für Bremsvorrichtungen zu sorgen.

Kabel, welche zum Einbau von Pumpen oder zum Herablassen schwerer Stücke verwendet werden, müssen mit Bremse, Sperrklinken und doppeltem Eingriff (zwei Räder und zwei Getriebe für dasselbe Vorgelege) versehen sein.

Anm. Alle diese Bestimmungen bezwecken, den Arbeiter vor herabfallenden Gegenständen zu sichern und ergibt sich hieraus deren großer Wert von selbst.

**§ 46.** Bei der Gestellförderung in Treibschächten (Fördermaschinenschächten) sind die Fördertrümmer an den Hängebänken wie an den Füllörtern sämtlicher Sohlen mit beweglichen Abschlüssen zu versehen, welche nur beim Abziehen und Einhängen geöffnet werden dürfen.

Wo besondere Anschläger (Abzieher) nicht angestellt sind, müssen diese Verschlüsse selbsttätig eingerichtet sein.

Außerdem muß bei der gewöhnlichen Förderung eine Barriere vorhanden sein, welche dem Abzieher zur Stütze dient, ohne das Durchschieben der Förderwagen zu hindern.

**§ 47.** Bei der Gestellförderung in Treibschächten müssen an den Hängebänken und in denjenigen Sohlen, von welchen aus regelmäßige Schachtförderung stattfindet, Aufsatzvorrichtungen vorhanden sein.

Bei Anwendung von Fördertonnen muß unter der betreffenden Anschlagsohle der Schacht durch starke Schachtdeckel geschlossen und die Tonne auf mit Handhaben versehene Überstecker aufgesetzt werden.

Anm. Bei besonderen Fördermethoden ist es Sache der Berginspektion, der Einrichtung entsprechende Schutzvorrichtungen anzuordnen, bzw. hievon abzusehen, wenn und soweit solche entbehrlich scheinen.

**§ 48.** Die Fördermaschine muß mit entsprechenden Sicherheitsvorrichtungen ausgerüstet sein und zwar:

a) mit Bremsvorrichtungen, welche auf die Seilkorbachse wirken;
b) mit Signalvorrichtungen, welche gestatten, von dem Anschlagpunkte zur Hängebank und von dieser zum Maschinenraume Zeichen zu geben.
c) mit einem Teufenzeiger, welcher den augenblicklichen Stand der Förderkörbe im Schachte kundgibt;
d) mit einem Warnglockenapparat, welcher die Annäherung des aufgehenden Förderkübels an die Hängebank anzeigt;
e) mit Vorrichtungen, welche geeignet sind, das Zuhochtreiben des Förderkorbes zu verhindern und eventuell denselben abzufangen.

Für bestehende Anlagen, welche zur Seilfahrt nicht benützt werden, können hinsichtlich der Bestimmungen unter Lit. d und e Ausnahmen gestattet werden.

**§ 49.** Die Seilstärke soll einer sechsfachen Sicherheit entsprechen.[1]

Die Bordrände des Seilkorbes sollen so hoch sein, daß ein Übersteigen des Seiles auch bei schlechtem Auflaufen als ausgeschlossen erscheint.

Für die Höhe zwischen Hängebank und Seilscheibe ist die Seilgeschwindigkeit bzw. der Seilkorbdurchmesser maßgebend.

1. Es ist dies die Mindestforderung!

**§ 50.** Für jede Förderung in Treibschächten ist eine Signalordnung aufzustellen. Tafeln, auf welchen die Bedeutung der

Signale erklärt ist, sind im Maschinenraum, an der Schachthängebank und an den Anschlagpunkten anzubringen.[1]

1. Die Tafeln sind an gut sichtbaren und gut beleuchteter Stelle anzubringen.

**§ 51.** Die Bremswerke müssen kräftig konstruiert, fest verlagert, selbstwirkend, und so eingerichtet sein, daß sie von dem Bremser in völlig gesicherter Stellung gehandhabt werden können.

In Bremsbergen von solcher Höhe, daß eine deutliche Verständigung durch Zuruf nicht mehr möglich ist, sind zweckentsprechende[1] Signalvorrichtungen anzubringen.

Münden Bremsberge unmittelbar in eine Förderstrecke ein, so muß letztere durch Verschläge oder Prellbühnen gesichert, oder verunbrucht werden.

1. Die Berginspektionsbeamten haben zu prüfen, ob die Signalvorrichtungen genügend sind.

**§ 52.** Am Kopfe derjenigen Bremsberge, in welchen die Fördergefäße nicht auf Gestelle geschoben, sondern unmittelbar ans Seil angeschlagen werden, ist eine Vorrichtung (Barriere usw.) anzubringen, welche ein Durchgehen der Fördergefäße verhindert.[1]

Die Geleise am Fuße des Bremsberges sollen nie derart in die einer Förderstrecke übergehen, daß die letzteren eine unmittelbare Fortsetzung der ersteren bilden.

Ist dies ausnahmsweise erforderlich, so muß am unteren Ende des Bremsberges eine Geleisesperre angeordnet werden, welche während der Bremsförderung geschlossen bleibt.

1. Es ist dies wichtig, um das Herabstürzen der Fördergefäße und damit eine Gefährdung des betreffenden Arbeiters zu verhindern; vgl. § 53.

**§ 53.** Die Zugänge der Strecken zu den in Betrieb stehenden Bremsbergen müssen mit beweglichen Verschlüssen versehen sein in solcher Höhe, daß die Fördergefäße nicht unter denselben hindurchgeschoben werden können.

Jeder, der einen solchen Verschluß geöffnet hat oder offen findet, hat denselben, bevor er den Zugang verläßt, wieder zu schließen.

In den Bremsbergen mit 30 Grad oder mehr Gefälle sind überdies an diesen Zugängen überall feste Spreizen oder Jöcher oder andere zweckentsprechende[1]) Verschlußvorrichtungen anzubringen, welche das Durchschieben der Förderwagen auf das Bremsgestelle gestatten, den durchgehenden Wagen aber im Kippen auffangen und dadurch den Schlepper vor dem Absturz bewahren.

1. Ob die Verschlußvorrichtungen genügend sind, um den Absturz des Schleppers zu verhindern, hat der Berginspektor zu bestimmen.

**§ 54.** Als Bremser sollen ausschließlich nur zuverlässige Bergleute angestellt werden, deren Anordnung beim Bremsschachtbetrieb Folge zu leisten ist. Vor Beginn der Schicht haben sich dieselben von dem genauen Schließen der Bremsbacken sowie von dem richtigen Funktionieren der Bremsvorrichtungen zu überzeugen.

Das Feststellen oder Aufhängen des gelüfteten Bremshebels ist verboten.

Im Falle die Hauer oder Schlepper das Abbremsen der Fördergefäße selbst zu besorgen haben, muß die Bremsvorrichtung von jedem Anschlagspunkte aus leicht und so gehandhabt werden können, daß der Hauer oder Schlepper nicht genötigt ist, in den Bremsberg selbst zu treten.

**§ 55.** Das Betreten des Bremsberges während der Förderung ist unbedingt verboten. Ist das Signal zum Gang des Bremswerkes gegeben, so darf niemand in oder unter dem Bremsberg sich aufhalten.[1]

1. Das Signal muß selbstverständlich gut vernehmbar gegeben werden.

**§ 56.** Das Wiedereinrichten eines entgleisten Förderkorbes, Wagens oder Gegengewichts, eine Veränderung der Belastung des letzteren, ein Kürzen oder Längen des Seiles darf erst erfolgen, nachdem sowohl der Förderkorb bzw. der Förderwagen sowie das Gegengewicht gegen das Durchgehen gesichert sind. In gleicher Weise ist zu verfahren, wenn der Förderkorb behufs anderweitiger Beladung betreten werden muß.[1]

1. Für die genaue Befolgung dieser Vorschriften sind die mit der Förderung betrauten Personen verantwortlich.

**§ 57.** Für die Handförderung auf Strecken gelten nachstehende Vorschriften:

1. Freie Förderung ist in der Regel nur auf Strecken mit höchstens 5 Prozent Gefälle gestattet.
2. Ist auf geneigter Bahn der Schlepper nicht jederzeit imstande, den Förderwagen zu halten, so muß dieser gebremst werden.
3. Die Schlepper dürfen mit ihren Förderwagen nur in Abständen von 15 Meter auf geneigter und von 10 Meter auf söhliger Bahn folgen.
4. Werden von einem Schlepper gleichzeitig mehrere Wagen gestoßen, so müssen diese gekuppelt werden; das Kuppeln darf nur beim Stillstand geschehen.
5. Den Schleppern ist verboten, beim Abwärtsfördern auf geneigter Bahn vor den Förderwagen zu fahren oder dieselben

frei laufen zu lassen; es ist denselben ferner verboten, sich während der Förderung auf die Fördergefäße zu setzen, zu legen oder zu stellen.

6. Stillstehende Förderwagen müssen auf geneigter Bahn stets festgelegt werden.
7. Das Licht des Schleppers muß den entgegenkommenden Personen stets sichtbar sein.
8. Zimmerholz muß derart auf den Förderwagen verladen werden, daß es von selbst nicht herabfallen kann.
9. Bei Krümmungen, Wechseln, sowie beim Anstoß an einen anderen Wagen oder einen stehenden Zug ist langsam zu fahren.
10. Bei niederen Förderstrecken ist in geeigneter Weise vorzukehren[1], daß Verletzungen der Hände beim Fördern vermieden werden.
11. Während des Füllens darf in Füllbänke und aus Übersichbrechen nicht gestürzt werden. Beginn und Ende des Füllens ist durch Zuruf anzuzeigen.
12. In Förderstrecken, deren Sohle unter Wasser steht, muß Tragwerk mit festliegenden Laufbrettern vorhanden sein.

1. Die Vorkehrungen sind durch die Berginspektionsbeamten zu prüfen, eventuell zu ergänzen.

**§ 58.** Bei der Pferdeförderung hat der Fuhrmann mit brennender Lampe neben dem Pferde oder, wenn dies nicht möglich ist, vor dem Pferde zu gehen. Das Einsetzen des Fuhrmannes ist nur in dem ersten Wagen und in diesem auch nur, wenn er leer ist, und unter der Bedingung gestattet, daß das Pferd mit dem Zügel gelenkt wird[1] und mit einem Lichte versehen ist.

Auch ist am letzten Wagen jedes Zuges eine brennende Lampe anzubringen.

Ist bei eingeleisigen Pferde-Förderstrecken nicht so viel Platz vorhanden, daß die fahrenden Personen vorbeifahrenden Zügen ausweichen können, so müssen in Abständen von höchstens 60 Meter dazu Ausweichstellen (Nischen) angebracht werden.

Unter Berücksichtigung lokaler Verhältnisse kann die Berginspektion auf besonderen Antrag einzelne Abweichungen von den Vorschriften der §§ 57 und 58 gestatten.

1. Der Führer des Wagens muß das Pferd völlig in der Gewalt haben.

**§ 59.** In Strecken, in welchen maschinelle Förderung mittels Seil oder Kette stattfindet, sind Signalvorrichtungen anzubringen, mittels deren von jedem Punkt der Strecke aus dem Maschinenwärter Zeichen gegeben werden können.[1]

1. Aus den Zeichen muß der Maschinenwärter sofort entnehmen können, ob etwa die Maschine abzustellen ist; die Abstellung muß sofort wirkend erfolgen können.

**§ 60.** Laufbrücken zur Förderung über Tag sind mit festem Bodenbelege und Geländer zu versehen. Letzteres muß wenigstens aus Stangen und Seilen bestehen, welche sowohl in Höhe von 40 cm als auch von 80 cm anzubringen sind. Am Fuße des Geländers müssen Bodenleisten angebracht sein.

Laufbrücken, welche Förderbahnen, öffentliche Wege usw. übersetzen, sind so zu verwahren, daß niemand durch abfallendes Material beschädigt werden kann.

Auslaufbahnen auf Halden sind an ihren Enden mit Vorrichtungen zum Aufhalten der Wagen zu versehen.[1]

Obertägige Fördergerüste und Rüstungen aller Art, auf und unter welchen Personen verkehren, sind öfters auf ihren Bauzustand zu untersuchen und an schadhaften Stellen alsbald auszubessern.

1. Die Beamten der Berginspektion haben sich zu überzeugen, daß die Einrichtungen den Zweck vollständig erreichen, eventuell deren Ergänzung anzuordnen.

## V. Wetterführung.

**§ 61.** Alle in Fahrung oder Belegung stehenden Grubenbaue sind mit frischen Wettern derart zu versorgen, daß das Geleucht gut brennt, das Atmen beschwerdefrei erfolgt und Leben und Gesundheit der Arbeiter nicht durch Ansammlung schädlicher Luftarten gefährdet oder durch zu hohe Wärme beeinträchtigt wird.

Soweit hiezu der natürliche Wetterzug nicht ausreicht, muß dem Bedürfnis durch künstliche Einrichtungen entsprochen werden.[1]

Leuchtstoffe, welche bei der Benutzung in Lampen ohne Zylinder die Wetter besonders verschlechtern (Petroleum oder Gemisch von Petroleum und Rüböl), dürfen in solchen Lampen nicht verwendet werden.

1. Auch hier ist eingehende Prüfung durch die Inspektionsbeamten und eventuell Ergänzung geboten.

**§ 62.** Tritt eine Unterbrechung oder wesentliche Störung in der Wetterversorgung der Grube oder Grubenabteilung ein, oder wird die Beschaffenheit der Wetter durch Entwicklung schädlicher Gase in bedenklicher Weise beeinträchtigt, so ist sofort die Mannschaft aus den betreffenden Grubenbauen, nach Lage des Falles aber aus der Grubenabteilung oder der ganzen Grube zurückzuziehen.[1]

Die hienach verlassenen Grubenbaue sind darauf sogleich gegen unbefugtes Betreten sicher zu stellen.

1. Die richtige Handhabung dieser wichtigen Vorschriften erfordert eine sorgfältige Beobachtung der Wetterbeschaffenheit, die nie außer acht gelassen werden darf.

**§ 63.** Auf Kohlenwerken, und nach Anordnung der Berginspektion auch auf anderen Bergwerken, sind alle Grubenbaue, welche für gewöhnlich außer Belegung und Fahrung stehen, derart abzusperren, daß sie ohne gewaltsame Öffnung des Abschlusses nicht betreten werden können.

Unbefugtes Betreten abgesperrter Baue ist untersagt.[1]

1. Das Verbot ist gut ersichtlich zu machen.

**§ 64.** In denjenigen Grubenbauen, in welchen ein bedenkliches Auftreten schädlicher Gasarten nach örtlichen Erfahrungen nicht unwahrscheinlich ist, ist jeder Arbeitspunkt, vor welchem eine Betriebsunterbrechung stattgefunden hat, vor der Wiederbelegung von einer durch die Betriebsleitung bestimmten Person auf seine Wetterbeschaffenheit zu untersuchen. Erscheint letztere unsicher, so sind vor der Wiederbelegung die aufgetretenen Gasarten unschädlich zu machen oder der Arbeitspunkt ist abzusperren.

Hat man mit einem Durchschlag in schlagwetterverdächtige Baue zu tun, so muß das nach § 17 vorgeschriebene Vorbohren unter ausschließlicher Verwendung von Sicherheitslampen betrieben werden. Auch ist in diesem Falle der Fluchtweg mit Sicherheitslampen zu erleuchten.[1]

1. Die Vorschriften sind von größter Wichtigkeit und erheischen deshalb die genaueste Beobachtung und Überwachung durch die Berginspektion.

**§ 65.** Auf denjenigen Kohlengruben, bei welchen eine Selbstentzündung der Kohle zu befürchten ist, muß dem Ausbruch von Grubenbrand durch geeignete Mittel[1] vorgebeugt und insbesondere eine Wetterzirkulation durch den alten Mann nach Möglichkeit vermieden werden.

Abbauräume, in welchen Anzeichen eine Brandgefahr befürchten lassen, müssen sofort verläßig abgedämmt werden.

Das Schlagen von Branddämmen sowie das Öffnen von Brandfeldern ist nur unter beständiger Leitung eines Aufsichtsbeamten und unter Bereithaltung von Rettungsmannschaften gestattet.

1. Die Berginspektion hat zu prüfen, ob die angewandten Mittel zweckentsprechend und ausreichend sind, eventuell die nötigen Sicherheitsmaßregeln zu treffen.

**§ 66.** Auf Verlangen der Berginspektion ist

a) ein Wetterbetriebsplan für eine bestimmte Betriebszeit aufzustellen, welcher die Grundzüge der Wetterwirtschaft der Grube enthalten muß,

b) ein besonderer Wetterriß zu halten, aus welchem der Wetterzug und die für denselben getroffenen Einrichtungen zu ersehen sind.

Außerdem müssen auf Verlangen der Berginspektion unter Tage Wetterproben entnommen und zur Untersuchung auf ihren Grubengasgehalt an eine zuverlässige Untersuchungsstelle eingesendet werden.[1]

1. Die Berginspektion hat die Untersuchungsstelle zu bezeichnen.

**§ 67.** Auf jedem Steinkohlenbergwerke, in welchem sich noch keine Schlagwetter gezeigt haben, müssen für den Fall etwaigen Gebrauches mindestens vier Sicherheitslampen vorhanden sein.

Das Auftreten von Schlagwettern auf einer Grube, welche noch nicht als Schlagwettergrube erklärt ist, sowie jede Entzündung oder Explosion von Schlagwettern oder Kohlenstaub ist, auch wenn dadurch niemand verletzt wurde, sofort der Berginspektion anzuzeigen.[1]

Für Schlagwettergruben, d. h. für Gruben oder Grubenabteilungen, in welchen schlagende Wetter auftreten, gelten die Bestimmungen der folgenden §§ 68 bis mit 77.

1. Die Berginspektion hat die hienach veranlaßten Anordnungen sofort zu treffen.

**§ 68.** Schlagwetter im Sinne dieser Vorschrift sind solche Wetter, welche 1 Prozent oder mehr Grubengas enthalten.

Als völlig schlagwetterfrei sind Grubenbaue nur dann zu bezeichnen, wenn auch mit der Alkoholsicherheitslampe kein Grubengas in der Luft nachzuweisen ist, oder wenn auch die nach § 66 Abs. 2 vorgenommene Untersuchung weniger als 1/4 Prozent Grubengas ergibt.

Ob und in welchem Grade ein Kohlenwerk als Schlagwettergrube zu bezeichnen ist, unterliegt im Zweifelsfalle der Entscheidung der Berginspektion.

**§ 69.** Alle Grubenabteilungen, welche als nicht schlagwetterfrei erklärt sind,[1] dürfen nur mit der Sicherheitslampe befahren werden. Auch darf in denselben kein offenes Feuer gemacht und kein Feuerzeug mitgeführt werden.

Wenn innerhalb eines Grubenkomplexes einzelne mit Schlagwettern behaftete Bauabteilungen gelegen sind, so kann die Bergbehörde unter Umständen den ausschließlichen Gebrauch der Sicherheitslampe für den Bereich der ganzen Grube anordnen.

1. Hienach obliegt den Berginspektionen, alle jene Grubenabteilungen zu bezeichnen, für welche die Vorschriften der §§ 68 mit 77 in Anwendung zu kommen haben.

**§ 70.** Für jede Schlagwettergrube müssen wenigstens zwei gut fahrbare, voneinander unabhängige Tageinbaue vorhanden sein (conf. § 22), von welchen der eine zum Einziehen, der andere zum Ausziehen der Wetter dient.

Ein Betrieb mit bloß einem Tageinbau darf von der Berginspektion nur vorübergehend und nur nach ausdrücklicher Festsetzung der zu treffenden Einrichtungen und Sicherheitsmaßregeln gestattet werden.

Die ausschließliche Wetterversorgung durch natürlichen Wetterzug ist unzulässig, die Benützung von Wetteröfen oder von Schornsteinen der Kesselfeuerung ist nur mit bergbehördlicher Genehmigung statthaft.

**§ 71.** Die Menge der einer Schlagwettergrube zuzuführenden frischen Wetter muß mindestens zwei Kubikmeter pro Minute auf den Kopf der größten unterirdischen Belegschaft in einer Schicht betragen, wobei ein Pferd = 4 Mann gerechnet wird.

Von der Bergbehörde kann eine größere als die in Abs. 1 bezeichnete Wettermenge verlangt werden.

Ebenso kann für einzelne Betriebspunkte bestimmt werden, unter welche Mindestmenge die Wetterführung nicht herabgehen darf. Reicht die zugeführte Wettermenge nicht hin, die gangbaren Baue schlagwetterfrei zu erhalten, so ist die Wetterführung dem Bedürfnisse entsprechend zu verstärken.

Die zur Erzeugung des Wetterzuges bestimmten Motoren (Ventilatoren) müssen so leistungsfähig sein, daß das vorgeschriebene Minimal-Wetterquantum jederzeit und sofort um 25 Prozent verstärkt werden kann.

Den Haupt-Wetterwegen sind Querschnitte von mindestens 3 Quadratmeter zu geben.

Die Abmessungen der übrigen Wetterwege sind so zu wählen, daß bei ausreichender Wetterversorgung der Baue eine Geschwindigkeit der Wetter von 4 Meter per Sekunde im einziehenden und von 6 Meter per Sekunde im ausziehenden Strome nicht überschritten wird.

Abweichungen von den Vorschriften unter Absatz 5 und 6 bedürfen der ausdrücklichen Genehmigung der Berginspektion.

**§ 72.** Es ist bei Schlagwettergruben geboten, möglichst viele selbständige Wetterabteilungen mit abgesonderten, gut isolierten Wetterströmen zu schaffen.

Die Wetterführung ist grundsätzlich so anzuordnen, daß die frischen Wetter von Tag aus auf dem kürzesten Weg bis auf die vorhandenen Bausohlen abwärts, sodann aber die einzelnen Wetterströme in den Bauabteilungen nur aufsteigend geführt werden.

Die Abwärtsventilation ist nur ausnahmsweise bei reichlichem Wetterzug und nur mit bergbehördlicher Genehmigung zulässig.

Die Zahl der von einem und demselben Wetterstrom zu versorgenden Betriebspunkte darf nur so groß sein, daß die Wetter an dem letzten dieser Punkte noch die erforderliche Frische und Reinheit besitzen. Ein erheblich verdorbener Wetterstrom (von mehr als $1^1/_2$ % Gehalt an schädlichen Gasen) muß auf dem kürzesten Wege zum Ausziehen gebracht werden.

Vorrichtung und Abbau dürfen in einer Bauabteilung der Regel nach nicht eher eingeleitet werden, als bis Wetterverbindung derselben mit zwei verschiedenen Sohlen vorhanden ist.

**§ 73.** Schächte, Querschläge, Strecken, Überhauen und Abhauen müssen mit Parallelbetrieb oder unter Nachführung solider Wetterscheider hergestellt werden. Auch Wetterröschen, Wettergardinen und reichlich dimensionierte Wetterlutten können, wenn ohne Gefahr tunlich, verwendet werden.

Woferne diese den durchgehenden Wetterstrom in Anspruch nehmenden Ventilationsmittel sich als nicht zureichend erweisen, müssen sie durch eine wohlangeordnete Separatventilation (durch Druckluft, Strahlapparate, mechanische Ventilatoren) unterstützt oder ersetzt werden.

Insbesondere gilt dies für den Betrieb der Überhauen und der streichend ins frische Feld gehenden Grund- und Vorrichtungsstrecken.

Die Benützung von Handventilatoren ist nur auf besondere Anweisung des verantwortlichen Betriebsleiters zulässig.

**§ 74.** Außer Benützung stehende Wetterstrecken und Wetterdurchhiebe, alle entbehrlich gewordenen Verbindungen zwischen zwei Flötzen oder Abbausohlen, desgleichen alle dauernd verlassenen Grubenräume (alter Mann) sind womöglich luftdicht abzuschließen.

Beim Abschluß eines unversetzt zurückgelassenen Abbauraumes ist eine zugängliche und regulierbare Oeffnung gegen die Wetterabzugsstrecke hin frei zu lassen, um jede Spannung und jedes Zurückdrängen der Gase vor die Betriebsörter hintanzuhalten.

Wettertüren müssen selbstschließend und da, wo es auf einen

dichten Abschluß ankommt, oder wo infolge des Grubenbetriebes ein lebhafter Verkehr durch dieselben stattfindet, mindestens doppelt und in solcher Entfernung voneinander eingerichtet sein, daß eine Tür stets geschlossen ist.

Überflüssig gewordene Wettertüren müssen ausgehängt oder haltbar befestigt werden.

**§ 75.** In allen Betriebsabteilungen, wo Schlagwetter vermutet werden, muß jeder Betriebspunkt, soferne nicht Ablösung vor Ort stattfindet, jedesmal vor dem Anfahren der Belegschaft in zuverlässiger Weise auf das Vorhandensein von Schlagwettern untersucht werden.

Betriebsörter, welche wegen Ansammlung von Schlagwettern oder ungenügender Ventilation unbelegt bleiben müssen, sind in deutlich erkennbarer Weise abzusperren.

An Betriebspunkten, welche sich alten Bauen oder solchen Stellen nähern, wo Schlagwetteransammlungen zu erwarten sind, muß vorgebohrt werden.

Auf jeder Schlagwettergrube muß eine beständige Beaufsichtigung der Wetterführung im ganzen und im einzelnen durch besonders damit beauftragte zuverlässige Personen stattfinden. Auf Aufforderung der Berginspektion sind zu dem Zweck besondere Beamte aufzustellen.

**§ 76.** Der Betriebsleiter ist verpflichtet, die Wetterverhältnisse der Grube stets sorgfältig wahrzunehmen, die geeigneten Anordnungen zu treffen und ihre Ausführung zu überwachen.

Ohne besonderen Auftrag des Betriebsleiters dürfen Änderungen an den Vorrichtungen zur Regelung des Wetterzuges nicht vorgenommen werden.

Sind in dringenden Fällen von einer die Betriebsleitung vertretenden Aufsichtsperson irgendwelche unaufschiebliche Änderungen getroffen worden, so hat der verantwortliche Betriebsleiter dieselben zu prüfen und ausdrücklich zu genehmigen oder aufzuheben.

**§ 77.** Für jede Schlagwettergrube sind von dem Bergwerksbesitzer, Repräsentanten oder Betriebsleiter, Spezialvorschriften zu erlassen, welche Bestimmung treffen:

I. über die im Hinblick auf die Schlagwettergefahr einzuhaltende Art der Bauführung und die Beaufsichtigung der Wetterführung, über die regelmäßige Untersuchung der Grubenbaue und über die beim Vorhandensein von Schlagwettern zu ergreifenden Maßregeln;

II. über die Anschaffung, Aufbewahrung, Instandhaltung und Revision der Sicherheitslampen, über das Öffnen und Verschließen und die Vorsichtsmaßregeln beim Gebrauch derselben;

III. über die Aufsicht und die Verhaltungsmaßregeln bei der Sprengarbeit[1] und über die Einrichtungen, welche zur Verhinderung gefährlicher Kohlenstaubansammlungen getroffen werden müssen;

IV. über die Messungen der Wettermengen und ihres Gehaltes an schädlichen Gasen, des Luftdruckes und der Luft-Temperatur in der Grube und über Tag, dann über die regelmäßige Eintragung der Messungsresultate im Wetterbuche;

V. über die Vorkehrungen für den Fall des Eintrittes einer Explosion oder eines Grubenbrandes, über die Bereitstellung der zur Rettungsaktion erforderlichen Apparate, elektrischen Lampen[2] usw., endlich über die Heranziehung und Ausbildung von Rettungsmannschaften.

Die in diesem Sinne zu erlassenden Spezialvorschriften unterliegen der Bestätigung der Berginspektion; die bereits vorhandenen besonderen Schlagwettervorschriften sind einer Revision zu unterziehen, bzw. zu ergänzen.

1. S. dazu §§ 102a, 102b und 104 unten.

2. Die Brauchbarkeit der Apparate ist in kurzen Zwischenräumen zu prüfen; gefundene Mängel sind sofort zu beseitigen.

Die genaue Befolgung aller auf Wetterführung usw. bezüglichen Vorschriften ist strengstens zu überwachen.

## VI. Sprengstoffe.[1])

Sprengstoffe im Sinne dieser Vorschriften.

**§ 78.** Als Sprengstoffe im Sinne dieser Vorschriften sind anzusehen und zugelassen:

I. Klasse: Dynamite (Gurdynamit, Sprenggelatine, Gelatinedynamit und ähnliche) ferner die Chlorat- und Perchloratsprengstoffe der Eisenbahnverkehrsordnung, Anlage C, I A 2. und 3. Gruppe. (GVBl. 1909 S. 90 ff.).

II. Klasse: Schwarzpulver.

III. Klasse: Handhabungssichere Sprengstoffe der Eisenbahnverkehrsordnung, Anlage C, I A 1. Gruppe.

IV. Klasse: Sprengkräftige Zündmittel (Sprengkapseln, Zündhütchen usw.).

Dem K. Staatsministerium des Königlichen Hauses und des

---

[1]) Die Fassung des Abschn. VI beruht auf den oberbergpolizeilichen Vorschriften vom 30. September 1910 (GVBl. S. 911), die am 1. November 1910 in Kraft getreten sind.

Außern bleibt vorbehalten, auch andere Sprengstoffe in die vorbezeichneten Klassen einzureihen.

Bezug der Sprengstoffe.

**§ 78 a.** Sprengstoffe I., III. und IV. Klasse (§ 78), welche den Bestimmungen des Sprengstoffgesetzes (Reichsgesetz vom 9. Juni 1884 § 1 Abs. 1 und 2, RGBl. 1884 S. 61) unterliegen, dürfen nur auf Grund eines von der zuständigen Polizeibehörde erteilten Erlaubnisscheines von dem Fabrikanten oder von polizeilich genehmigten und überwachten Niederlagen der Händler und nur in der durch § 6 und § 24 der Ministerialbekanntmachung vom 27. Juli 1905 (GVBl. S. 531 ff.) vorgeschriebenen Form und Verpackung bezogen werden.

Zuständigkeit zur Annahme usw. und Verausgabung.

**§ 79.** Zur Annahme der Sprengstoffe, Beförderung in die Aufbewahrungsräume, Aufbewahrung, Verausgabung derselben an die Arbeiter und zur Wiederannahme der bei der Arbeit nicht verwendeten Sprengstoffe sowie zur etwa erforderlichen Umarbeitung von Sprengstoffen sind außer dem Betriebsführer nur diejenigen Aufsichtspersonen berechtigt, welche vom ersteren hiezu schriftlich besonders beauftragt sind.

Die genannten Personen sind für die ordnungs- und vorschriftsmäßige Erledigung der ihnen nach Abs. 1 übertragenen Angelegenheiten verantwortlich.

Die Namen dieser Personen sind durch Eintragung ins Zechenbuch und dauernden Aushang bekannt zu machen.

Hilfspersonal.

**§ 80.** Zur Hilfeleistung bei der Beförderung, der Aufbewahrung, Verausgabung und Umarbeitung von Sprengstoffen und zu Arbeiten innerhalb der Aufbewahrungsräume dürfen nur solche Leute verwendet werden, welche dem Betriebsführer als zuverlässig bekannt sind.

Bei diesen Arbeiten ist die Benützung von Feuerzeug und offenem Licht, sowie das Tabakrauchen strengstens untersagt.

Besitz von Sprengstoffen.

**§ 81.** Zum Besitze von Sprengstoffen der Klassen I, III und IV (§ 78) sind nur solche Arbeiter berechtigt, welche mit der Schießarbeit betraut sind (Ortsälteste und Schießmeister).

Es ist verboten, andere als die von der Verwaltung eines Bergwerkes gelieferten Sprengstoffe und Zündmittel auf dieses Bergwerk mitzubringen oder die gelieferten Stoffe von ihm wegzubringen.

Buchführung.

**§ 82.** Werden auf einem Bergwerke andere Sprengstoffe als Schwarzpulver verwendet, so ist für jede selbständige Betriebsanlage sowie für jeden Aufbewahrungsraum ein bei jeder Einnahme und Ausgabe nachzutragendes und monatlich abzuschließendes Buch zu führen, das außer dem Nachweise der Einnahme enthalten muß:

a) die Namen der die Verausgabung und Wiedervereinnahmung bewirkenden Personen,
b) die Namen der Empfänger,
c) den Tag der Verausgabung und Wiedervereinnahmung,
d) die Menge der verausgabten und wiedervereinnahmten Sprengstoffe (Patronen, Sprengkapseln und Zündhütchen),
e) Jahreszahl und Nummer der verausgabten Patronen (nötigenfalls von der Verpackung zu entnehmen).

Sicherheitssprengstoffe.

**§ 82a.** Sprengstoffe, die als Sicherheitssprengstoffe in bezug auf Schlagwetter- oder Kohlenstaubentzündung angesehen und beim Bergwerksbetriebe verwendet werden sollen, dürfen von dem Bergwerksbesitzer oder seinen Beauftragten nur unter der Bedingung angeschafft werden, daß sie von dem Fabrikanten auf einem die Sprengstofflieferung begleitenden Schein durch die nachstehenden Angaben gekennzeichnet sind:

a) Name des Sprengstoffes mit dem Zusatz „Sicherheitssprengstoff";
b) Jahreszahl und Nummer der gelieferten Kiste, in der der Sprengstoff verpackt ist;
c) Zusammensetzung des Sprengstoffes in Prozenten, wobei dessen Bestandteile bis auf 0,5 % genau anzugeben sind;
d) Name der Fabrik und der für die Betriebsleitung der Fabrik verantwortlichen Personen.

**§ 82b.** Auf Verlangen der Berginspektion hat der Bergwerksbesitzer durch chemische Analyse ermitteln zu lassen, ob die Zusammensetzung des auf dem Bergwerk vorhandenen Sicherheitssprengstoffes von dem Fabrikanten richtig angegeben ist.

**§ 82c.** Falls sich aus den Angaben des Fabrikanten ergibt, daß die Zusammensetzung eines Sicherheitssprengstoffes geändert ist, oder falls ein neuer, bis dahin noch nicht erprobter Sicherheitssprengstoff angeschafft wird, hat die Betriebsleitung des Bergwerks dies der Berginspektion anzuzeigen und nach deren Anweisung die Sicherheit dieser Sprengstoffe in einer Versuchsstrecke erproben zu lassen.

Letzteres hat auch dann zu geschehen, wenn die Kontrollanalyse ergeben hat, daß die Zusammensetzung eines Sicherheitssprengstoffes von den Angaben des Fabrikanten abweicht.

**§ 82 d.** Die Betriebsleitung hat von der beabsichtigten Einführung eines bisher auf dem Bergwerke noch nicht gebrauchten Sicherheitssprengstoffes der Berginspektion Anzeige zu machen.

Sprengstoffmagazine.

**§ 83.** Die auf einem Bergwerke angelieferten Sprengstoffe müssen unverzüglich in einem dazu geeigneten Aufbewahrungsraum (Magazin) untergebracht werden.

Aufbewahrungsräume für Sprengstoffe können auf Bergwerken sowohl über als unter Tage angelegt werden.

Vor Benützung eines Aufbewahrungsraumes für Sprengstoffe muß unter Beifügung einer Zeichnung und Beschreibung die Genehmigung der Berginspektion eingeholt werden.

Magazine über Tag.

**§ 84.** Für die Einrichtung der Aufbewahrungsräume über Tage sind die von den Landespolizeibehörden erlassenen allgemeinen Vorschriften maßgebend, soferne nicht im Genehmigungsbescheide der Berginspektion besondere Vorschriften gemacht werden.[1])

1. Zur Herstellung der Aufbewahrungsräume nach den neuen (vgl. S. 264 oben) Vorschriften wurde in Ziff. II der oben zit. oberbergpolizeilichen Vorschriften vom 30. September 1910 eine Frist bis 31. Oktober 1911 gewährt.

Hauptmagazine unter Tag.

**§ 85.** Für die Haupt-Aufbewahrungsräume unter Tag (Hauptmagazine) wird folgendes vorgeschrieben:

a) Sie müssen zwei voneinander gesonderte, verschließbare Abteilungen, den Vorraum und den Lagerraum, der nur durch den Vorraum zugänglich ist, enthalten.

b) Sie sind so zu schließen, daß sie gegen Einbruch und Diebstahl möglichst gesichert sind.

c) Am äußeren Verschlusse des Vorraumes sind in leicht erkennbarer Weise die Worte „Warnung, Sprengstoffe" anzubringen.

d) Ist die Örtlichkeit, an welcher der Aufbewahrungsraum errichtet werden soll, mit einer Fahr- oder Förderstrecke in gerader Linie verbunden, so darf er nicht in der Strecke, sondern nur in einem von derselben rechtwinklich abgehenden mindestens 10 m langen Raum eingebaut werden.

Für vorhandene Aufbewahrungsräume kann die Berginspektion ausnahmsweise eine geringere Entfernung zulassen.

e) Schwarzpulver darf niemals mit anderen Sprengstoffen als handhabungssicheren Sprengstoffen (Klasse III, § 78) in einem Aufbewahrungsraume gelagert werden.

f) Verschiedene Sprengstoffsorten sind deutlich voneinander getrennt aufzubewahren. Die einzelnen Sorten sind durch Tafeln, die den Namen des betreffenden Sprengstoffes tragen, zu bezeichnen. Sicherheitssprengstoffe sind von anderen Sprengstoffen durch eine Zwischenwand zu trennen.

g) In dem Aufbewahrungsraume für Schwarzpulver darf nur der Vorraum mit der Sicherheitslampe oder geschlossenen Laterne, deren Glas durch starkes Messinggitter gegen Zerschlagen gesichert ist, betreten werden. Der Lagerraum darf nur durch die geöffnete Tür des Vorraumes Licht empfangen und nur unter Benützung von Filz- oder Strohüberschuhen betreten werden. Die Türschwellen sind von Holz herzustellen und die Fußböden mit Haardecken zu belegen.

h) Die Aufbewahrungsräume für Sprengölpräparate sind so einzurichten, daß die Temperatur in denselben nicht über 50 ° und nicht unter 8 ° Celsius beträgt. Zur Beobachtung muß ein 100teiliges Thermometer angebracht sein.

i) Zündmittel (sprengkräftige Zündungen, Zündstäbe, -schnüre usw.) dürfen nur im Vorraum oder in sonstigen, vom Lagerraum getrennten Orten, und zwar in den von der Fabrik gelieferten Behältern und in besonderen verschlossenen Kästen verwahrt werden.

k) Räume, in welchen Sprengstoffe lagern, dürfen außer von dem Betriebsführer und dem Abteilungssteiger nur von den in den §§ 79 und 80 bezeichneten Personen betreten werden.

Die Berginspektion ist befugt, im Einzelfalle weitergehende Vorschriften zu erlassen, ferner bei vorübergehender Aufbewahrung kleiner Mengen von Sprengstoffen Erleichterungen zu gewähren, wenn für genügende Sicherheit gegen Diebstahl und für den Schutz der Umgebung gesorgt wird.[1]

1. Vgl. die Bem. zu § 84.

Lage der Hauptmagazine.

**§ 86.** Die Hauptaufbewahrungsräume unter Tag (§ 85) müssen von den im Betriebe stehenden Hauptförderschächten mindestens 100 m, von den Bremsbergen, Bremsschächten, Fahr- und Förderstrecken mindestens 10 m entfernt sein. Für vorhandene Aufbewahrungsräume, bei Gruben von sehr geringer Ausdehnung und beim Vorliegen besonderer Verhältnisse kann die Berginspektion ausnahmsweise eine geringere Entfernung zulassen.

Ueber den Höchstbetrag der Einlegung von Sprengstoffen in einem Aufbewahrungsraume hat die Berginspektion in jedem Falle Bestimmung zu treffen.[1]

1. Vgl. die Bem. zu § 84.

**§ 87.** Geraten Sprengstoffe auf ihrem Lager in einen derartigen Zustand, daß die weitere Lagerung bedenklich erscheint (was sich bei Sprengölpräparaten durch stechenden Geruch, Entwicklung roter Dämpfe, Ausscheiden fester Stoffe und Abtropfen von Sprengöl zu erkennen gibt), so dürfen sie nicht an die Arbeiter verausgabt werden, sondern es ist unverzüglich dem Betriebsführer Mitteilung zu machen, welcher das Erforderliche zur Beseitigung der Gefahr anzuordnen hat.

Wenn zum Zwecke sofortiger Verausgabung an die Arbeiter sprengölhaltige, gefrorne Patronen aufgetaut werden müssen, so darf dies nur in mit lauwarmen Wasser umgebenen Gefäßen, in welchen die Sprengstoffe nicht mit dem Wasser in Berührung treten, geschehen.

Handmagazine.

**§ 88.** Kleinere Aufbewahrungsräume (sogenannte Zwischen- oder Handmagazine) zum Zwecke der täglichen Verausgabung oder zur Erleichterung des maschinellen Bohrbetriebes in bezug auf Ausgabe und Rückempfang der Sprengstoffe sind nur mit Genehmigung der Berginspektion zulässig, welche unter Berücksichtigung der örtlichen Verhältnisse die nötigen Anordnungen für Anlage und Einrichtung zu erlassen hat.

Transport.

**§ 89.** Der Transport der Sprengstoffe in die Aufbewahrungsräume hat in der von der Fabrik gelieferten Verpackung unter Überwachung eines technischen Aufsehers zu erfolgen.

Sprengstoffe enthaltende Kisten oder Behälter müssen in einem mit Haardecken oder lockeren Massen ausgefütterten und mit gut passendem Deckel versehenen Förderwagen eingeschlossen transportiert werden.

Sprengstoffe dürfen nicht gemeinschaftlich mit anderen Stoffen und Gerätschaften transportiert werden. Die mit dem Transport beschäftigten Arbeiter haben durch den Ruf „Sprengstoffe kommen" die in der Nähe befindlichen Personen zu warnen.

Zur Beleuchtung bei Sprengstofftransporten sind geschlossene

Lampen und Laternen zu benützen, die jedoch von den mit dem Transport unmittelbar beschäftigten Leuten nicht getragen werden dürfen.

Zündmittel dürfen nicht gleichzeitig und gemeinschaftlich mit den Sprengstoffen nach den Niederlagen transportiert werden.

Förderung im Schacht.

**§ 90.** Die Förderung der Sprengstoffe im Schachte darf nicht während des Ein- und Ausfahrens der Belegschaft und nur nach vorheriger Benachrichtigung des Maschinenwärters und der Anschläger über und unter Tage erfolgen.

Der Maschinenwärter darf nur mit der für die Mannschaftsförderung gestatteten Geschwindigkeit fördern und das Fördergefäß nicht hart aufsetzen lassen.

Die Anschläger am Füllort müssen die Behälter, in denen sich die Sprengstoffe befinden, von der Förderschale vorsichtig abziehen und sie nur von den dazu bestimmten Personen in Empfang nehmen lassen.

Verausgabung.

**§ 91.** Die Verausgabung der Sprengstoffe darf nur durch die in § 79 bezeichneten Personen und nur an die mit der Schießarbeit betrauten Personen (Ortsältesten oder Schießmeister) erfolgen.

Zu Schießmeistern dürfen nur mit der Schießarbeit vertraute, zuverlässige Personen bestellt werden, welche der Berginspektion zu bezeichnen sind; ihre Namen sind ins Zechenbuch einzutragen und der Belegschaft bekannt zu machen. Außerdem sind sie vom Betriebsführer mit einer schriftlichen Dienstanweisung zu versehen, welche der Genehmigung des Berginspektors unterliegt.

Die Schießmeister und diejenigen Ortsältesten, welche andere Sprengstoffe als Schwarzpulver empfangen, müssen dem Verausgabenden persönlich bekannt sein.

**§ 92.** Beim Öffnen der Kisten oder Fässer, welche Sprengstoffe enthalten, dürfen eiserne Gerätschaften nicht benützt werden.

Die Verausgabung der Sprengstoffe darf nur im Vorraum stattfinden; während derselben ist die Tür zum Lagerraum verschlossen zu halten.

Die Sprengstoffe dürfen den Arbeitern nur in tadelloser Beschaffenheit und nur in Form von Patronen verabfolgt werden. Zu den Patronen für Schwarzpulver darf nur gut geleimtes Papier oder ein anderer fester, nicht fortglimmender Stoff verwendet werden.

Gefrorene Sprengölpräparate dürfen nicht mit festen Körpern bearbeitet und nicht zum Sprengen benützt werden. Die Verausgabung gefrorener Sprengölpräparate ist untersagt.

Das Auftauen hat in Gefäßen mit lauwarmem Wasser zu geschehen, in welchen die Sprengölpräparate mit letzterem nicht in direkte Berührung treten (Nobelscher Topf).

Niemals dürfen Sprengölpräparate in die Nähe von offenem Feuer, geheizten Öfen oder Dampfheizungen, überhaupt an Orte gebracht werden, welche wärmer werden können, als die Hand verträgt.

Gefrorene Sprengstoffe am Körper zu erwärmen, ist verboten.

**§ 93.** Der mit der Verausgabung von Sprengstoffen Beauftragte darf nur die von dem Abteilungssteiger oder Aufseher festgesetzte und ihm schriftlich mitgeteilte Menge solcher Stoffe dem Empfangsberechtigten (§ 91 Abs. 1) übergeben. Der Abteilungssteiger oder Aufseher darf nicht größere Mengen zur Verausgabung festsetzen, als nach seinem pflichtmäßigen Ermessen von der Kameradschaft, für welche die Sprengstoffe zu empfangen sind, bei den dieser obliegenden Sprengarbeiten während eines Tages voraussichtlich zu verwenden sein werden.

**§ 94.** Die verabfolgten Sprengstoffe dürfen nur von dem Empfangsberechtigten selbst mitgeführt werden und zwar in einem Behälter, der mit festem Verschluß versehen sein muß.

Die Behälter für Sprengstoffe, die mit Schluß der Schicht an die Ausgabsstelle zurückgelangen, sollen zur Vermeidung von Verwechslungen mit Nummern versehen sein und von der Grubenverwaltung gestellt werden.

Dynamite dürfen von den im Abs. 1 genannten Personen nicht gleichzeitig mit anderen Sprengstoffen der Klassen I—III, Zündmittel dürfen nicht mit Sprengstoffen der Klassen I—III in einem Behälter, sprengkräftige Zündmittel nicht lose mitgeführt werden.

Nicht verwendete Sprengstoffe.

**§ 95.** Die nicht verwendeten Sprengstoffe (mit Ausnahme des Schwarzpulvers) müssen nach beendigter Schicht in das Haupt- oder Handmagazin zurückgeliefert werden und zwar in ihren Behältern; auch die leeren Behälter sind zurückzuliefern.

Die Annahme der zurückgebrachten Sprengstoffe ist nicht als Wiedervereinnahmung im Sinne des § 82 anzusehen, sofern die Sprengstoffe in dem Behälter verbleiben, um mit diesem von dem bisherigen Inhaber wieder abgeholt zu werden.

Erfolgt Ablösung vor Ort, so darf der Ortsälteste die nicht verwendeten Sprengstoffe dem ihn ablösenden Ortsältesten übergeben.

In allen sonstigen Fällen ist es verboten, Sprengstoffe außer Schwarzpulver an andere Arbeiter abzugeben oder solche von anderen anzunehmen.

## VII. Hauerarbeiten.

### a) Sprengarbeit.[1])

Schießkiste.

**§ 96.** Die Aufbewahrung von Sprengstoffen an der Verbrauchsstätte (am Arbeitsort) darf nur in einer mit sicherem Schloß versehenen Kiste (sogenannte Schießkiste) geschehen, welche nach Anweisung des Abteilungssteigers an einer geeigneten Stelle in angemessener Entfernung vom Arbeitsorte aufzustellen ist.

**§ 97.** Die Schießkiste muß, so lange sich in ihr Sprengstoffe befinden, sorgfältig verschlossen gehalten werden; der Schlüssel muß in sicherem Verwahr der mit der Schießarbeit betrauten Personen (Ortsältesten oder Schießmeister) bleiben.

Leere Schießkisten sind unverschlossen zu lassen.

Die Abteilungssteiger haben darauf zu achten, daß die Schießkisten in tadellosem Zustande sich befinden, und haben dieselben bei ihren Befahrungen regelmäßig zu untersuchen.

**§ 98.** Schwarzpulver und handhabungssichere Sprengstoffe dürfen nicht mit den übrigen Sprengstoffen in derselben Schießkiste, sprengkräftige und sonstige Zündmittel nur dann mit Sprengstoffen in derselben Schießkiste verwahrt werden, wenn sie durch eine bis an die Decke hinauf reichende Holzwand von den Sprengstoffen getrennt sind.

Laden und Besetzen der Sprengschüsse.

**§ 99.** Das Laden, Besetzen und Zünden der Sprengschüsse[1] darf nur durch die mit der Schießarbeit betrauten Personen (Ortsältesten oder Schießmeister) oder unter ihrer unmittelbaren Aufsicht und Verantwortung geschehen.

Die Schlagpatronen für Sprengstoffe dürfen erst unmittelbar vor ihrer Verwendung mit der Zündvorrichtung versehen werden.

1. S. dazu Urt. d. RG. vom 12. Juni 1902, JW. 32 S. 136: auch bei elektrischer Zündung „zündet" der Ortsälteste oder Schießmeister, nicht der Maschinenwärter.

---

[1]) Die Fassung des Unterabschnitts a des Abschnitts VII beruht auf den oberbergpolizeilichen Vorschriften vom 30. September 1910 (GVBl. S. 911), die am 1. November gleichen Jahres in Kraft getreten sind.

**§ 100.** Beim Laden und Besetzen der Sprengschüsse ist die Benützung von eisernen Raumnadeln und Stampfern untersagt. Die Patronen dürfen nur vermittels eines hölzernen Ladestockes in das Bohrloch eingeführt werden.

Zum Besetzen der Sprengschüsse ist nur Letten, sandfreier Lehm oder Wasser zu benützen. Bei Verwendung von Schwarzpulver können außerdem milde Gesteinsarten, welche keine Funken reißen, verwendet werden.

Das Besetzen mit Kohle ist verboten.

Die Abteilungssteiger haben dafür zu sorgen, daß den Arbeitern stets geeignetes Besatzmaterial zur Verfügung steht.

Unterstände.

**§ 101.** Der Abteilungssteiger hat in angemessener Entfernung von den Örtern, wo geschossen wird, eine Stelle anzuweisen, an welcher die Arbeiter vor der Wirkung der Schüsse gesichert sind. Erforderlichen Falles sind besondere Schießörtchen oder Schießtüren und beim Abteufen von Schächten sichere Bühnen herzustellen.

Wegtun der Sprengschüsse.

**§ 102.** Vor dem Wegtun der Sprengschüsse hat die mit der Schießarbeit betraute Person (Ortsältester oder Schießmeister) dafür zu sorgen, daß die Zugänge zum Ort durch die Arbeiter besetzt oder zweckentsprechend abgesperrt werden.

Vor dem Zünden ist den in der Nähe beschäftigten Arbeitern durch den lauten Ruf „es brennt" Kenntnis zu geben.

Es dürfen nur soviel Schüsse geladen und besetzt sein, als gleichzeitig gezündet werden sollen; gleichzeitig besetzte Schüsse sollen auch gleichzeitig weggetan werden.

Mehr als 6 Schüsse dürfen nicht gleichzeitig mit der Hand zur Explosion gebracht werden. Die Berginspektion ist befugt, eine geringere Zahl festzusetzen. Bei gleichzeitigem Wegtun von mehr als 4 Schüssen mit der Hand haben die Aufsichtspersonen für jeden Betrieb besondere Anweisungen zu erteilen. Auch hat in diesem Falle das Zünden in der Regel nicht durch die mit der Schießarbeit betraute Person (Ortsältester oder Schießmeister) allein zu erfolgen.

Woferne nicht besondere örtliche Schwierigkeiten vorliegen, soll beim gleichzeitigen Wegtun mehrerer Schüsse elektrische Zündung angewendet werden.

Die beim Wegtun mit elektrischer Zündung in Verwendung kommenden Zündstäbe sind, um einem Herausreißen derselben aus der Ladung vorzubeugen, in geeigneter Weise festzumachen. Die

Drähte sind erst unmittelbar vor der Zündung an der Maschine einzuhängen und nach der Zündung sofort wieder abzunehmen.

Schießarbeit in Schlagwettergruben.

**§ 102a.** Für Schlagwettergruben (§§ 67 ff.) und in Bauabteilungen, welche nicht schlagwetterfrei sind, gelten folgende Bestimmungen:

1. Die mit der Schießarbeit betrauten Personen sind verpflichtet, vor dem jedesmaligen Zünden von Schüssen durch sorgfältige Untersuchung festzustellen, ob innerhalb einer Entfernung von 20 m von dem Schießpunkte Ansammlungen von Grubengas vorhanden sind.
2. Als nicht schlagwetterfrei gelten jene Orte, an denen mit der Sicherheitslampe Schlagwetter nachgewiesen werden.
3. Auf diesen Gruben und Bauabteilungen ist die Schießarbeit in der Kohle, beim Nachreißen des Nebengesteins und bei Durchörterung von Flözstörungen nur mit Sicherheitssprengstoffen und unter Anwendung von Sicherheitszündern oder zentraler Zündmethode gestattet.
4. Wenn Kohlenstaub in gefährlicher Menge vorhanden ist, darf nur nach ausgiebiger Befeuchtung auf wenigstens 20 m Entfernung vom Schießpunkt geschossen werden.
5. Die Berginspektion ist befugt im einzelnen Falle weitergehende Vorschriften zu erlassen.
6. Bei Gesteinsbetrieben, Durchörterung von Flözstörungen und in besonders nassen Betrieben können mit Genehmigung der Berginspektion in einzelnen Fällen andere Sprengmittel mit Ausnahme des Schwarzpulvers verwendet werden.

**§ 102b.** Die Schießarbeit ist verboten:

a) an Betriebspunkten, an welchen sich eine gefährliche Ansammlung von Grubengas bemerkbar macht,

b) an allen Betriebspunkten eines Wetterstromes, in welchem ein Grubengasgehalt von 2,5 Prozent nachgewiesen wird.

Der Abteilungssteiger hat dafür zu sorgen, daß die mit der Schießarbeit betrauten Personen unverzüglich von diesem Verbote in Kenntnis gesetzt werden und daß jegliches Schießgerät sofort aus den in Abs. 1 bezeichneten Betriebspunkten entfernt wird.

Das Verbot bleibt solange in Kraft, bis nachhaltige Vorkehrungen zur Beseitigung der Gefahr getroffen sind und die Betriebsleitung festgestellt hat, daß die betreffenden Grubenräume in dem vorbezeichneten Umfange frei von Grubengas sind.

Verhalten nach dem Wegtun der Schüsse.

**§ 103.** Bei gleichzeitigem Wegtun mehrerer Schüsse und bei Versagern darf der Betriebspunkt vor Ablauf von 15 Minuten nach dem Zünden nicht wieder betreten werden.

Der Ortsälteste hat die Wirkung der Schüsse und den Arbeitsort möglichst genau zu untersuchen und festzustellen, ob etwa Schüsse ausgeblieben oder Sprengpatronen stecken geblieben sind. Das Ausbohren von Schüssen, welche versagt haben, sowie das Tieferbohren stehen gebliebener Bohrlochspfeifen ist untersagt.

Den in der Nähe solcher Pfeifen oder versagter Bohrlöcher neu angesetzten Bohrlöchern muß eine solche Richtung gegeben werden, daß sie mit ersteren nicht in Berührung kommen.

Hat ein Schuß versagt, so hat der Ortsälteste der nachfolgenden Kameradschaft denselben nach Lage und Beschaffenheit persönlich vor Ort so zu bezeichnen, daß jeder Zweifel ausgeschlossen ist. Erfolgt nicht Ablösung vor Ort oder kann die Lage des Versagers nicht genau festgestellt werden, so ist der zuständigen Aufsichtsperson Meldung zu erstatten, welche die nötigen Anordnungen zu treffen hat und für deren Vollzug verantwortlich ist.

Während des Unschädlichmachens eines Versagers dürfen, abgesehen von den Aufsichtspersonen, nur die dabei beteiligten Personen vor Ort anwesend sein. Die übrigen Arbeiter haben sich vorher in Sicherheit zu bringen (§ 101).

**§ 104.** Die gemäß § 77 für jede Schlagwettergrube zu erlassenden besonderen Sicherheitsvorschriften haben sich zugleich auf die Handhabung der Schießarbeit in diesen Gruben zu erstrecken.

Die Berginspektion kann indes die Erlassung diesbezüglicher besonderer Vorschriften auch für solche Kohlenbergwerke verlangen, welche nicht zu den Schlagwettergruben gehören, bei welchen aber Kohlenstaub in gefährlicher Beschaffenheit auftritt.

## b) Sonstige Hauerarbeiten.

**§ 105.** Bei Tagebauen ist dem Abraum stets eine seiner Festigkeit und Standhaftigkeit entsprechende Böschung zu geben, und bei größerer Abbaumächtigkeit ist diese in mehrere Strossen von angemessener Höhe und Breite zu teilen.

Eine Gewinnung anstehender Massen mittels Unterschrämens[1] derselben darf nicht erfolgen, wenn diese Betriebsweise bei der Beschaffenheit der örtlichen Verhältnisse voraussichtlich Gefahr mit sich bringt.

1. Unterschrämen = Unterhöhlen.

**§ 106.** Bei allen Schrämarbeiten müssen die unterschrämten Stöße durch Spreitzen und Streben, durch stehen zu lassende kleine Pfeiler, durch Bolzen im Schrame und dergleichen hinreichend gegen vorzeitiges Niedergehen gesichert werden.

**§ 107.** Beim Ansetzen von Örtern aus einem Bremsberge oder Aufbruch ist Sorge zu tragen, daß die auf tieferen Örtern angelegten Personen durch den Betrieb der höheren Örter nicht beschädigt werden können.

In Firstenbauen auf Lagerstätten mit über 50 Grad Fallen dürfen die Stöße nicht höher als 4 Meter genommen werden.

**§ 108.** Der Abbau eines Flötzes hat, wenn durch ihn Brüche entstehen, von den gangbaren Bauen darüberlagernder Flötze soweit entfernt zu bleiben, daß diese Baue nicht gefährdet werden können.

**§ 109.** Wenn in einem Abbau die Anzeichen eingetretenen stärkeren Gebirgsdruckes in dem Maße hervortreten, daß ein vorzeitiges Zubruchgehen zu befürchten ist, so ist der Fortbetrieb bis nach Beseitigung der Gefahr einzustellen, während der etwaigen Sicherungsarbeiten aber sind die Schutz gewährenden Strecken durch eine verschlossene (Sicherheits-)Lampe zu beleuchten.

**§ 110.** Der Abbau ist immer so zu leiten, daß für die dabei beschäftigten Arbeiter eine gesicherte Verbindung mit den Schächten, bzw. mit den Fluchtwegen erhalten bleibt.

Bei Braunkohlengruben ist dementsprechend der gleichzeitige Angriff mehrerer Brüche von einem Bruch- oder Teilungsorte aus zu unterlassen.

Der Weg, welchen die im Abbau beschäftigten Arbeiter bis zur schützenden Abbau- oder Bruchstrecke zurückzulegen haben, ist möglichst kurz zu machen und von allem, was die Flucht behindern kann, besonders auch von Kohlenvorräten tunlichst frei zu erhalten.

Bei Braunkohlengruben, in deren Flötzdach schwimmendes Gebirge auftritt, ist beim Anhauen eines Bruchortes für einen voraussichtlich genügenden Schutz (Wasserblende) gegen das Verschlämmen der Grubenbaue zu sorgen.

**§ 111.** Das Rauben der Zimmerung in Grubenbauen jeder Art darf nie ohne vorherige Anordnung des betreffenden Aufsichtspersonals und nur unter Verwendung oder wenigstens unter Leitung damit vertrauter Leute, sowie unter Anwendung geeigneten Gezähes und besonderer Beleuchtung vorgenommen werden.

Wenn nach dem Rauben der Bau offen bleibt, so ist für den

Fall des nachträglichen Bruches zweckentsprechende Vorkehrung zum Schutze der etwa in der Nähe befindlichen Mannschaft zu treffen.

Das Rauben der Zimmerung in abzuwerfenden und zu verfüllenden Tageschächten ist nur mit Genehmigung des Berginspektors gestattet.

**§ 112.** Bei Anwendung von Abtreibzimmerung mit Türstöcken sind die letzten Türstöcke untereinander mittels eiserner Klammern oder sonst auf geeignete Weise zu verbinden.

**§ 113.** Bei Arbeiten in Saigerschächten und steilen Bremsschächten, welche von übersteckten Pfosten oder Notbühnen aus vorgenommen werden müssen, sowie überall, wo die Beschaffenheit der Arbeitsstellen einen ausreichend sicheren Stand nicht zuläßt, sind die Arbeiter jedesmal mittels Hangegurts (Anseilen) vor dem Abstürzen zu schützen. Arbeitsvornahmen solcher Art, wie die Aufgewältigung alter Schächte, die Beseitigung von Störungen in der Bremsschachtförderung infolge von Brüchen oder Entgleisungen und dergleichen dürfen nur von zuverlässigen Bergleuten und nur nach Anordnung und Leitung der betreffenden Aufsichtspersonen durchgeführt werden.

**§ 114.** Bei umfänglicheren Arbeiten in Schächten sind doppelte Fußbühnen zu schlagen.

Während einer Arbeit in oder unter den Fördertrümmern der Treib- und Ziehschächte ist die Förderung im Schachte auszusetzen.

Die Benützung von sogenannten schwebenden Bühnen darf nur nach vorheriger Prüfung und Genehmigung der Berginspektion erfolgen.

**§ 115.** Müssen Arbeiten oder Untersuchungen im Schachte vom Dache des Fördergestelles aus bewirkt werden, so muß auf das Gestelldach ein wenigstens 7 Zentimeter hoher Bord, falls aber dieses Dach mehr als 6 Grad Neigung hat, eine mit solchem Bord versehene wagrechte Bühne aufgelegt werden.

Auch haben sich die Arbeiter mittels Hangegurts an der Schurzkette oder am Treibseil zu befestigen, wenn das Gestelldach oder die Bühne das Fördertrumm nicht vollständig abschließt.

Untersuchungen vom bewegten Gestelle aus haben womöglich beim Abwärtstreiben zu geschehen.

**§ 116.** Jeder belegte Arbeitspunkt muß in der Schicht mindestens einmal von einer Aufsichtsperson befahren werden.

Ein abgelegener Bau darf, wenn nicht öfters Förderung von ihm ausgeht, in der Regel nicht mit einem einzelnen Mann belegt werden. Im Ausnahmsfalle ist der Bau von dem Aufsichtspersonal oder von einer dazu beauftragten Person in einer Schicht zu wiederholten Malen zu besuchen.

Beim Schießen müssen mindestens zwei Mann zur Stelle sein.[1]

1. Der zweite Mann muß sich in einer Nähe befinden, daß er bei einem etwaigen Unfall dem andern zu Hilfe kommen kann. Die Anwesenheit der beiden an gleicher Stelle ist nicht nötig, ja zu vermeiden, um das gleichzeitige Verunglücken beider hintanzuhalten.

**§ 117.** Auf besonders warmen Arbeitsorten müssen zuverlässige Thermometer vorhanden sein und regelmäßig beobachtet werden.

[Beim unterirdischen Betrieb darf ein Arbeiter in einer Temperatur von 30 Grad Celsius oder mehr täglich nicht länger als sechs Stunden einschließlich der Abkühlungspause beschäftigt werden.[1]]

Arbeiten in einer Wärme von 40 Grad Celsius und darüber sind nur in Fällen der Not oder dringenden Gefahr gestattet.

1. Abs. 2 ist durch Art. 114 BG. ersetzt.

**§ 118.** Sind Arbeiten vorzunehmen, welche mit außergewöhnlichen, besonders von oben kommenden Wasserzuflüssen zu kämpfen haben, so daß ein Durchnässen der gewöhnlichen Kleidung auf andere Weise sich nicht vermeiden läßt (Schachtabteufen, Übersichbrechen usw.), so hat die Grubenverwaltung den betreffenden Arbeitern zur Ausführung jener Arbeiten wasserdichte Kleider zur Verfügung zu stellen.

## VIII. Maschinen- und Taganlagen.

**§ 119.** Beim Maschinenbetriebe müssen die Arbeitsräume, Betriebsvorrichtungen, Maschinen und Gerätschaften so eingerichtet und unterhalten und die Betriebe so geregelt werden, daß die Arbeiter gegen Gefahren für Leben und Gesundheit geschützt sind, soweit es die Natur des Betriebes gestattet.

Insbesondere ist für genügendes Licht, ausreichenden Luftraum und Luftwechsel, tunlichste Beseitigung des beim Betrieb entstandenen Staubes und der dabei entwickelten Dünste und Gase Sorge zu tragen.[1]

1. Die Vorschrift ist dem § 120a der Gewerbeordnung nachgebildet.

**§ 120.** Wird beabsichtigt, innerhalb des Grubengebäudes eine stabile Maschinenanlage für die Förderung, Wasserhaltung, Wetterlosung oder sonstige Betriebszwecke zu errichten, so ist hiervon der Berginspektion unter Vorlage eines Situationsplanes mindestens vierzehn Tage vor Beginn des Einbauens Anzeige zu machen.

Die Maschinen müssen gut fundamentiert, die Maschinenräume

nach entsprechenden Dimensionen angelegt, solid ausgebaut und mit den Fahr- und Förderstrecken in wohlgeeigneter Verbindung sein.

Die Beleuchtung während des Betriebes muß eine vollständig ausreichende sein, so daß die Anlagen und insbesondere die in Bewegung befindlichen Teile gut übersehen werden können.

**§ 121.** Alle Arbeiter, welche ihre Beschäftigung in die Nähe umgehender Maschinenteile führt, dürfen während der Arbeit nur enganliegende Kleider tragen.

**§ 122.** Alle im Verkehrsbereiche befindlichen rotierenden und bewegten Maschinenteile müssen derart mit Schutzvorrichtungen umgeben und abgeschlossen sein, daß eine gefahrbringende Berührung derselben nicht stattfinden kann.

Dasselbe gilt auch von den Transmissionen, falls sie nicht durch ihre Lage und Beschaffenheit eine Einfriedigung entbehrlich machen.

**§ 123.** Der Beginn der Bewegung der Transmission durch die Kraftmaschine muß in allen Arbeitsräumen in einer für jeden Arbeiter verständlichen Weise angekündigt werden.

Von jedem Arbeitsraume aus muß das Signal zum Abstellen der Betriebsmaschine gegeben werden können.

Jede einzelne Betriebsmaschine muß unabhängig von der anderen in und außer Betrieb gesetzt werden können. Zusammenarbeitende Apparate gelten als eine Arbeitsmaschine.

Das Auflegen der Riemen auf die Riemenscheibe während des Ganges der Maschine ist verboten, soweit dabei nicht Vorrichtungen benützt werden, welche die Gefahr für den Arbeiter ausschließen.

**§ 124.** Schwungräder größerer einzylindriger Maschinen sind mit einer Vorrichtung zum gefahrlosen Andrehen über den toten Punkt hinaus auszustatten.

Das Einlaßventil muß so lange geschlossen bleiben, als am Schwungrad gedreht wird.

Fördermaschinen müssen an der Seilkorbachse eine kräftige Bremsvorrichtung besitzen, welche der Wärter, ohne seinen Stand zu verlassen, leicht und sicher handhaben kann.

**§ 125.** Das Putzen und Schmieren der während des Betriebes nur mit Gefahr zugänglichen Teile der Maschine, sowie die Vornahme der Ausbesserungen an Maschinen und der von ihnen betriebenen maschinellen Vorrichtungen während des Ganges derselben ist verboten.

Die hienach während des Betriebes nicht verbotenen Arbeiten dürfen nur durch den Maschinenwärter oder andere erfahrene Personen, in keinem Falle aber durch jugendliche Arbeiter ausgeführt werden.

**§ 126.** Alle Aufzüge müssen mit beweglichen, womöglich selbsttätigen Verschlüssen versehen sein, alle Abstürz- und Bremsvorrichtungen, Quetsch-, Mahl- und Walzwerke, Kreissägen usw. sind durch geeignete Schutzvorrichtungen für die unvorsichtige Annäherung ungefährlich zu machen.

**§ 127.** Fußbodenöffnungen, Fülltrichter, Gerüste, Bühnen, Gallerien, Plattformen, Treppen und schiefe Ebenen müssen so beschaffen sein, daß Menschen weder von denselben hinabstürzen, noch von herabfallenden Gegenständen getroffen werden können.

Sammelbehälter jeder Art, welche nicht mindestens 80 Zentimeter über den Erdboden hervorragen, müssen so versichert sein, daß Menschen nicht in denselben hinabstürzen können.

**§ 128.**[1]) Elektrische Maschinen jeder Art und elektrische Leitungen sind so einzurichten und zu verwahren, daß durch sie eine Verunglückung ohne Verschulden des Betroffenen nicht herbeigeführt werden kann.

Bei der Errichtung elektrischer Starkstromanlagen sind die vom Verband deutscher Elektrotechniker vereinbarten Vorschriften für die Errichtung elektrischer Starkstromanlagen nebst Ausführungsregeln und die Zusatzbestimmungen hierzu für Bergwerke unter Tage einzuhalten.

Für jede solcher Anlagen ist mindestens ein mit der Wartung und Beaufsichtigung derselben vollkommen vertrauter Wärter zu bestellen.[2]

Das Berühren der elektrischen Leitungen, der elektrischen Maschinen und Apparate jeder Art ist verboten und nur dem Dienst- und Aufsichtspersonal unter Anwendung der geeigneten Sicherheitsmaßregeln gestattet.

1. Die Fassung der Abs. 1 und 2 des § 128 beruht auf den oberbergpolizeilichen Vorschriften vom 28. November 1909 (GVBl. S. 859).
2. Unter Abs. 3 fallen auch elektrische Zündmaschinen, vgl. das S. 272 zit. Urt. d. RG.

## IX. Arbeiter.

**§ 129.** Als Bergarbeiter dürfen nur Personen Beschäftigung finden, welche nach ärztlichem Zeugnis zur Bergarbeit tauglich, insbesondere mit körperlichen und geistigen Gebrechen, die leicht Anlaß zu Unglücksfällen geben können, nicht behaftet und welche dem Trunke nicht ergeben sind.

Personen, welche zur Bergarbeit untauglich sind, können mit ihren Kräften angemessenen Arbeiten beim Bergbau dann beschäftigt werden, wenn dies durch ärztliches Zeugnis für zulässig erklärt wird. [1]

1. Bergarbeit = Arbeit unter Tage.

**§ 130.** Bei der Arbeitsanweisung ist darauf zu achten, daß jedem Arbeiter nur solche Arbeit zugeteilt wird, welche seinen Kräften angemessen ist; insbesondere dürfen zu Arbeiten, mit welchen besondere Gefahr verbunden ist, oder zur Handhabung von Maschinen nur hinreichend kräftige, verständige und erfahrene Leute verwendet werden.

**§ 131.** Jeder Bergwerksbesitzer ist verpflichtet, einen entsprechenden Auszug aus den oberpolizeilichen Vorschriften samt den auf Grund der letzteren von ihm selbst zu erlassenden Sicherheitsvorschriften den sämtlichen Bergarbeitern durch Aushändigung von Druckexemplaren, sowie durch Aushang und periodische Verlesung in den Mannschaftsstuben zur Kenntnis zu bringen.

Insbesondere ist auch Sorge zu tragen, daß jeder Bergarbeiter über die von ihm zu verrichtende Arbeit hinreichend belehrt werde.

**§ 132.** Weibliche Personen, jugendliche Arbeiter, welche das 16. Lebensjahr noch nicht vollendet haben, sowie Personen, welche bis zum 60. Lebensjahre noch nie unter Tage beschäftigt waren, dürfen zu Arbeiten in der Grube nicht zugelassen werden.

Unter Berücksichtigung örtlicher Verhältnisse kann der Berginspektor auf besonderen, durch ärztlichen Nachweis begründeten Antrag des Bergwerksbesitzers die Beschäftigung junger Burschen von 14—16 Jahren mit leichten Arbeiten unter Tage gestatten. [1]

Zur selbständigen Ausführung von Hauerarbeiten, einschließlich der zugehörigen Sicherung der Arbeitspunkte dürfen nur solche Personen zugelassen werden, welche das 21. Lebensjahr vollendet, sowie wenigstens 3 Jahre in der Grube gearbeitet haben und während dieser Zeit wenigstens 1 Jahr mit Hauerarbeiten, unter Aufsicht eines selbständigen Hauers beschäftigt gewesen sind. [2]

Die zur Überwachung der Vorschriften im Abs. 1 und 2 erforderlichen Angaben müssen bei jedem Bergwerke aufgezeichnet sein.

1. Abs. 2 ist durch Art. 113 BG. außer Kraft gesetzt.
2. Bei der Annahme solcher Arbeiter muß der Werksbesitzer sich durch den Abkehrschein usw. davon überzeugen, daß der Aufzunehmende den Voraussetzungen des Abs. 3 entspricht.

**§ 133.** Fremdsprachige Arbeiter dürfen beim Bergbaubetriebe nur dann beschäftigt werden, wenn sie genügend deutsch verstehen um mündliche Anweisungen ihrer Vorgesetzten und Mitteilungen ihrer Mitarbeiter aufzufassen.

**§ 134.** Es müssen Einrichtungen getroffen sein, um die auf der Grube angefahrene Mannschaft nach Zahl und Personen jederzeit genau ermitteln zu können.

Verleselisten oder sonstige Nachweise zur Ermittelung der jeweilig in der Grube befindlichen Personen müssen über Tage in der Nähe der Haupteinfahrtstelle an einem besonders dazu bestimmten Orte stets sicher aufbewahrt werden.

Wenn Arbeiter vermißt werden und niemand über ihr Ausbleiben Auskunft zu geben vermag, so sind sofort Nachforschungen nach ihnen anzustellen.

**§ 135.** Auf jeder selbständigen Grubenanlage muß eine heizbare Mannschaftsstube (Zechenstube) von einer der Belegschaft entsprechenden Größe vorhanden sein, in welcher sich die Arbeiter ausruhen, trocknen und umkleiden können.

Die Berginspektion hat nach Einvernahme des Knappschaftsarztes, bzw. des Amtsarztes, wo ein Bedürfnis hiefür vorliegt, die Errichtung und Unterhaltung von Mannschaftsbädern vorzuschreiben.

Abortseinrichtungen müssen an geeigneten Punkten in der Grube aufgestellt werden. Sie sind in sauberem, gebrauchsfähigem und, unter mäßiger Benutzung von Desinfektionsmitteln, in möglichst geruchlosem Zustande zu erhalten.

Die Abortsgefäße müssen undurchlässig, mittels Deckels verschließbar und transportabel sein.

Die Entleerung des Kotes an anderen Stellen als auf den Aborten ist verboten.

**§ 136.** Für alle Gruben mit mindestens 20 Mann Belegung muß ein tragbarer und fahrbarer Krankenkorb und ein entsprechend eingerichteter Raum zur vorläufigen Unterbringung schwer Verletzter und Erkrankter vorhanden sein.

Auf allen Gruben und selbständigen Grubenabteilungen mit mindestens 50 Mann Belegung sind Verbandstuben einzurichten, in welchen verunglückte Arbeiter die erste sachkundige Hilfe finden.

Für größere Betriebe, sowie in Orten mit mehreren Betrieben, sind Sanitätskolonnen zu organisieren behufs der erforderlichen Hilfeleistung.

Verbandzeug muß auf a l l e n Gruben an geeigneten, jedem Arbeiter zugänglichen Stellen in genügender Menge vorhanden sein.[1]

1 Die Vorschriften entsprechen der vom Landtage hierüber (1900) gefaßten Resolution.

**§ 137.** Jede beim Bergbau und Aufbereitungsbetriebe vorkommende schwere Verletzung ist stets unverweilt bei der Berginspektion anzuzeigen.

Die kurze Beschreibung des Unglücksfalles ist womöglich durch das ärztliche Gutachten zu vervollständigen.

Als schwere Verletzungen sind nicht nur solche anzusehen, welche eine Gefahr für das Leben mit sich bringen, sondern auch solche, welche einen bleibenden Nachteil für die Gesundheit oder die Arbeitsfähigkeit des Verletzten befürchten lassen.

Erfolgt nachträglich der Tod eines Verletzten oder erweist sich eine anfänglich für leicht angesehene Verletzung später als eine schwere, so ist dies der Berginspektion unabhängig von der ersten Unfallanzeige ohne Aufschub bekannt zu geben.

**§ 138.** An der Örtlichkeit, wo eine schwere Verunglückung eingetreten ist, soll nichts verändert werden, ehe der Berginspektor die erforderliche Lokalerörterung angestellt hat. Ausnahmen sind nur behufs Bergung des Verunglückten, sowie wegen etwaiger weiterer Rettungsarbeiten, oder wenn es die Sicherheit des Grubenbetriebes erheischt, zulässig und auf Verlangen der Bergbehörde gegenüber zu verantworten.

**§ 139.** Jeder Arbeiter hat bei vorkommenden Verunglückungen nach seinem besten Wissen sofort Hilfe zu leisten, wenn dieselbe unter Beobachtung der nötigen Vorsicht ohne eigene Lebensgefahr mit Erfolg geschehen kann.

Jeder Bergarbeiter hat seinem Vorgesetzten sofort Anzeige zu erstatten, wenn er eine drohende Gefahr für Personen oder für die Grube bemerkt.

## X. Grubenbilder.

**§ 140.** Die regelmäßige Nachtragung der Grubenbilder (gemäß Art. 73[1]) des BG.) muß bei jedem in Betrieb stehenden Bergwerk ebenso auch bei den unterirdischen Steinbrüchen und Gräbereien mindestens jährlich, bei den Steinkohlengruben aber halbjährlich stattfinden.

Der Berginspektor ist befugt, bei einzelnen Gruben für die periodische Nachtragung des Grubenbildes sowohl längere Fristen zu gewähren als auch kürzere Fristen zu bestimmen.

Hiedurch wird die Befugnis des Berginspektors, im sicherheitspolizeilichen Interesse die sofortige Nachtragung der Grubenbilder im einzelnen Falle anzuordnen, nicht ausgeschlossen.

---

[1]) Nun Art. 75 BG.

**§ 141.** Bevor unterirdische Baue durch den Abbau oder infolge anderer Betriebsanordnungen unzugänglich werden, müssen dieselben markscheiderisch aufgenommen sein. Insbesondere ist Abbau an Markscheiden und Sicherheitspfeilergrenzen nur nach vorhergegangener genauester Kartierung der in Betrieb kommenden Grubenbaue gestattet.[1]

1. Die Vorschrift liegt im Interesse der Sicherung der Oberfläche und des öffentlichen Verkehrs, sowie zur Verhütung von Unfällen, falls später eine Wiederaufnahme des Betriebes in der Nähe stattfindet.

**§ 142.** Wenn auf einer Grube der Betrieb eingestellt wird, muß vorher die vollständige Nachtragung des Grubenbildes erfolgen und eine kurze Grubenbeschreibung hergestellt werden.

Der Bergwerksbesitzer bzw. dessen gesetzlicher Stellvertreter ist für die Ausführung dieser Bestimmung verantwortlich.

**§ 143.** Der Betriebsführer ist dafür verantwortlich, daß dem Markscheider bei Aufnahme und Nachtragung der Grubenbaue nichts, was auf dem Grubenbilde zur Darstellung gelangen muß, verheimlicht wird.

Unzugängliche Baue sind ihrer Lage nach so gut als möglich dem Markscheider zur Bezeichnung anzugeben.

**§ 144.** Der Betriebsführer hat dem Markscheider bei seinen Aufnahmen die verlangte Hilfeleistung sowie die Begleitung durch einen ortskundigen Grubenbeamten zu gewähren und diejenigen Anordnungen im Betrieb zu treffen, welche zur vollständigen und rechtzeitigen Ausführung der Messungen notwendig sind.

**§ 145.** Die Markscheiderstufen (Anhalts- oder Festpunkte in der Grube oder über Tag), welche vom Markscheider ausdrücklich als zur Verwahrung geeignet dem Betriebsleiter bezeichnet und im Zechenbuch vorgemerkt worden sind, dürfen in keiner Weise beschädigt oder verändert werden.

Im Falle einer durch unvermeidliche Ursachen erfolgten Beschädigung muß dem Markscheider sofort entsprechende Mitteilung gemacht werden.[1]

1. Die Nachricht hat zu erfolgen, um die Wiederherstellung sofort einleiten zu können.

## XI. Schlußbestimmungen.

**§ 146.** Der Eintritt in die Bergwerke und Aufbereitungsanlagen, in die Schachtgebäude sowie in alle Räumlichkeiten über oder unter Tag, in denen Maschinen, Dampfkessel oder andere

Betriebsvorrichtungen aufgestellt sind, ist außer den bei den betreffenden Betriebszweigen beschäftigten Personen, den Werksbeamten und den Organen der Bergbehörde nur den mit amtlichen Fahrscheinen versehenen Personen sowie denjenigen gestattet, welche von der Betriebsleitung hiezu die Erlaubnis erhalten haben.

Solchen Personen muß bei Besichtigung der Anlagen in der Grube wie über Tag ein sachkundiger Führer mitgegeben werden.

Das Betreten der Werkplätze, der Anlagen sowie der Betriebsgeleise, der Böschungen, Berg- und Aschenhalden durch Unbefugte ist verboten. Das Verbot ist durch Warnungstafeln ersichtlich zu machen.

Wenn der Bergwerksbesitzer bestimmten Personen das Betreten der Berghalden zum Zwecke des Auffammelns von Kohlen, Braschen und sonstigen Abfällen gestatten will, so ist er verpflichtet, die Beschäftigung jener Personen zu überwachen und die hiezu angewiesene Aufsichtsperson mit der erforderlichen Instruktion zu versehen.

### XII. Strafbestimmung.

**§ 147.** Zuwiderhandlungen gegen die vorstehenden Bestimmungen werden gemäß Art. 231[1] Abs. 1 und 2 des Berggesetzes mit Geldstrafe bis zu dreihundert Mark und im Unvermögensfalle mit Haft bestraft.

1. nun Art. 254 BG.

### Schlußbestimmung.

**§ 148.** Vorstehende Vorschriften treten mit dem 1. Oktober 1900 in Kraft. Vom gleichen Tage an werden die Bestimmungen der Bekanntmachung vom 10. August 1869, die Verhütung von Gefahren für Personen und Eigentum bei dem Bergbau betreffend (Regierungsblatt 1869 S. 1497 ff.), außer Wirksamkeit gesetzt.

München, den 30. Juli 1900.

Dr. Frhr. v. Feilitzsch.

III.

# Bek. des K. Staatsministeriums des Königlichen Hauses und des Äußern

# zur Ausführung des Gesetzes vom 13. August 1910, die Änderung des Berggesetzes betr.

vom 1. September 1910.*)

(Amtsblatt 1910 S. 549 ff.)

Zur Ausführung des Gesetzes vom 13 August 1910, betreffend die Änderung des Berggesetzes, ergeht nachstehende Anweisung

**I. Zu Art. I Ziff. 1–9.**

Die Berginspektionen haben für eine ausgiebige Bekanntmachung der im neuen Art 11a (12) für gewisse Schürfarbeiten festgesetzten Anzeigepflichten Sorge zu tragen.

**II. Zu Art. I Ziff. 9a,** neue Fassung der Art. 74 bis 78 (76 bis 80) betreffend Aufsichtspersonen.

1. Die Anerkennung der Befähigung aller Aufsichtspersonen erfolgt durch die Berginspektion, und zwar stets für den der benannten Person zu übertragenden Geschäftskreis. Dieser kann je nach den Verhältnissen des Bergwerks sachlich oder örtlich bestimmt werden, er muß aber bei der Namhaftmachung so genau angegeben werden, daß Zweifel über die Abgrenzung des Geschäftskreises der einzelnen Beamten nicht entstehen können.

Welche Personen als Aufsichtspersonen anzusehen sein werden, ist nach den Umständen zu entscheiden; Personen im Arbeitsverhältnisse, welche nebenbei zur Unterstützung im Aufsichtsdienste herangezogen werden, wie Wettermänner, Schießmeister, sind in der Regel ebensowenig wie die Ortsältesten zu den Aufsichtspersonen zu rechnen

2. Die Berginspektion hat sich zu überzeugen, ob die benannte Person in technischer, geschäftlicher und moralischer Beziehung für die ihr zu übertragenden Geschäfte befähigt ist.

*) Im Text der Bekanntmachung sind den Artikelzahlen in Klammern die entsprechenden Zahlen der neuen Textierung des Berggesetzes beigefügt; in den Anlagen der Bekanntmachung sind lediglich die Artikelzahlen der neuen Textierung angeführt.

3. Zum Nachweise der technischen und geschäftlichen Befähigung genügt es der Regel nach, wenn:

a) die benannte Person ein in einem deutschen Bundesstaate oder in Österreich geprüfter Bergingenieur ist;

b) das Zeugnis einer vom Staatsministerium des K. Hauses und des Äußern hierfür anerkannten Bergschule die Befähigung der benannten Person zu den ihr zu übertragenden Geschäften ausspricht;*)

c) wenn die benannte Person bereits auf einem gleichartigen Bergwerke für eine gleichartige Tätigkeit anerkannt worden war, ohne dieses Anerkenntnis verloren zu haben.

4. In allen anderen Fällen ist die benannte Person zum Nachweis ihrer technischen und geschäftlichen Befähigung einer besonderen Prüfung zu unterwerfen.

Eine solche besondere Prüfung kann auch in den Fällen unter 3 verlangt werden, wenn besondere Umstände dies erfordern, z. B. wenn einer Person, die bisher nur auf Steinkohlengruben mit gar keiner oder nur geringer Schlagwetterentwicklung beschäftigt gewesen ist, eine Stelle auf einer Steinkohlengrube mit starker Schlagwetterentwickelung übertragen werden soll.

Auch kann, besonders in den Fällen unter 3a und b, verlangt werden, daß die benannte Person erst eine angemessene Probedienstzeit zurücklegt.

5. In moralischer Beziehung ist insbesondere zu prüfen, ob die benannte Person bei einer früheren Beschäftigung in einer gleichartigen Stellung oder während der Probedienstzeit sich als zuverlässig in bezug auf die Befolgung der gesetzlichen und bergpolizeilichen Vorschriften, und zwar sowohl durch sie selbst, als auch durch die ihr unterstellten Personen, erwiesen hat.

6. Die Berginspektion hat sich davon zu überzeugen, daß der Umfang des der benannten Person zu übertragenden Geschäftskreises nicht zu groß ist, als daß sie die Verantwortung für die Geschäfte übernehmen kann.

Die Berginspektion hat darauf zu achten, daß die Zahl der auf einem Bergwerke vorhandenen Aufsichtspersonen dem Umfang und den besonderen Verhältnissen des Werkes, namentlich der Gefährlichkeit des Betriebes, entspricht.

7. Über die Anerkennung der Befähigung ist dem Bergwerksbesitzer ein schriftlicher Bescheid zu erteilen. Der Bergwerksbesitzer hat die Aufsichtspersonen davon in Kenntnis zu setzen. Wird die Befähigung nicht oder nicht in vollem Umfang anerkannt, so ist der Bescheid dem Bergwerksbesitzer und der Aufsichtsperson gegen Empfangsbescheinigung auszuhändigen oder mittels Postzustellungsurkunde zuzustellen. In dem Bescheide sind die Gründe der Nichtanerkennung anzugeben.

8. Die Aberkennung der Befähigung einer Aufsichtsperson kann erfolgen, wenn die Unrichtigkeit der Nachweise dargetan wird, auf Grund deren die Befähigung anerkannt worden ist, wenn die Auf-

*) Über die Anerkennung von Bergschulen bleibt Entschließung vorbehalten.

sichtsperson gröblich oder wiederholt gegen gesetzliche oder bergpolizeiliche Vorschriften verstößt oder wenn sonst aus Handlungen oder Unterlassungen der Aufsichtsperson der Mangel derjenigen Eigenschaften klar erhellt, welche zur Ausübung ihres Amtes notwendig sind.

9. Liegt nach der Ansicht der Berginspektion ein Grund für die Aberkennung der Befähigung (Ziff. 8) vor, so hat sie die Aufsichtsperson und den Werksbesitzer zu hören und die weiter erforderlichen Feststellungen zu treffen. Nach dem Abschluß der Verhandlungen hat sie der Aufsichtsperson und dem Werksbesitzer einen schriftlichen Bescheid zu erteilen. Wird die Befähigung aberkannt, so sind in dem Bescheide die Gründe dafür anzugeben. Der Bescheid ist gegen Empfangsbescheinigung auszuhändigen oder mittels Postzustellungsurkunde zuzustellen.

10. Auch wenn gegen die Aberkennung der Befähigung einer Aufsichtsperson Beschwerde erhoben wird, kann die Berginspektion die sofortige Entfernung der Aufsichtsperson verlangen, sofern sie dies zur Vermeidung einer dringenden Gefahr für notwendig erachtet. Das Gleiche gilt von der Einstellung des in Betracht kommenden Betriebs.

11. Von einer jeden rechtskräftig gewordenen Aberkennung der Befähigung einer Aufsichtsperson hat die Berginspektion unter Beifügung der Entscheidung dem Oberbergamte und den anderen Berginspektionen Mitteilung zu machen.

12. Die im Art. 77 (79) Abs. 2 bezeichneten Personen (Werksbesitzer und höhere Beamte) bedürfen der Anerkennung ihrer Befähigung nicht. Doch ist auch bei ihrer Namhaftmachung der ihnen übertragene Geschäftskreis anzugeben. Diese Angabe ist nötigenfalls unter Hinweis auf Art. 240 (263) Abs. 1 Ziff. 7 des Gesetzes zu verlangen.

Aus der Angabe des Geschäftskreises muß ersichtlich sein, welche Befugnisse die im Art. 77 (79) Abs. 2 bezeichneten Personen haben. Es muß ersichtlich sein, in welchem Verhältnis sie zu den Aufsichtspersonen — Art. 74 (76) — stehen, insbesondere ob durch dieses Verhältnis die Befugnis der Aufsichtspersonen, die von der Bergbehörde angeordneten oder im Betriebsplane vorgesehenen Maßnahmen selbständig zu treffen, etwa eingeschränkt ist. Dabei ist zu beachten, daß, soweit das Gesetz oder bergpolizeiliche Vorschriften bestimmten Aufsichtspersonen bestimmte Pflichten übertragen, diese Pflichten stets von den Aufsichtspersonen zu erfüllen sind und nicht durch anderweitige Abgrenzung des Geschäftskreises anderen Personen auferlegt werden können.

Von dem Ausscheiden einer jeden der im Art. 77 (79) Abs. 2 bezeichneten Personen aus dem Dienste hat der Bergwerksbesitzer der Berginspektion unverzüglich Anzeige zu erstatten.

13. Nach Art. 77 (79) Abs. 1 Satz 1 sind die Betriebsführer für die Einhaltung der Betriebspläne verantwortlich; im übrigen ist bei jedem Verstoß gegen gesetzliche oder bergpolizeiliche Vorschriften fortan festzustellen, welche Aufsichtspersonen kraft des übertragenen Geschäftskreises die Verantwortung für die Zuwiderhandlung zu tragen hat, und welche vorgesetzte Person etwa neben dem Betriebsführer oder sonstigen Aufsichtspersonen nach Maßgabe des Art. 77 (79) Abs. 2 verantwortlich ist.

**III. Zu Art. I Ziff. 11, 12, 14 und 15.**

1. Die Ergänzung der Arbeitsordnungen oder die Erlassung von besonderen Satzungen durch die Bergwerksbesitzer nach Maßgabe der Bestimmungen des neuen Gesetzes in Art. 87 (89) Abs. 1 Ziff. 3, 8, in Art. 89 (91) Abs. 2 und Art. 91 b (95) Abs. 1 und 6 ist von den Berginspektionen zu betreiben.

2. Die Berginspektionen haben auch im übrigen darauf zu achten, daß die Arbeitsordnungen in Einklang mit den neuen gesetzlichen Bestimmungen gebracht werden.

3. Endlich haben die Berginspektionen gemäß Art. 89 (91) Abs. 2 Satz 4 die Form vorzuschreiben, in der die Übersicht der Einnahmen und Ausgaben und des Vermögens der Unterstützungskasse alljährlich aufzustellen und auszuhängen ist; die Berginspektionen sind in der Lage, dabei der Verschiedenheit der für die einzelnen Kassen festgelegten Grundsätze für die Verwendung der Strafgelder, soweit veranlaßt, Rechnung zu tragen.

**IV. Zu Art. I Ziff. 16** (Heranziehung von Vertrauensmännern der Arbeiter zur Grubenaufsicht).

1. Die Wahl der von den Arbeitern zu wählenden Mitglieder des Arbeiterausschusses hat künftig in Betrieben, in denen in der Regel mindestens 50 Arbeiter beschäftigt werden, nach den Grundsätzen der Verhältniswahl zu geschehen — Art. 91 b (95) —; nach der erforderlichen Ergänzung der Arbeitsordnung durch Bestimmungen über die Wahl des ständigen Arbeiterausschusses sind Neuwahlen in die Wege zu leiten.

Das Oberbergamt ist beauftragt worden, eine Musterwahlordnung zu entwerfen und in einer genügenden Anzahl von Exemplaren den Berginspektionen zur Hinausgabe an die Werksverwaltungen zugehen zu lassen; die Musterwahlordnung ist für die Werksverwaltungen nicht bindend.

2. Für die Bergwerke mit Untertagbetrieb, in denen in der Regel mindestens 50 Arbeiter beschäftigt werden, ist vom Oberbergamt mit tunlichster Beschleunigung die Zahl der von den Arbeiterausschüssen zu wählenden Vertrauensmänner für die Befahrung der Grube festzusetzen; zu diesem Zwecke hat das Oberbergamt nach gutachtlicher Einvernahme der Berginspektionen die einzelnen Gruben in Aufsichtsbezirke abzuteilen, deren Zahl die Zahl der Vertrauensmänner bedingt.

3. Die Wahl der Vertrauensmänner — Art. 94 a (99) — durch die Arbeiterausschüsse hat stattzufinden, sobald die neuen Arbeiterausschüsse gebildet sind und die Zahl der zu wählenden Vertrauensmänner vom Oberbergamt festgesetzt ist; die Berginspektionen haben die Werksbesitzer um die Mitteilung des Wahlergebnisses zu ersuchen.

Machen die Arbeiterausschüsse von ihrem Wahlrecht keinen Gebrauch, so ist hierüber seitens der zuständigen Berginspektion sofort an das Oberbergamt mit gleichzeitigem gutachtlichen Antrag über die vom Oberbergamt zu Vertrauensmännern zu ernennenden Arbeiter zu berichten.

4. Die Berginspektionen haben darauf hinzuwirken, daß die Werksverwaltungen die Vertrauensmänner tunlichst in dem ihnen durch den Arbeiterausschuß zugewiesenen Grubenbezirk beschäftigen.

5. Da es zur sachgemäßen Durchführung des Gesetzes notwendig ist, daß die Vertrauensmänner über ihre Rechte und Pflichten genau unterrichtet sind, empfiehlt es sich, daß einem jeden von ihnen sogleich nach der Wahl durch die Werksverwaltung ein Abdruck der in der Anlage A enthaltenen, einen Teil dieser Ausführungsanweisung bildenden „Unterweisung über die Rechte und Pflichten der Vertrauensmänner" eingehändigt wird. Die Berginspektion hat auf die Werksbesitzer in diesem Sinne einzuwirken und dafür Sorge zu tragen, daß etwaige Erweiterungen der Befugnisse der Vertrauensmänner oder sonstige vom Werksbesitzer für sie getroffene ergänzende Bestimmungen der Unterweisung als besonderer Anhang beigefügt werden.

6. Die Werksverwaltung hat für jeden Vertrauensmann ein Fahrbuch anzulegen und es so einzurichten, wie in der Anlage B vorgeschrieben ist. Jedes Fahrbuch ist mit fortlaufenden Seitenzahlen zu versehen; die Anzahl der Seiten ist von der Berginspektion zu bescheinigen. Es ist, soweit nicht die Berginspektion mit Rücksicht auf besondere Verhältnisse ein anderes bestimmt, beim Zechenbuch aufzubewahren.

Nach beendigter Benutzung ist das Fahrbuch noch 2 Jahre lang von der Werksverwaltung aufzubewahren.

Diejenigen Personen, welche berechtigt sind, das Fahrbuch einzusehen, haben die Einsichtnahme unter Angabe des Tages im Fahrbuche zu vermerken.

7. Die Berginspektion hat sich über die Wirksamkeit der neuen Einrichtung fortdauernd zu unterrichten und, wenn ihr bekannt wird, daß zwischen den Vertrauensmännern und den Aufsichtsbeamten oder der Werksverwaltung Meinungsverschiedenheiten über die Rechte und Pflichten der Vertrauensmänner oder sonstige Schwierigkeiten entstanden sind, belehrend und vermittelnd einzugreifen.

Im allgemeinen hat die Berginspektion sich fortlaufend darüber zu unterrichten, ob die Vertrauensmänner mit der „Unterweisung über die Rechte und Pflichten der Vertrauensmänner" versehen sind, in welchem Umfange sie von dem Rechte der monatlich zweimaligen regelmäßigen Befahrung — Art. 94c (101) Abs. 1 — Gebrauch machen, ob die Arbeiterausschüsse die Vornahme von Befahrungen für notwendig erklärt haben — Art. 94c (101) Abs. 3 und 4 — und ob den betreffenden Beschlüssen genügt worden ist, endlich ob und welche Eintragungen in die Fahrbücher von den Vertrauensmännern vorgenommen und in welcher Weise sie von dem Betriebsführer erledigt worden sind.

8. Wird im Falle des Art. 94c (101) Abs. 4 gegen eine von der Mehrheit des Arbeiterausschusses beschlossene außerordentliche Befahrung vom Werksbesitzer Einspruch erhoben, so hat die Berginspektion zu prüfen, ob der Beschluß aus „besonderen, auf bestimmte Tatsachen oder Wahrnehmungen gestützten Gründen" gefaßt ist. Bejahendenfalls hat sie unter Zuziehung des Vertrauensmannes eine Befahrung des betreffenden Grubenbezirks vorzunehmen und die im Interesse des Lebens und der Gesundheit der Arbeiter etwa erforderlichen Maßnahmen zu treffen.

V. Zu Art. I Ziff. 17.

Die Berginspektionen werden angewiesen, ihr Augenmerk nicht nur der Temperatur, die an den Arbeitsorten herrscht, sondern auch dem Grad der Feuchtigkeit zuzuwenden und nötigenfalls auf Grund des Art. 230 (253) die Abkürzung der täglichen Arbeitszeit an Betriebspunkten herbeizuführen, an denen wegen großer Nässe die Einhaltung der regelmäßigen Arbeitszeit die Gesundheit der Arbeiter gefährden würde.

VI. Zu Art. I Ziff. 25.

1. Die Berginspektionen haben sich fortlaufend zu überzeugen, ob die im Art. 116 (137) Abs. 2 neu geforderte Aufzeichnung über die Zahl und Dauer der von den einzelnen Arbeitern in der Grube verfahrenen Schichten, Überstunden, Über- und Nebenschichten in einer dem Gesetz entsprechenden Weise geführt wird; sie hat dem Oberbergamt über den aus den Aufzeichnungen für die einzelnen Werke festgestellten Umfang der Überarbeit alljährlich zu berichten.

2. Das Oberbergamt hat den Inhalt dieser Berichte daraufhin zu prüfen, ob ein Anlaß zu einem Einschreiten auf Grund des Art. 232 (255) vorliegt.

VII. Zu Art. I Ziff. 26.

Die Berginspektionen haben die Besitzer von unterirdischen Bauen auf nicht verleihbare Mineralien im Wege besonderer Mitteilung auf die neuen Bestimmungen des Art. 116a (138), durch welche die sämtlichen Bestimmungen des 4. Abschnitts des Titels III des Berggesetzes über die Bergleute und die Betriebsbeamten auf diese Betriebe ausgedehnt worden sind, hinzuweisen und darauf zu dringen, daß die erwähnten Betriebe den neuen Anforderungen des Gesetzes genügen.

München, den 1. September 1910.

Dr. Frhr. von Podewils.

**Anlage A.**

# Unterweisung über die Rechte und Pflichten der Vertrauensmänner für die Grubenbefahrung.

## I. Allgemeine Stellung der Vertrauensmänner.

§ 1.

Der Vertrauensmann bleibt während seiner Amtszeit Mitglied der Belegschaft; die Arbeitsordnung des Bergwerkes ist, soweit nicht im Gesetz (wie z. B. für die Kündigung) etwas Besonderes bestimmt ist, auch für ihn maßgebend.

## II. Rechte und Pflichten des Vertrauensmanns.

### A. Regelmäßige Befahrungen.

§ 2.

1. Der Vertrauensmann hat die Befugnis, seinen Grubenbezirk zweimal in jedem Monate zu befahren und ihn in bezug auf die Sicherheit des Lebens und der Gesundheit der Arbeiter zu untersuchen.

2. Der Vertrauensmann ist verpflichtet, diese Befahrungen vorzunehmen, wenn der Arbeiterausschuß dies für notwendig erklärt.

Die Befahrungen fallen weg, wenn der Arbeiterausschuß den Wegfall beschlossen hat.

4. Bezüglich der Befahrungen (zu Abs. 1 und 2) ist folgendes zu bemerken:

a) Will der Vertrauensmann eine Befahrung seines Grubenbezirks vornehmen, so hat er den Tag und die Schicht der Befahrung zu bestimmen. Diese ist jedoch so zu legen, daß Betriebsstörungen möglichst vermieden werden.

Der Tag und die Schicht der Befahrung sind dem Betriebsführer oder dessen Stellvertreter so rechtzeitig mitzuteilen, daß dieser in der Lage ist, einen Beamten zur Begleitung zu bestimmen.

b) Die Befahrungen erfolgen in Begleitung eines Aufsichtsbeamten des Bergwerkes.

c) Bei den Befahrungen soll der Vertrauensmann tunlichst die sämtlichen Baue seines Grubenbezirks, d. h. alle zu ihm gehörigen Arbeitspunkte, Fahr-, Förder- und Wetterstrecken und Schächte, besichtigen. Er soll diese Baue darauf untersuchen, ob sie in bezug auf die Sicherheit des Lebens und der Gesundheit der Arbeiter zu irgend welchen Bedenken Anlaß geben. Er hat daher insbesondere sein Augenmerk darauf zu richten, ob die Baue ausreichend gegen Zubruchegehen gesichert, ob an einem Arbeitspunkt oder an anderen Stellen, soweit diese zugänglich sind, sich Schlagwetter oder andere schädliche Gase befinden, ob, falls für Grubenbaue die Berieselung vorgeschrieben ist, diese in genügendem Maße erfolgt, und ob dort, wo die Arbeiter zur Fahrung Fahrten benutzen, diese in sicherem Zustande sind.

Er hat das Recht, von den Arbeitern seines Grubenbezirks Auskunft über die Sicherheitsverhältnisse und die Ausführung der bergpolizeilichen Vorschriften zu verlangen. Dem begleitenden Aufsichtsbeamten liegt es ob, auch seinerseits dem Vertrauensmanne die zur richtigen Beurteilung der Sicherheitsverhältnisse nötigen Auskünfte über die Sicherheitseinrichtungen und die Ausführung der bergpolizeilichen Vorschriften zu erteilen. Glaubt der Vertrauensmann, daß in irgend einer Beziehung eine Gefahr für das Leben und die Gesundheit der Arbeiter bestehe, so hat er nach beendeter Fahrt seine Bedenken richtig und vollständig in das Fahrbuch einzutragen.

d) Zu irgend welchen Anordnungen ist der Vertrauensmann nicht befugt. Ebensowenig ist er befugt, bei seinen Befahrungen Auskunft über Dinge zu verlangen, die, wie Lohnfragen, mit der Sicherheit des Lebens und der Gesundheit der Arbeiter nicht zusammenhängen. Besprechungen mit den Arbeitern über Fragen, die mit den Sicherheitsverhältnissen nichts zu tun haben, hat er zu unterlassen.

### B. Außerordentliche Befahrungen.

§ 3.

1. Außer den unter A bezeichneten regelmäßigen Befahrungen kennt das Gesetz außerordentliche Befahrungen. Diese ist der Vertrauensmann vorzunehmen berechtigt und verpflichtet, wenn in einer Sitzung des Arbeiterausschusses die Mehrheit des Arbeiterausschusses sie aus besonderen, auf bestimmte Tatsachen oder Wahrnehmungen gestützten, der Werksverwaltung mitzuteilenden Gründen für notwendig erachtet. Wird z. B. in einer Sitzung des Arbeiterausschusses mitgeteilt, daß nach zuverlässigen Meldungen von Arbeitern an einem bestimmten Punkte der Grube gefährliche Schlagwetteransammlungen aufgetreten seien, oder daß eine Brandgefahr bestehe, ein Wasserdurchbruch oder der Zusammenbruch einer zur Förderung, Fahrung oder Wetterführung dienenden Strecke zu befürchten sei, und erachtet die Mehrheit des Arbeiterausschusses auf Grund dieser bestimmten Tatsachen die außerordentliche Befahrung der betreffenden Baue für notwendig, so ist der betreffende Vertrauensmann, sofern nicht die Werksverwaltung Einspruch erhebt, berechtigt und verpflichtet, eine außerordentliche Befahrung vorzunehmen, auch wenn schon zweimal in dem betreffenden Monat eine regelmäßige Befahrung stattgefunden hat.

2. Erhebt die Werksverwaltung Einspruch, wozu sie berechtigt ist, so liegt die weitere Entscheidung der Berginspektion ob. Dieser muß die Werksverwaltung von der Sachlage unverzüglich Mitteilung machen, worauf sie zu entscheiden hat, ob sie ihrerseits unter Zuziehung des Vertrauensmanns eine Befahrung vornehmen will.

3. Auf die außerordentlichen Befahrungen findet das oben in § 2 Abs. 4 Gesagte entsprechende Anwendung.

### C. Teilnahme an Unfalluntersuchungen.

§ 4.

Ereignet sich in dem Grubenbezirk des Vertrauensmanns ein Unfall, der den Tod oder die schwere Verletzung einer oder mehrerer Personen herbeigeführt hat, so ist der Vertrauensmann befugt, an der Untersuchung dieses Unfalls durch die Berginspektion teilzunehmen, und zwar kann er sich sowohl an der Besichtigung der Unfallstelle, als auch an den Untersuchungsverhandlungen beteiligen; für die Teilnahme an den Untersuchungsverhandlungen kann er indessen eine Entschädigung nicht verlangen (vgl. § 9). Er darf durch die Berginspektion Fragen an die Zeugen des Unfalls über dessen Veranlassung und Hergang richten und seine Ansicht über die Ursache des Unfalls und die in Betracht kommenden Sicherheitsverhältnisse zu Protokoll erklären. Fragen, die nicht zur Sache gehören, kann die Berginspektion zurückweisen.

## D. Eintragungen in das Fahrbuch.

### § 5.

1. Die Beobachtungen und Erfahrungen, die der Vertrauensmann bei seinen Befahrungen gemacht hat, sollen im Interesse der Sicherheit des Lebens und der Gesundheit der Arbeiter nutzbar gemacht werden. Zu diesem Zwecke sind die Fahrbücher bestimmt, und zwar hat die Werksverwaltung für jeden Vertrauensmann ein besonderes Fahrbuch nach einem vorgeschriebenen Muster einzurichten, bereitzuhalten und aufzubewahren.

2. In dieses Fahrbuch hat der Vertrauensmann sogleich nach jeder Befahrung unter Berücksichtigung der einzelnen Spalten des Fahrbuchs das Ergebnis der Befahrung mit Tinte einzutragen, und zwar auch dann, wenn er alles in Ordnung befunden und keine besonderen Beobachtungen gemacht hat. Während er im letzteren Falle sich auf eine kurze Bemerkung (z. B. „Alles in Ordnung") beschränken kann, hat er bei besonderen Wahrnehmungen tunlichst genau anzugeben, welche Gefahr er an dem bestimmt zu bezeichnenden Orte bemerkt hat oder bemerkt zu haben glaubt. Er hat die Eintragung mit seinem Namen zu unterschreiben.

3. Glaubt der Vertrauensmann, daß eine **dringende** Gefahr für das Leben und die Gesundheit der Arbeiter an irgend einem Punkte seines Grubenbezirks bestehe, so hat er dies in der dafür bestimmten Spalte des Fahrbuchs ausdrücklich hervorzuheben. In einem solchen Falle wird die Eintragung durch den Betriebsführer unverzüglich zur Kenntnis der Berginspektion gebracht unter gleichzeitiger Mitteilung der zur Beseitigung der Gefahr getroffenen Anordnungen.

4. Alle Eintragungen müssen genau der Wahrheit entsprechen.

5. Sämtliche Eintragungen des Vertrauensmanns werden sogleich von dem Betriebsführer eingesehen. Dieser kann ebenso wie der begleitende Beamte seine Bemerkungen zu diesen Eintragungen an der dazu bestimmten Stelle des Fahrbuchs machen. Diese Bemerkungen gelangen spätestens bei der nächsten Eintragung zur Kenntnis des Vertrauensmanns.

6. Auch die Berginspektion und ihr Hilfspersonal sowie der Arbeiterausschuß haben die Befugnis, die Fahrbücher jederzeit einzusehen.

## E. Befahrungen mit der Berginspektion.

### § 6.

Der Vertrauensmann ist verpflichtet, bei Befahrungen seines Grubenbezirks durch den K. Berginspektor oder dessen Hilfspersonal diese auf Erfordern zu begleiten und ihnen jede Auskunft über die Sicherheitsverhältnisse des Bezirks zu geben.

F. Befahrungen auf Verlangen der Werksverwaltung.

§ 7.

Auch auf Verlangen der Werksverwaltung (Betriebsführer) ist der Vertrauensmann verpflichtet, eine Befahrung seines Grubenbezirks vorzunehmen.

G. Allgemeine Meldepflicht.

§ 8.

Der Vertrauensmann wird auch abgesehen von seinen Befahrungen Kenntnis von solchen Zuständen und Vorgängen innerhalb seines Grubenbezirks erhalten, die geeignet erscheinen, das Leben oder die Gesundheit der Arbeiter zu gefährden. Es wäre mit dem allgemeinen Zwecke der Vertrauensmänner nicht verträglich, wenn der Vertrauensmann seine Kenntnis für sich behalten und nicht im Interesse seiner Arbeitskameraden verwerten wollte. Das Gesetz verpflichtet deshalb den Vertrauensmann, die zu seiner Kenntnis gelangenden Zustände und Vorgänge, welche geeignet sind, das Leben oder die Gesundheit der Arbeiter zu gefährden, und zwar auch dann, wenn sie auf einer Zuwiderhandlung eines Beamten oder Arbeiters gegen bergpolizeiliche Vorschriften beruhen, unverzüglich einem seiner Vorgesetzten zu melden. Auch hier hat er, wenn er die Gefahr für dringend erachtet, dies besonders hervorzuheben. Es empfiehlt sich, für alle diese Meldungen die schriftliche Form zu wählen.

## III. Entschädigung des Vertrauensmanns.

§ 9.

1. Für alle Befahrungen, die der Vertrauensmann in Ausübung seiner gesetzlichen Befugnisse vornimmt (vgl. §§ 2, 3, 4, 6 und 7), hat er eine Entschädigung in Höhe seines regelmäßigen Arbeitsverdienstes zu beanspruchen.

2. Die Entschädigung ist von der Werksverwaltung zu zahlen. Nur bei den außerordentlichen Befahrungen (§ 3) fallen die Kosten den unterirdisch beschäftigten Arbeitern zur Last. Doch hat auch in diesem Falle die Werksverwaltung auf Antrag des Arbeiterausschusses die Pflicht, die Entschädigungsbeträge vorschußweise zu zahlen, wogegen sie berechtigt ist, die vorschußweise gezahlten Beträge den unterirdisch beschäftigten Arbeitern bei der Lohnzahlung in Abzug zu bringen.

3. Für die Teilnahme an den Unfallverhandlungen (§ 4) kann, abgesehen von der Befahrung der Unfallstelle in Begleitung der Untersuchungsbehörde, eine Entschädigung nicht verlangt werden.

## IV. Erlöschen des Amtes des Vertrauensmanns.

§ 10.

1. Das Amt eines Vertrauensmanns erlischt mit dem Ausscheiden aus dem Arbeiterausschuß (Art. 104 Abs. 1). Das Amt eines Arbeiterausschußmitgliedes erlischt, sobald der Arbeiter aus dem Arbeitsverhältnis ausscheidet (Art. 95 Abs. 3); siehe hiezu Art. 104 Abs. 2—4 (im Anhang abgedruckt).*)

*) Hier nicht abgedruckt. Siehe aber oben S. 88.

2. Wird dem Vertrauensmann das Arbeitsverhältnis gekündigt oder wird er entlassen oder verläßt oder kündigt er selbst die Arbeit, so kann er bei der Berginspektion die Vornahme einer Untersuchung über die Gründe des Ausscheidens sowie ihre Vermittlung beantragen. Außerdem steht es ihm frei, die Entscheidung des zuständigen Gerichts darüber anzurufen, ob die Kündigung oder Entlassung als zulässig anzusehen ist.

### V. Enthebung eines Vertrauensmanns von seinem Amte.

§ 11.

Das Oberbergamt ist befugt, einen Vertrauensmann seines Amtes zu entheben. Dies ist zulässig, wenn der Vertrauensmann seinen oben in § 2 Abs. 2, § 3 Abs. 1, § 5 Abs. 2 und 4, §§ 6, 7 und 8 bezeichneten Verpflichtungen nicht nachgekommen ist. Gegen die Entscheidung des Oberbergamtes ist die Beschwerde zum Staatsministerium des K. Hauses und des Aeußern zulässig. Siehe hiezu Art. 105 (abgedruckt im Anhang).*)

---

**Anhang zu Anlage A** (enthält Art. 99—105 BG.)*)

*) Hier nicht abgedruckt. Siehe aber oben S. 91 u. 83 f.

**Anlage B.**

Bergwerk

Schachtanlage

Grubenbezirk Nr.

# Fahrbuch

des

**Vertrauensmanns**

Das Fahrbuch ist mit fortlaufenden Seitenzahlen versehen, es enthält Seiten.

, den 19

Die Königliche Berginspektion

Alle Eintragungen in dieses Fahrbuch sind mit Tinte zu machen

Die Eintragungen in Spalte 2 bis 8 sind von dem Vertrauensmanne zu bewirken und von ihm zu unterschreiben.

[Seite 2]

| 1 | 2 | 3 | 4 | 5 | 6 | 7 |
|---|---|---|---|---|---|---|
| Lfd. Nr. | **Tag** der Befahrung | **Schicht** der Befahrung | Stunde des a) **Beginns** b) **Endes** der Befahrung | **Art** der Befahrung: a) regelmäßig b) außerordentlich, c) auf Verlangen der Berginspektion oder d) des Werksbesitzers | **Angabe,** ob die sämtlichen Baue des Grubenbezirkes befahren worden sind, verneinendenfalls Angabe der befahrenen Baue | Ergebnis der Be- auf die Sicherheit der Gesundheit |
| | | | | | | |

[Seite 3]

| | 8 | 9 | 10 | 11 |
|---|---|---|---|---|
| fahrung in bezug des Lebens und der Arbeiter | Liegt eine **dringende** Gefahr vor und worin besteht sie? | Bemerkungen des begleitenden Beamten | Bemerkungen des Betriebsführers | **Vermerk** über die Einsichtnahme a) durch den Arbeiterausschuß, b) durch die Berginspektion |
| | | | | |

## IV.

# Oberbergpolizeiliche Vorschriften

# für den Betrieb von Grubenanschlußbahnen

vom 13. Oktober 1910

(GVBl. 1910 S. 969).

## K. Staatsministerium des Königlichen Hauses und des Äußern.

Das K. Staatsministerium des K. Hauses und des Äußern erläßt auf Grund der Art. 253 und 254 des Berggesetzes nachstehende oberbergpolizeiliche Vorschriften für den Betrieb von Grubenanschlußbahnen:

### I. Allgemeines.

**Begriff der Grubenanschlußbahnen.**

**§ 1.** Grubenanschlußbahnen sind Eisenbahnen für den Privatgebrauch, die Bergwerken zum Versand und Bezug mittels Eisenbahnwagen dienen und derart an Staats- oder Privateisenbahnen für den öffentlichen Verkehr angeschlossen sind, daß die Fahrzeuge unmittelbar von einer zur anderen Bahn übergehen können.

**Geltungsbereich der Vorschriften.**

**§ 2.** [1] Für die von der Staatseisenbahnverwaltung oder von der Verwaltung einer dem öffentlichen Verkehre dienenden Privateisenbahn betriebenen Grubenanschlußbahnen haben die Vorschriften dieser Verwaltungen, für die übrigen Grubenanschlußbahnen die gegenwärtigen Vorschriften Anwendung zu finden.

[2] Wird eine Grubenanschlußbahn von Unternehmungen mitbenützt, die nicht dem Berggesetze unterstehen, so unterliegt auch der Verkehr dieser Unternehmungen, soweit er sich auf der Grubenanschlußbahn bewegt, den gegenwärtigen Vorschriften.

Die Herstellung solcher Anschlüsse an Grubenanschlußbahnen bedarf der baupolizeilichen Genehmigung der K. Eisenbahndirektion und der Genehmigung zum Betriebe seitens des K. Oberbergamtes.

[3] Die bisher erlassenen besonderen Betriebsvorschriften für bestehende Grubenanschlußbahnen werden mit Inkrafttreten der gegenwärtigen Vorschriften außer Wirksamkeit gesetzt.

**Befristungen.**

**§ 3.** [1] Fehlen auf einer Bahn einzelne der im folgenden vorgesehenen Einrichtungen, so können für ihre Aus- oder Durchführung vom K. Oberbergamte Fristen bewilligt werden.

[2] Befristungen, die auf Grund der bisherigen Vorschriften bewilligt sind, behalten ihre Gültigkeit.

**Ausnahmen.**

**§ 4.** In Berücksichtigung besonderer Verhältnisse können für einzelne Bahnstrecken, Stationen, Fahrzeuge, Züge oder Zuggattungen vom K. Oberbergamte Abweichungen zugestanden werden.

**Aufsichtsbehörden.**

**§ 5.** Die von Werksverwaltungen betriebenen Grubenanschlußbahnen stehen (vgl. die Entschließung des K. Staatsministeriums für Verkehrsangelegenheiten vom 24. Januar 1910, Ausübung der staatlichen Aufsicht über Privateisenbahnen betr., § 12[5] [Amtsblatt der Staatsministerien des K. Hauses und des Äußern und des Innern 1910 S. 250]) unter der polizeilichen Aufsicht der Bergbehörden. Die Anschlußstelle an die Gleise des öffentlichen Verkehrs muß durch eine Tafel mit der Aufschrift „Grenze der Grubenanschlußbahn" bezeichnet sein.

**Betriebseröffnung.**

**§ 6.** Der Betrieb auf der Grubenanschlußbahn darf erst eröffnet werden, nachdem die Abnahmeprüfung durch die K. Eisenbahndirektion vorgenommen und die Betriebserlaubnis von der K. Berginspektion erteilt worden ist.

**Änderungen.**

**§ 7.** [1] Änderungen an Bahnanlagen dürfen nur auf Grund baupolizeilicher Bewilligung der K. Eisenbahndirektion vorgenommen werden.

[2] Sonstige Änderungen bedürfen der Aufnahme in den Betriebsplan und der Genehmigung der Berginspektion.

**Bahnanlagen.**

**§ 8.** [1] Zu den Bahnanlagen gehören alle beim Bau einer Bahn vorkommenden Anlagen, einschließlich der Betriebseinrichtungen, aber ausschließlich der Fahrzeuge. Unterschieden werden die Bahnanlagen der freien Strecke und der Stationen.

[2] Stationen sind die Betriebsstellen, auf denen Züge regelmäßig anhalten.

[3] Hauptgleise sind die Gleise, die von geschlossenen Zügen im regelmäßigen Betriebe befahren werden mit Ausnahme der nur von einzeln fahrenden Lokomotiven benützten Gleise. Die Hauptgleise der freien Strecke und ihre Fortsetzung durch die Bahnhöfe sind durchgehende Hauptgleise.

[4] Alle nicht zu den Hauptgleisen zählenden Gleise sind Nebengleise.

## II. Fahrzeuge.

**Beschaffenheit und Unterhaltung im allgemeinen.**

**§ 9.** [1] Die vorhandenen Fahrzeuge müssen so beschaffen und unterhalten sein, daß sie mit der größten dafür zugelassenen Geschwindigkeit ohne Gefahr bewegt werden können.

[2]Die Bauart und das Gewicht der Fahrzeuge muß den Steigungs- und Krümmungsverhältnissen der Bahn und der Tragfähigkeit des Gleises entsprechen.

[3]Die festen und die losen Teile der Fahrzeuge dürfen die Umgrenzung des lichten Raumes der Bahn nicht überragen.

[4]Bremskurbeln müssen so eingerichtet sein, daß die Bremsen durch Drehen der Kurbel nach rechts angezogen werden.

[5]Tenderlokomotiven, Tender und Triebwagen müssen mit einer Handbremse versehen sein, auch wenn sie andere Bremsvorrichtungen haben.

[6]Die von der Werksverwaltung neu beschafften Fahrzeuge müssen den von der K. Berginspektion genehmigten Plänen entsprechend gebaut sein. Sie dürfen erst in Betrieb genommen werden, nachdem sie amtlich untersucht und sicher befunden worden sind.

**Untersuchung.**

**§ 10.** [1]Auf die Kessel der Dampflokomotiven und Triebwagen finden die Bestimmungen der Königlichen Verordnung, betreffend die Anlegung und den Betrieb von Dampfkesseln und Dampfgefäßen vom 24. November 1909 (GVBl. S. 861) nebst den zugehörigen Bekanntmachungen Anwendung.

[2]Lokomotiven und Triebwagen, Tender und Wagen sind mindestens alle drei Jahre gründlich zu untersuchen. Die Untersuchung muß sich auf alle Teile erstrecken. Dabei sind die Kesselverkleidung, die Lager und die Federn abzunehmen und die Radsätze herauszunehmen.

[3]Der Tag der letzten Untersuchung ist an beiden Seiten der Fahrzeuge vorzumerken.

[4]Über das Ergebnis der Untersuchung ist ein Buch zu führen, das auf Verlangen jederzeit der K. Berginspektion vorzulegen ist.

**Behandlung entgleister Fahrzeuge.**

**§ 11.** [1]Entgleiste Fahrzeuge dürfen erst wieder in Benützung genommen werden, nachdem sie untersucht und die wahrgenommenen Mängel behoben sind.

[2]Gehören die entgleisten Wagen zum Wagenpark einer dem öffentlichen Verkehre dienenden Bahn, so ist in jedem Falle die Anschlußstation sofort zu verständigen.

## III. Bahnbetrieb.

**Eisenbahnbetriebsbeamte.**

**§ 12.** [1]Die auf einer Grubenanschlußbahn dienstleistenden Eisenbahnbetriebsbeamten der Staatseisenbahnverwaltung oder der Verwaltung einer dem öffentlichen Verkehre dienenden Privateisenbahn gelten auch im Bereiche der Grubenanschlußbahn als Eisenbahnbetriebsbeamte.

[2]Von dem Personal der Werksverwaltung sind Eisenbahnbetriebsbeamte:

1. die die Unterhaltung und den Betrieb der Grubenanschlußbahn leitenden und beaufsichtigenden Beamten,
2. die Stationsvorsteher,
3. die Bahnmeister,

4. die Rottenführer,
5. die Signal- und Weichensteller,
6. die Bahn- und Schrankenwärter,
7. die Zugbegleitbeamten,
8. die Lokomotivführer und Heizer,
9. die Rangier- und Wagenmeister.

3 Die von der Werksverwaltung aufgestellten Betriebsbeamten müssen mindestens 21 Jahre alt und unbescholten sein, auch die Eigenschaften und die Befähigung besitzen, die ihr Dienst erfordert. Sie sind von der Werksverwaltung der K. Berginspektion namhaft zu machen und dürfen den Dienst erst übernehmen, nachdem die K. Berginspektion ihre Befähigung für den Dienst anerkannt hat. Die K. Berginspektion kann die sofortige Entfernung ungeeigneter Personen aus dem Betriebsdienste verfügen und nötigenfalls den Bahnbetrieb solange einstellen, bis geeignete Personen angenommen sind.

4 Die Werksverwaltung hat die Betriebsbeamten in der zur gesicherten Durchführung des Betriebs erforderlichen Anzahl anzustellen.

5 Die Werksverwaltung hat den Betriebsbeamten schriftliche oder gedruckte Anweisungen über ihre dienstlichen Pflichten einzuhändigen. Diese Dienstanweisungen bedürfen der Genehmigung der K. Berginspektion. Die Betriebsbeamten sind für die Befolgung der Dienstanweisungen verantwortlich. Wenn Zugpersonal der Werksverwaltung auch Gleise der dem öffentlichen Verkehre dienenden Anschlußstation befährt, muß es mit den Signalvorschriften der Verwaltung, zu der die Station gehört, ebenfalls vertraut sein und diese Vorschriften bei der Ein- und Ausfahrt und während des Aufenthaltes in der Anschlußstation beachten.

6 Die Betriebsbeamten haben im Dienste ein Dienstabzeichen zu führen und eine richtig gehende Uhr bei sich zu tragen.

**Unterhaltung, Untersuchung und Bewachung der Bahn.**

**§ 13.** 1 Die Bahn ist so zu unterhalten, daß jede Strecke ohne Gefahr mit der größten für sie zugelassenen Geschwindigkeit befahren werden kann.

2 Die Bahn muß mindestens jeden dritten Tag einmal auf ihren ordnungsmäßigen Zustand untersucht werden. Nach Elementarereignissen ist die Bahn vor der nächsten Fahrt zu untersuchen. Der Name des mit der Bahnuntersuchung Beauftragten ist im Zechenbuche einzutragen.

3 Zur Untersuchung der Bahn dürfen Frauen nicht verwendet werden.

4 Gefahrdrohende Stellen sind während des Verkehrens der Züge zu beaufsichtigen.

5 Die Wegschranken sind vor Ankunft der Züge zu schließen und nach der Vorüberfahrt sofort wieder zu öffnen. Vor dem Schließen von Zugschranken ist zu läuten.

6 Wegübergänge dürfen durch Rangierbewegungen nicht länger gesperrt werden, als dies für den Rangierbetrieb unbedingt notwendig ist. Verkehrsreiche Wegübergänge sind während des Rangierens auf Anordnung der K. Berginspektion zu überwachen, wenn sie nicht mit Schranken versehen sind.

⁷Bahn- und Schrankenwärter müssen mit den Mitteln zur Erteilung von Langsamfahr- und Haltsignalen an die Züge ausgerüstet sein.

**Freihalten des Bahnkörpers.**

**§ 14.** Die Gleise sind von lagernden Gegenständen mindestens bis zu der für die Bahn festgesetzten Umgrenzung des lichten Raumes einschließlich des vorgeschriebenen Spielraumes frei zu halten.

**Kennzeichnung mangelhafter oder unfahrbarer Bahnstrecken.**

**§ 15.** ¹Bahnstrecken, wo die für gewöhnlich zugelassene Fahrgeschwindigkeit ermäßigt werden muß, sind durch Signale kenntlich zu machen.

²Unfahrbare Strecken sind, auch wenn kein Zug erwartet wird, durch Signale abzuschließen.

**Beleuchtung der Bahnanlagen.**

**§ 16.** ¹Die Übergänge der verkehrsreichen Wege sind bei Dunkelheit zu beleuchten, solange die Schranken geschlossen sind.

²Bei Nachtbetrieb sind die Bahnsteige, Ladestellen, Schiebebühnen usw. in ausreichendem Maße zu beleuchten.

³Die für die Dunkelheit vorgeschriebenen Signale (die Nachtsignale) sind mit dem Eintritte der Dämmerung ohne Rücksicht auf Mondschein oder künstliche Beleuchtung bis zum Eintritte voller Tageshelle anzuwenden. Sie sollen auch bei Tage angewendet werden, wenn die Tagsignale infolge von Nebel, Schneegestöber oder dgl. auf 100 m nicht mehr deutlich erkennbar sind.

**Grundstellung der Weichen.**

**§ 17.** Für alle Weichen ist eine bestimmte Grundstellung vorzuschreiben. Die Weichen sind sofort wieder in die Grundstellung zu verbringen, nachdem sie in der anderen Stellung befahren worden sind; kehrt ein Fahrzeug sofort wieder über die Weiche zurück, so ist die Rückkehr des Fahrzeuges abzuwarten und sodann die Weiche wieder in die Grundstellung zu verbringen.

**Stillstehende Fahrzeuge.**

**§ 18.** ¹Stillstehende Fahrzeuge sind gegen unbeabsichtigte Bewegung zu sichern.

²Lokomotiven und Triebwagen müssen, solange sie durch eigenen Kraftantrieb bewegungsfähig sind, beaufsichtigt werden.

**Fahrplan und Fahrordnung.**

**§ 19.** ¹Für jede Grubenanschlußbahn, auf der Züge regelmäßig verkehren, ist für jede Fahrplanperiode ein Fahrplan aufzustellen und durch die Werksverwaltung den Betriebsbeamten in Abschrift mitzuteilen. Der Fahrplan wird von der Werksverwaltung aufgestellt; er unterliegt der Genehmigung der K. Berginspektion, die sich mit der Verwaltung der Bahn zu benehmen hat, an welche die Grubenbahn anschließt.

²Der Fahrplan der Züge, bei denen Personenbeförderung zugelassen wird, ist an den Stationen öffentlich anzuschlagen.

³Für Stationen mit mehreren Hauptgleisen ist eine Fahrordnung aufzustellen, in der für jeden Zug das Gleis vorgeschrieben ist, das

er zu benützen hat. Den Betriebsbeamten ist eine Abschrift der Fahrordnung auszuhändigen. Die Fahrordnung unterliegt der Genehmigung der K. Berginspektion.

⁴Von der Fahrordnung darf nur in Ausnahmefällen unter Verantwortung des Stationsvorstehers abgewichen werden.

**Begriff, Gattung und Stärke der Züge.**

**§ 20.** [1]Züge sind die auf die freie Strecke übergehenden, aus mehreren Fahrzeugen bestehenden Züge, einzeln fahrenden Lokomotiven und Triebwagen.

[2]Die vorwiegend der Personenbeförderung dienenden Züge gelten als Personenzüge, die vorwiegend der Güterbeförderung dienenden als Güterzüge. In den Fahrplänen ist ersichtlich zu machen, zu welcher Gattung ein Zug gerechnet wird.

[3]Güterzüge dürfen nicht über 120 Wagenachsen stark sein. Die K. Berginspektion kann weitere Beschränkungen in der Stärke der Züge eintreten lassen.

**Ausrüstung der Züge mit Bremsen.**

**§ 21.** [1]Außer den Bremsen an der Lokomotive und am Tender müssen in den Zügen so viele bediente Bremsen vorhanden sein, daß mindestens die nach der folgenden Bremstafel zu berechnende Anzahl Wagenachsen gebremst werden kann:

Bremstafel:

| Auf Neigungen vom Verhältnis: | müssen von je 100 Wagenachsen gebremst werden können: |
|---|---|
| 1 : 200 | 6 |
| 1 : 133 | 8 |
| 1 : 100 | 10 |
| 1 : 80 | 13 |
| 1 : 66 | 15 |
| 1 : 57 | 18 |
| 1 : 50 | 20 |
| 1 : 44 | 22 |
| 1 : 40 | 25 |
| 1 : 33 | 30 |
| 1 : 28 | 34 |
| 1 : 25 | 39 |

Bemerkung: Als bedient gilt eine Bremse, wenn sie von einem zugbegleitenden Beamten in Tätigkeit gesetzt werden kann.

[2]Bei Zählung der Wagenachsen und bei Feststellung der Bremsachsen ist eine unbeladene Güterwagenachse als halbe Achse zu rechnen.

[3]Kommt auf einer Strecke eine stärkere Neigung als 1:200 vor, so muß der letzte Wagen eine bediente Bremse haben.

[4]Für Bahnstrecken mit einer stärkeren Neigung als 1:25 und für Bahnstrecken mit besonders gelagerten Bau- oder Betriebsverhältnissen werden besondere Bremsvorschriften durch das K. Oberbergamt erlassen.

**Zusammenstellung der Züge.**

**§ 22.** [1]Wagen mit leicht feuerfangenden Gegenständen dürfen nicht in unmittelbarer Nähe der Lokomotiven oder der Wagen mit Ofenheizung gestellt werden. Offene Wagen mit solcher Ladung müssen mit einer Decke versehen sein.

²Für die Stellung der Wagen mit Sprengstoffen gelten die Bestimmungen der Eisenbahnverkehrsordnung.

³Die zu bedienenden Bremswagen sind tunlichst gleichmäßig im Zuge zu verteilen.

**Zugsignale.**

**§ 23.** ¹Bei Dunkelheit ist an der Spitze des Zuges mindestens eine weiß leuchtende Laterne anzubringen (vgl. § 20¹).

²Wenn Menschen, Fuhrwerke oder Tiere auf der Bahn oder in gefahrdrohender Nähe derselben bemerkt werden, ferner vor Wegübergängen ohne Schranken von der gekennzeichneten Stelle ab, ist die Läutevorrichtung in Tätigkeit zu setzen. Wird ein Zug ohne führende Lokomotive geschoben, so hat der auf dem vordersten Wagen befindliche Beamte (vgl. § 33) zu läuten.

**Signale des Lokomotivpersonals.**

**§ 24.** ¹Das Lokomotivpersonal muß die Signale geben können:

a) Achtung — ein mäßig langer Ton,
b) Bremsen mäßig anziehen — ein kurzer Ton,
c) Bremsen stark anziehen — drei kurze Töne schnell hintereinander,
d) Bremsen lösen — zwei mäßig lange Töne hintereinander.

²Der Gebrauch der Dampfpfeife ist, wie das Öffnen der Zylinderhähne der Lokomotiven und Triebwagen, auf das unbedingt notwendige Maß zu beschränken; es ist namentlich dann tunlichst zu vermeiden, wenn es zum Scheuen von Tieren Anlaß geben könnte.

**Signale des Stations- und Zugbegleitpersonals.**

**§ 25.** Wenn erforderlich, kann die K. Berginspektion bestimmte Signale vorschreiben, die von dem Stations- und Zugbegleitpersonal bei der Abfertigung der Züge und bei Rangierbewegungen anzuwenden sind.

**Signale der Wärter.**

**§ 26.** ¹Auf der Bahn müssen die Signale gegeben werden können:

a) der Zug soll langsam fahren,
b) der Zug soll halten.

²Das Signal a ist bei Tag mittels einer grün- und weißen Fahne und nur, wenn eine solche nicht zur Hand ist, mit einem anderen Gegenstand, im Notfalle mit dem Arme zu geben. Letzteren Falls ist der Gegenstand oder der Arm in der Richtung gegen das Gleise zu halten.

Bei Dunkelheit ist dem Zuge die Handlaterne mit grünem Lichte entgegenzuhalten.

Das Signal a kann auch als Scheibensignal gegeben werden. In diesem Falle sind am Anfang und Ende der langsam zu befahrenden Strecke runde Stockscheiben aufzustellen. Auf der dem Zuge zugekehrten Seite muß die erste Scheibe grün mit weißem Rande gestrichen und mit A bezeichnet, die letzte weiß gestrichen und mit E bezeichnet sein. Bei Dunkelheit sind am Anfang und Ende der langsam zu befahrenden Strecke Stocklaternen aufzustellen. Dem kommenden Zuge muß die erste Laterne grünes, die letzte weißes Licht zeigen.

³Das Signal b ist bei Tage mit einer rot- und weißen Fahne zu geben. Ist eine solche nicht zur Hand, so kann auch durch Herumschwingen eines Gegenstandes im Kreise dem Führer das Haltezeichen gegeben werden.

Bei Dunkelheit ist die Handlaterne dem Zuge entgegen im Kreise zu schwingen, wenn möglich, ist sie rot zu blenden.

Das Signal b kann auch als Scheibensignal gegeben werden. In diesem Falle ist dem kommenden Zuge entgegen bei Tage eine rechteckige rote, weiß geränderte Stockscheibe aufzustellen. Bei Dunkelheit ist dem Zuge entgegen an der Scheibe eine rote Laterne anzubringen.

⁴Das Lokomotivpersonal hat die Wärtersignale genauestens zu beachten.

**Beleuchtung und Heizung der Personenwagen.**

**§ 27.** ¹Die zur Beförderung von Personen benutzten Wagen sind bei Dunkelheit zu beleuchten.

²Die Personenwagen sind bei kalter Witterung zu heizen, wenn die Fahrzeit mehr als 15 Minuten beträgt.

Die K. Berginspektion kann Ausnahmen zulassen.

**Kuppeln und Verschließen der Wagen.**

**§ 28.** ¹Die nicht im Gebrauche befindlichen Kuppelungen und Notketten müssen während der Fahrt der Züge aufgehängt sein.

²Personenwagen dürfen nur so verschlossen werden, daß sie von den Insassen geöffnet werden können.

**Zugpersonal.**

**§ 29.** ¹Das Zugpersonal besteht aus dem Lokomotiv- und dem Zugbegleitpersonal.

²Dampflokomotiven müssen während der Fahrt auf freier Strecke mit einem Führer und einem Heizer besetzt sein.

Ausnahmen können von der K. Berginspektion zugelassen werden, wenn sich während der Fahrt außer dem Führer ein fahrkundiger Zugbegleitbeamter auf der Lokomotive befindet oder Einrichtung getroffen ist, daß ein fahrkundiger Zugbegleitbeamter während der Fahrt leicht zum Führerstande gelangen kann.

Bei Rangierfahrten in den Stationen der Grubenanschlußbahn ist die Besetzung von Dampflokomotiven mit nur einem Lokomotivbeamten gestattet, wenn nicht öffentliche Wege gekreuzt werden.

Über die Besetzung von anderen Lokomotiven und von Triebwagen bestimmt die K. Berginspektion.

³Die Führung einer Dampflokomotive darf nach Entschließung der K. Staatsministerien des Königlichen Hauses und des Äußern und des Innern vom 4. Dezember 1899 Nr. 7285/II nur volljährigen und unbescholtenen Männern übertragen werden, die den Nachweis ihrer Befähigung als Lokomotivführer durch Ablegung einer theoretischen und praktischen Prüfung (Prüfung und Probefahrt) erbracht haben.

Zur Prüfung, die durch die K. Eisenbahndirektion, in deren Bezirk die Grubenanschlußbahn liegt, vorgenommen wird, können nur solche Personen zugelassen werden, welche

a) gelernte Schlosser sind,
b) nach beendigter Lehrzeit mindestens ein Jahr im Dampfmaschinenbau oder Lokomotivbau verwendet waren, sowie

c) eine halbjährige Lehrzeit im Lokomotivfahrdienst, während welcher Zeit die gleichzeitige Verwendung als Heizer nicht ausgeschlossen ist,

nachweisen können.

Bei Bewerbern, die die Prüfung zum Führer einer feuerlosen Lokomotive ablegen wollen, kann von der Erfüllung der vorstehend unter a, b und c aufgeführten Zulassungsbedingungen abgesehen werden.

Die Prüfungsbehörde fertigt über das Bestehen der Prüfung ein Zeugnis aus und stellt in ihm ausdrücklich die Erfüllung der Zulassungsbedingungen als nachgewiesen fest.

4 Heizer und die unter 2 erwähnten Zugbegleitbeamten müssen mindestens soweit fahrkundig sein, daß sie die Lokomotive erforderlichenfalls zum Stillstande bringen können.

5 Zügen, mit denen Personen befördert werden, muß mindestens ein Zugbegleitbeamter beigegeben werden.

Die K. Berginspektion kann Ausnahmen zulassen.

6 Das Zugpersonal ist während der Fahrt einem Beamten (Zugführer) zu unterstellen.

Die Leitung der Rangierarbeiten in den Stationen ist einem bestimmten Beamten zu übertragen.

7 Lokomotiv- und Zugführer müssen mit den Bestimmungen über die Berechnung und Verteilung der Bremsachsen vertraut sein.

8 Die Zugführer haben einen Fahrbericht zu führen, worin Abgangs- und Ankunftszeiten auf den Stationen, die Anzahl der beladenen und der unbeladenen Wagenachsen und etwaige außergewöhnliche Vorkommnisse zu verzeichnen sind.

9 Bei einzeln fahrenden Lokomotiven gilt der Lokomotivführer als Zugführer.

10 Dem Lokomotivpersonal dürfen Dienstgeschäfte nicht übertragen werden, die es an der Bedienung der Lokomotive, der Beachtung der Signale, überhaupt an der Wahrnehmung seiner eigentlichen Dienstaufgaben hindern.

**Beförderung von Personen.**

**§ 30.** 1 Die regelmäßige Beförderung von Personen ist nur mit Genehmigung der K. Berginspektion und unter Beachtung der von dieser zu erlassenden Bestimmungen gestattet. Sie darf nur in den hiefür bestimmten Personenwagen und nur von Haltestelle zu Haltestelle erfolgen. Die Unterbringung von Personen in Güterwagen und das Aufnehmen und Absetzen von Personen auf freier Strecke ist verboten. Zur regelmäßigen Beförderung dürfen nur Beamte und Arbeiter des Bergwerks und deren Familienangehörige zugelassen werden. Die Werksverwaltung hat für gesicherten Zu- und Abgang der Reisenden an den Haltestellen zu sorgen.

2 Ohne Erlaubnis der K. Berginspektion darf außer den dienstlich dazu berechtigten Personen niemand auf der Lokomotive mitfahren.

**Ein- und Ausfahrt der Züge. Zugfolge.**

**§ 31.** 1 Wenn Ein- oder Ausfahrtssignale in Stationen einer Grubenanschlußbahn vorhanden sind, erläßt die K. Berginspektion Vorschriften über die Bedienung dieser Signale.

[2]Wenn Ausfahrsignale fehlen, ist vor dem Ablassen eines Zuges, wenn Einfahrsignale fehlen, vor der Einfahrt eines Zuges zu prüfen, ob seine Fahrstraße frei ist und ihre Weichen richtig stehen. Von dem Ergebnis der Prüfung muß der Stationsvorsteher unterrichtet sein. Steht der Einfahrt ein Hindernis entgegen, so ist der Zug durch Wärtersignale (§ 26) zu stellen.

[3]Kein Zug darf ohne Auftrag des Stationsvorstehers oder des an seiner Stelle zuständigen Beamten von einer Station abfahren.

[4]Kein zur Beförderung von Personen bestimmter Zug darf vor der im Fahrplan angegebenen Zeit abfahren.

[5]Kein Zug darf, abgesehen von Störungen, abgelassen werden, bevor feststeht, daß das Gleis bis zur nächsten Station frei ist.

[6]Die Zugfolge ist telephonisch zu regeln.

[7]Den Schrankenwärtern auf freier Strecke ist der Abgang der Züge durch Läutewerk oder Telephon anzuzeigen.

**Fahrgeschwindigkeit.**

**§ 32.** Die Fahrgeschwindigkeit darf in der Regel 15 km in der Stunde nicht überschreiten; die K. Berginspektion kann eine Geschwindigkeit bis zu 30 km in der Stunde zulassen.

Beim Fahren durch Ortschaften, auf unübersichtlichen Strecken, wenn ein Hindernis auf der Bahn bemerkt oder dem Zuge ein Langsamfahrsignal gegeben wird, darf die Geschwindigkeit 15 km in der Stunde keinesfalls übersteigen, den Umständen entsprechend muß sie auch weiter ermäßigt werden.

**Schieben der Züge.**

**§ 33.** Züge ohne führende Lokomotive dürfen nur geschoben werden, wenn sie nicht mehr als 50 Wagenachsen stark sind. Der vorderste Wagen ist mit einem Betriebsbeamten zu besetzen, der auf Strecken, wo Wegübergänge ohne Schranken vorkommen, eine weithin tönende Glocke bei sich zu führen hat.

**Sonderzüge.**

**§ 34.** [1]Sonderzüge sind alle Züge, die auf besondere Anordnung zu fahren sind ohne Rücksicht darauf, ob sie nur an einem einzelnen Tage oder während eines kürzeren oder längeren Zeitraumes gefahren werden.

Zu den Sonderzügen gehören auch die Bedarfszüge, die nicht regelmäßig verkehrenden Arbeitszüge, Lokomotivfahrten und Probefahrten.

[2]Für Sonderzüge ist ein Fahrplan aufzustellen und den Betriebsbeamten mitzuteilen. Im übrigen sind sie wie Züge des regelmäßigen Verkehrs zu behandeln. Von diesen Bestimmungen darf nur unter Verantwortung des zuständigen Beamten bei Sonderzügen abgewichen werden, die aus Anlaß außerordentlicher Ereignisse eingelegt werden.

**Von Hand bewegte Wagen. Kleinwagen.**

**§ 35.** Eisenbahnwagen und Kleinwagen, die durch Menschen oder Tiere bewegt werden, müssen von einem verantwortlichen Betriebsbeamten begleitet sein und spätestens 15 Minuten vor der mutmaßlichen Ankunft eines Zuges aus dessen Fahrgleis entfernt sein.

Bei Dunkelheit müssen derartige Fahrzeuge mit einer Laterne versehen sein, die in beiden Richtungen rotes Licht zeigt.

Jedes dieser Fahrzeuge muß mit einer gut wirkenden Bremse ausgerüstet sein.

**Betriebsstörende Ereignisse und Unfälle.**

**§ 36.** [1] Ein Zug, der auf freier Strecke liegen bleibt, ist durch Wärtersignale gegen Gefährdung durch andere Züge zu sichern.

[2] Alle beim Betriebe der Grubenanschlußbahn vorkommenden Unfälle sind, auch wenn Menschen dabei nicht gefährdet oder verletzt wurden, von der Werksverwaltung der K. Berginspektion unverzüglich anzuzeigen.

## IV. Bahnpolizei.

**Eisenbahnpolizeibeamte.**

**§ 37.** Die in § 12[1] aufgeführten Eisenbahnbetriebsbeamten gelten auch im Bereiche der Grubenanschlußbahn als Eisenbahnpolizeibeamte im Sinne des § 74 der Eisenbahn-Bau- und Betriebsordnung für die Haupt- und Nebeneisenbahnen Bayerns.

## V. Bestimmungen für das Publikum.

**Allgemeine Bestimmungen.**

**§ 38.** Von der K. Berginspektion werden, soweit erforderlich, Vorschriften zur Aufrechterhaltung der Ordnung innerhalb des Gebietes der Grubenanschlußbahn erlassen. Die Reisenden und das sonstige Publikum haben diese Vorschriften zu beachten und den dienstlichen Anordnungen der in Uniform befindlichen oder mit einem Dienstabzeichen oder einem sonstigen Ausweis über ihre amtliche Eigenschaft versehenen Bahnpolizeibeamten Folge zu leisten.

**Betreten der Bahnanlagen.**

**§ 39.** [1] Das Betreten der Bahnanlagen der freien Strecke, soweit sie nicht zugleich zur Benützung als Weg bestimmt sind, und der Stationsanlagen außerhalb der dem Publikum geöffneten Räume ist ohne Erlaubniskarte nur Beamten bei Ausübung ihres Dienstes und den zur Besichtigung dienstlich entsandten deutschen Offizieren gestattet.

[2] Wo die Bahn zugleich als Weg dient, ist sie bei Annäherung eines Zuges zu räumen.

[3] Für das Betreten der Bahn durch Tiere ist der verantwortlich, dem die Aufsicht über die Tiere obliegt.

**Überschreiten der Bahn.**

**§ 40.** [1] Das Publikum darf die Bahn nur an den zu Übergängen bestimmten Stellen überschreiten, und zwar nur solange, als diese nicht durch Schranken geschlossen sind, oder ein Zug sich nicht nähert.

[2] Pflüge und Eggen, Baumstämme und andere schwere Gegenstände dürfen, wenn sie nicht getragen werden, nur auf Wagen oder unterlegten Schleifen über die Bahn geschafft werden.

[3] Privatübergänge dürfen nur von den Berechtigten und nur unter den von der K. Berginspektion genehmigten Bedingungen benützt werden.

[4] Es ist untersagt, die Schranken oder sonstigen Einfriedigungen eigenmächtig zu öffnen oder zu überschreiten, etwas darauf zu legen oder zu hängen. Solange die Übergänge geschlossen sind, wenn an den

mit Zugschranken versehenen Übergängen die Glocke ertönt oder wenn ein Zug sich nähert, müssen Fuhrwerke und Tiere an den Warnungstafeln, und wo solche fehlen, in angemessener Entfernung von der Bahn angehalten werden. Fußgänger dürfen bis an die Schranken der damit versehenen Übergänge herantreten.

**Bahnbeschädigungen und Betriebsstörungen.**

**§ 41.** Es ist verboten, die Bahnanlagen, die Betriebseinrichtungen oder die Fahrzeuge zu beschädigen, Gegenstände auf die Fahrbahn zu legen oder sonstige Fahrhindernisse anzubringen, Weichen umzustellen, falschen Alarm zu erregen, Signale nachzuahmen oder andere betriebsstörende Handlungen vorzunehmen.

**Verhalten der Reisenden.**

**§ 42.** [1] Die Reisenden dürfen nur an den dazu bestimmten Stellen und nur an der dazu bestimmten Seite der Züge ein- und aussteigen.

[2] Solange ein Zug sich in Bewegung befindet, ist das Öffnen der Wagentüren, das Ein- und Aussteigen, der Versuch oder die Hilfeleistung dazu, das Betreten der Trittbretter und Plattformen, soweit der Aufenthalt hier nicht ausdrücklich gestattet ist, verboten.

[3] Es ist untersagt, Gegenstände, durch welche Personen oder Sachen beschädigt werden können, während der Fahrt aus dem Wagen zu werfen.

**Aushang der Vorschriften.**

**§ 43.** Ein Abdruck der §§ 38—44 dieser Vorschriften ist in den Zechenhäusern, den Warteräumen der Grubenanschlußbahn und der Anschlußstation der dem öffentlichen Verkehre dienenden Bahn, sowie in allen auf der Grubenanschlußbahn verkehrenden Personenwagen dauernd auszuhängen.

Allen Betriebsbeamten und Arbeitern der Grubenanschlußbahn ist ein Abdruck dieser oberbergpolizeilichen Vorschriften in Buchform gegen Empfangsbestätigung auszuhändigen.

**Bestrafung von Übertretungen.**

**§ 44.** Zuwiderhandlungen gegen die vorstehenden Bestimmungen werden gemäß Art. 254 Abs. 1 und 2 des Berggesetzes mit Geldstrafe bis zu 300 Mark und im Unvermögensfalle mit Haft bestraft.

**Schlußbestimmung.**

**§ 45.** Vorstehende Vorschriften treten am 1. Januar 1911 in Kraft.

München, den 13. Oktober 1910.

Dr. **Frhr. v. Podewils.**

V.

# Oberbergpolizeiliche Vorschriften über das Schürfen

vom 2. November 1910

(GVBl. S. 1020).

---

## K. Staatsministerium des Königlichen Hauses und des Äußern.

Das K. Staatsministerium des Königlichen Hauses und des Äußern bestimmt auf Grund des Art. 12 des Berggesetzes:

**§ 1.** Die Art. 76 bis 80 des Berggesetzes finden auf Schürfarbeiten, welche mittels Erdbohrungen von mehr als 20 m Saigerteufe oder in Schächten und Erdgruben von mehr als 5 m Absinken unter der Erdoberfläche oder in Stollen vorgenommen werden, mit der Maßgabe Anwendung, daß

1. an die Stelle des Bergwerksbesitzers der Schürfer, an die Stelle des Bergwerks der Schürfbetrieb tritt,
2. im Art. 79 die auf die Einhaltung der Betriebspläne bezüglichen Vorschriften in Wegfall kommen.

**§ 2.** Mit Geldstrafe bis zu 300 Mark und im Unvermögensfalle mit Haft wird der Schürfer oder dessen Stellvertreter bestraft,

1. wenn er die Leitung oder Beaufsichtigung des Schürfbetriebs Personen überläßt, deren Befähigung nicht anerkannt ist (Art. 76, 77),
2. wenn er unterläßt, die zur Leitung oder Beaufsichtigung des Schürfbetriebes angenommenen und die im Art. 79 Abs. 2 bezeichneten Personen nach Maßgabe des Art. 77 Abs. 2 oder des Art. 79 Abs. 3 der Berginspektion namhaft zu machen.

Andere Personen als der Schürfer oder dessen Stellvertreter werden, wenn sie die Vorschriften der Art. 76, 77, 80 übertreten, mit Geldstrafe bis zu 150 Mark oder im Unvermögensfalle mit Haft bestraft.

Im Fall der Ziff. 1 tritt die Strafe auch dann ein, wenn auf Grund des Art. 78 der Schürfbetrieb von der Berginspektion eingestellt wurde.

**§ 3.** Vorstehende Bestimmungen treten am 1. Dezember 1910 in Kraft.

München, den 2. November 1910.

Dr. **Frhr. v. Podewils.**

---

# Alphabetisches Sachregister.

**Die Zahlen bedeuten die Seiten.**

## A.

## B.

## C.



## D.



## E.

## F.



## G.

## H.



## J.

## M.



## N.



## O.

## P.

## T.



## U.



## V.

## W.



## Z.

FSC
www.fsc.org
MIX
Papier | Fördert gute Waldnutzung
FSC® C083411

Kolibri 360 GmbH
Ferdinand-Jühlke-Straße 7
99095 Erfurt, Deutschland
produktsicherheit@kolibri360.de